창세기를 복음으로 풀어내는 일은 쉽지 않습니다. 그래서 이성호 교수의 창세기 설교집이 더욱 빛납니다. 이 책에 담긴 설교들은 창세기 어느 본문이든 그리스도의 복음과 자연스럽게 연결합니다. 문맥에서 말하는 바와 궁극적으로 지향하는 바를 억지스러움 없이 정교하게 이어줍니다. 본문을 분석하는 저자의 탁월한 안목과 교리에 대한 깊은 통찰이 빚어낸 조화입니다. 독자들은 이 책을 통해 창조와 타락, 그리고 언약 조상들의 역사를 창조주 하나님의 주권적 관점에서 더 깊이 이해하게 될 것입니다. 나아가 그리스도와 교회 안에 성취된 복음의 역사로서 창세기를 삶에 적용하게 될 것입니다. 명쾌한 문장과 잘 정리된 글을 읽는 기쁨 또한 얻게 되리라 확신합니다.

김성수 고려신학대학원 구약학 교수

저는 남편의 설교를 참 좋아합니다. 이 책에 실린 모든 설교를 강단 가장 가까운 자리에서 직접 들었던 것은 목사의 아내만이 누릴 수 있는 특권이자 즐거움이었습니다. 남편이 창세기 강해 설교를 전하는 동안, 창세기를 관통하는 하나님의 은혜로운 구속 사역을 조금씩 깨달으며 눈물을 흘린 적이 한두 번이 아니었습니다. 감사하게도 그 기간에 개척교회가 점차 성장하는 기쁨도 함께 경험했습니다. 이 책의 출간을 준비하면서 설교 원고를 정리하는 일을 맡았는데, 그 과정에서 창세기에 대한 이해가 한층 더 깊어지는 은혜를 누렸습니다. 독자 여러분도 제가 누렸던 은혜와 기쁨을 경험하시기를 바라며 이 책을 추천합니다.

김성현 이성호 교수 아내

창세기, 복음으로 읽기

창세기, 복음으로 읽기

이성호

창조에서 부활의 소망까지, 약속을 따라 걷는 믿음의 길

좋은씨앗

서문 **10**

창세기 개요 **14**

**창조와
타락**

1. 창조는 어떻게 복음이 되는가? (1:1-31) **18**

2. 하나님의 형상으로 창조된 인간 (1:26-31) **28**

3. 하나님의 안식 (2:1-3) **38**

4. 에덴동산: 하나님의 선하심을 맛보아 아는 곳
   (2:4-17) **48**

5. 타락: 말씀에서 멀어짐 (3:1-8) **57**

6. 적개심을 두신 하나님 (3:15) **66**

7. 가인: 패역하여 뱀에게 속한 자 (4:1-15) **75**

8. 에녹: 하나님이 데려간 사람 (5:21-25) **85**

9. 대홍수: 심판과 구원 (6:1-22) **95**

10. 노아의 방주: 구원의 방편 (7:1-24) **104**

11. 세상을 새롭게 하시는 하나님 (8:1-22) **114**

12. 노아에게 복을 주신 하나님 (9:1-7) **124**

13. 가나안은 왜 저주를 받았는가? (9:18-27) **134**

14. 노아의 아들들 이야기 (10:1-32) **144**

15. 바벨탑을 무너뜨리신 하나님 (11:1-9) **154**

**아브라함
이야기**

16. 갈 바를 알지 못하고 떠남 (11:27-12:5) **166**

17. 약속의 어머니를 보호하신 전능자 (12:10-13:2) **177**

18. 분쟁을 해결한 아브라함 (13:5-18) **186**

19. 아브라함: 겁쟁이에서 용사로 (14:1-24) **195**

20. 믿음으로 의롭다 여김을 받음 (15:1-7, 롬 4:1-12) **204**

21. 확신은 어디서 오는가? (15:7-21) **212**

22. 나를 살피시는 하나님 (16:1-16) **220**

23. 엘 샤다이, 언약을 완성하심 (17:1-27) **230**

24. 환대의 중요성 (18:1-15) **241**

25. 아브라함의 중보기도 (18:16-33) **251**

26. 소돔에서 롯을 건지심 (19:1-38) **260**

27. 연약한 아브라함, 신실하신 하나님 (20:1-18) **269**

28. 이삭과 이스마엘 (21:8-21) **278**

29. 독자를 돌려받은 아브라함 (22:1-19, 히 11:17-19) **287**

30. 믿음으로 매장지를 구매한 아브라함 (23:1-20) **296**

**이삭과
야곱
이야기**

31. 리브가: 하나님이 예비하신 신부 (24:1-67) **306**

32. 선택을 받은 야곱 (25:19-26) **314**

33. 에서: 망령된 자의 표본 (25:27-34, 히 12:16-17) **323**

34. 이삭의 거짓말과 하나님의 돌보심 (26:1-11) **332**

35. 그랄에서 축복받은 이삭 (26:12-33) **341**

36. 영적 분별력을 상실한 이삭 (27:1-46) **348**

37. 벧엘에서 언약을 맺으신 하나님 (28:10-22) **357**

38. 라반에게 속임을 당했으나 (29:21-30) **366**

39. 야곱을 12지파의 아버지로 세우심 (29:31-30:24) **375**

40. 품삯을 챙겨주신 하나님 (30:25-43) **384**

41. 야곱을 탈출시키신 하나님 (31:17-42) **394**

42. 야곱에서 이스라엘로 (32:21-32, 호 12:1-3) **404**

43. 하나님의 은혜로 화해한 두 형제 (33:1-11) **414**

44. 수치를 당한 야곱 (34:1-31) **423**

45. 야곱을 회복시키신 하나님 (35:1-15) **432**

46. 에서를 강성하게 하신 이유 (36:1-43) **441**

**요셉
이야기**

47. 형제들에게 시기를 당한 요셉 (37:2-11) **452**

48. 애굽으로 팔려 간 요셉 (37:12-36) **461**

49. 다말을 통해 이스라엘을 회복시키심 (38:1-30) **472**

50. 복의 통로가 된 요셉 (39:1-6) **480**

51. 말씀에 순종했으나 (39:7-23) **489**

52. 꿈의 해석자 (40:1-23) **499**

53. 요셉을 지극히 높이신 하나님 (41:25-45) **507**

54. 흉년기의 가나안과 애굽 (42:18-25) **516**

55. 형제들을 환대한 요셉 (43:1-34) **526**

56. 유다의 간절한 호소 (44:1-34) **535**

57. 섭리를 잘 이해하고 적용해야 (45:1-28) **544**

58. 브엘세바에서 받은 약속 (46:1-34) **553**

59. 고센 땅에서 번성한 이스라엘 (46:28-47:31) **563**

60. 야곱의 믿음 (48:1-22, 히 11:21) **572**

61. 야곱의 유언 (49:1-33) **581**

62. 요셉의 유언 (50:1-26) **591**

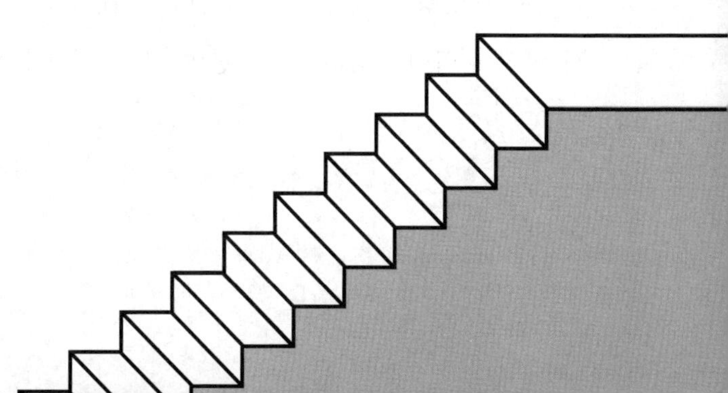

창세기를 읽거나
설교를 준비하는 분들께

새해가 되면 우리는 여러 가지 다짐을 합니다. 그중 성경 일독을 목표로 삼는 분들도 많습니다. 대부분 창세기부터 시작하지만 읽다가 중도에 포기하는 경우가 적지 않습니다. 이유는 다양하겠지만 창세기 속에서 길을 잃었기 때문일 것입니다. 이 책은 그런 분들에게 길잡이가 되고자 합니다. 혹시 길을 잃더라도 이 책과 함께라면 다시 제자리를 쉽게 찾을 수 있을 것입니다.

창세기는 '시작'의 책입니다. 천지창조는 물론이고 결혼, 죄와 타락, 죽음의 시작이 모두 담겨 있습니다. 인생의 분주한 걸음을 멈추고 우리는 종종 기원에 대해 묻습니다. "내가 왜 여기에 있는가?", "왜 세상에 악이 존재하는가?" 창세기만이 이런 물음에 답을 제시합니다.

성경의 다른 책들과 마찬가지로 창세기도 궁극적으로 하나님의 사역에 대한 이야기입니다. 우리는 창세기를 통해 하나님을 배워야 합니다. 간단히 말해, 이 책의 주인공은 아담이나 아브라함, 이삭, 야곱이 아니라 하나님이십니다. 그들은 모두 하나님의 역사를 드러내는 조연일 뿐입니다. 만약 그들이 중심이 된다면 창세기는 위인전으로 전락하고 말 것입니다. 이 책은 창세기의 주인공이 하나님이라는 사실을 선명히 드러내고자 했습니다. 각 장의 제목만 보더라도 그러한 특징을 금세 알 수 있습니다.

"태초에"라는 단어로 시작된 창세기는 히브리어 원문에 따르면 "애굽에"라는 단어로 마칩니다. 1장에서 생명 창조로 시작된 이야기가 50장에서 요셉의 죽음과 장례식으로 끝나고 있습니다. 겉보기에 결말은 비극처럼 보이지만, 그 안에서는 하나님의 언약이 계속 이어지며 우리에게 소망의 근거가 됩니다. 창세기 3장 15절에서 시작된 언약은 마지막 장까지 흐르며 인간의 기원과 더불어 복의 근원까지 밝혀줍니다. 이 책을 통해 이런 구조를 보다 분명하게 확인할 수 있습니다.

이 책은 제가 교회에서 전한 설교를 바탕으로 엮었습니다. 학문적 주석도, 성경공부 교재도 아닙니다. 저는 한 장에서 가장 핵심적인 메시지를 찾아 설교하는 방식을 택했습니다. 꼭 필요한 경우에만 설교문을 추가했을 뿐 지나친 분량으로 성도들에게 부담을 주지 않으려 했습니다. 창세기의 큰 흐름을 따라가는 즐거운 여정을 경험하시기를 바랍니다.

창세기에는 수많은 지류들, 이를테면 지명과 인명이 등장합니다. 그러나 이 책에서는 핵심 메시지를 흐리지 않도록 많은 부분을 과감히 생략했습니다. 더 깊이 알고자 한다면 학술적인 연구서가 큰 도움이 될 것입니다.

창세기를 설교하려는 분들께는 먼저 전체 흐름을 충분히 이해하시라고 권하고 싶습니다. 이 책을 활용하면 준비에 적지 않은 도움이 될 것입니다.

창세기 50장을 일 년 내내 연속 강해하는 것은 의미 있는 도전일 수 있습니다. 종교개혁가들도 대부분 성경을 연속 강해하는 방식을 따랐습니다. 그러나 16세기 교회와 오늘날 교회의 상황은 다릅니다. 당시 교회는 성도들의 구성에 변화가 거의 없었고, 같은 회중이 일 년 내내 같은 말씀을 들었습니다. 따라서 50장에 달하는 창세기를 차례대로 강해하는 것이 가능했습니다. 오늘날에는 성도들의 출석이 일정하지 않고, 새로운 성도가 지속적으로 유입되는 현실을 고려해야 합니다. 따라서 창세기를 일정 부분 적절히 나누어 4-6주 단위로 설교하는 방식을 권합니다.

창세기를 읽거나 설교할 때 가장 큰 고민은 "이 이야기가 나와 무슨 상관이 있는가?" 하는 점입니다. 그 답은 본문에 명시되어 있지 않기에 찾기 쉽지 않습니다. 성경 본문이 오늘날 성도들에게 주는 의미를 전하는 것은 설교의 목적 중 하나입니다. 이것을 '설교의 적용'이라 합니다. 저도 설교 준비를 하면서 이 점을 많이 고민합니다. 잘못하면 설교가 도덕적 훈화가 되거나 '복 받는 비결'과 같은 신앙

처세술 강연, 아니면 잔소리로 전락할 수 있기 때문입니다.

제가 내린 결론은 본문을 있는 그대로, 맥락에 맞게, 정확히 설명하는 것이 청중에게 '적용'으로 작용할 수 있다는 것입니다. 본문의 의미를 '오늘날 청중'을 향해 설명하기 때문입니다. 그런 고민을 각 장의 마지막 단락에 담았습니다. 또한 개인적 교훈에 머물지 않고 교회 전체가 함께 들어야 할 말씀, 공동체적 적용 제시를 염두에 두었습니다. 이는 성경이 본래 이스라엘 회중과 교회 앞에서 낭독되었다는 데 근거합니다.

무엇보다 설교자가 먼저 말씀 앞에서 은혜를 받아야 성도들에게도 그 은혜가 흘러갑니다. 창세기를 설교하면서 제 자신이 큰 은혜를 입었고, 그 은혜가 이 책을 통해 독자들에게도 조금이나마 전해지기를 소망합니다.

이 설교를 귀 기울여 들어주신 광교장로교회 성도들이 있었기에 이 책이 세상에 나올 수 있었습니다. 존경하는 성도님들께 진심으로 감사드립니다. 아울러 책을 재출간할 수 있는 기회를 주시고, 아름답게 편집해주신 도서출판 좋은씨앗에도 깊이 감사드립니다.

정목(正牧) 이성호

천안삼거리를 바라보며

창세기 개요

저자 창세기의 저자는 여호와의 종 모세다. 모세는 이스라엘 백성을 이끌었던 지도자이며, 구약 성경의 첫 다섯 책 모세오경을 기록한 인물로 여겨진다. 창세기는 그중 첫 책이다.

기록 연대 일반적으로 기원전 15세기경, 출애굽 후 광야에서 율법을 받던 시기에 하나님께서 모세를 통해 기록하게 하신 것으로 추정된다.

기록 목적 창조, 타락, 구속의 약속, 언약 백성의 선택이라는 구속사의 출발점을 제시하며, 하나님께서 세상을 다스리시고 죄악된 인류를 구원으로 이끄시는 과정을 보여준다.

구성

1) 창조와 타락 (1-11장)
2) 아브라함 이야기: 믿음의 시작 (12-23장)
3) 이삭과 야곱 이야기: 언약의 계승 (24-36장)
4) 요셉 이야기: 섭리로 이끄시는 하나님 (37-50장)

특징

1) 구조적 특징: 창세기는 모세오경의 첫 책으로 전체 오경의 서문 역할을 하며, 하나님과 인간, 세상과 죄의 기원, 이스라엘 조상들의 이야기를 다룬다.
2) 문학적 구성: 히브리어 '톨레도트'(계보)가 열 번 반복되며 구조적 전환점을 이룬다. 하나님의 구속 계획이 구체적인 인물들을 통해 어떻게 계승되는지 보여준다.

3) 내용적 초점: 창조(1-2장), 타락과 심판(3-11장), 언약의 족장들(12-50장)로 나뉘며, 하나님께서 죄악된 인류를 회복의 길로 부르시는 과정에 초점을 맞춘다.

4) 신학적 주제: 하나님의 창조 질서, 인간의 죄와 타락, 하나님의 주권적 선택과 언약, 하나님의 섭리가 주요 주제로 반복적으로 등장하며, 그리스도 안에서 완성될 복음의 씨앗을 담고 있다.

5) 핵심 구절: "아브람이 여호와를 믿으니 여호와께서 이를 그의 의로 여기시고"(15:6).

6) 핵심 주제어: 창조, 언약, 믿음, 구속, 섭리

👤 창세기에 나오는 언약의 계보

아담: 최초의 인간
  └─ 노아: 홍수에서 구원받은 자
     └─ 셈: 노아의 아들
        └─ 아브라함: 믿음의 조상
           └─ 이삭: 약속의 아들
              └─ 야곱: 이스라엘
                 └─ 유다: 유다 지파의 조상
                    → 다윗: 이스라엘 왕
                    → 예수 그리스도

창조와 타락

창세기 1:1-11:9

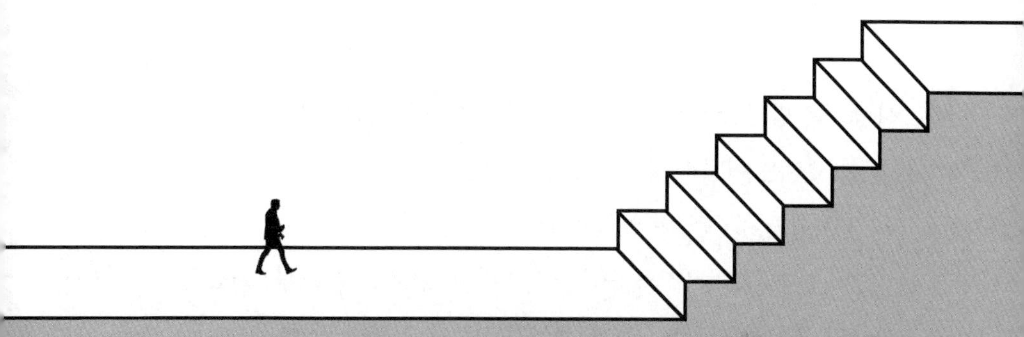

창조는 어떻게 복음이 되는가?
"태초에 하나님이"

창세기 1:1-31

사람들은 밤하늘의 별을 바라보며 이런 질문을 던집니다.

"이 세상은 어떻게 시작된 걸까?"

"처음에는 무슨 일이 있었을까?"

우리는 누구도 창조의 순간을 목격하지 않았고, 오늘날의 자료를 아무리 과학적으로 분석해도 세상의 기원을 정확히 밝혀내기는 불가능합니다. 자연과학은 다양한 이론을 제시하지만, 그것들은 어디까지나 증명되지 않은 가설에 불과합니다.

그러나 한 가지는 분명합니다. 이 세상은 '누군가에 의해 창조되었거나', 아니면 '우연히 처음부터 존재했거나' 둘 중 하나라는 사실입니다. 그 외의 가능성은 생각하기 어렵습니다. 결국 우리는 둘 중 하나를 믿어야 합니다. 창조주를 믿거나 우연을 믿거나. 이 선택은 단순한 믿음의 문제가 아니라 삶의 방향에 큰 영향을 미칩니다. 만약 창조주가 계시다면, 우리는 그분의 뜻에 따라 살아야 합니다. 반면 세상이 우연히 생겼다고 믿는다면, 각자 원하는 대로 살면 됩니다. 창조에 대한 관점은 우리의 세계관, 곧 삶의 틀이 됩니다.

"태초에"는 성경에 가장 처음 등장하는 말입니다.* 이 단어는 단순한 시간 개념을 넘어 성경이 신화나 전설이 아니라 실제 역사 속 사건을 다루고 있음을 보여줍니다. 만약 창세기가 단순히 옛이야기였다면 '옛날 옛적에' 혹은 '먼 옛날, 어느 나라에'와 같은 말로 시작했을 것입니다.**

그렇다면 태초에 무슨 일이 있었을까요? 히브리어 원문에 따르면, "태초에" 다음에 나오는 단어는 "창조하셨다"입니다. 성경은 첫 책에서 이 세상은 하나님께서 창조하셨음을 분명히 선언합니다.

신앙 생활을 오래한 분들은 창세기 1장을 여러 번 읽어보셨을 것입니다. 특히 새해마다 성경 통독을 시작하며 가장 먼저 펼치는 본문이기도 합니다. 그래서 누구나 익숙하지만 그 깊은 의미를 묵상할 기회는 많지 않았을 수 있습니다. 오늘 본문을 통해 태초의 창조 사건이 우리에게 어떤 의미를 주는지, 창세기 1장에서 반복되는 표현을 중심으로 함께 나누고자 합니다.

---

* 성경에 마지막으로 나오는 말은 "아멘"이다.

** 오늘날 가스펠송에서 흔히 쓰이는 "아주 먼 옛날, 하늘에서는…"이나 "옛날 옛적 하나님이…" 같은 표현은 창조 기사를 동화처럼 느끼게 하므로 어린이 교육에서 주의할 필요가 있다.

"좋았더라" – 창조의 목적

창세기 1장에서 반복되는 표현 중 하나는 "좋았더라"입니다. 하나님께서 창조하신 모든 것을 보시고 좋았다고 말씀하셨습니다. 빛도, 하늘도, 땅도, 바다도, 하나님 보시기에 모두 좋았습니다. 여기서 '좋았다'는 무엇을 의미할까요? 우리는 어떤 물건을 만들었을 때, 언제 "정말 좋다!"라고 말합니까? 그것이 원래 의도대로 잘 만들어졌을 때입니다.

천지창조도 마찬가지입니다. 하나님께서 세상을 창조하시고 좋았다고 말씀하신 것은, 창조가 그분의 목적에 따라 이루어졌다는 뜻입니다. 이는 하나님께서 심심풀이로 세상을 만드신 것이 아니라 분명한 계획과 목적을 가지고 창조하셨음을 보여줍니다.

시편과 잠언을 보면, 하나님께서 세상을 지혜로 창조하셨다는 사실을 확인할 수 있습니다. 창조 방식 자체가 창조의 본질을 드러냅니다. 그렇다면 하나님은 무엇을 위해 세상을 창조하셨을까요? 바로 만물이 하나님의 성품과 영광을 드러내도록 하기 위함입니다. '좋았다'는 표현은 히브리어로 '선하다'로도 해석됩니다. 하나님께서 창조하신 모든 것이 선한 이유는, 그것이 선하신 하나님의 성품을 반영하기 때문입니다. 세상은 하나님의 인자하심과 자비로우심이 영원함을 알려줍니다. 시편 136편은 이렇게 노래합니다.

지혜로 하늘을 지으신 이에게 감사하라.

그 인자하심이 영원함이로다.

땅을 물 위에 펴신 이에게 감사하라.

그 인자하심이 영원함이로다.

큰 빛들을 지으신 이에게 감사하라.

그 인자하심이 영원함이로다.

해로 낮을 주관하게 하신 이에게 감사하라.

그 인자하심이 영원함이로다.

달과 별들로 밤을 주관하게 하신 이에게 감사하라.

그 인자하심이 영원함이로다(5-9절).

하나님은 창조를 통해 자신의 인자가 영원함을 나타내셨고, 피조물인 인간이 이를 보고 감사하며 찬양하기를 원하셨습니다. 인간은 타락하기 전까지 하나님과 올바른 관계 속에서 그분을 찬양하고 감사하며 살았습니다. 그러나 죄가 들어온 이후로는 만물을 통해 하나님의 영광을 보고도 외면하거나 무시하게 되었습니다. 인간의 악한 본성이 진리를 억누르기 시작한 것입니다.

로마서 1장 20절 이하의 말씀은 이를 잘 설명합니다.

창세로부터 그의 보이지 아니하는 것들 곧 그의 영원하신 능력과 신성이 그가 만드신 만물에 분명히 보여 알려졌나니 그러므로 그들이 핑계하지 못할지니라. 하나님을 알되 하나님을 영화롭게도 아니하며 감사하지도 아니하고 오히려 그 생각이 허망하여지며 미련

한 마음이 어두워졌나니 스스로 지혜 있다 하나 어리석게 되어 썩
어지지 아니하는 하나님의 영광을 썩어질 사람과 새와 짐승과 기
어다니는 동물 모양의 우상으로 바꾸었느니라(20-23절).

타락한 인간은 하나님의 창조 세계를 보면서도 감사할 줄 모르
고, 그 세계에 담긴 그분의 선하심을 느끼지 못합니다. 심지어 자연
을 하나님 대신 섬기거나 이기심을 채우는 수단으로 삼습니다. 오늘
날 자연숭배는 줄었지만, 여전히 사람들은 보이지 않는 하나님보다
눈앞에 보이는 것을 더 추구합니다.

"저녁이 되고 아침이 되니" – 질서 있는 창조

하나님께서 분명한 목적과 계획을 가지고 세상을 창조하신 확실한
증거는, 6일 동안 창조하신 다음 쉬셨다는 사실에 있습니다. 본문에
서 "좋았더라"와 더불어 반복되는 또 하나의 표현은 바로 "저녁이 되
고 아침이 되니 이는 몇째 날이더라"입니다. 이 기간이 문자 그대로
24시간인지, 혹은 더 긴 기간을 의미하는지에 대해서는 다양한 견
해가 있습니다. 분명한 사실은 하나님께서 세상을 하루 만에 창조
하지 않으셨다는 것입니다. "온 세상이 존재하라"는 한마디로 창조
하신 것이 아니라 6일이라는 시간 속에서 점진적으로 질서 있게 창
조하셨습니다.

6일은 전 역사의 요약이며, 창조 가운데 하나님의 구원 계획이 이

미 내포되어 있습니다. 창조는 '혼돈'에서 시작해 '안식'으로 나아갑니다. 창세기 초반에 "땅이 혼돈하고 공허하며"라고 기록된 것처럼, 처음의 상태는 형체가 없고, 내용도 비어 있었습니다. 하나님은 6일 동안 이 혼돈과 공허를 질서 있는 세상으로 바꾸셨습니다.

창조의 6일은 두 부분으로 나눌 수 있습니다. 첫 3일 동안은 세상의 '형체'를 마련하셨고, 다음 3일 동안은 그 공간을 '채우셨습니다'. 첫째 날에는 빛과 어둠, 둘째 날에는 하늘과 바다, 셋째 날에는 땅과 식물이 형성되었습니다. 이처럼 틀을 마련하신 후 넷째 날에는 해와 달, 다섯째 날에는 새와 물고기, 여섯째 날에는 동물과 인간으로 그 공간을 채우셨습니다.

예를 들어, 첫째 날의 빛과 어둠은 넷째 날의 해와 달로 구체화되었습니다. 빛과 어둠만 있었다면 얼마나 단조로웠을까요? 그러나 해를 만드심으로 해가 뜨고 지는 과정 속에 아침과 저녁, 정오의 다채로운 풍경이 펼쳐졌습니다. 둘째 날의 하늘과 바다는 다섯째 날에 새들과 물고기로 채워졌습니다. 셋째 날의 땅은 여섯째 날에 동물과 인간의 거처가 되었으며, 땅에서 난 식물은 그들의 양식이 되었습니다.

창조 사역은 단지 자연의 질서에 그치지 않고, 하나님의 구속 역사와도 맞닿아 있습니다.

- 빛과 어둠을 나누신 하나님은 출애굽 당시에도 이스라엘이 머물던 고센에는 빛을, 애굽 땅에는 짙은 흑암을 내리셨습니다.
- 물을 한곳에 모아 땅을 드러내신 창조의 행위는 출애굽의 홍

해 사건에서 다시 반복됩니다. 이스라엘은 마른 땅을 건넜고, 애굽 군대는 다시 모인 물에 휩쓸렸습니다.

- 셋째 날에 마른 땅에서 식물이 자라난 것처럼, 마지막 날에는 사막이 꽃피는 낙원으로 회복될 것입니다.

놀랍게도 하나님은 창조를 통해 이미 구원의 질서를 예표하셨습니다. 출애굽한 이스라엘 백성은 이 말씀을 읽으며 자신들을 구원하신 여호와가 바로 이 세상을 창조하신 하나님이심을 깨달았을 것입니다.

"이르시되" – 하나님께서 말씀하시고 복 주셨다

천지창조에서 주목할 점은 하나님께서 '말씀으로' 천지를 창조하셨다는 사실입니다. 창세기 1장에서 가장 자주 반복되는 표현이 바로 "하나님이 이르시되"입니다. 첫 말씀은 "빛이 있으라"였습니다. 하나님께서 말씀하시자 그대로 이루어졌습니다. 간단히 말해, 하나님의 말씀에는 능력이 있습니다.

시편 33편 6절은 "여호와의 말씀으로 하늘이 지음이 되었으며 그 만상을 그의 입 기운으로 이루었도다"라고 노래합니다. 또 이사야 55장 11절은 이렇게 선포합니다. "내 입에서 나가는 말도 이와 같이 헛되이 내게로 되돌아오지 아니하고 나의 기뻐하는 뜻을 이루며 내가 보낸 일에 형통함이니라."

하나님께서 말씀하시니 '그대로 되었다'는 표현이 반복됩니다. 말씀으로 무언가를 만드셨고, 그것이 처음부터 온전히 이루어졌습니다. 부족한 것이 나와서 수정하지 않으셨습니다.

또한 하나님은 창조하신 것에 이름을 붙이셨습니다. '~라고 부르셨다'는 표현이 나옵니다. 빛을 낮이라, 어둠을 밤이라, 궁창을 하늘이라, 뭍을 땅이라, 모인 물을 바다라 부르셨습니다. 이름을 붙인 것은 자신의 생각을 대상에 부여하는 것입니다. 예술가가 작품에 이름을 붙여 자신의 의도를 반영하듯이, 하나님께서 피조물에 이름을 주신 것은 그것들이 하나님의 소유이며 그분의 뜻대로 존재해야 한다는 사실을 보여줍니다. 이 특성은 사람에게도 전달되었습니다. 하나님은 사람에게 동물을 다스리라는 사명을 주셨고, 아담은 그 명령에 따라 모든 동물에게 이름을 지어주었습니다. 이름 짓기는 쉬운 일이 아닙니다. 처음 몇 개는 단순히 떠오를 수 있지만, 수백 수천 개에 이르면 깊은 지성과 관찰력이 요구됩니다.

복의 말씀은 다섯째 날부터 시작되어 물고기와 새에게, 그리고 여섯째 날에는 동물과 인간에게 주어졌습니다. 어떤 복을 주셨습니까? 바로 "생육하고 번성하라, 땅에 충만하라"는 복이었습니다. 하나님은 생물을 고정된 수로 만들지 않으셨습니다. 해와 달처럼 늘어나지 않는 존재와 달리 생명이 있는 존재는 번성하도록 창조하셨습니다. 아마도 처음에는 종류대로 한 쌍씩 창조하셨을 것입니다. 하지만 그 수가 늘어나는 것은 하나님의 뜻이었습니다.

자녀를 낳고 번성하는 것은 하나님의 축복입니다. 그런데 오늘날에는 자녀 출산과 양육이 짐처럼 여겨지고 있습니다. 특히 한국 사회는 그 정도가 심각합니다. 이는 인간의 타락 이후 찾아온 결과입니다. 본래 "생육하고 번성하라"는 말씀은 짐이 아니라 복이었습니다. 물론 번성 자체가 복이라 할 수는 없습니다. 진정한 복은 하나님의 말씀에 근거한 삶에서 나옵니다. 다시 말해, 말씀대로 사는 것이 복의 본질이며, 그 말씀이 우리의 삶을 풍성하게 합니다.

지금까지 창조 교리가 왜 중요한지를 살펴보았습니다. 한마디로 말해, 창조에 대한 이해가 인생의 방향을 결정짓기 때문입니다.

우리는 이 창조를 어떻게 믿을 수 있을까요? 히브리서 기자는 이렇게 말합니다. "믿음으로 모든 세계가 하나님의 말씀으로 지어진 줄을 우리가 아나니 보이는 것은 나타난 것으로 말미암아 된 것이 아니니라"(히 11:3).

그렇습니다. 창조는 이성이나 경험이 아닌 오직 믿음으로만 알 수 있습니다. 이 점에서 창조는 복음의 시작이며 기초입니다. 그래서 하나님의 말씀인 성경도 창조로부터 시작됩니다.

창세기 1장을 통해 우리는 창조주 하나님을 올바로 바라보게 됩니다. 더 놀라운 사실은 천지를 창조하신 그 말씀이 우리를 구원하신다는 것입니다. 우리는 살아가며 이 세상이 어딘가 잘못되었음을 피부로 느낍니다. 하나님께서 보시기에 "심히 좋았더라" 하셨던 그 세상은 이제 그 선함을 잃어버렸습니다. 그러나 하나님은 피조 세계를 포기하지 않고 구원하기로 하셨습니다.

하나님은 구원 사역도 말씀으로 이루기를 원하셨습니다. 그러나 창조 때와는 달리 단지 "구원이 있으라"고 말씀하시는 방식은 아니었습니다. 요한복음 1장에서는 태초에 하나님과 함께 계셨던 그 말씀이 육신이 되어 이 땅에 오셨다고 말합니다. 말씀이 사람이 되신 것입니다. 그리고 그 말씀을 믿는 자들에게는 하나님의 자녀가 되는 권세를 주셨습니다. 그 말씀에 순종하며 살아가는 자들에게는 생명과 복을 주셨습니다.

사랑하는 성도 여러분, 천지를 창조하신 말씀, 죄로부터 우리를 구원하시는 말씀을 믿고 순종함으로써 하나님께서 주시는 생명의 복을 온전히 누리시기를 바랍니다.

||||||||||||||||||||

1. 창세기 1장에서 하나님께서 세상을 보시고 "좋았더라"고 말씀하신 이유는 무엇입니까?
2. '하나님이 말씀하시니 그대로 되었다'는 구절은 우리에게 어떤 사실을 알려줍니까? 그 말씀은 구원과 어떤 관련이 있나요?
3. 하나님의 창조 질서와 말씀을 신뢰하며 살아가는 태도는 가정과 교회, 그리고 사회 속에서 구체적으로 어떤 모습으로 나타나야 할까요?

하나님의 형상으로 창조된 인간
"우리의 형상을 따라"

창세기 1:26-31

"인간이란 무엇인가? 인간을 인간답게 만드는 본질은 무엇인가?"

이 질문은 오랜 세월 사람들이 고민해온 주제입니다. 대표적인 답 중 하나는 "인간은 생각하는 동물"이라는 말이지요. 인간의 본질을 이성에 둔 설명입니다. 그러나 이성만으로 인간을 정의하기에는 충분하지 않습니다.

우리는 종종 "먼저 인간이 되어라"는 말을 듣습니다. 흥미롭게도 이 말을 이미 '인간'인 존재에게 합니다. 개나 돼지에게 "인간이 되어라"고 하지는 않습니다. 이는 겉모습만 사람이라고 해서 진정한 인간이라 할 수 없다는 뜻입니다. 그렇다면 인간을 참되게 만드는 것은 무엇일까요?

본문은 이 질문에 명확한 답을 줍니다. 인간은 하나님의 형상으로 지음받았다는 것입니다. 이는 세상의 관점과 근본적으로 다릅니다. 세상은 인간을 하나님과 분리하여 이해하려 하지만, 그 결과 인간이 누구인지 제대로 알지 못합니다. 특히 인간의 생명이 지닌 고귀한 가치를 설명하지 못합니다. 가치의 근원이신 하나님 없이는 어떤 가치도 온전히 설명할 수 없기 때문입니다.

본문을 보면, 하나님은 인간을 모든 피조물 가운데 마지막으로 창조하셨습니다. 이는 다른 모든 것이 인간을 위해 지어졌음을 보여줍니다. 또 인간은 전혀 다른 방식으로 창조되었습니다. 하나님은 이전까지 '~가 있으라'는 말씀으로 창조하셨지만, 인간을 지으실 때는 처음으로 "우리"라는 표현을 사용하십니다.

'우리'라는 단어에 대한 해석은 다양하지만, 중요한 것은 하나님께서 사람을 창조하실 때 특별한 계획을 가지고 계셨다는 점입니다. 그 계획은 인간을 하나님의 형상대로 창조하는 것이었습니다. 그 계획은 실제로 이루어졌고, 오늘 우리에게도 여전히 유효한 하나님의 말씀입니다. 이 말씀을 통해 인간 창조가 우리의 신앙과 교회 공동체에 주는 교훈을 함께 살펴보겠습니다.

하나님의 형상

인간 창조에서 가장 주목할 점은 하나님께서 인간을 자신의 형상대로 지으셨다는 것입니다. 26절에서는 "우리의 형상을 따라 우리의 모양대로 만들자", 27절에서는 "자기 형상, 곧 하나님의 형상대로 사람을 창조하셨다"고 말합니다. 여기서 '형상'과 '모양'은 같은 의미로 이해해야 합니다. 전혀 다른 뜻이라면 27절에서도 "자기 형상과 하나님의 모양대로"라고 병기해야 했을 것입니다.

'형상'은 동상에 비유할 수 있으며 기본적으로 닮았다는 뜻입니다. 그렇다면 인간은 어떤 점에서 하나님을 닮았을까요? 본문은 이 중요한 질문에 대해 직접 설명하지 않지만, 몇 가지 유추는 할 수 있습니다. 하나님은 인간을 자신의 형상대로 창조하시고, 새와 물고기와 땅 위의 생물을 다스리게 하셨습니다. 이는 '다스림'이 하나님의 형상과 밀접한 관련이 있음을 보여줍니다.

창세기 1장에 나타난 하나님은 창조자이자 온 세상을 통치하시는 왕이십니다. 고대 근동 사회에서 왕은 정복한 땅에 동상을 세워 자신의 통치를 알렸습니다. 하나님께서 인간을 자신의 형상으로 세우신 것도 이와 비슷합니다. 인간은 이 땅에서 하나님의 다스림을 나타내는 존재입니다. 하나님은 인간을 대리 통치자로 세우시고, 만물이 인간에게 복종하게 하셨습니다.

하지만 다스림만으로 하나님의 형상을 설명하기에는 부족합니다. 만일 그것이 전부라면 굳이 남자와 여자를 모두 창조하실 필요는 없었을 테지요. 고대 왕국에 왕이 한 명이었던 것처럼 한 사람만 있어도 충분했을 것입니다. 그러나 하나님은 인간을 남자와 여자로 지으셨고, 이는 하나님의 형상이 양쪽 모두를 통해 나타나야 한다는 것을 의미합니다. 어느 한쪽만으로는 그분의 형상을 온전히 반영할 수 없습니다.

그렇다면 하나님의 형상을 가장 잘 드러내는 것은 무엇일까요? 그것은 바로 '사랑'입니다. 사람은 사랑할 수 있는 존재로 창조되었고, 사랑은 반드시 대상이 있어야 존재할 수 있습니다. 하나님께서 사람을 혼자 두지 않으시고 '돕는 배필'을 주신 것도 이 때문입니다. 하나님은 동물들을 아담 곁에 두셨지만, 어떤 피조물도 참된 배필이 될 수 없었습니다. 결국 하나님은 아담과 본질적으로 같은, 그러나 다른 존재인 여자를 창조하셨습니다. 이는 성부, 성자, 성령의 삼위일체적 교제를 반영하는 일로서 인간의 사랑 역시 서로 다른 존재 간의 인격적인 교제를 통해 온전히 실현됩니다.

오늘날 어떤 사람들은 동성 간의 사랑도 부부의 사랑과 동등하다고 주장합니다. 때로는 우정이나 전우애가 더 깊어 보이기도 합니다. 하지만 부부의 사랑은 감정이나 우정을 넘어 생명을 낳는 사랑이며, 오직 창조의 질서 안에서만 가능한 사랑입니다. 하나님은 이런 친밀한 사랑을 통해 생명이 태어나 인류가 번성하기를 원하셨습니다.

하나님은 인간을 자신의 형상으로 창조하시고, 세상을 다스리는 사명을 맡기셨습니다. 그러나 그 사명은 혼자 감당할 수 없기에 동역자가 필요합니다. 하나님은 처음부터 수많은 인간들을 만들어 세상을 다스리게 하실 수도 있었지만, 그렇게 하지 않으셨습니다. 대신 한 남자와 한 여자를 통해 경건한 자손이 나오고, 그 자손들이 땅에 충만하여 세상을 다스리게 하셨습니다. 말라기 2장 15절은 이렇게 말합니다. "그에게는 영이 충만하였으나 오직 하나를 만들지 아니하셨느냐? 어찌하여 하나만 만드셨느냐? 이는 경건한 자손을 얻고자 하심이라."

하나님의 형상은 이처럼 사랑 속에서 드러납니다. 사랑은 생명을 낳고, 그 생명을 통해 그분의 형상은 다음 세대로 이어집니다.

<h2 style="text-align:center">잃어버린 하나님의 형상</h2>

문제는 하나님의 말씀이 참이라면, 우리가 서로를 바라볼 때 하나님을 어느 정도 떠올릴 수 있어야 한다는 것입니다. 지금 옆에 있는 형제자매들의 얼굴을 한번 떠올려보십시오. 그에게서 하나님의 형상이 보이십니까? 그것은 어떤 모습입니까? 또 세상의 부부들을 보십시오. 그들의 관계 속에서 하나님의 형상을 발견할 수 있습니까?

솔직히 말해, 우리 인간 안에서 하나님의 형상을 찾아보기는 쉽지 않습니다. 그 형상이 남아 있는지 알 수 없고, 남아 있더라도 왜곡된 모습입니다. 심지어 사탄을 더 닮은 듯한 모습도 보게 됩니다. 이는 인간에게 무언가 심각한 문제가 일어났음을 보여줍니다. 바로 죄, 죄 때문에 모든 것이 뒤틀렸습니다.

죄가 들어오기 전, 아담과 하와는 가장 아름답고 친밀한 사랑의 관계를 누렸습니다. 아담은 하와를 처음 보았을 때 "이는 내 뼈 중의 뼈요 살 중의 살이라"고 감격스럽게 노래했습니다(창 2:23). 자신과 다르지만 온전히 하나로 이해했던 것입니다. 그들은 벗고 있었음에도 서로를 부끄러워하지 않았습니다. 그만큼 온전한 신뢰와 친밀함을 누렸습니다. 그러나 타락 이후 이 아름다운 모습은 망가졌습니다. 두 사람은 더 이상 하나로 연결되지 못했고, 자신의 몸을 부끄러워하게 되었으며, 서로에게 책임을 전가했습니다. 죄는 하나님과 인간의 관계뿐 아니라 인간과 인간 사이의 관계도 무너뜨렸습니다.

하나님은 인간이 더불어 살아가도록 창조하셨습니다. 그러나 오늘날 혼자 지내기를 더 편안하게 여기는 사람들이 많아졌습니다. 이는 하나님의 형상을 제대로 반영하지 못하는 모습이며, 창조의 목적을 거스르는 방향입니다. 이 점은 자녀 교육에서도 매우 중요합니다. 자녀를 자기중심적으로 기르고, 자기 하고 싶은 대로만 하게 내버려두는 것은 하나님의 창조 목적에 어긋나는 길입니다.

서로 다른 두 사람이 하나되어 살아가려면 무엇보다 자기를 내려놓을 줄 아는 태도가 필요합니다. 두 사람이 각자의 고집대로만 살려고 하면 평안한 가정을 이루기 어렵습니다. 칼뱅은 그리스도인의 삶을 '자기 부인'이라는 말로 요약했습니다. 그런 의미에서 자녀에게 양보를 가르치는 일은 매우 중요합니다. 이는 훗날 가정을 이루어 부부로 살아갈 때 꼭 필요하고 핵심적인 인격의 자질이기 때문입니다.

회복된 하나님의 형상 – 그리스도

타락 이후 인간은 하나님의 온전한 형상을 잃어버렸습니다. 누구나 자신만을 위해 살고자 하며 이기적인 삶을 추구합니다. 어린아이들도 예외는 아닙니다. 자녀들 역시 어릴 적부터 자기 욕심을 따르려는 성향을 드러냅니다. 그렇다면 이렇게 상실된 하나님의 형상은 어디서 다시 찾을 수 있을까요?

하나님은 인간이 잃어버린 형상을 회복할 수 있도록 예수 그리스도를 이 땅에 보내셨습니다. 예수님은 하나님의 형상 그 자체이십니다. 골로새서 1장 15절은 "그는 보이지 아니하는 하나님의 형상이시요"라고 선언하며, 고린도후서 4장 4절에서도 "그리스도는 하나님의 형상이니라"고 분명히 말합니다. 그러므로 "누가 하나님의 형상입니까?"라는 질문에 우리는 주저 없이 "예수 그리스도"라고 대답해야 합니다.

그리스도는 하나님의 아들이며, 아들은 아버지를 가장 닮은 존재입니다. 이 점에서 그리스도는 하나님의 형상이십니다. 그런데 아담과 하와도 하나님의 형상이고 그리스도도 하나님의 형상이라면, 이 둘 사이에는 어떤 연관이 있을까요?

우리는 앞서 하나님의 형상이 외형이나 능력뿐 아니라 사랑의 관계 속에서 드러난다는 사실을 살펴보았습니다. 하나님께서 아담과 하와를 창조하신 것도 서로 다른 존재가 사랑으로 하나되어 하나님의 형상을 나타내도록 하기 위함이었습니다. 결국 형상은 관계 안에서 실현됩니다.

이 관점에서 보면, 예수님 역시 관계 속에서 형상의 완전함을 드러내셔야 합니다. 그런데 예수님은 결혼하지 않으셨습니다. 그렇다면 형상의 조건이 결여된 것일까요? 그렇지 않습니다. 예수님께도 분명히 짝이 있습니다. 바로 교회입니다. 예수 그리스도께서 하나님의 참된 형상이 되시는 이유는, 교회를 자신의 신부로 삼으셨기 때문입니다. 그리스도와 교회는 본래 전혀 다른 존재였지만, 이제는 연합하여 한 몸을 이루었습니다.

하나님의 형상을 잃었던 신자들은 믿음을 통해 그리스도와 연합합니다. 이 연합은 새로운 창조이며, 하나님의 형상이 회복되는 실제적인 과정입니다. 그런 의미에서 우리는 지상명령을 다시 이해할 필요가 있습니다. 우리는 흔히 창세기 1장의 명령을 문화명령, 마태복음 28장의 명령을 전도명령으로 구분합니다. 그러나 이 둘의 본질은 같습니다. "제자를 삼으라"는 명령은 단지 사람을 늘리라는 뜻이 아니라, 잃어버린 하나님의 형상을 그리스도를 통해 회복시키라는 뜻입니다. 아담에게 세상을 정복하고 다스리라는 사명이 주어졌다면, 교회에게는 모든 민족에게 복음을 전하여 하나님의 형상을 회복시키는 사명이 주어진 것입니다.

교회의 가장 중요한 사명은 성장이나 확장이 아니라 잃어버린 형상의 회복에 있습니다. 우리는 이러한 회복됨을 성찬 안에서 가장 깊이 경험할 수 있습니다. 서로 다른 지체들이지만, 성찬을 나누는 가운데 그리스도의 몸으로 하나가 되었음을 인식합니다. 성찬을 통해 그리스도의 살과 피를 나눌 때, 아담이 하와를 처음 보고 "이는 내 뼈 중의 뼈요 살 중의 살이라"고 고백했던 그 찬송이 오늘날 교회 안에서 다시 울려 퍼집니다.

물론 우리의 하나됨은 완전하지 않습니다. 생각도 다르고, 마음이 맞지 않는 일도 있으며, 어색한 관계도 생길 수 있습니다. 그러나 함께 말씀을 나누고, 성찬에 참여하며 주님의 살과 피를 함께 받을 때, 우리는 점점 하나님의 형상을 닮아가게 됩니다. 그렇게 교회는 그리스도를 중심으로 잃어버린 형상을 회복해갑니다.

오늘 본문은 "인간이란 무엇인가?", 곧 "나는 누구인가?"라는 근본적인 질문에 답합니다. 성경은 우리가 하나님의 형상으로 창조되었다고 선언합니다. 그러나 우리의 실제 모습은 그 형상과는 거리가 멉니다. 만일 우리가 하나님의 형상을 드러내지 못한다면, 진정한 의미에서 인간이라 할 수 없습니다. 그래서 우리는 다시금 이 말을 떠올리게 됩니다. "이제 인간이 되어야 한다."

흔히 "먼저 인간이 되어라"고 말하는 사람들은 자신은 이미 인간이 되었다고 생각합니다. 하지만 정작 어떻게 인간이 될 수 있는지는 말하지 않습니다. 단지 노력만 하면 된다고 여기지만, 사실 우리는 그 방법도 능력도 상실한 존재입니다.

그러나 성경은 다릅니다. 성경은 우리가 인간이 되어야 한다고 말할 뿐 아니라 그 길도 알려줍니다. 예수 그리스도께서 하나님의 형상으로 오셔서 그 형상이 무엇인지를 친히 드러내셨습니다, 그리고 말씀을 주시고, 자신의 살과 피를 내어 주심으로 우리를 하나되게 하셨습니다. 그리스도 안에서 우리는 하나님의 형상으로, 회복된 새로운 인간이 됩니다.

하나님께서 처음 아담과 하와에게 복을 주셨듯이 회복된 인간인 우리에게도 복을 주십니다. 세상에서 번성하고, 세상을 충만하게 하며, 그것을 다스리라는 사명이 우리에게 주어졌습니다. 하나님의 형상을 잃어버린 자들에게 복음을 전하고, 참된 형상이신 그리스도의 제자로 삼는 것이 우리의 사명입니다. 이 약속이 우리에게 주어졌으며, 주님께서 이를 친히 이루실 것입니다.

"먼저 인간이 되어라!" 이것이 오늘날 교회와 세상 모두에게 들려주시는 주님의 음성입니다. 이 말씀을 따라 살아가는 복된 성도들이 되시기를 바랍니다.

||||||||||||||||||||

1. 하나님께서 인간을 '하나님의 형상'대로 창조하셨다는 말은 어떤 의미입니까?
2. 예수님은 하나님의 형상을 어떻게 드러내셨고, 우리와 어떤 관계를 맺으심으로써 우리를 그 형상으로 회복시키셨습니까?
3. 우리의 가정과 교회, 일상 속에서 하나님의 형상은 어떤 모습으로 드러날 수 있을까요?

하나님의 안식
"일곱째 날에 안식하시니라"

창세기 2:1-3

현대 사회의 특징은 바쁘다는 것입니다. 특히 한국 사회가 그렇습니다. 너무 분주하고 여유가 없습니다. 편히 쉬거나 하나님의 창조 세계를 온전히 누릴 수 있는 시간이 턱없이 부족합니다. 저는 산기슭에 위치한 학교에서 학생들을 가르치는 비교적 좋은 환경에서 일하고 있습니다. 그러나 자연의 아름다움을 제대로 누릴 수 있는 시간은 하루 중 고작 몇 분에 지나지 않습니다. 대부분의 시간을 연구실과 강의실에서 보내다가 점심을 먹으러 식당으로 향하는 1-2분 남짓한 동안에야 비로소 자연을 마주합니다. 생각해보면 참 아이러니하고 안타까운 현실입니다. 저는 그나마 나은 편이고, 대부분의 성도들은 훨씬 더 힘든 환경에서 세상과 경쟁하며 치열하게 살아가고 있을 것입니다.

사람은 때가 되면 반드시 쉬어야 합니다. 일주일에 하루는 쉬라는 명령은 하나님께서 직접 주신 엄숙한 말씀입니다. 그러나 인간의 타락 이후 안식은 끊임없이 도전을 받아왔습니다. 노예 제도가 존재하던 시대에는 수많은 이들이 제대로 쉴 수 없었고, '쉴 권리'는 일부 계층만 누릴 수 있는 특전이었습니다. 이러한 상황은 현대에 와서도 크게 달라지지 않았습니다. 전태일 청년이 노동자들의 쉴 권리를 외치며 자신의 몸에 불을 지른 것이 불과 몇십 년 전의 일입니다.

물론 지금은 주 5일 근무제가 정착되었고, 주 52시간 근무제도 시행되고 있습니다. 겉으로 보기에는 노동 환경이 크게 개선된 듯합니다. 그러나 디지털 기기와 모바일 기술의 발달로 업무와 휴식의 경계는 오히려 더 흐려졌습니다. 퇴근 후에도 업무 메시지에 응답해야 하고, 주말에도 이메일을 확인하는 것이 일상이 되었습니다. 물리적인 휴식 시간은 늘어난 것처럼 보이지만, 정신적으로는 오히려 더 쉬지 못하는 시대가 되었습니다.

이러한 현실 속에서 참된 안식은 여전히 우리에게, 특히 21세기의 한국인에게 절실한 주제가 아닐 수 없습니다. 이제 본문을 통해 하나님께서 주신 참된 안식의 의미를 함께 묵상해보겠습니다.

참된 안식은 일한 자에게

본문은 하나님께서 일곱째 날에 안식하셨다는 사실을 강조합니다. 이는 하나님께서 인간도 그렇게 살기를 원하셨기 때문입니다. 출애굽기 20장, 십계명 중 제4계명은 안식일을 지키라는 명령과 함께 그 이유를 이렇게 설명합니다. "이는 엿새 동안에 나 여호와가 하늘과 땅과 바다와 그 가운데 모든 것을 만들고 일곱째 날에 쉬었음이라"(출 20:11). 인간이 일주일에 하루씩 쉬는 것은 단순한 관습이 아니라 하나님께서 그렇게 정하셨기 때문입니다.

과거 프랑스 혁명 당시, 극단적 합리주의자들은 십진법에 따라 10일을 한 주로 삼고 9일간 일한 후 하루를 쉬는 제도를 시도했지만, 곧 실패로 돌아갔습니다. 왜 모든 나라가 7일을 한 주의 기준으로 삼고 있을까요? 대부분의 사람들은 그 이유를 알지 못한 채, 막연히 7일 주기가 더 좋다고 여깁니다. 그러나 우리는 그 이유를 분명히 알고 있습니다. 하나님께서 6일 동안 세상을 창조하시고, 제7일에 안식하셨기 때문입니다.

물론 하나님의 모든 행위가 우리 삶의 규범이 되는 것은 아닙니다. 그러나 안식일 제도는 예외입니다. 하나님께서 직접 본을 보이셨고, 인간에게도 이를 지키라고 명하셨습니다. 하나님은 6일 동안 일하시고 일곱째 날에 쉬셨습니다. 원하셨다면 3일만 일하고 쉬실 수 있었고, 매일 쉬실 수도 있었을 것입니다. 그러나 그렇게 하지 않으셨습니다. 이는 우리에게 분명한 메시지를 줍니다. 참된 안식은 일한 자에게 주어진다는 것입니다.

솔직히 말해, 여건만 된다면 매일 쉬며 살고 싶지 않습니까? 그런데 정말 매일 노는 삶이 행복할까요? 노는 것도 한동안이지 아무 일도 하지 않고 계속 쉰다면 오히려 삶의 기쁨과 의미를 잃어버릴 수 있습니다. 쉼이 참된 쉼이 되기 위해서는 먼저 일이라는 전제가 필요합니다. 일이 없는 쉼은 안식이 아닙니다.

많은 사람들이 제4계명을 '쉬라'는 명령으로만 기억합니다. 그러나 제4계명의 본문을 자세히 읽어보면, 그 시작은 "안식일을 기억하여 거룩히 지키라"가 아니라 "엿새 동안은 힘써 네 모든 일을 행할 것이나"입니다. 즉 이 계명을 지키기 위해 먼저 해야 할 일은 6일 동안 힘써 일하는 것입니다. 그렇게 성실히 일한 자만이 7일째 날, 진정한 안식을 누릴 수 있습니다.

저 역시 그런 경험이 있습니다. 미국 유학 시절, 첫 학기 내내 정말 힘든 나날이었습니다. 마침내 학기 마지막 날, 밤새워 논문을 작성하여 아침에 교수 연구실에 제출하고 나오는 순간, 공기가 그렇게 상쾌하고 햇살이 따스할 수 없었습니다. 새소리가 귀에 들려왔고, 그제서야 캠퍼스에 새가 많다는 사실을 알게 되었지요. 물론 그날만 특별히 새들이 노래했을 리는 없습니다.

이처럼 참된 안식은 '일을 마친 후 맞이하는 쉼'입니다. 해야 할 일을 쌓아둔 채 억지로 쉬면 오히려 불안과 스트레스가 더할 뿐입니다. 반면 책임을 다한 후에 누리는 안식은 기쁨과 만족을 줍니다. 하나님도 "그가 하시던 모든 일을 그치고 안식하셨다"고 성경은 기록합니다(2절). 진정한 안식은 일의 완성과 연결되어 있습니다.

안식: 놀거나 자는 것이 아닌 영적 교제

우리는 '안식'이라 하면 아무것도 하지 않고 조용히 앉아 있거나 낮잠 자는 모습을 떠올리기 쉽습니다. 성경이 말하는 안식이 정말 그런 것일까요?

앞서 살펴보았듯이 하나님은 6일 동안 자신의 일을 다 마치신 후 안식하셨습니다. 2절은 "그가 하시던 모든 일을 그치고"라고 말하고, 3절은 "그 창조하시며 만드시던 모든 일을 마치시고"라고 기록합니다. 본문은 하나님이 '모든 일을 마치셨다'는 사실을 반복적으로 강조합니다. 그렇다면 "이제 내 할 일은 끝났으니 나머지는 알아서 되겠지" 하며 뒷짐을 지신 것일까요?

그렇지 않습니다. 사실 하나님은 완전한 분이시기에 세상을 반드시 지으셔야 할 필요는 없었습니다. 그럼에도 세상을 창조하신 이유는 자신을 위함이었습니다. 특별히 인간을 창조하신 목적은 단순히 존재하게 하거나 땅을 채우기 위함이 아니라 인격적인 교제를 나누기 위함이었습니다. 인간은 산과 바다, 별과 같은 피조물과는 본질적으로 다른 존재이기 때문입니다.

이 인격적인 교제가 바로 '안식'의 본질입니다. 하나님은 일을 마치신 후 인간과 교제하기 위해 안식하셨습니다. 이로써 우리는 안식이 단순히 '쉼'이나 '멈춤'이 아니라는 사실을 깨닫습니다. 성경은 신자의 죽음 이후의 상태를 '영원한 안식'으로 표현합니다. 왜 신자는 죽은 뒤 '안식에 들어간다'고 말할까요? 그것은 모든 수고와 고통, 죄와의 싸움, 육신의 연약함에서 벗어나 하나님과 온전히 교제하게 되기 때문입니다. 영원한 안식은 아무것도 하지 않는 상태가 아닙니다. 성부와 성자와 성령, 곧 삼위 하나님과의 깊은 사랑의 교제 속으로 들어가는 것입니다. 이것이 우리가 소망하는 영원한 안식입니다.

그러나 이 안식은 죽어서만 누리는 것이 아닙니다. 지금 이 땅을 살아가는 우리도 일상에서 부분적으로나마 안식의 은혜를 누릴 수 있습니다. 그러자면 하나님께서 맡기신 일을 감당해야 합니다. 땅을 정복하고 다스리며 생육하고 번성하라는 그분의 명령은 여전히 유효합니다. 비록 아담의 타락 이후 그 일에는 수고와 고통이 따르게 되었지만, 하나님은 여전히 우리가 세상 가운데서 열심히 일하기를 원하십니다.

그러나 일만 해서는 안 됩니다. 하나님은 우리가 6일 동안 행한 일 속에서 경험한 바를 나누기를 원하십니다. 그 가운데서 하나님과 교제하기를 원하십니다. 그 교제의 자리가 바로 예배입니다.

이 지점에서 우리는 안식일의 '배타성'에 대해 다시 생각하게 됩니다. 하나님은 단지 하루 중 일부의 시간을 떼어 쉬신 것이 아닙니다. 일하다가 잠깐 멈춘 뒤 다시 일하신 것도 아닙니다. 하나님은 온전히 하루를 안식의 날로 삼으시고, 그날을 '거룩하게' 하셨습니다. 즉 다른 날들과 구별하셨습니다. 또한 그날에 복을 주셨습니다. 따라서 안식일은 거룩하고 복된 날입니다. 하나님께서 안식을 통해 그분의 형상대로 지으신 인간과 교제하시는 날이기 때문입니다.

하나님께서 안식일에 우리와 교제하기를 원하셨으므로, 우리가 이 날에도 자기 일을 하는 것은 매우 잘못된 일입니다. 그러나 인간은 타락 이후로 하나님에 대한 범죄를 가볍게 여기기 시작했습니다. 살인이나 절도 같은 죄는 심각하게 여겨도 주일을 범하는 일은 대수롭지 않게 여깁니다. 이는 하나님의 안식과 그분과의 교제를 무시하는 행위입니다.

솔직히 말해, 목회자인 저 자신조차 예전보다 안식일에 대한 감각이 무뎌졌음을 느낍니다. 오늘날 안식일에 영향을 미치는 죄의 힘은 상당합니다. 왜 우리는 쉬지 않고 매일같이 일해야 한다고 생각할까요? 왜 많은 아이들이 주일에도 학원에 가야 한다고 여길까요? 이유는 간단합니다. 다른 사람들에게 뒤처지지 않기 위해서입니다. 많은 신자 부모들이 자녀들을 믿지 않는 이들의 방식대로 키우려 합니다. 그래야 치열한 경쟁 사회에서 살아남을 수 있다고 믿습니다.

그러나 지금 우리에게 무엇보다 절실한 것은 믿음입니다. 에베소서 6장 4절은 분명히 말합니다. "오직 주의 교훈과 훈계로 양육하라." 대부분의 부모는 이 말씀에 동의하면서도, 실제로는 이것만으로 부족하다고 여깁니다. 심지어 주의 교훈과 훈계를 제대로 가르치지도 않으면서 말입니다.

그러나 우리는 믿습니다. 자녀들이 세상 속에서 바르게 살아갈 수 있는 유일한 길은 하나님의 말씀과 훈계뿐입니다. 하나님께서 자녀들에게 필요한 바를 반드시 채워주실 것이라는 믿음이 있을 때, 우리는 주일에 자녀를 학원에 보내지 않을 수 있습니다. 우리 자녀들이 6일 동안 열심히 공부하고 하루는 하나님과 깊은 교제를 나눈다면, 그 삶은 복될 수밖에 없습니다. "다른 아이들은 주일에도 공부하는데, 우리 아이만 성적이 떨어지진 않을까?"라고 걱정하지 마십시오. 유대인들을 보십시오. 비록 예수를 믿지는 않지만 그들은 안식일을 철저히 지킵니다(이 사실 자체는 배울 점입니다). 그런데도 유대인들은 공부를 잘하기로 정평이 나 있습니다. 안식일을 지킨다고 공부를 못하게 되는 것도 아니고, 반대로 쉬지 않고 공부한다고 성적이 무조건 오르는 것도 아닙니다.

문제는 교회 안에서도 주일이 점점 '일하는 날'이 되고 있다는 점입니다. 특히 한국 교회는 주일마다 다양한 봉사로 분주합니다. 특히 직분자들은 아침부터 저녁까지 쉴 틈이 없습니다. 예배, 성가대, 식당 봉사, 주일학교, 각종 회의와 행사까지. 모두 교회에 필요하고 유익한 일이지만, 어느새 이런 활동들이 주일 성수의 기준이 되어버렸습니다. 그러나 이런 모습은 성경이 말하는 안식일의 본질과는 거리가 있습니다.

왜 주일이 점점 안식의 날이 아니라, 또 하나의 '일하는 날'이 되어버렸을까요? 교회가 세상처럼 자기 영광을 추구하기 때문입니다. 무언가 하지 않으면 교회가 멈춰 설 것처럼 느끼기 때문입니다. 저역시 때때로 이런 생각을 합니다. "우리 교회도 다른 교회들처럼 뭔가 열심히 해야 하지 않을까?"

그럴 때마다 우리는 말씀으로 돌아가야 합니다. "안식일이 사람을 위하여 있는 것이요"(막 2:27). 예수님은 안식일의 본질을 이렇게 가르치셨습니다. 우리가 안식일을 위해 존재하는 것이 아니라 안식일이 우리를 위해 있습니다. 안식일이 있기에 우리는 일을 멈추고, 하나님과의 깊은 교제 안으로 들어갈 수 있습니다.

죄 많은 세상에서 '안식'은 때때로 사치처럼 느껴집니다. 예수님은 제자들을 파송하여 기적과 말씀으로 하나님의 나라를 전하게 하셨습니다. 그리고 사역을 마치고 돌아온 제자들에게 이렇게 말씀하셨습니다. "너희는 따로 한적한 곳에 가서 잠깐 쉬어라"(막 6:31). 그들은 식사할 겨를도 없이 바쁜 시간을 보냈지만, 주님이 허락하신 그 짧은 휴식조차 온전히 누릴 수 없었습니다. 사람들이 먼저 달려와 그곳에 와 있었기 때문입니다.

오늘 우리의 삶도 이와 같습니다. 주님은 쉬라고 말씀하시지만, 현실은 우리를 쉬게 두지 않습니다. 가정, 직장, 학교 어디서도 쉼은 쉽게 허락되지 않습니다. 그러나 우리는 알아야 합니다. 열심히 일한다고 모든 일이 잘되는 것이 아닙니다. 공부한다고 반드시 성적이 오르지 않으며, 사업에 최선을 다해도 성공이 보장되지 않습니다. 그렇기에 더욱 '쉴 줄 아는 믿음'이 필요합니다. 때로는 쉬어야 하고, 적어도 일주일에 하루는 하나님의 안식에 참여해야 합니다.

　　하나님의 도우심 없이 우리의 일이 성공할 수 없습니다. 우리의 일을 멈추고 하나님의 안식에 참여할 때, 우리는 진정한 신자의 삶을 세상에 증거할 수 있습니다. 이것이 하나님께서 명하신 복된 삶입니다. 사랑하는 성도 여러분, 바쁜 세상 속에서도 안식의 소망을 품고 살아가시기를 바랍니다.

1. 참된 안식은 '일을 마친 자'에게 주어진다는 말의 의미는 무엇입니까?
2. 하나님께서 "안식일을 기억하여 거룩히 지키라"고 명하신 이유는 무엇입니까?
3. 주일에 예배 외에도 가족과 함께 하나님의 은혜를 나누기 위해 구체적으로 어떤 일을 실천할 수 있을까요?

에덴동산: 하나님의 선하심을 맛보아 아는 곳
"동산을 창설하시고"

창세기 2:4-17

창세기 1장은 성도들에게 익숙한 말씀입니다. 그러나 2장은 상대적으로 덜 알려져 있고, 자세히 읽다보면 당황스러운 부분도 있습니다. 예를 들어 1장에서는 식물과 동물, 그다음에 인간이 창조되었지만, 2장에서는 인간이 먼저 창조된 것처럼 보입니다. 이러한 차이를 들어 일부 자유주의 신학자들은 성경의 무오성을 부정하며, 서로 다른 전승을 후대에 편집한 결과라고 주장합니다. 그렇게 되면 성경은 신적 권위를 지닌 계시가 아니라 인간이 만든 문학작품이 되고 맙니다.

물론 성경에는 현대인의 눈으로 볼 때 설명하기 어려운 부분들이 있습니다. 이런 의문은 대부분 성경을 현대의 합리주의적 세계관으로 해석하려 할 때 생깁니다. 창세기가 기록되었던 고대의 시간관과 역사관은 오늘날과 달랐습니다. 특히 창세기 1장은 창조의 전체 과정을 요약적으로 서술했고, 2장은 인간 창조를 중심으로 더 구체적으로 설명하는 구조입니다. 1장은 남녀의 창조를 함께 다루지만, 2장은 남자와 여자가 순차적으로 창조된 과정을 세밀하게 묘사합니다. 중요한 것은 창세기가 시간적 순서 자체에는 큰 관심이 없다는 점입니다.

결국 본문에서 핵심은 창조의 순서가 아니라 창조의 내용과 의도입니다. 본문은 특별히 인간과 식물의 관계를 에덴동산을 통해 설명하며, 인간이 어떤 존재로 창조되었고 어떻게 살아야 복된 삶을 누릴 수 있는지를 보여줍니다.

에덴동산의 창설 배경

본문의 서두는 에덴동산이 만들어진 배경을 설명합니다. 하나님께서 천지를 창조하셨을 때, 그 땅에는 아직 아무것도 없었습니다. 밭에는 초목도 없었고 채소도 자라지 않았습니다(5절). 식물이 없는 세상을 상상해보십시오. 그 모습은 사막과 가장 비슷할 것입니다. 사막은 생명이 아닌 죽음의 땅입니다. 하나님은 바로 그 죽음의 땅을 생명의 낙원으로 바꾸고 계십니다.

본문은 왜 그 땅에 초목과 채소가 없었는지를 두 가지 이유로 설명합니다. 첫째, 여호와 하나님께서 아직 비를 내리지 않으셨고, 둘째, 땅을 경작할 사람이 없었기 때문입니다(5절). 이 구절은 당시 사람들의 세계관을 고려해 읽어야 합니다. 오늘날 우리는 비가 어떻게 내리는지 과학적으로 알고 있지만, 고대인들은 비를 신이 내려주는 것으로 이해했습니다. 이 말씀을 통해 이스라엘 백성은 비를 주관하시는 분이 여호와 하나님이심을 분명히 알 수 있었을 것입니다.

또한 본문은 타락 이전의 세계가 우리가 흔히 상상하듯 저절로 열매가 맺히는 무위도식의 낙원이 아니었음을 보여줍니다. 밭에 식물이 없는 이유 중 하나가 '경작할 사람이 없었기 때문'이라는 표현은, 아담과 하와가 땅을 경작하는 존재로 창조되었음을 의미합니다. 실제로 '경작하다'(cultivate)라는 말은 영어 'culture'(문화)의 어원이기도 합니다. 인간은 놀고먹기 위해 창조된 것이 아니라 땅을 일구고 가꾸기 위해 지어진 존재입니다.

비를 내리시는 분은 하나님이시며, 땅을 경작하는 존재는 인간입니다. 이 둘의 조화 속에서 하나님의 창조 질서가 실현됩니다. 하나님은 혼자서도 비를 내리고 땅을 기경하여 이 세상을 푸른 동산으로 만드실 수 있었습니다. 그러나 그렇게 하지 않으시고, 사람을 창조하여 동역자로 세우셨습니다. 이것이 에덴동산에 나타난 하나님의 모습입니다.

인간을 창조하심

하나님은 땅에 식물이 자라 아름다운 동산을 이루도록 두 가지 중요한 일을 행하셨습니다. 하나는 사람을 창조하신 것이고, 다른 하나는 강물을 사방으로 흘러가게 하신 것입니다.

먼저, 하나님은 인간을 창조하셨습니다. 보다 정확히 말하면, 남자를 창조하셨습니다. 우리는 창세기의 묘사를 통해 그 과정을 잘 알고 있습니다. 하나님은 흙으로 사람을 지으시고, 그의 코에 생기를 불어넣어 살아 있는 존재로 만드셨습니다. 여기서 '지으셨다'는 말은 '빚었다'는 뜻이며, 이는 하나님을 토기장이에 비유한 표현입니다. 사용된 '흙'은 더 정확히 말해 '티끌'인데, 이는 인간의 기원이 얼마나 미미한지를 보여줍니다. 동시에 인간의 생명이 철저히 하나님께 의존하고 있음을 말해줍니다.

이렇게 창조된 인간을 하나님은 친히 준비하신 에덴동산에 두셨습니다. '동산'이라는 표현 때문에 작은 언덕이나 산을 떠올리기 쉽지만, 본래 이 단어는 '정원'을 뜻합니다. "동산을 창설하셨다"(8절)는 말은 동산을 '심으셨다'는 뜻입니다. 여기서 하나님은 훌륭한 정원사로 등장합니다. 하나님은 아담을 창조하신 후, 그를 세상에 내버려 두지 않으셨습니다. 만약 그렇게 하셨다면 아담은 죽고 말았을 것입니다. 들에는 아직 먹을 것이 없었기 때문입니다.

그런 상황을 아셨기에 하나님은 에덴동산에 먹기에 좋고 보기에 아름다운 나무들을 자라게 하셨습니다. 이는 인간이라는 존재를 이해하는 데 매우 중요한 단서입니다. 하나님은 인간을 먹어야만 살아갈 수 있는 존재로 창조하셨습니다. 하나님께서 생기를 불어넣으심으로 아담은 생령이 되었지만, 그 생명을 유지하기 위해서는 음식이 필요했습니다. 만약 식물이 없었다면, 인간은 끊임없는 결핍과 배고

품 속에서 살아야 했을 것입니다.

강물을 흐르게 하심

에덴동산에는 다른 곳과 달리 식물이 풍성했습니다. 그 이유는 그 곳에 강이 흐르고 있었기 때문입니다. 아직 하나님께서 땅에 비를 내리시지 않은 상황에서 어떻게 강이 존재할 수 있었을까요? 이는 하나님께서 그렇게 하셨다고 설명할 수밖에 없습니다. 아마도 에덴동산 아래에서 지하수가 계속 솟아난 것으로 보입니다.

본문이 주목하는 중요한 사실은, 이 강이 에덴에서 발원하여 동산을 적셨을 뿐 아니라 사방으로 흘러나가 네 개의 강줄기로 갈라졌다는 것입니다. 물이 흐르는 곳에는 생명이 자랍니다. 하나님은 에덴동산에서 흘러나오는 물을 통해 에덴을 중심으로 온 세상이 생명의 땅으로 확장되기를 바라셨습니다. 하나님께서 에덴에 동산을 '심으셨다'("창설하셨다", 8절)고 표현한 것도 의미심장합니다. 이 말은 에덴동산이 하나의 씨앗과 같음을 암시합니다. 만일 인간이 타락하지 않고 하나님의 말씀에 순종했다면, 에덴은 자라서 온 세상을 덮는 거룩한 동산이 되었을 것입니다.

에덴 밖의 땅에는 여전히 채소가 없었습니다. 하나님께서 아직 비를 내리지 않으셨고, 그 땅을 경작할 사람도 없었기 때문입니다. 그러나 에덴동산은 달랐습니다. 하나님께서 큰 강을 내셨고, 그 동산을 관리할 사람도 세우셨기 때문입니다. 이처럼 에덴동산은 하나님께서 거룩하게 구별하신 장소였으며, 인간은 그곳에서 하나님과 교제하며 참된 기쁨을 누릴 수 있었습니다.

이를 상징적으로 보여주는 것이 동산 중앙의 두 나무, 곧 생명나무와 선악을 알게 하는 나무입니다. 이 나무를 통해 인간은 자신이 이 동산의 주인이 아니라는 사실을 분명히 인식했을 것입니다.

하나님의 선하심을 맛보아 아는 곳

에덴동산에서 인간은 모든 좋은 나무의 열매를 자유롭게 먹을 수 있었습니다. 다만 선악을 알게 하는 나무의 열매만은 금지되었습니다. 어떤 사람들은 "하나님이 왜 굳이 선악과를 만드셨을까?"라며 의문을 제기하지만, 하나님은 인간에게 사과만 먹으라고 하든, 바나나만 먹으라고 하든 그렇게 명하실 권리가 있으신 분입니다. 인간은 흙으로 지음받은 피조물이기 때문입니다.

오히려 눈여겨봐야 할 점은, 하나님께서 단 하나의 나무만 금하셨고, 나머지 모든 나무의 열매는 얼마든지 허락하셨다는 사실입니다. 이는 하나님의 풍성함과 너그러움을 보여주는 대목입니다. 하나님께서 에덴동산에 두신 나무들은 보기에도 아름답고 먹기에도 좋은 열매를 맺었고, 하나님은 인간이 그 아름다움을 단지 보는 데서 그치지 않고 직접 맛보며 즐기기를 원하셨습니다.

'보는 것'과 '먹는 것'은 큰 차이가 있습니다. 그림 속의 떡은 아무리 화려해도 우리를 배부르게 하지 못합니다. 마찬가지로 하나님은 인간이 그분의 선하심을 구경만 하도록 창조하지 않으셨습니다. 직접 경험하고 누리게 하셨습니다.

이 지점에서 인간과 짐승은 분명히 구별됩니다. 짐승은 단지 생존을 위해 먹지만, 인간은 맛보고 즐기기 위해서도 먹습니다. 우리는 단순히 배를 채우는 것에서 그치지 않고, 맛과 향, 모양까지 고려합니다. 어머니들은 가족을 위해 늘 정성껏 식탁을 차립니다. 고급 식당일수록 음식의 맛뿐 아니라 모양과 배열에도 세심하게 신경을 씁니다. 이 점에서 하나님은 최고의 요리사이십니다. 또한 최고의 정원사이십니다. 열매 몇 개를 대충 흙에 던져두신 것이 아니라 에덴동산을 특별히 구별하여 준비하셨습니다. 그곳에서 인간은 하나님의 선하심을 맛보아 알도록 지음받았습니다.

신학적으로 볼 때, 에덴동산은 그 시대의 '성전', 곧 인간이 하나님의 은혜를 깊이 체험하는 거룩한 장소였습니다. 안타깝게도 인간의 범죄로 이 모든 아름다움이 뒤틀리고 말았습니다. 땅은 저주를 받아 엉경퀴와 가시를 냈고, 인간은 이마에 땀이 흐르도록 수고해야 겨우 식물을 얻을 수 있게 되었습니다.

타락 이후 인간은 하나님의 선하심을 즐기기보다 단순히 배를 채우기 위해 음식을 먹기 시작했습니다. 음식을 먹으면서 하나님을 기억하기보다 "무엇을 먹을까, 무엇을 입을까" 염려하며 살아가게 되었습니다.

인간은 에덴의 아름다움을 잃어버렸지만, 하나님은 예수 그리스도를 통해 회복의 길을 열어주셨습니다. 이 회복은 특히 하나님께서 거하시는 성전을 통해 이루어집니다. 에스겔 47장에서 선지자 에스겔은 환상 가운데 회복된 성전을 보았는데, 거기서도 성전 문지방 아래에서 물이 흘러나와 큰 강을 이루고, 그 강물이 흐르는 곳마다 각종 나무가 자라며 열매를 맺는 장면이 등장합니다.

요한계시록 22장에도 비슷한 이미지가 나옵니다. 수정같이 맑은 생명수가 하나님과 어린 양의 보좌로부터 흘러나와 길 가운데로 흐르고, 그 곁에는 열두 가지 열매를 맺는 생명나무가 자라며, 그 잎사귀들은 만국을 치료하는 능력을 가집니다. 이는 하나님의 통치가 회복될 때 온 세상이 다시 에덴처럼 변하게 될 것임을 상징적으로 보여줍니다.

아직 그 회복은 완성되지 않았지만, 교회는 이 땅 위의 작은 에덴동산입니다. 하나님의 선하심을 맛보아 알며 즐거워하는 곳입니다. 그러나 이 즐거움은 우리만을 위한 것이 아닙니다. 에덴동산이 온 세상을 향해 열린 곳이었던 것처럼 교회 역시 세상을 향해 열려 있어야 합니다. 성도들은 에덴동산에서 아담이 그랬던 것처럼 세상을 경작하는 존재들입니다. 이 세상은 타락으로 인해 왜곡되고 황폐해졌지만, 하나님은 자신의 백성을 통해 그 땅이 다시 회복되기를 원하십니다. 그 사명을 누가 감당할 수 있을까요? 하나님의 선하심을 참으로 맛보아 아는 자들입니다.

하나님께서 비를 내리시고, 인간이 땅을 기경하면 밭에 다시 채소가 날 것입니다. 우리는 그것을 먹으며 하나님의 선하심을 경험하게 될 것입니다. 그 선하심을 맛본 자는 하나님을 찬양하지 않을 수 없습니다.

이것이 바로 인간이 이 땅에 존재하는 이유입니다. 웨스트민스터 소요리문답 제1문이 말하듯이 "사람의 제일 된 목적은 하나님을 영화롭게 하고 그분을 영원토록 즐거워하는 것"입니다. 창세기 2장은 이 진리를 아름답게 보여줍니다. 하나님의 형상대로 지음받은 우리는 하나님께서 맡기신 이 땅을 일구며, 세상을 아름답게 회복시켜 그분의 영광을 드러내야 합니다. 그러한 삶을 살아가시기를 축원합니다.

||||||||||||||||||||||

1. 하나님께서 에덴동산을 통해 보여주신 창조의 의도는 무엇이며, 인간은 어떤 존재로 창조되었습니까?
2. 일상에서 하나님의 선하심을 맛보아 알며 감사하게 되는 순간은 언제입니까?
3. 우리의 가정이나 일터를 '작은 에덴동산'처럼 가꾸기 위해 어떤 실천을 할 수 있을까요?

타락: 말씀에서 멀어짐
"하나님의 낯을 피하여 숨은지라"

창세기 3:1-8

본문은 성경 전체에서 가장 비극적인 사건 중 하나를 다루고 있습니다. 단순히 아담과 하와 개인의 잘못이 아니라 온 인류에 영향을 미친 결정적인 사건입니다. 이 장면을 읽다보면 자연스럽게 여러 질문이 떠오릅니다.

"왜 하나님은 선악과를 만드셨을까?"

"하와가 선악과를 먹지 않았다면 어땠을까?"

"왜 하나님은 그 상황을 막지 않으셨을까?"

"선악과를 하와만 먹고 아담은 먹지 않았다면?"

이런 질문들에 대해 우리는 완전한 해답을 가질 수 없습니다. 그러나 한 가지 분명한 사실은, 이런 질문을 던지는 우리의 시선 자체가 이미 타락한 본성을 반영하고 있다는 점입니다.

아담은 "하나님이 주셔서 나와 함께 있게 하신 여자 그가 주었기에 먹었습니다"라고 말했고, 하와는 "뱀이 나를 꾀었기에 먹었습니다"라고 답했습니다. 두 대답 모두 책임을 회피하며, 결국 하나님께 책임을 돌리고 있습니다. 오늘날 우리가 "왜 선악과를 만드셨냐"고 묻는 것도 그와 다르지 않습니다. 그 질문 속에는 하나님을 향한 원망과 책임 전가의 태도가 숨어 있습니다.

우리는 이런 무익한 질문에서 벗어나야 합니다. 본문이 말하려는 핵심에 집중해야 합니다. 지금도 여전히 교회를 유혹하고 무너뜨리려는 사탄의 간교함을 보고, 이 타락 기사가 우리에게 어떤 경고와 확신의 말씀을 주는지 확인해야 합니다.

타락의 배경

창세기 3장을 올바로 이해하려면, 먼저 2장의 배경을 잘 이해해야 합니다. 창세기 2장은 하나님께서 세상을 어떻게 창조하셨는지, 그리고 인간에게 어떤 명령을 주셨는지를 보여줍니다.

하나님께서 지으신 세상은 온전히 선한 세계였습니다. 하나님은 창조하신 모든 것을 보고 '좋았다'고 선언하셨습니다. 선하신 하나님에게서 악이 나올 수 없습니다. 악은 하나님께서 창조하신 것이 아니라, 피조물이 주어진 자유의지를 잘못 사용해 그분에게서 멀어진 결과입니다.

하나님은 혼돈하고 공허하던 세상에 질서를 세우셨습니다. 해와 달을 두어 낮과 밤을 구분하시고, 사람을 땅에 두어 모든 생물을 다스리게 하셨습니다. 아담에게는 돕는 배필인 하와를 주셨고, 이 관계 안에도 질서를 두셨습니다. 무엇보다 인간은 창조주이신 하나님을 왕으로 섬겨야 했습니다. 에덴동산 중앙에 있는 선악과를 먹지 말라는 명령은, 이 동산의 진짜 주인이 누구인지를 나타내는 표였습니다. 아담과 하와는 하나님을 주인으로 인정하며 그분의 질서 안에서 살아가야 했습니다.

하지만 창세기 3장에 이르러 이 창조 질서가 타락으로 무너집니다. 그 시작은 뱀의 등장이었습니다. 본문은 뱀이 하나님께서 지으신 들짐승 중에서 가장 간교했다고 기록합니다. '간교하다'는 말에는 '지혜롭다'는 긍정적인 의미도 포함됩니다. 타락 이전에 뱀은 지혜로운 피조물이었고, 그 자체로 악한 존재는 아니었습니다. 예수님도 제자들에게 "너희는 뱀같이 지혜롭고 비둘기같이 순결하라"(마 10:16)고 말씀하신 바가 있습니다.

그러나 사탄은 인간을 유혹하기 위해 이 지혜로운 뱀을 도구로 사용했습니다. 사탄의 도구가 된 뱀은 자신이 순종해야 할 인간을 거역하게 됩니다.

창세기 2장 19절을 보면, 아담이 홀로 있는 것이 좋지 않아 하나님께서 먼저 들짐승과 새들을 만드셨다고 기록되어 있습니다. 아담은 이 동물들과 교감을 나누었고, 특히 뱀은 지혜로운 존재였기에 아담과 하와가 각별히 아끼던 동물이었을 가능성이 큽니다. 그런 존재가 인간에게 말을 건네고 질서를 뒤흔드는 도구가 되었을 때, 타락의 문이 열리기 시작한 것입니다.

다른 기준의 등장

뱀은 하와에게 다가와 이렇게 묻습니다. "정말로 하나님이 동산 모든 나무의 열매를 먹지 말라고 하셨느냐?" 뱀은 하나님의 말씀을 교묘히 바꾸고 있습니다. 마치 '말 전달 놀이'처럼 조금씩 표현이 달라진 말은 결국 본래의 메시지를 왜곡하고 맙니다. 뱀과 하와의 대화도 그러했습니다. 뱀은 은근한 조롱조의 말투로 하나님의 명령에 과장과 의심을 섞습니다. "다 먹지 말라고? 그게 말이 돼?"

이때 하와는 아담을 통해 들은 하나님의 명령을 기억하고 있었습니다. 그녀는 이렇게 대답합니다. "동산 나무의 열매를 우리가 먹을 수 있으나 동산 중앙에 있는 나무의 열매는 하나님의 말씀에 너희는 먹지도 말고 만지지도 말라 너희가 죽을까 하노라 하셨느니라"(2-3절). 아직까지 하와는 하나님의 편에 서 있습니다. 하나님을 자신의 생명을 지키시는 분으로 생각하고 있습니다.

하와의 답은 틀리지 않았습니다. 다만 하나님의 말씀에 대한 확신이 약해졌습니다. 하나님은 분명히 "먹는 날에는 반드시 죽으리라"(2:17)고 하셨지만, 하와는 "죽을까 하노라", 다시 말해 "죽을지도 몰라"라고 말합니다. 선악과를 먹지 말아야 할 이유를 정확히 이해하지 못했으며, '실제로 죽는지는 먹어봐야 아는 것 아니냐?' 하는 생각을 가졌는지도 모릅니다. 하나님의 말씀만으로는 충분하지 않게 된 순간이었습니다.

이 틈을 파고든 뱀은 마침내 하나님의 말씀과 정반대되는 주장을 던집니다. "너희가 결코 죽지 아니하리라." 이 말은 단순한 거짓이 아니라 확신을 가장한 거짓입니다. 사기꾼일수록 진실처럼 보이도록 더욱 단호하게 거짓을 말합니다. "그럴 리 없다", "절대 아니다", "그랬다면 내 손에 장을 지진다"는 식으로 말입니다.

이제 하와는 상반된 두 기준 앞에 서게 되었습니다. 하나님의 말씀은 "반드시 죽는다", 뱀의 말은 "결코 죽지 않는다"입니다. 표면적으로는 뱀의 말이 더 그럴듯해 보입니다. 나무 열매 하나 먹었다고 죽는다니 이상하지 않습니까? 하나님은 그 이유를 설명하지 않으셨고, 뱀은 "그걸 먹으면 눈이 밝아져 하나님처럼 선악을 알게 될 것"이라는 설득력 있는(?) 이유를 제시합니다.

두 기준 사이에서 하와는 어떻게 해야 했을까요? 하나님의 말씀을 따라야 했습니다. 설령 그 명령을 직접 듣지 않고 아담에게 전해 들었다 해도, 하나님을 신뢰하고 아담과 상의해야 했습니다. 그러나 하와는 스스로 판단했고, 결국 잘못된 선택을 하게 됩니다.

여기서 또 하나 주목해야 할 점은 아담의 침묵입니다. 하와가 유혹을 받을 때 아담은 그 자리에 함께 있었던 것으로 보입니다. 그런데도 그는 아무런 조치도 취하지 않았습니다. 유혹의 심각성을 인지하지 못했던 것 같습니다. 이 점에서 아담의 죄가 더 크다고 할 수 있습니다. 그는 한 가정의 머리로서 몸인 아내를 지키지 못했습니다.

하와는 뱀의 말을 들은 후 선악과를 바라보았을 때, 세 가지 유혹에 사로잡혔습니다. 그것은 먹기에 좋고, 보기에도 좋으며, 지혜롭게 할 만큼 탐스러워 보였습니다. 이 세 가지는 오늘날 성도들이 세상에서 겪는 대표적인 유혹과도 같습니다. 요한일서 2장 16절은 이를 "육신의 정욕과 안목의 정욕과 이생의 자랑"이라고 요약합니다. 이것은 인류 최초의 시험이었고, 예수님 역시 광야에서 동일한 유혹을 받으셨습니다.

타락의 맨 밑바닥에 깔려 있는 정신은 "네 마음대로 하라"는 것입니다. 신자의 앞에는 항상 두 갈래 길이 있습니다. 하나님의 명령대로 사는 길과 자기 뜻대로 사는 길입니다. 우리는 본능적으로 자기 뜻을 따르는 삶을 선택하려 합니다. 어린아이들도 금지된 것을 어기려 하고 끊임없이 "왜?"라고 묻지 않습니까? 죄의 본질은 "내가 내 삶의 주인이 되겠다"는 태도입니다.

사탄은 하와에게 이렇게 말했습니다. "하나님이 선악과를 금하신 것은, 너희가 그것을 먹는 날에는 너희 눈이 밝아져 하나님과 같이 되어 선악을 알게 되기 때문이다." 이 얼마나 신성모독적인 말입니까? 창세기 2장을 보면, 인간은 이미 하나님의 형상대로 지음받은 존재입니다. 흙으로 빚어진 보잘것없는 인간이 하나님의 생기를 받아 살아 있는 존재가 되었습니다(창 2:7). '하나님의 형상'이라는 말은 인간이 하나님을 닮아 고귀하고 영광스러운 존재라는 뜻입니다. 그러나 하와는 그 자리에 만족하지 못하고, 하나님과 동등됨을 취하려 했습니다.

하와가 선악과를 먹었을 때 즉각적인 변화는 나타나지 않았습니다. 그녀는 아담에게 열매를 건네며 이렇게 말했을지도 모릅니다. "먹으면 죽는다더니 아무 일도 없네요. 당신도 한번 먹어봐요. 뱀이 말하는데, 이걸 먹으면 하나님처럼 된대요." 아담이 그 열매를 먹는 순간, 타락의 결과가 즉시 드러났습니다. 그들은 자신들이 벗고 있다는 것을 알고 서로를 부끄러워하게 되었습니다.

흥미롭게도 히브리어로 뱀의 '간교함' 혹은 '지혜'와 인간의 '벗음'을 나타내는 단어는 그 형태가 유사합니다. 뱀의 간교가 인간의 수치를 드러낸 셈입니다. 타락하기 전, 하와는 아담에게 그의 뼈요 그의 살이었습니다. 그러나 이제 두 사람 사이의 친밀한 관계는 무너졌습니다.

선악과 이야기는 단순히 먼 옛날에 일어난 사건이 아닙니다. 우리는 이 본문을 읽을 때 교회를 떠올려야 합니다. 아담과 하와는 당시의 교회였습니다. 에베소서 5장 32절은 이 점을 분명히 말합니다. "이 비밀이 크도다. 나는 그리스도와 교회에 대하여 말하노라."

아담은 하와에게 하나님의 말씀을 정확히 가르쳤어야 했습니다. 그러나 그럴 자신도 확신도 없었고, 결국 제대로 가르치지 못했습니다. 하와의 타락은 무엇보다 남편 아담의 책임입니다. 성경은 '하와가 타락했다'고 말하지 않고, '아담이 타락했다'고 표현합니다.

한편, 하와가 먼저 유혹에 빠진 사실은 교회 질서에 대한 중요한 신학적 근거로 이해되어 왔습니다. 바울은 디모데에게 여자는 교회에서 잠잠하고 남자에게 배우라고 가르치며, 그 이유를 "아담이 속은 것이 아니라 여자가 속아 죄에 빠졌다"는 사실에서 찾습니다(딤전 2:14). 오늘날 이 말씀을 불편하게 받아들이는 이들도 있지만, 바울은 창조와 타락 사건을 실제 역사로 전제하며 그 안에서 교회의 질서를 설명한 것입니다.

사탄의 간교함은 오늘날 성도들에게도 여전히 적용됩니다. 바울은 고린도후서 11장 3절에서 이렇게 경고합니다. "뱀이 그 간계로 하와를 미혹한 것같이 너희 마음이 그리스도를 향하는 진실함과 깨끗함에서 떠나 부패할까 두려워하노라."

타락이 무엇입니까? 타락은 주님의 말씀에서 멀어지는 것입니다. 사탄은 지금도 성도들의 마음이 그리스도에게서 멀어지도록 유혹하고 있습니다. 고린도교회는 다른 복음을 받아들여 책망을 받았습니다. 사탄은 옛날에는 뱀의 형상으로, 오늘날에는 그리스도의 사도나 광명의 천사로 가장하여 미혹합니다.

그러므로 성도들은 분별력을 가져야 합니다. 이를 위해 주님께서 주신 말씀과 전해 받은 복음을 정확히 이해하고 굳게 붙들어야 합니다. 이것이 생명의 길입니다. 어떤 유혹 앞에서도 그리스도의 말씀을 붙들고, 그 안에서 풍성한 생명을 누리시기를 바랍니다.

1. 하와가 하나님의 말씀을 알고 있음에도 불구하고 뱀의 유혹에 넘어간 이유는 무엇이었
   습니까?

2. 성경은 하와가 먼저 유혹을 받았지만 '아담이 타락했다'고 말합니다. 왜 하나님은 아담에
   게 책임을 물으셨을까요?

3. 요즘 말씀에서 멀어지고 있는 삶의 영역은 어디이며, 그 유혹은 어떤 방식으로 다가오고
   있습니까?

적개심을 두신 하나님
"너로 여자와 원수가 되게 하고"

창세기 3:15

창세기 3장은 하나님의 형상대로 창조된 인간의 타락을 보여주는 본문으로 잘 알려져 있습니다. 그러나 이 장은 타락의 현실만 보여주는 것이 아니라, 타락한 인간을 향한 하나님의 구원 방법도 함께 제시하고 있습니다. 바로 그 점에서 오늘 본문, 창세기 3장 15절은 성경에 기록된 첫 번째 복음, 이른바 '원시 복음'(proto-evangelium), 또는 '어머니 복음'으로 불립니다.

홍미로운 점은 이 복음의 말씀이 인간이 아닌 뱀에게 선포하신 말씀이라는 것입니다. 하나님께서 짐승에게 하신 말씀이 오늘 우리에게도 살아 있는 하나님의 말씀이 될 수 있을까요? 이 질문은 성경 전체를 읽을 때도 적용됩니다. 하나님은 모세와 다윗, 선지자들, 사도들, 심지어 사탄에게도 말씀하셨습니다. 그렇다면 수천 년 전 다른 대상에게 하신 말씀은 오늘 우리와 어떤 관계가 있을까요? 이것이 성경을 읽는 우리가 늘 가져야 하는 중요한 질문입니다.

창세기 3장에서 하나님은 아담과 하와, 그리고 뱀에게 형벌을 선포하시는 분으로 등장합니다. 이처럼 벌을 주시는 하나님의 모습이 과연 오늘 우리에게 소망이 될 수 있을까요? 일반적으로 사람들은 죄에는 당연히 벌이 따라야 한다고 생각합니다. 그러나 벌 자체는 소망이 될 수 없습니다. 죄인인 우리가 어떻게 감히 의로우신 하나님 앞에 설 수 있을까요?

만약 본문에서 벌 주시는 하나님만 보게 된다면, 우리는 그분 앞에서 절망할 수밖에 없습니다. 하지만 이 말씀이 우리에게 힘이 되는 이유는, 바로 그 형벌이 하나님께서 죄인인 우리를 구원하시는 수단이 되었기 때문입니다.

구원을 준비하시는 하나님

아담이 타락하자 하나님은 즉시 행동하셨습니다. 하나님과의 관계가 깨어져 숨어버린 아담을 찾기 시작하셨습니다. 하나님은 선악과를 만들어놓고 과연 인간이 먹나 안 먹나 감시하시는 분이 아닙니다. 그분은 "아담아, 네가 어디 있느냐?"라고 부르셨습니다. 이는 단순히 위치를 묻는 말이 아니라, "왜 나를 피해 숨느냐?"라는 관계 단절에 대한 질문이었습니다. 이 짧은 질문을 통해 하나님과 인간의 관계가 완전히 틀어졌음을 알 수 있습니다.

아담과 하와는 하나님의 음성을 듣고 동산 나무 사이에 숨었습니다. 여기서 중요한 사실 두 가지를 발견합니다.

첫째, 타락 이후에도 인간은 하나님의 음성을 들을 수 있었습니다. 타락은 인간을 짐승처럼 만든 것이 아니라 하나님과의 친밀함을 잃게 만든 것입니다. 그들은 여전히 이성과 감정을 지니고 있었지만, 하나님을 두려워하고 피하게 되었습니다.

둘째, 하나님께서 "선악과를 따먹었느냐?"라고 물으셨을 때, 아담은 이렇게 대답합니다. "하나님이 주셔서 나와 함께 있게 하신 여자 그가 그 나무 열매를 내게 주므로 내가 먹었나이다." 이 대답은 단순히 아내에게 책임을 돌리는 듯 보이지만, 그 뿌리에는 여자를 주신 하나님에 대한 원망이 담겨 있습니다. "그 여자를 내게 주지 않으셨다면, 나는 죄를 짓지 않았을 겁니다"라는 불만입니다. 아담의 말에서 부부의 하나됨이 무너졌음이 드러납니다. 하나님은 "사람이 혼자 있는 것이 좋지 않다"고 하시며 하와를 아담에게 돕는 배필로 주셨지만, 이제 아담은 하와를 '나와는 별개의 존재'로 보고, 보호하고 책임지기는커녕 비난의 대상으로 여깁니다.

하나님께서 이번에는 하와에게 이유를 묻자, 하와는 "뱀이 나를 꾀어서 먹었습니다"라고 대답합니다. 자신이 다스려야 할 뱀에게 속았다고 변명한 것입니다. 뱀 역시 하나님께서 지으신 피조물임을 생각하면, 이 대답 또한 하나님에 대한 원망을 담고 있습니다.

그렇다면 하나님은 왜 아담과 하와에게 죄를 지은 이유를 물으셨을까요? 몰라서 물으신 것이 아닙니다. 마치 부모가 아이들이 싸운 이유를 알면서도 "왜 싸웠니?"라고 묻는 것과 같습니다. 변명을 듣거나 혼내려는 것이 아닙니다. 그런 질문을 하며 기대하는 것은 하나입니다. "잘못했어요." 하지만 아이들은 대개 서로에게 잘못을 미루고, 그러다가 정말 크게 혼이 납니다.

이처럼 하나님은 아담과 하와에게 회개할 기회를 주셨습니다. 반면 뱀에게는 아무런 질문도 하지 않으셨습니다. 변명할 기회조차 주지 않으셨습니다. 왜일까요? 뱀은 하나님의 자녀를 속여 죄를 짓게 만든 원수, 곧 사탄의 도구였기 때문입니다. 부모는 자녀의 말은 들어주지만, 자녀를 해친 원수의 말에는 귀 기울이지 않습니다. 뱀에게 필요한 것은 변명이 아닌 심판이었습니다.

뱀의 심판에 담긴 복음

하나님께서 뱀에게 내리신 심판은 단지 징벌에 그치지 않았습니다. 그 안에는 복음의 씨앗, 곧 인간을 구원하시겠다는 약속이 담겨 있습니다.

하나님은 뱀에게 두 가지 물리적 형벌을 선언하셨습니다. 첫째, 모든 짐승보다 더 저주를 받아 평생 배로 기어다니게 하셨고, 흙을 먹고 살아야 한다고 하셨습니다. 창조 당시 뱀이 어떤 모습이었는지는 알 수 없지만, 이 심판은 뱀이 모든 피조물 중 가장 낮은 존재가 되었음을 의미합니다. 이는 인간보다 위에 서려 했던 교만함에 대한 응징입니다.

둘째, 하나님은 여자와 뱀이 서로 원수가 되게 하셨습니다. 타락하는 과정에서 하나님의 자녀인 하와가 잠시 뱀과 친구가 되었습니다. 하나님은 그 죄악된 관계를 깨기 원하셨습니다. 말 그대로 여자와 뱀 사이에 적개심을 두어 더 이상 교제하지 못하게 하셨습니다. 이 적개심은 인간의 결심이나 의지로 형성된 것이 아니라 하나님께서 직접 두신 것입니다.

셋째, 이 적개심은 개인의 차원을 넘어 자손 대대로 이어지게 됩니다. 하나님은 여자와 뱀뿐 아니라 여자의 후손과 뱀의 후손 사이에도 영원한 대립과 싸움이 있을 것이라고 예고하셨습니다. 뱀의 후손은 여자의 후손의 발꿈치를 상하게 하겠지만, 여자의 후손은 뱀의 머리를 상하게 할 것입니다. 이 말씀에서 가장 중요한 것은, 결국 여자의 후손이 승리한다는 사실입니다. 여기에 쓰인 히브리어 '제라'(씨, 후손, 자손)는 단수형으로서 한 인물을 가리킵니다. 우리는 신약 성경을 통해 이 말씀이 예수 그리스도에 대한 예언임을 알 수 있습니다.

사탄은 예수님의 발꿈치를 상하게 했습니다. 그러나 예수님은 십자가에서 그 고난을 이기시고, 사탄의 머리를 밟으심으로 완전한 승리를 이루셨습니다. 이것이 바로 원시복음, 곧 성경 속에 처음 나타난 복음입니다. 이는 오늘 우리에게도 큰 의미를 지닙니다. 성도들이 사탄과의 영적 전쟁에서 승리할 수 있는 유일한 근거는 이미 그리스도께서 승리하셨다는 사실에 있습니다.

그런데 여기서 "여자의 후손"은 누구인지 이해하기 쉽지만, "뱀의 후손"은 다소 생소하게 들립니다. 이는 뱀의 실제 자손을 의미하는 것이 아니라 사탄 편에 선 사람들, 곧 하나님과 그 백성을 대적하는 세력 전체를 비유하는 말입니다. 사탄은 영적 존재이므로 인간처럼 자손을 낳을 수는 없습니다. 그러나 인류 역사 속에서 사탄의 뜻에 동조하며 여자의 씨를 끊임없이 공격하는 자들이 있었습니다. 이들이 곧 뱀의 후손입니다.

성경은 이 구속사의 대립 구조, 즉 여자의 후손을 보호하시는 하나님의 역사와 이를 무너뜨리려는 뱀의 후손들의 시도를 일관되게 보여줍니다.

- 노아 시대에 뱀의 후손들은 세상에 죄악을 가득 채웠지만, 하나님은 노아를 통해 씨를 보존하셨습니다.
- 하나님은 아브라함을 부르신 이후 그의 씨가 위기에 처할 때마다 지켜주셨습니다.
- 출애굽기는 약속의 씨를 품은 이스라엘 민족을 말살하려는 바로의 시도에서 시작되었지만, 하나님께서 모세를 통해 구원을 이루셨습니다.
- 다윗은 수많은 죽음의 위기 속에서도 하나님의 보호를 받으며 메시아의 계보를 이어갔습니다.
- 포로 시대에는 하만이 유대인을 말살하려 했으나, 하나님은 에스더를 통해 자신의 백성을 구원하셨습니다.

신약 시대에도 이 싸움은 계속되었습니다. 예수님이 태어나자마자 헤롯이 아기 예수를 죽이려 했고, 예수님의 사역 기간 내내 바리새인들과 유대 지도자들이 그분을 죽이려 했습니다. 결국 예수님은 십자가에 못 박히셨으나, 하나님은 그를 사흘 만에 다시 살리셨고, 예수님은 만왕의 왕으로 부활하셨습니다.

신자의 투쟁과 최후 승리

아담과 하와가 하나님의 말씀에서 떠난 직후, 하나님은 진노하시기보다 구원을 위한 새로운 일을 시작하셨습니다. 숨어 있는 그들을 먼저 찾아 부르시고, 그들을 죄로 유혹한 자를 심판하셨습니다. 하나님은 자신의 백성과 사탄의 후손 사이에 영원한 적개심을 두시고, 마침내 그 원수를 멸하기로 작정하셨습니다.

하나님께서 여자의 후손과 뱀의 후손 사이에 적개심을 두셨다는 사실은 오늘 우리 삶에도 깊은 교훈을 줍니다. 이 전쟁은 단지 예수 그리스도와 사탄 간의 싸움이 아닙니다. 예수 그리스도를 주로 따르는 성도들 모두가 그 싸움에 동참하는 존재들입니다. 예수님은 이렇게 말씀하셨습니다.

세상이 너희를 미워하면 너희보다 먼저 나를 미워한 줄을 알라. 너희가 세상에 속하였으면 세상이 자기의 것을 사랑할 것이나 너희는 세상에 속한 자가 아니요 도리어 내가 너희를 세상에서 택하였기 때문에 세상이 너희를 미워하느니라(요 15:18-19).

여기서 '세상'은 곧 뱀의 후손, 즉 하나님을 대적하는 세력을 가리킵니다. 그들은 그리스도를 미워했듯이 그분에게 속한 성도들도 미워합니다. 그러므로 신자가 세상에서 미움을 받는 것은 이상한 일이 아니라 오히려 하나님의 자녀라는 증거입니다.

예정 교리는 이러한 사실을 잘 설명합니다. 하나님께서 우리를 예정하셨다는 것은 구원의 확신을 주는 동시에, 세상으로부터의 적개심을 감당해야 하는 운명에 놓였음을 의미합니다. 실제로 종교개혁 이후 재세례파는 박해를 참된 교회의 표지 가운데 하나로 이해하기도 했습니다. 물론 그것이 전부는 아니지만, 믿음의 길이 언제나 복과 번영만을 보장하지 않는다는 것은 분명합니다.

그러나 이 싸움은 끝이 정해져 있습니다. 하나님은 여자의 후손이 반드시 승리하게 하셨습니다. 사탄의 후손들이 예수 그리스도를 십자가에 못 박았지만, 부활하신 그리스도는 궁극적 승리를 이루셨습니다. 그리고 장차 산 자와 죽은 자를 심판하러 다시 오실 것입니다. 그리스도의 승리는 곧 우리의 승리입니다. 바울은 로마서에서 이렇게 선언합니다. "평강의 하나님께서 속히 사탄을 너희 발아래에서 상하게 하시리라"(롬 16:20).

우리가 세상으로부터 미움을 받는 것이 당연하듯이 그 싸움에서 승리하는 것도 당연한 일입니다. 비록 지금은 고난이 지속되는 것처럼 보일지라도, 하나님은 자기 백성을 괴롭히는 자들을 속히 심판하실 것입니다. '속히'라는 말은 하나님의 시간 속에서 결코 지체됨이 없음을 뜻합니다. 그날이 이르면 우리는 하나님의 공의가 얼마나 빠르고 명확하게 이루어졌는지 알게 될 것입니다.

믿음의 싸움은 쉽지 않지만, 말씀 속에서 주어진 최후의 승리를 바라보며 믿음의 경주를 완주하는 복된 성도들이 되시기를 축원합니다.

\|\|\|\|\|\|\|\|\|\|\|\|\|\|\|\|\|\|\|\|\|\|\|

1. 하나님은 왜 진노보다 구원을 먼저 시작하셨을까요? 여기서 알 수 있는 하나님의 성품은 무엇입니까?
2. 여자의 후손과 뱀의 후손 사이에 적개심을 두셨다는 말씀은 오늘날 신자의 삶과 어떤 관계가 있습니까?
3. 믿음의 길에서 고난을 마주할 때, 그리스도 안에서 이미 주어진 승리를 확신하십니까?

가인: 패역하여 뱀에게 속한 자
"내가 내 아우를 지키는 자니이까"

창세기 4:1-15

창세기 4장은 타락 이후 최초로 발생한 비극, 살인 사건을 기록합니다. 단순한 폭력이나 우발적 사고가 아니라 형이 동생을 들에서 살해한 충격적인 범죄였습니다. 더욱 아이러니한 것은 그 배경이 예배였다는 점입니다.

가인과 아벨의 이야기는 하나님과의 관계가 무너지면 교회 안에서도 어떤 일이 일어날 수 있는지를 보여줍니다. 오늘날에도 형제나 부부, 부모 자식 간에 살인이 벌어지지만, 이 사건은 단순한 가정 내 범죄와는 다릅니다. 비록 목사와 장로 같은 체제는 없었지만, 당시 아담과 하와의 가족은 하나의 교회였고, 이 사건은 교회 안에서 일어난 일이었습니다. 이 점을 인식할 때 성경 말씀이 더욱 현실감 있게 다가옵니다.

아담의 타락 사건 이후로 오랜 시간이 흘렀습니다. "세월이 지난 후에"(3절)라는 표현은 문자적으로 '그 시대의 끝에'라는 뜻입니다. 가인과 아벨 외에도 이미 많은 사람들이 살고 있었고, 가인은 동생을 죽인 후 다른 사람들에게 보복당할까 두려워했습니다. 따라서 두 사람은 단순한 개인이 아니라 집단의 대표라 할 수 있습니다. 가인은 악한 자, 곧 뱀의 후손이며, 아벨은 여자의 후손입니다.

창세기 3장은 타락을, 4장은 그 결과로 인한 단절의 심화를 보여줍니다. 하나님과의 단절, 인간 사이의 단절, 그리고 피조물과의 단절이 이어졌습니다. 그러나 그 단절은 완전한 단절은 아니었습니다.

4장은 예배로 시작됩니다. 이는 타락한 인간이라도 하나님의 계시를 따라 예배드릴 수 있었고, 하나님은 그들과 교제하기를 원하셨음을 보여줍니다. 아담과 하와는 예배의 방식을 자녀들에게 가르쳤을 것이며, 타락 이후에는 반드시 예물을 통해 하나님께 나아가야 했습니다. 모세 시대처럼 구체적인 규례는 없었지만, 하나님께 예물을 드려야 한다는 인식은 분명히 있었습니다.

왜 가인의 제사는 거절하셨는가?

가인과 아벨의 이야기에서 가장 궁금한 점은 하나님께서 왜 아벨의 제사는 받으시고, 가인의 제사는 거절하셨느냐는 것입니다. 이 질문은 오늘 우리에게도 중요합니다. 지금도 많은 사람들이 예배를 드리면서 당연히 하나님께서 그 예배를 받으신다고 생각합니다. 사실 그 예배를 받으시는지 크게 신경도 쓰지 않습니다. 왜일까요? 예배의 중심이 하나님이 아니라 자신에게 있기 때문입니다. 좋은 말씀, 감동적인 찬양, 기분 좋은 헌금, 감정적인 '은혜'만 누리면 예배를 잘 드렸다고 여깁니다.

가인과 아벨의 차이를 예물에서 찾는 이들이 있습니다. 가인은 농부였기에 땅의 소산을 드렸고, 아벨은 목자였기에 양의 첫 새끼와 그 기름을 드렸습니다. 언뜻 이 차이가 두 제사의 운명을 가른 것으로 보이기도 합니다. 이러한 해석은 일정 부분 성경적인 근거도 가지고 있습니다. 레위기의 제사 대부분은 피의 제사이며, 히브리서 9장 22절도 "피 흘림이 없은즉 사함이 없느니라"고 말합니다. 타락으로 인해 인간은 죄인이 되었고, 하나님께 나아가기 위해서는 반드시 피 흘림이 필요하다는 것입니다. 따라서 피의 제물을 드린 아벨만이 참된 예배를 드렸다고 해석할 수 있습니다.

하지만 이 해석에는 한계가 있습니다. 이는 하나님께서 아담과 하와에게 '피의 제사만이 참된 예배'라고 미리 가르치셨다는 전제가 있어야 성립합니다. 그러나 성경 어디에도 그러한 계시가 주어졌다는 언급이 없습니다. 더욱이 레위기에는 곡물로 드리는 제사도 존재합니다. 따라서 제물의 종류만으로 두 사람의 예배를 구분하는 데는 무리가 있습니다.

오늘 본문은 그 차이를 예물 자체보다 '예배자'에게서 찾습니다. 하나님께서 "아벨과 그의 제물"은 받으셨고, "가인과 그의 제물"은 받지 않으셨다고 기록합니다(4-5절). 이 말씀은 제물 이전에 사람이 중요하다는 것을 보여줍니다. 하나님은 예배자의 중심을 보십니다. 제물은 단지 그 중심의 표현일 뿐입니다.

믿음으로 드리는 제사

하나님께서 아벨의 제사를 받으신 이유는 무엇일까요? 히브리서 11장 4절은 이렇게 말합니다.

> 믿음으로 아벨은 가인보다 더 나은 제사를 하나님께 드림으로 의로운 자라 하시는 증거를 얻었으니 하나님이 그 예물에 대하여 증언하심이라. 그가 죽었으나 그 믿음으로써 지금도 말하느니라.

가인과 아벨의 본질적 차이는 '믿음'에 있었습니다. 아벨은 믿음으로 예배를 드렸고, 가인은 그렇지 않았습니다. 창세기 본문에는 '믿음'이라는 단어가 직접 나오지 않는데, 히브리서 기자는 어떻게 그 차이를 알았을까요? 그 해석의 근거는 히브리서 11장 6절에 나오는 다음 말씀입니다. "믿음이 없이는 하나님을 기쁘시게 하지 못하나니." 이 말씀은 구약 전체를 꿰뚫는 해석 원리이기도 합니다. 하나님께서 가인의 제사를 받지 않으셨다는 사실을 통해 그에게는 믿음이 없었다고 유추한 것입니다.

가인의 제사는 우리에게 중요한 교훈을 줍니다. 겉으로는 예배를 드릴지라도 마음속에 믿음이 없을 수 있다는 사실입니다. 이는 하나님을 전면적으로 부정했다는 뜻이 아닙니다. 성경에서 믿음의 반대는 흔히 불신이라기보다는 '행위'나 '자기 의'입니다. 가인은 자신의 노력과 공로를 바탕으로 제사를 드렸던 것입니다. 그의 예물인 땅의 소산은 땀과 수고의 결과물이었습니다. 가인은 그것을 하나님께 드리면서 당연히 열납될 것이라 기대했습니다. 형식적으로는 정성껏 드린 예배였습니다.

오늘날에도 많은 이들이 정성을 다해 예배를 드리면 하나님께서 기뻐하실 것이라 생각합니다. 물론 형식적이거나 건성으로 드리는 예배는 열납되지 않습니다. 그러나 단지 정성이 깊다고 해서 반드시 예배를 받으시는 것은 아닙니다. "지성이면 감천"이라는 말은 성경적 원리가 아닙니다. 중요한 것은 정성이 아니라 믿음입니다.

믿음과 행위의 차이는 사소하게 보일 수 있지만, 하나님이 보시기에는 결정적입니다. 하나님은 제물에 앞서 예배자의 믿음을 보십니다. 믿음 없는 제사는 오히려 그분의 진노를 부를 수 있습니다. 오늘날 우리가 드리는 헌금도 마찬가지입니다. 헌금은 우리의 수고와 땀의 결과를 상징합니다. 하나님은 이것을 귀하게 보십니다. 단, 우리 안에 믿음이 있을 때 그러합니다.

가인의 문제는 하나님 자체를 부정한 것이 아니라 그분을 잘못 이해한 데 있었습니다. 그는 예배의 열납 여부가 하나님의 은혜가 아닌 자신의 수고에 달려 있다고 생각했습니다. 그러나 성경이 말하는 믿음은 하나님의 주권과 은혜에 대한 전적인 신뢰입니다. 따라서 믿음으로 드리는 예배란, 하나님만을 의지하고 그분의 기뻐하심을 구하는 예배입니다.

믿음 없이 드리는 예배의 결과

믿음 없이 자기 의로 드리는 예배는 치명적인 결과를 낳습니다. 하나님께서 가인의 예배를 받지 않으시자 그는 분노했습니다. 만약 그가 믿음으로 예배를 드렸다면, 예배가 열납되지 않았을 때 분노하기보다는 자신을 돌아보았을 테지요. 그러나 가인에게 하나님은 '마땅히' 자신의 예배를 받아주셔야 하는 존재였습니다. 그는 자신이 죄인이고, 자신의 제물이 죄로 오염되었다는 사실을 알지 못했습니다.

가인이 분노로 가득 차 있자 하나님께서 직접 그에게 말씀하셨습니다. 더 큰 죄로 나아가지 않도록 막기 위함이었습니다. 하나님은 그가 왜 분노하는지 묻고, "선을 행하면 어찌 낯을 들지 못하겠느냐"라고 말씀하셨습니다. 이는 올바른 예배를 드렸다면 받아들여졌을 것이라는 뜻입니다. 이어서 "선을 행하지 아니하면 죄가 문에 엎드려 있느니라. 죄가 너를 원하나 너는 죄를 다스릴지니라"고 경고하셨습니다(7절). 죄가 가까이에 있으니 그 유혹을 이겨내야 한다는 뜻입니다.

그러나 가인은 하나님의 경고를 받아들이지 않았습니다. 악에 사로잡힌 마음은 하나님의 말씀조차 받아들이지 못합니다. 가인에게 하나님의 말씀은 "네가 틀렸다"는 선언이었고, 그는 그 사실을 인정할 수 없었습니다. 자신이 옳음을 증명하듯이 그는 아우를 죽이는 계획을 실행에 옮겼습니다.

사도 요한은 가인이 아벨을 죽인 이유를 이렇게 설명합니다. "가인같이 하지 말라. 그는 악한 자에게 속하여 그 아우를 죽였으니 어떤 이유로 죽였느냐? 자기의 행위는 악하고 그의 아우의 행위는 의로움이라"(요일 3:12). 가인은 죄를 다스리지 못한 채 악한 자, 곧 뱀에게 속하여 아벨을 죽였습니다. 여자의 후손을 향한 뱀의 적개심이 가인의 손을 통해 드러난 것입니다. 그는 하나님의 말씀을 용납할 수 없어 아우를 죽이는 극단적 방법을 선택했습니다.

유다서 11절은 이 길을 "가인의 길"이라고 부릅니다. 그것은 이성 없이 본능을 따라가는 길이며, 결국 하나님을 대적하는 길입니다. 가인은 하나님을 죽일 수 없었기에 대신 하나님의 사람을 죽인 것입니다.

가인이 받은 형벌

가인은 아벨을 들로 유인하여 죽였습니다. 우리말 성경에는 "아벨에게 말하고"로 끝나지만(8절), 원문에는 "우리가 들로 나가자"라는 표현이 있습니다.

이에 하나님께서 직접 개입하여 "네 아우 아벨이 어디 있느냐?"라고 물으셨습니다. 가인은 "내가 알지 못하나이다. 내가 내 아우를 지키는 자니이까?"라고 대답했습니다. 이 말은 그가 살인한 후에도 죄책감을 느끼지 않았음을 보여줍니다. 살인에 이어 거짓말까지 더

했습니다. 죄가 또 다른 죄를 낳으며 가인은 점점 더 죄의 종이 되어 갔습니다.

"내가 내 아우를 지키는 자니이까?"라는 말은 궁극적으로 하나 님을 조롱하는 표현이었습니다. 속으로는 "당신은 아벨도 제대로 지 키지 못하는 무능한 신 아닙니까?"라는 뜻이었습니다. 만약 여러분 이 하나님이라면 이런 모욕에 어떻게 반응하시겠습니까?

하나님은 가인에게 벌을 내리셨습니다. "땅이 그 입을 벌려 네 손 에서부터 네 아우의 피를 받았은즉 네가 땅에서 저주를 받으리니 네가 밭을 갈아도 땅이 다시는 그 효력을 네게 주지 아니할 것이요 너는 땅에서 피하며 유리하는 자가 되리라"(11절).

가인의 벌은 땅이 더 이상 수확을 내주지 않는 것이었습니다. 그 는 자신의 노력으로 얼마든지 수확을 얻고, 이를 통해 하나님께 인 정받을 수 있다고 믿었지만, 이제 그것은 불가능해졌습니다. 아무리 수고해도 땅은 가인에게 응답하지 않을 것입니다. 그는 비로소 소산 이 자신이 노력한 결과가 아니라 하나님의 선물임을 절감하게 될 것 입니다.

이 형벌을 어떻게 보십니까? 어떤 이들은 가혹하다고 생각할 수 있고, 또 어떤 이들은 형제를 살인한 것에 비해 너무 가볍다고 여길 수도 있습니다. 하지만 하나님은 가장 적절한 징계를 내리셨습니다. 그런데도 가인은 "내 죄벌이 지기가 너무 무겁다"고 불평했습니다. 그는 자신에게 닥칠 보복만을 걱정했을 뿐 아들을 잃은 부모나 자 신의 죄에 대한 반성은 안중에 없습니다.

그런데도 하나님은 가인의 생명을 보호하겠다고 약속하셨습니다. 가인의 이마에 표를 주어 아무도 그를 죽이지 못하게 하신 것입니다. 살인, 거짓, 조롱 등 가인의 모든 행위에 비춰 보면 사형이 마땅한 듯합니다. 그러나 하나님은 오히려 그를 보호하십니다. 이는 국가가 존재하지 않았던 당시에 복수의 사슬을 끊기 위한 그분의 자비이자 정의였습니다. 하나님께서 직접 그 일을 막으신 것입니다.

그럼에도 가인은 끝내 회개하지 않았습니다. 오히려 하나님 앞을 떠났습니다. 하나님께서 내쫓으신 것이 아니라 그가 스스로 떠났습니다. 이후 그는 아들 에녹을 낳고 성을 쌓았습니다. 하나님은 그가 방랑하게 될 것이라고 하셨지만, 그는 그 말씀을 거부하고 자기 힘으로 안전을 확보하려 했습니다. 하나님의 호의와 보호조차 온전히 신뢰하지 못한 것입니다.

창세기 4장은 우리의 신앙 생활에 깊은 교훈을 줍니다. 이 본문은 하나님에 대한 지식, 예배, 그리고 형제자매와의 관계가 밀접하게 연결되어 있음을 보여줍니다. 신학과 예배와 윤리가 하나로 연결되어 있습니다. 가인은 악한 자에게 속한 사람이었고, 자신을 의롭다고 여겼습니다. 그는 이 거짓된 의를 바탕으로 하나님께 나아갔고, 그것이 인류 최초의 살인으로 이어졌습니다. 그의 범죄는 오늘 우리에게 심각한 반면교사가 됩니다.

하나님을 참으로 기쁘시게 하는 길은 무엇일까요? 그것은 우리의 열심이나 수고가 아니라 전적으로 하나님의 은혜에 의존하는 믿음입니다. "믿음이 없이는 하나님을 기쁘시게 하지 못하나니"(히 11:6)라는 말씀을 기억해야 합니다.

바른 믿음으로 드리는 예배, 그리고 같은 믿음 위에서 함께 드리는 예배를 통해 우리는 진정한 교제를 누릴 수 있습니다. 이러한 복된 예배가 우리 공동체 가운데 회복되기를 주님의 이름으로 축원합니다.

|||||||||||||||||||||

1. 하나님께서 가인의 제사는 거절하시고 아벨의 제사는 받으신 이유는 무엇입니까?
2. 가인이 아벨을 죽인 후에도 왜 하나님은 그를 보호하셨습니까?
3. 지금 우리의 예배는 '믿음'으로 드리고 있는지, 아니면 '행위'와 '자기 의'에 기대어 드리고 있지는 않은지 돌아봅시다.

에녹: 하나님이 데려간 사람
"하나님과 동행하더니"

창세기 5:21-25

성경에서 가장 신비한 인물 중 하나는 에녹입니다. 그는 갑자기 나타났다가 사라진 듯한 인물입니다. 에녹에 대한 성경의 기록은 매우 짧습니다. 창세기 5장은 이렇게 말합니다. "에녹은 65세에 므두셀라를 낳았다. 하나님과 300년을 동행하면서 자녀들을 낳았다. 하나님이 그를 데려가시므로 세상에 있지 않았다."

이 짧은 본문을 통해 우리는 어떤 교훈을 얻을 수 있을까요?

계보의 중요성: 라멕과 에녹

창세기 4장과 5장에는 두 계보가 나옵니다. 4장은 가인의 계보, 5장은 셋의 계보입니다. 가인은 악한 자에게 속해 의로운 아벨을 죽였으나 하나님은 셋을 통해 경건한 자손이 이어지게 하셨습니다. 시간이 지나며 두 계보는 점차 차이를 드러내는데, 7세손에 이르러 그차이가 극명해집니다. 가인의 계보는 라멕으로, 셋의 계보는 에녹으로 이어집니다. 이러한 대조는 족보가 단순한 이름 나열이 아님을 보여줍니다.

먼저 라멕을 살펴봅시다. 가인의 계보는 라멕에서 사실상 끝나지만, 셋의 계보는 에녹을 거쳐 노아에게로 이어집니다. 우리는 이미 가인이 얼마나 하나님을 대적했는지 살펴보았습니다. 그렇다면 가인의 마지막 자손 라멕은 어떤 모습이었을까요?

- 그는 두 아내, 즉 아다와 씰라를 취했습니다.
- 그는 살인을 했습니다.
- 그는 그 살인을 자랑했습니다.

라멕을 통해 인간의 악이 더욱 확장되고 뻔뻔해지고 대담해졌음을 알 수 있습니다. 그는 일부일처제를 정면으로 거스르며 중혼제도를 도입한 인물로 보입니다. 가정의 질서가 무너지자 죄가 만연하며 구조적인 문제로 번졌습니다.

라멕은 가인의 후예답게 행동했지만 살인의 동기와 태도는 달랐습니다. 가인은 하나님과의 잘못된 관계로 인해 동생을 죽였고, 라멕은 인간관계의 갈등 속에서 상대를 살해했습니다. 그는 자신에게 상처를 입힌 이를 죽이고는 오히려 자랑했습니다. 단순한 보복이 아니라 과잉 대응이고 힘의 과시였습니다. 당시에는 국가도, 공적 제재 수단도 없었습니다. 사람들은 각자의 방식으로 폭력을 행사했고, 이는 사적 보복의 문화로 고착화되었습니다. 라멕은 그런 문화를 상징하는 인물입니다.

라멕에게는 두 아내 사이에서 둔 세 아들이 있었습니다. 한 아들은 가축을, 한 아들은 악기를, 또 다른 아들은 철기 문명을 대표하는 조상이 되었습니다. 이들의 삶은 문명의 진보처럼 보이지만, 이야기의 흐름에는 연회와 무기, 폭력의 그림자가 드리워져 있습니다. 고기를 먹고 연회를 즐기던 중 다툼이 일어났고, 라멕은 아들이 만든 무기를 들고 사람을 죽였을 가능성이 큽니다.

무엇보다도 그는 살인을 저지르고도 죄책감이 없었습니다. 오히려 두 아내에게 자랑하듯이 노래했습니다. 그것은 타락한 인류가 처음으로 지은 노래였습니다. 창세기 2장에서는 아담이 사랑을 노래했는데, 이제는 보복과 위협의 노래가 울려 퍼집니다. "나 라멕을 건드리면 가만두지 않겠다!" 이 노래는 인간의 죄가 얼마나 깊어졌는지를 단적으로 보여줍니다.

에녹의 시대: 죄의 영향력이 확대됨

셋의 계보는 가인의 계보와 뚜렷이 대조됩니다. 하나님은 살해당한 아벨 대신 셋을 주셨고, 셋은 에노스를 낳았습니다. 성경은 "그때에 사람들이 비로소 여호와의 이름을 불렀더라"(창 4:26)고 기록합니다.

이는 셋의 계보가 하나님을 예배하는 믿음의 전통을 계승했음을 보여줍니다.

무엇보다 당시 사람들이 800-900년씩 매우 오래 살았다는 점이 눈에 들어옵니다. 그 이유는 정확히 알 수 없지만, 적어도 노아 홍수 이전의 세계는 지금과 전혀 다른 자연환경 속에 있었음을 짐작하게 합니다.

또 주목할 점은 그들이 그렇게 오래 살았음에도 결국 모두 죽었다는 사실입니다. 오늘날에는 인간의 수명이 늘어났다 해도 백 세를 넘기기 힘들기 때문에 죽음을 현실로 받아들이기가 쉽습니다. 그러나 당시에는 거의 천 년 가까이 살아간 사람들이 대부분이었기에 죽음이 멀게 느껴졌을 것입니다. 그럼에도 모두 죽었다는 사실은 하나님께서 "정녕 죽으리라"고 하신 말씀의 엄중함을 입증합니다.

그들의 죽음은 모두 죄로 인한 것이었습니다. 인간이 오래 살 수 있었던 것은 그 시대에는 죄의 영향력이 지금처럼 강력하게 퍼지지 않았기 때문일 수 있습니다. 그러나 분명한 사실은 인간의 죄로 인해 죽음이 인류 역사에 확고히 자리 잡았다는 것입니다.

이렇게 죄의 영향력이 확대되고 그 결과가 본격적으로 나타나던 시기가 에녹의 시대였습니다.

하나님과 동행한 에녹

그렇다면 죄악이 점점 깊어가던 그 시대에, 에녹은 어떻게 살았을까요? 성경은 그가 "하나님과 동행했다"고 말합니다. 참으로 멋진 표현입니다. 여러분도 하나님과 동행하기를 원하십니까? 그렇다면 에녹을 기억하시기 바랍니다. 그의 삶을 묵상하면 하나님과 동행한다는 것이 무엇인지 깊이 깨달을 수 있습니다.

'동행'이란 말 그대로 함께 걷는 것을 의미합니다. 여러분은 누구와 함께 걷기를 원하십니까? 2인 3각 경기를 떠올려보십시오. 이 경기는 두 사람이 서로의 발을 끈으로 묶고 함께 달리는 방식입니다. 마음이 하나되지 않으면 도저히 앞으로 나아갈 수 없습니다. 한 사람은 이쪽으로, 다른 사람은 저쪽으로 가려 한다면 결국 넘어지거나 제자리걸음만 하게 됩니다. 같은 방향으로 걷는다 해도 보조를 정확히 맞춰야 합니다. 어느 한쪽이 서두른다고 먼저 갈 수 없습니다.

하나님과의 동행이 그렇습니다. 우리는 하나님과 언약이라는 끈으로 묶여 있습니다. 물론 억지로가 아닙니다. 우리는 기꺼이 하나님과 연결된 것입니다. 문제는 그 다음입니다. 연결되었다면 이제는 보조를 맞춰야 합니다. 내 생각을 고집하기보다 하나님의 뜻에 나를 맞추는 것, 이것이 동행의 본질이고, 그리스도인의 길입니다.

물론 동행은 불편할 수 있습니다. 혼자 걷는 것이 훨씬 자유롭고 편할 수 있습니다. 문제는 내가 가는 그 길이 옳은 방향인지 알 수 없다는 데 있습니다. 아무리 열심히 걸어도 방향이 틀렸다면, 그 걸음은 헛수고일 뿐입니다. 그래서 우리는 반드시 하나님과 동행해야 합니다.

에녹은 300년 동안 하나님과 동행했습니다. 세상이 점점 죄로 물들어가던 시대에 그는 조용히 하나님과 함께 걸었습니다. 예수님께서 말씀하신 것처럼 세상에는 넓은 길과 좁은 길이 있습니다. 모든 사람이 하나님을 따르는 시대라면 동행은 쉬웠을지 모릅니다. 하지만 대부분이 하나님을 등지던 시대에 에녹은 홀로 하나님과 동행했습니다. 큰 결단이 필요했을 것입니다.

에녹이 300년간 하나님과 동행한 후, 하나님께서 그를 데려가셨습니다. 에녹은 여전히 하나님과 함께 있을 것입니다. 그는 하나님과 헤어진 것이 아니라 동행 방식이 바뀌었을 뿐입니다. 지상에서 하나님과 동행하는 삶은 장차 천국에서 누릴 영원한 동행을 미리 맛보는 것입니다. 천국에서 살고자 하는 사람은 이 땅에 있을 때부터 하나님 나라의 방식대로 살아야 합니다. 지금 여기서 천국의 삶을 시작해야 합니다.

말씀을 증거한 에녹

본문에서 아쉬운 점이 하나 있다면, '하나님과 동행했다'는 말은 있으나 그 동행이 구체적으로 어떤 삶이었는지에 대한 설명이 부족하다는 것입니다. 분명한 사실은 에녹이 특별한 상황이 아니라 일상의 삶 속에서 하나님과 동행했다는 점입니다. 그는 므두셀라를 낳고 다른 자녀들도 두었으며, 가장으로서 300년 동안 하나님과 함께 걸었습니다.

하나님과의 동행은 가정을 떠나거나 세상을 등지는 금욕적인 삶을 뜻하지 않습니다. 많은 이들이 하나님을 더 잘 섬기기 위해 독신이나 수도원 생활을 택하지만, 반드시 그것만이 하나님을 따르는 길은 아닙니다. 오히려 그런 방식이 더 쉬울 수 있습니다. 그러나 에녹은 그렇게 살지 않았습니다. 그는 결혼하여 자녀를 낳고 가족을 돌보며 평범한 삶의 자리에서 하나님과 동행했습니다

유다서를 보면 에녹의 삶을 좀 더 구체적으로 알 수 있습니다. 유다서 14-15절은 그가 하나님의 말씀을 전한 선지자였음을 분명히 말합니다.

> 아담의 칠대 손 에녹이 이 사람들에 대하여도 예언하여 이르되, 보라, 주께서 그 수만의 거룩한 자와 함께 임하셨나니 이는 뭇 사람을 심판하사 모든 경건하지 않은 자가 경건하지 않게 행한 모든 경건하지 않은 일과 또 경건하지 않은 죄인들이 주를 거슬러 한 모든 완악한 말로 말미암아 그들을 정죄하려 하심이라 하였느니라.

이 구절에서 우리는 몇 가지 중요한 점을 발견할 수 있습니다. 첫째, 유다는 에녹이 아담의 칠대 손임을 강조합니다. '칠'은 성경에서 완전수로 자주 사용되며, 에녹이 한 시대를 마무리짓는 종말론적 의식 속에서 살았음을 보여줍니다.

둘째, 에녹이 살았던 시대는 불경건의 시대였습니다. 유다서에서는 "경건하지 않은"이라는 표현이 반복되며 강조됩니다. 이는 단순한 도덕적 타락이 아니라 하나님을 조롱하고 무시하며 대적하는 태

도를 의미합니다.

셋째, 에녹이 선포한 메시지는 주님의 심판이었습니다. 오늘날 많은 이들이 심판의 메시지를 꺼리지만, 에녹은 심판이 주님의 강림으로 이루어질 것임을 선포했습니다. 그 심판의 대상에는 신자들도 포함될 것입니다.

하나님을 기쁘시게 한 에녹

히브리서 11장은 에녹의 동행을 또 다른 각도에서 조명합니다. 에녹은 단지 하나님과 함께 걸었을 뿐만 아니라 하나님을 기쁘시게 하는 삶을 살았습니다.

> 믿음으로 에녹은 죽음을 보지 않고 옮겨졌으니 하나님이 그를 옮기심으로 다시 보이지 아니하였느니라. 그는 옮겨지기 전에 하나님을 기쁘시게 하는 자라 하는 증거를 받았느니라. 믿음이 없이는 하나님을 기쁘시게 하지 못하나니 하나님께 나아가는 자는 반드시 그가 계신 것과 또한 그가 자기를 찾는 자들에게 상 주시는 이심을 믿어야 할지니라(히 11:5-6).

하나님으로 인해 기뻐하고 그분을 기쁘시게 하는 것은 인간이 존재하는 가장 중요한 목적입니다. 웨스트민스터 소요리문답 제1문도 이렇게 고백합니다. "사람의 제일 되는 목적은 하나님을 영화롭게 하고, 그를 영원토록 즐거워하는 것이다."

어떻게 하면 하나님을 기쁘시게 할 수 있을까요? 믿음을 통해 그렇게 할 수 있습니다. 에녹은 믿음으로 하나님을 기쁘시게 했습니다. 그는 불경건의 시대, 곧 하나님을 부정하고 조롱하던 시대에 '하나님이 계시다'는 사실을 굳게 믿었습니다. 뿐만 아니라 그분을 찾는 자들에게 반드시 상을 주시는 이심을 확신했습니다.

하나님은 그런 믿음을 기뻐하셨습니다. 에녹은 300년 동안 하나님과 동행하며 믿음으로 살았고, 하나님은 그를 데려가셨습니다. 그 결과 에녹은 죽음을 경험하지 않고 이 세상에서 저 세상으로 옮겨졌습니다. 하나님과의 동행은 그에게 죽음을 초월하는 영광을 가져다주었습니다. 창세기 5장은 겉으로 보기에는 죽음의 계보처럼 보이지만, 사실 죽음을 이기는 길을 가리키는 장입니다. 에녹은 그 길의 본보기가 되었습니다.

오늘날에도 우리는 에녹의 시대처럼 죄악이 가득한 세상 속에서 살아갑니다. 사람들은 결혼을 가볍게 여기고, 분노와 복수심으로 자신을 드러내며, 라멕처럼 자기 힘을 과시합니다.

이런 시대 속에서 신자는 어떻게 살아야 할까요? 하나님의 말씀을 붙들고, 그 말씀을 전하며, 믿음으로 하나님을 기쁘시게 해야 합니다. 그것이 곧 하나님과 동행하는 길입니다. 그 동행이 끝나는 날, 하나님께서 예비하신 상이 우리를 기다릴 것입니다. 죄도, 사망도 더 이상 우리를 건드릴 수 없습니다. 부활의 영생이 우리를 기다리고 있습니다.

사랑하는 성도 여러분, 우리 모두 에녹처럼 이 땅에서 하나님과 동행하다가 마침내 그분이 준비하신 복을 온전히 누리게 되시기를 주님의 이름으로 축원합니다.

|||||||||||||||||||||||

1. 불경건의 시대 속에서 에녹은 어떻게 하나님과 동행했습니까?
2. 에녹은 어떤 믿음으로 하나님을 기쁘시게 했습니까?
3. 하나님을 기쁘시게 하기 위해 내 삶에서 시작할 수 있는 작은 순종에는 무엇이 있을까요?

대홍수: 심판과 구원
"끝 날이 내 앞에 이르렀으니"

창세기 6:1-22

노아의 홍수 이야기는 너무나 유명해 별다른 설명이 필요 없을지도 모릅니다. 그러나 '홍수'라는 단어는 사건의 한쪽 면만 떠올리게 합니다. 하나님의 심판 말입니다. 틀린 말은 아니지만, 그것은 진실의 절반에 불과합니다. 하나님은 홍수를 통해 세상을 준엄히 심판하셨지만, 동시에 노아와 그의 가족을 구원하셨습니다. 하나님은 물을 단지 멸망의 수단으로만 사용하신 것이 아니라 택하신 백성을 살리는 구원의 도구로도 사용하셨습니다.

성경에서 '물'은 중요한 상징입니다. 특별히 세례와 깊은 관련이 있습니다. 하나님께서 심판에 불이나 다른 수단이 아닌 물을 사용하신 이유도 구원과 세례의 연결성에서 찾아볼 수 있습니다. 출애굽 사건에서도 하나님은 홍해를 가르심으로써 자신의 백성을 구원하시는 동시에 애굽 군대를 멸하셨습니다. 물은 하나님의 백성에게는 구원의 통로이고, 대적하는 자에게는 심판의 도구였습니다. 이 같은 진리는 베드로전서 3장 20-21절에서도 분명히 드러납니다.

> 방주에서 물로 말미암아 구원을 얻은 자가 몇 명뿐이니 겨우 여덟 명이라. 물은 예수 그리스도께서 부활하심으로 말미암아 이제 너희를 구원하는 표니 곧 세례라. 이는 육체의 더러운 것을 제하여 버림이 아니요 하나님을 향한 선한 양심의 간구니라.

이 구절은 다소 이해하기 어렵지만, 홍수의 물과 세례가 깊이 연결되어 있음을 보여줍니다. 그렇다면 노아의 홍수는 단지 고대의 전설이 아니라 오늘날 세례 받은 신자들의 이야기이기도 합니다. 하나님은 세례의 물을 통해 우리의 옛 본성을 심판하시고, 새 생명의 삶을 시작하게 하십니다.

창세기 6장에 기록된 노아 홍수의 말씀을 통해, 하나님이 어떤 분이신지, 그분을 어떻게 섬겨야 하는지, 그리고 죄 많은 세상에서 우리는 어떻게 살아야 하는지 살펴보겠습니다.

노아의 시대

오늘 본문은 노아 시대의 특성을 잘 보여줍니다. 먼저, 이 시대는 번성의 시대였습니다(1절). 노아는 아담의 10대 손으로 약 천 년이 지난 시점이며, 이 시기부터 인류는 기하급수적으로 증가한 듯합니다. 이는 하나님의 축복이지만, 번성 자체가 복은 아닙니다. 오늘날 교회의 성장과 부흥도 하나님을 섬기고 영광 돌리는 삶으로 이어지지 않는다면 오히려 진노의 대상이 될 수 있습니다.

노아 시대의 번성은 '혼인'과 관련 있습니다. 그 혼인은 '하나님의 아들들'과 '사람의 딸들' 사이에 이루어졌습니다. 2절은 해석하기 어려우나 하나님의 아들들은 경건한 자손을, 사람의 딸들은 불경건한 자손으로 보는 것이 자연스럽습니다.

어떻게 두 그룹 사이에 혼인이 이루어졌을까요? 2절에 따르면 하나님의 아들들이 사람의 딸들의 아름다움을 보고 그들을 아내로 삼았습니다. '아름답다'는 표현은 '좋다'는 의미로, 창조 기사에서 사용된 긍정적 단어였지만, 여기서는 타락의 원인이 됩니다. 이는 하와가 선악과를 보기에 좋다고 여겨 따먹은 모습과 닮았습니다. 타락은 옳고 그름을 생각하지 않고 좋고 싫음에 따라 결정하는 데서 시작됩니다. 하와는 선악과를 볼 때 하나님의 명령을 생각하지 않고 자기 눈에 좋게 보이는 대로 행동했습니다. 하나님의 아들들도 마찬가지로 자기 눈에 좋게 보이는 대로 행했습니다. 불경건한 자와 결합함으로써 하나님을 거역했으며, 여러 아내를 둠으로써 혼인의 신성함까지 훼손했습니다. 라멕의 범죄가 하나님의 아들들에게까지 퍼진 것입니다.

이로 인해 수많은 아이들이 태어났고, 그중 일부가 '네피림'이라 불리는 거인이자 용사, 고대에 명성 있는 자들이었습니다(4절). 그들은 체구가 크고 힘이 셌으나 그 힘을 타락한 본성에 따라 사용했습니다. 민수기 13장에서도 네피림은 하나님의 뜻을 방해하는 존재로 등장합니다.

노아의 시대는 내적으로나 외적으로나 죄가 만연한 시대였습니다. 사람의 생각은 항상 악했고, 온 땅은 부패하고 포악함이 가득했습니다(5, 11절). 인간의 죄로 땅까지 타락했습니다. 이는 아담과 가인의 범죄 때도 드러났던 사실입니다. 하나님께서 사람뿐 아니라 땅 위의 모든 것을 홍수로 심판하신 이유가 여기에 있습니다.

부패한 인간의 가장 중요한 특성은 '폭력'입니다. 이는 법에 의해 통제되지 않은 힘을 의미합니다. 여기서 말하는 폭력은 히브리어 '하마스'로 표현되며, 하나님의 공의와 정면으로 대립하는 개념입니다. 하나님은 공의로 세상을 다스리시지만, 타락한 인간들은 폭력으로 세상을 지배하려 했습니다. 성경의 문맥상 이러한 폭력을 행사한 주체가 네피림이었음을 알 수 있습니다. 하나님의 법이 무시되고 타락한 인간의 힘이 지배하던 시절이 바로 노아의 시대였습니다.

세상에 대한 하나님의 판단

노아의 시대에는 죄악과 패역이 만연했습니다. 가인의 타락 이후 죄는 인간의 보편적 특징이 되었으며, 그 영향은 온 세상에 퍼졌습니다. 죄는 인간의 내면 깊숙이 자리 잡았고, 사회 전반의 구조적 특성으로 굳어졌습니다. 사람들의 생각과 의도는 항상 악했습니다. 표면적으로 세상은 악이 지배하고 하나님은 계시지 않는 듯 보였지만, 사실은 그렇지 않았습니다. 하나님은 언제나 결정적 순간에 역사에 개입하여 자신이 하나님 되심을 드러내셨습니다.

하나님은 당시 죄악으로 물들어가는 세상을 정확히 보고 계셨습니다(5, 12절). 창세기 1장에서는 세상을 보며 "심히 좋았더라" 하셨지만, 지금은 '심히 악함'을 보셨습니다. 하나님께서 창조하신 땅은 결코 그분의 관심에서 벗어날 수 없습니다. 인간이 보는 것과 하나님이 보시는 것은 전혀 다릅니다. 하나님의 자녀들은 사람의 딸들의 겉모습만 보았지만, 하나님은 그들의 사악함을 꿰뚫어 보셨습니다.

많은 이들이 죄를 짓는 이유는 하나님이 보지 않으신다고 생각하기 때문입니다. 자신이 저지른 죄를 아무도 모를 것이라 믿습니다. 하지만 누군가가 보고 있고, 그것이 드러날 것임을 안다면 대부분은 죄를 짓지 않을 것입니다. 속으로는 악한 생각을 품더라도 차마 행동으로 옮기지 못할 것입니다. '하나님이 보신다'는 인식은 성도의 삶에서 매우 중요합니다. 신자의 삶은 '코람 데오'(하나님 앞에서의 삶) 입니다.

하나님은 인간을 지으신 것을 후회하며 마음 아파하셨습니다(6절). 이는 하나님의 계획이 실패했다는 의미가 아니라, 죄에 대한 하나님의 진노와 슬픔이 그만큼 컸다는 뜻입니다. 창조 당시 '심히 좋았던' 세상이 이제는 사악한 인간의 모습으로 가득합니다. 공의로우신 하나님은 죄를 그냥 두고 보실 수 없었습니다. 그것은 하나님 되심을 부정하는 일이었기 때문입니다.

그러나 하나님은 곧바로 심판하지 않으셨습니다. 120년이라는 긴 시간을 주셨습니다. 노아가 방주를 짓는 시간은 하나님의 오랜 인내의 기간이었습니다(벧전 3:20). 거대한 방주는 심판과 구원의 확실한 메시지였지만, 사람들은 회개하기는커녕 더 큰 죄를 쌓아 심판을 자초했습니다.

마침내 하나님은 세상에 대한 심판을 선언하십니다. "포악함이 땅에 가득하므로 그 끝 날이 내 앞에 이르렀으니"(13절). 심판은 하나님의 인내가 끝나는 시점인 동시에 그분의 의로우심을 드러내는 시간입니다. 하나님의 침묵은 무책임이나 무능이 아니며, 끝까지 죄를 거부한 인간에게는 마땅한 심판이 따릅니다. 그 심판에는 사람뿐 아니라 짐승과 공중의 새까지 포함되었습니다. 왜 죄 없는 새까지 멸하셨는가를 묻기 전에, 하나님을 기쁘시게 하지 못하는 세상은 존재할 이유가 없다는 점을 기억해야 합니다. 하나님은 세상의 주인이시며, 그분의 의로 세상을 다스리십니다.

구원을 베푸시는 하나님

하나님의 전 지구적 심판 가운데서도 예외가 있었습니다. 바로 노아와 그의 가족입니다. 그들은 하나님께서 친히 보존하신 자들이었습니다. 노아는 '위안'이라는 뜻의 이름을 가진 인물로, 아버지 라멕이 지어주었습니다. 라멕은 아들이 땅의 저주로부터 사람들을 위로하기를 기대했습니다(창 5:29). 이는 이미 그 시대부터 세상이 급속히 악해지고 있었음을 암시합니다.

성경 전체에서 '하나님과 동행했다'는 표현은 에녹과 노아, 단 두 사람에게만 사용됩니다. 노아는 할아버지 므두셀라, 아버지 라멕을 통해 에녹의 삶에 대해 들었고, 그와 같이 하나님께서 명하신 말씀에 120년 동안 충실히 순종하며 방주를 지었습니다. 그의 구원은 그 신실한 동행에 대한 하나님의 선물이었습니다.

노아는 홀로 하나님을 섬긴 특별한 인물이었습니다. 당시 모두가 하나님을 대적하던 시대에 그는 유일하게 믿음을 지켰습니다. 그런 점에서 노아는 분명 위대한 믿음의 사람입니다.

동시에 우리는 노아의 믿음이 그의 의지만으로 가능했던 것이 아니라, 하나님의 예비하심과 은혜의 역사였다는 사실도 기억해야 합니다. 하나님께서 세상을 그대로 내버려두셨다면, 노아 또한 결국 세상의 죄에 물들었을 것이며, 인류의 역사는 그의 시대에서 끝났을지도 모릅니다. 그렇게 되었더라도 하나님께는 아무 잘못이 없습니다. 하나님은 원하신다면 세상의 역사를 그대로 끝내실 수도, 새로운 아담을 창조하여 새로 시작하실 수도 있는 창조주이시기 때문입니다.

하지만 하나님은 구원의 역사를 이어가기 위해 노아를 택하셨습니다. 더 이상 죄로 가득한 인간이 세상을 통치하지 못하게 하시고, 참된 신앙인을 통해 새로운 시대를 여신 것입니다. 홍수 심판과 노아 가족의 구원은 하나님의 구속 섭리를 보여주는 사건입니다.

베드로후서 2장 5절은 노아를 "의를 전파하는 자"라고 부릅니다. 그는 방주를 준비하면서 동시에 하나님의 말씀을 전했습니다. 즉 노아는 그 시대의 선지자였습니다. 세속적인 기준으로 보면, 그는 실패한 선지자처럼 보일 수도 있습니다. 120년 동안 단 한 명도 회개시키지 못했으니 말입니다. 그러나 선지자의 성공은 결과가 아니라 하나님의 말씀에 얼마나 충실했는가에 달려 있습니다. 노아는 누구도 듣지 않는 세상 속에서 대언자로서 하나님의 말씀을 전했고, 아무도 믿지 않는 가운데 산 위에 거대한 배를 지었습니다.

그 기준에서 볼 때 노아는 진정한 선지자였고, 하나님의 뜻에 순종한 사람이었습니다. 오늘날 교회도 마찬가지입니다. 하나님의 말씀에 충실히 순종할 때, 교회는 그 존재 이유를 지키게 됩니다.

&⋅

노아의 홍수는 수천 년 전의 사건이지만, 오늘을 사는 우리와 무관하지 않습니다. 주님은 인자의 때가 노아의 때와 같을 것이라고 말씀하셨습니다(마 24:37 이하, 눅 17:26 이하). 노아 시대의 사람들은 홍수가 닥치기 전까지 아무런 징조도 느끼지 못한 채 먹고 마시고 시집가고 장가가며 평범한 일상을 살아갔습니다.

인자의 임함도 그와 같아 그날이 언제인지 아무도 알 수 없기에 우리는 더욱 깨어 있어야 합니다. 하나님께서 그날과 시간을 알려주셨다면, 사람들은 마지막 순간까지 마음대로 살다가 그때 가서 회개하려 들 것입니다. 그러나 하나님은 그날을 감추심으로써 우리가 매 순간을 하나님 앞에서(코람 데오) 살도록 하셨습니다.

지금 이 세상도 노아의 시대처럼 죄악으로 가득합니다. 그때 사람들은 비라는 것을 본 적이 없었기에 홍수를 믿지 않았습니다. 창세기 2장 5절은 하나님께서 땅에 비를 내리지 않으시고, 안개로 지면을 적셨다고 말합니다. 안개만 보던 이들이 대홍수를 상상할 수 있었을까요?

오늘날도 마찬가지입니다. 하나님께서 장차 불로 심판하시고 새 하늘과 새 땅을 이루실 것이라 말씀하셨지만, 많은 이들은 그것이 어떤 것인지 실감하지 못한 채 재림을 조롱하며 살아갑니다. 그러나 하나님은 지금도 세상을 보고 계시며, 인내 가운데 택하신 자들을 부르고 계십니다. 그리고 끝 날이 이르면, 하나님의 심판은 반드시 임할 것입니다. 그날은 개인에게는 죽음일 수 있고, 인류 전체에게는 주님의 재림일 수 있습니다.

그렇다면 그날 우리는 어떻게 구원을 받을 수 있을까요? 세상이 어떻게 살든지, 오직 노아처럼 하나님과 동행하며 믿음으로 사는 자만이 구원을 얻고 생명을 누리게 될 것입니다.

||||||||||||||||||||||

1. 노아 시대 사람들은 왜 하나님의 심판을 믿지 않았습니까?

2. 하나님께서 인자의 날을 우리에게 알리지 않으신 이유는 무엇입니까?

3. 우리는 지금 어떤 태도로 주님의 다시 오심을 기다리고 있습니까? 노아처럼 하나님과 동행하며 말씀을 따라 살고 있습니까?

노아의 방주: 구원의 방편
"그날에 다 방주로 들어갔고"

창세기 7:1-24

창세기 7장은 노아가 방주를 완성하고, 홍수가 시작되기 직전 마지막 일주일 동안의 일을 기록하고 있습니다. 역사적으로 교회는 자주 '구원의 방주'에 비유되었습니다. 실제로 교회당을 방주 형태로 짓는 목사도 있지만, 방주와 교회를 완전히 동일시하는 것은 적절하지 않습니다. 물론 방주는 구원의 본질적 원리들을 담고 있으며, 교회와 유사한 점이 있습니다. 비록 그 시대와 오늘날 사이에 수천 년의 간격이 있지만, 하나님의 구원 사역은 본질상 변함이 없습니다.

구원은 전적으로 하나님의 일

노아 홍수 사건은 심판과 구원이 모두 하나님의 주권적 역사임을 보여쭙니다. 인간의 죄악이 극에 달하자 하나님께서 심판을 계획하셨고, 그 수단인 홍수와 구원의 방편인 방주 역시 정하셨습니다. 그리고 노아의 가정만 선택하여 구원하셨습니다. 이는 구원이 전적으로 하나님께 달려 있음을 보여줍니다. 아브라함과 예수 그리스도를 택하신 것도 마찬가지입니다.

하나님은 방주의 크기와 구조까지 구체적으로 지시하셨습니다. 당시의 기술로는 제작이 불가능한 거대한 규모였기에 하나님은 방주의 설계자일 뿐 아니라 선장이기도 하셨습니다. 방주는 노도, 돛도, 키도 없이 떠 있을 뿐 스스로 움직일 수 없는 구조였습니다. 노아는 그저 말씀에 따라 방주를 지었고, 배의 운행을 전적으로 하나님의 손에 맡겼습니다.

망망대해 위에 오직 방주 한 척만 떠 있는 장면을 상상해보십시오. 그 상황에서 노아가 할 수 있었던 일은 하나뿐이었습니다. 하나님을 전적으로 신뢰하는 것! 그것이 바로 믿음입니다. 믿음이란 삶 전체를 하나님의 손에 의탁하고, 그분의 말씀에 순종하는 것입니다. 구원은 하나님께서 계획하고 시작하며 완성하시는 일입니다. 인간은 그분을 신뢰하는 것 외에 다른 역할이 없습니다. 그러므로 구원은 전적으로 하나님의 은혜입니다.

이 점에서 노아는 구원이 무엇인지 분명히 보여주는 인물입니다. 하나님은 사람만이 아니라 짐승도 친히 선택하셨습니다. 노아가 짐승을 포획한 것이 아닙니다. 하나님께서 정한 짐승은 일곱 쌍씩, 부정한 짐승은 두 쌍씩 방주로 인도하셨습니다. 이것은 구원의 주체가 오직 하나님이심을 보여주는 또 하나의 장면입니다.

이 특별한 방식은 인간에게 전하는 마지막 구원의 메시지라고 할 수 있습니다. 하나님께서 인간에게 허락하신 120년의 시간이 끝나가고 있었습니다. 노아는 하나님의 명령을 모두 준행했고, 방주는 마침내 완성되었습니다. 그리고 하나님은 마지막으로 일주일이라는 유예 시간을 더 주셨습니다.

그 일주일 동안 세상의 모든 짐승과 새들이 짝을 지어 방주로 들어가기 시작했습니다. 그것은 누가 보아도 보통 일이 아니었습니다. 오늘날에도 큰 자연재해가 일어나기 전에 동물들이 대이동을 하는 경우가 있지만, 두 쌍씩 혹은 일곱 쌍씩 질서 있게 이동하는 일은 없습니다. 당대 사람들도 분명히 이 이적을 보았을 것입니다. 하지만 그들은 마지막 순간까지도 하나님의 심판을 믿지 않았습니다.

마지막 동물까지 들어간 후, 하나님께서 친히 노아를 방주로 들여보내고 문을 닫으셨습니다(16절). 이 또한 하나님의 구원이 무엇인지, 누가 그 구원을 시작하고 마무리하는지 단적으로 보여주는 장면입니다. 노아가 방주의 문을 닫지 않았습니다. 그 문은 밖에서만 닫을 수 있었을 것이라 추정됩니다. 하나님은 바로 그 문을 닫으며 구원을 완성하셨습니다.

이처럼 창세기는 인간의 이야기가 아니라 인간을 향한 하나님의 구원 이야기입니다.

방주 – 구원의 모형

우리말로 '방주'라 번역된 히브리어 '테이바'는 '상자'라는 뜻입니다. 이 단어는 노아의 방주처럼 거대한 구조물에도 쓰이지만, 아주 작은 상자에도 쓰입니다. 실제로 모세의 어머니가 모세를 구하기 위해 만든 갈대 상자 역시 '테이바'라 불립니다. 이 두 상자는 놀랍도록 닮아 있습니다.

하나님께서 세상을 심판하실 때, 노아의 방주가 택한 백성을 물에서 건지는 수단이었듯이, 애굽의 바로가 이스라엘의 남자 아기들을 죽이려 했을 때, 그 박해를 피해 나일강에 버려진 아기 모세를 구원하는 수단도 상자였습니다. 노아의 방주가 방향 없이 떠다니다 아라랏산에 도달했듯이(8:4), 모세의 상자도 방향 없이 나일강을 떠다니다 바로의 딸에게 이르게 됩니다. 이 모든 점을 고려할 때, 노아의 방주는 출애굽 사건의 모형으로 볼 수 있습니다.

방주 안에는 여러 개의 방들이 있었습니다. 우리말 성경은 이것을 '간을 막아 만든 방'이라고 번역하지만, 여기서 '방'에 해당하는 히브리어 단어는 '보금자리'를 뜻합니다. 보금자리는 단순한 공간이 아니라 생명이 태어나고 자라는 안식처입니다. 방주는 단순한 피난처가 아니라 새로운 생명을 준비하고 보호하는 공간이었습니다. 하나님은 이미 방주 안에서 홍수 이후의 새 시대를 위한 생명의 기초를 준비하고 계셨던 것입니다.

보금자리는 기본적으로 안식처, 쉼의 자리입니다. 그런 의미에서 노아의 방주는 안식의 상징이기도 합니다. 사실 노아라는 이름 자체가 '안식' 또는 '위로'를 뜻합니다. 그런 점에서 노아의 방주는 장차 우리가 들어갈 하늘나라의 모형으로도 이해할 수 있습니다.

예수님은 "내 아버지 집에 거할 곳이 많도다…내가 너희를 위하여 거처를 예비하러 가노니"(요 14:2)라고 말씀하셨습니다. 방주에 여러 방이 있었던 것처럼, 하나님의 집에도 믿는 자들을 위한 많은 거처가 준비되어 있습니다. 노아가 심판과 구원의 때를 위해 방주를 지었듯이, 예수님은 하늘에서 우리를 위해 영원한 안식의 집을 준비하고 계십니다.

노아는 하나님의 지시에 따라 방주 안팎을 역청으로 칠했습니다. 이는 물이 스며들지 못하도록 하는 조치였을 것입니다. 그런데 '역청'에 해당하는 히브리어 '카파르'라는 단어가 매우 흥미롭습니다. 성경에서 이 단어는 대부분 '속죄'로 번역됩니다. '속죄'의 기본 의미는 '덮는다'는 뜻입니다. 역청이 방주를 덮어 물이 들어오지 못하게 한 것처럼, 속죄도 죄를 덮어 하나님의 진노로부터 보호하는 작용을 합니다.

이 역청은 훗날 성막에서 짐승의 피로 구현됩니다. 이스라엘의 제사장은 제물의 피를 회막 사방에 뿌려 백성의 죄를 덮고, 하나님의 진노로부터 그들을 보호했습니다. 속죄의 피를 회막과 휘장 앞에 뿌리고, 제단 뿔에 바르고, 번제단 밑에 쏟았습니다. 그렇게 성막은 하나님의 진노로부터 피신하는 안식처였습니다. 이런 점에서 노아의 방주는 성막의 모형으로 볼 수 있습니다.

방주는 유일한 구원의 길이었습니다. 하나님은 노아에게 여러 척이 아닌 단 한 척의 방주를 지으라고 명하셨습니다. 마찬가지로 하나님은 여러 민족이 아닌 이스라엘이라는 한 민족을 택하셨습니다. 여러 중보자가 아닌 오직 예수 그리스도를 택하셨으며, 여러 종류의 교회가 아닌 한 교회를 세우셨습니다. 홍수 심판의 날, 이 방주 외에 다른 구원의 방법은 없었습니다.

방주의 문도 단 하나였습니다. 다른 문은 없었습니다. 하나님께서 모든 동물과 노아의 가족을 그 문으로 들이신 후 친히 문을 닫으셨습니다(16절). 하나님께서 닫으신 문은 누구도 다시 열 수 없습니다. 그 문으로 들어갈 수 있는 기회는 하나님께서 문을 닫기 전까지만 주어집니다.

방주는 또한 구원의 분리를 상징합니다. 하나님은 방주를 통해 노아와 그의 가족을 타락한 세상과 분리시키셨습니다. 더 이상 노아가 세상 사람들과 섞여 살지 못하도록 하셨습니다. 그 시대의 사악함과 부패는 너무도 광범위했고, 의인인 노아조차 그들과 계속 함께 살았다면 의로움을 지키기가 어려웠을 것입니다.

노아가 방주를 통해 세상과 분리되었다면, 우리는 예수 그리스도로 말미암아 세상과 분리된 자들입니다. 어둠의 나라에서 빛의 나라로, 죄의 자녀에서 하나님의 자녀로 옮겨졌습니다. 아담이 타락한 이후 하나님은 하와와 뱀이 서로 원수가 되게 하셨습니다. 경건한 자들과 불경건한 자들이 구별되어 살아가도록 하셨습니다. 가인의 후예와 셋의 후예가 떨어져 살도록 하셨습니다. 노아 시대에 이르러 이 경계가 무너졌을 때, 세상은 죄로 가득 찼습니다.

교회도 마찬가지입니다. 교회와 세상의 경계가 흐려지면 교회 안에 죄가 들어옵니다. 이것을 혼합주의라고 합니다. 세상의 방식과 가치관과 문화가 교회 안으로 들어올 때, 교회는 타락합니다.

왜 이런 일이 벌어질까요? 세상은 신자의 눈에 '좋게 보이기' 때문입니다. 하와가 선악과를 보기에 좋다고 여겼고, 하나님의 아들들이 세상의 딸들을 보기에 좋다고 여겼던 것처럼, 오늘날 많은 교회들도 세상과 구별되기보다 동화되기를 선택합니다.

물론 우리는 세상과 완전히 단절되어 살아갈 수 없습니다. 하지만 세상과 본질적으로 다르지 않다면 교회가 세상에 존재할 이유가 없습니다.

구원의 확장 – 가정과 피조물까지

방주에는 노아만이 아니라 그의 가족 전체, 그리고 수많은 동물들이 탔습니다. 이는 구원이 단지 개인의 문제가 아님을 보여줍니다. 비록 여덟 명뿐이었지만 모든 가족이 함께 방주에 들어갔습니다. 사도 바울도 말하지 않았습니까? "주 예수를 믿으라. 그리하면 너와 네 집이 구원을 받으리라"(행 16:31). 하나님께서 우리를 구원하시는 목적은 우리뿐 아니라 우리가 속한 가정 전체를 살리기 위함입니다.

노아의 믿음이 위대하지만 그의 자녀들과 며느리들의 믿음도 대단합니다. 그들이 믿음을 갖게 된 것은 노아의 신실한 삶과 신앙 덕분이었을 것입니다. 노아는 한 가정의 가장으로서, 그리고 일종의 교회 지도자로서 가족을 잘 이끌었습니다.

오늘날 한국 교회의 위기 중 하나는 부모의 신앙이 자녀에게 전수되지 않는다는 것입니다. 많은 부모들이 자녀의 신앙을 자녀 스스로의 몫으로만 여기고, 실제로 큰 관심을 갖지 않습니다. 그러나 개혁교회 전통에서는 부모의 신앙 교육 책임을 매우 중요하게 여깁니다. 유아세례를 받을 때, 부모는 주의 말씀과 훈계로 자녀를 양육하겠다고 하나님 앞에 서약합니다. 자녀들이 알아서 신앙 생활을 잘하겠지 하는 안일한 생각을 버리십시오. 자녀들을 구원하시는 분은 하나님이시지만, 그들을 신앙으로 이끄는 역할은 부모에게 맡겨진 사명입니다.

하나님의 구원 계획에는 동물들도 포함되었습니다. 이는 자칫 우리가 놓치기 쉬운 부분입니다. 창세기를 보면, 하나님께서 동물들의 보존을 적극적으로 계획하셨음을 알 수 있습니다. 심판에서 식물과 물고기는 제외되었지만, 코로 숨 쉬는 모든 동물들은 심판의 대상이었고, 하나님은 이들 가운데 각 종류를 남김없이 보존하셨습니다.

왜 하나님은 동물들까지 구원하셨을까요? 바로 인간을 위해서입니다. 만약 노아와 그의 가족만 살리고 동물들을 구원하지 않으셨다면, 인류는 동물 없는 세계에서 살아가야 했을 것입니다. 동물들은 인간의 동반자이자 함께 살아가야 할 피조된 친구들입니다. 하나님은 자신의 창조 세계를 끝까지 포기하지 않으셨습니다.

오늘날 신자들은 하나님의 확장된 구원 사역에 주목해야 합니다. 구원은 인간에게만 해당하지 않습니다. 모든 피조물이 하나님의 구원과 회복 안에 포함됩니다. 그러나 오늘날 수많은 생물들이 인간의 탐욕과 환경오염으로 인해 멸종 위기에 처해 있습니다. 자연 보호는 선택의 문제가 아니라 하나님의 창조 사역에 동참하는 성도의 사명입니다.

사랑하는 성도 여러분, 노아 시대에 하나님은 구원의 수단으로 방주를 준비하셨습니다. 그리고 그 방주를 통해 우리에게 말씀하십니다. 구원은 처음부터 끝까지 오직 하나님의 일이라는 사실을 말입니다. 그러므로 우리가 해야 할 일은 단 하나입니다. 우리의 삶을 하나님께 온전히 맡기고 신뢰하는 것. 그것이 바로 참된 믿음의 본질입니다.

오늘날 우리에게 방주는 무엇일까요? 바로 교회입니다. 하나님은 지금도 교회를 통해 자신의 백성을 부르시고 지키시며 보호하십니다. 그렇다면 우리 교회가 감당해야 할 사명도 분명합니다. 이 세상에서 구원의 방주와 같은 공동체가 되는 것입니다.

하나님의 심판이 임하기 전까지 주의 의와 복음을 전하고, 가정에서는 자녀들을 믿음으로 양육하며, 하나님께서 창조하신 피조 세계를 지키고 보존하는 일에 힘써야 합니다. 이 모든 일을 통해 우리는 하나님께서 부르신 구원의 여정에 동참하게 됩니다. 믿음의 길에서 흔들리지 말고, 신실한 하나님의 백성으로 이 세상을 살아가시기를 바랍니다.

IIIIIIIIIIIIIIIIIIIIII

1. 노아의 방주는 어떻게 하나님의 구원 방식과 속성을 보여줍니까?
2. 노아의 방주와 오늘날의 교회는 어떤 점에서 닮아 있습니까?
3. 교회가 이 시대의 '구원의 방주'가 되기 위해 나의 자리에서 감당할 수 있는 역할에는 무엇이 있을까요?

세상을 새롭게 하시는 하나님
"기억하사"

창세기 8:1-22

창세기 8장은 노아의 홍수 이후, 노아의 가족과 방주 안의 모든 생명체가 어떻게 구원을 받았는지를 구체적으로 보여줍니다. 수천 년 전의 이 역사적 사건을 우리가 오늘 다시 묵상하는 이유는, 노아의 구원이 단지 한 시대의 이야기가 아니라 이스라엘의 구원의 그림자요, 오늘 우리 신자들의 구원의 모형이 되기 때문입니다.

사도 베드로는 이렇게 말합니다. "방주에서 물로 말미암아 구원을 얻은 자가 몇 명뿐이니 겨우 여덟 명이라. 물은 예수 그리스도께서 부활하심으로 말미암아 이제 너희를 구원하는 표니 곧 세례라. 이는 육체의 더러운 것을 제하여 버림이 아니요 하나님을 향한 선한 양심의 간구니라"(벧전 3:20-21).

이 말씀을 통해 노아의 홍수가 우리의 구원을 이해하는 데 중요한 표상임을 알 수 있습니다. 무엇보다 구원의 가치를 새롭게 깨닫게 해줍니다. 그 시대에 구원받은 이는 겨우 여덟 명뿐이었습니다. 오늘날에도 참되신 하나님을 경외하며 따르는 사람은 여전히 소수입니다. 홍수의 물은 오늘날 우리가 받는 세례를 표징합니다. 노아의 가족이 물에서 건짐을 받은 것처럼 이스라엘 백성은 홍해를 건너며 구원의 길을 걸었고, 예수 그리스도는 죽음을 이기고 부활하셨으며, 우리도 세례를 통해 죄에서 벗어나 새 생명으로 나아가는 은혜를 경험합니다.

본문을 통해 하나님께서 홍수의 물 가운데서 어떻게 구원을 이루셨는지, 그리고 그 구원이 오늘 우리의 삶에 어떤 영적 교훈을 주는지 나누고자 합니다.

"기억하사" – 구원의 시작

창세기 8장은 철저하게 재창조의 관점에서 서술되고 있습니다. 하나님은 홍수를 통해 땅 위의 모든 생명체를 쓸어버리셨습니다. 창세기 7장 마지막 부분은 이 점을 강조합니다. '쓸어버렸다'는 표현은 곧 지워버렸다는 뜻으로 사람과 짐승, 기는 것과 공중의 새까지 모두 멸망했습니다. 아무것도 남지 않았습니다. 그 모습은 창조 이전의 무(無)의 상태를 떠올리게 합니다. 150일 동안 물이 땅을 덮었고, 마치 땅 자체가 사라져버린 듯 보였습니다. 그 무의 상태에서 하나님은 새 창조를 시작하십니다.

이 과정에서 우리는 물이 지닌 의미에 주목하게 됩니다. 물은 성경에서 종종 정결함과 죽음을 동시에 상징합니다. 홍수의 물은 세상을 깨끗하게 했지만, 그 정결함은 죽음을 동반했습니다.

왜 하나님은 그토록 철저하게 세상을 씻어내셨을까요? 그 이유는 죄악이 온 세상에 가득했기 때문입니다. 그 죄를 제거하는 방법은 죽음을 통한 정결뿐이었습니다. 우리 역시 마찬가지입니다. 죄를 죽이지 않고는 정결해질 수 없습니다. 이것이 곧 중생(重生)이며, 중생을 통해 옛 사람은 죽고 새 사람이 살아납니다. 이 새로운 생명의 증표가 바로 세례입니다.

창세기 8장에서 하나님의 구원은 "기억하사"라는 한마디로 시작됩니다(1절). 이는 단순히 무엇을 잊었다가 다시 떠올렸다는 의미가 아닙니다. 성경에서 하나님의 '기억'은 언약에 대한 신실하심을 뜻하는 언약적 표현입니다. 창세기 6장 18절에서 성경은 처음으로 "언약"이라는 단어를 사용합니다. 하나님은 노아와 언약을 맺으셨고, 그 언약을 신실하게 지키는 그분의 마음이 바로 "기억하사"라는 말 속에 담겨 있습니다.

하나님께서 노아에게 홍수를 예고하신 후 7일이 지나 비가 내리기 시작했고, 40일간 비가 계속되었습니다. 그 후에도 물은 계속 불어나 150일 동안 온 땅에 넘쳤습니다(창 7:24). '넘쳤다'는 말은 문자그대로 물이 땅을 이겼다는 뜻입니다. 결국 가장 높은 산까지 물에 잠기게 되었고, 노아의 가족은 거의 다섯 달 동안 방주 안에서 아무것도 할 수 없었습니다. 방주는 거대한 구조물이었지만, 노도 키도 없어 임의로 방향을 조절할 수 없었습니다. 그들은 하나님의 뜻에 전적으로 의지한 채 물위를 떠다닐 수밖에 없었습니다.

하나님은 "비가 40일간 올 것이다"라는 말씀만 하셨지, 그 이후 언제 물이 그치고 언제 방주에서 나갈 수 있을지는 말씀하지 않으셨습니다. 그 오랜 시간 동안 노아와 그의 가족은 혹시 하나님이 자신들을 잊으신 것은 아닐까 하는 두려움에 휩싸였을지도 모릅니다. 그들이 할 수 있었던 것은 오직 하나님의 약속을 믿고 기다리는 일이었습니다.

그러던 중 하나님께서 기억하사 구원의 역사가 시작됩니다. 하나님은 바람을 땅 위에 불게 하여 물이 점차 빠지게 하셨습니다. 창세기 7장이 물의 승리로 끝났다면, 8장은 물의 퇴각으로 시작됩니다. 오늘 본문은 물이 점점 줄어들고, 방주가 산 위에 머물게 되며, 마침내 땅이 마르는 과정을 점진적으로 보여줍니다. 그리고 마지막은 이렇게 맺습니다. "땅이 말랐더라"(14절). 하나님께서 기억하사 다시 살아갈 수 있는 세상이 열리게 된 것입니다.

물이 줄어듦

창세기 8장의 서술은 1장 2절의 창조 사역과 연결되어 있습니다. "땅이 혼돈하고 공허하며 흑암이 깊음 위에 있고 하나님의 영은 수면 위에 운행하시니라." 하나님께서 천지를 창조하셨을 때 땅은 물로 뒤덮인 무질서 상태였고, 그분의 사역은 이를 질서의 세계로 바꾸는 일이었습니다. 노아 시대에도 마찬가지로 물이 물러나며 구원의 역사가 시작됩니다. 당시 바다는 압도적인 존재였지만, 그 바다를 다스리시는 분이 바로 여호와 하나님이심을 본문은 선포합니다.

특히 주목할 단어는 "바람"입니다(1절). 여기에 쓰인 히브리어 '루아흐'는 창세기 1장 2절의 "하나님의 영"과 같은 단어로, 물과 성령으로 시작된 창조가 동일한 방식으로 재창조됩니다. 하나님은 루아흐로 물을 물러가게 하시고, 동시에 깊음의 샘과 하늘의 창문을 닫아 비가 멈추게 하셨습니다(2절). 이는 자연 세계가 모두 하나님의 주권 아래 있음을 보여줍니다. 당시 사람들은 바다, 비, 하늘을 각각 다른 신이 다스린다고 믿었지만, 성경은 이 모든 것을 오직 하나님께서 통치하신다고 선언합니다. 하나님의 손이 떠나면 세상은 곧 혼돈과 멸망에 빠질 수밖에 없습니다.

그런데 노아는 어떻게 물이 줄어든다는 사실을 알았을까요? 창세기의 홍수 기사는 날짜를 매우 구체적으로 기록하고 있습니다. 이는 노아가 홍수 기간 동안 철저히 날짜를 계산하고 있었음을 보여줍니다. 그는 처음에는 물이 줄고 있는지도 몰랐을 것입니다. 비가 40일간 내린 후 110일이 더 지난 150일째, 그러니까 비가 시작된 지 정확히 5개월째 되던 7월 17일, 방주가 쾅 하는 소리와 함께 멈췄습니다. 아라랏산에 닿은 것입니다. 그제야 노아는 물이 줄고 있다는 사실을 처음 인식했을 것입니다.

방주가 산에 멈춘 이후에도 주변은 여전히 물로 덮여 있었습니다. 방주의 높이가 약 14미터였고, 일부가 잠겨 있었다면 육지를 보기 위해서는 약 10미터 이상의 물이 빠져야 했습니다. 지구 전체의 규모로 보면 엄청난 양입니다. 그리고 두 달 하고도 14일이 지난 10월 1일, 산들의 봉우리가 드러나기 시작했습니다. 노아는 이것을 구원의 또 다른 표적으로 받아들였을 것입니다. 육안으로 봉우리를 확인한 그는 물이 확실히 줄었다는 사실을 깨달았고, 이날을 중요하게 여긴 듯합니다. 40일 후인 11월 10일에는 방주의 창을 열고 까마귀와 비둘기를 날려 보냈습니다. 하나님께서 40일간 비를 내리신 것처럼, 노아는 물이 빠지는 데도 40일이 걸릴 것이라 생각했던 것 같습니다.

비둘기는 머물 곳을 찾지 못하고 돌아왔고, 노아는 7일 후 다시 비둘기를 날려 보냈습니다. 이는 하나님께서 홍수를 예고하실 때 7일의 여유를 두셨음을 기억했기 때문일 것입니다. 이번에는 비둘기가 감람나무의 새 잎사귀를 물고 돌아왔습니다. 감람나무는 낮은 지역에서 자라는 나무이기에 이는 물이 상당히 빠졌다는 것을 뜻합니다. 새 잎사귀는 물로 덮였던 땅에 식물이 다시 살아나고 있다는 증거였습니다. 씨앗들이 살아남았고, 새순이 돋아나고 있었습니다. 이는 재창조가 실제로 시작되었음을 보여줍니다.

하나님께서 셋째 날 물과 육지를 나누신 뒤 땅에 식물을 자라게 하신 것처럼, 지금도 동일한 창조 사역이 계속되고 있습니다. 노아는 이 잎사귀를 보고 물이 거의 빠졌음을 확신했으며, 다시 7일 후 날린 비둘기는 돌아오지 않았습니다. 이를 통해 이제 땅이 비둘기가 살아갈 수 있을 만큼 회복되었다는 것을 알 수 있었습니다. 그때가

12월 1일이었을 것입니다.

노아가 새들을 날려 보낸 일은 하나님께서 다섯째 날 새들을 창
조하신 장면을 연상시킵니다. 새들이 살 수 있을 정도로 땅이 회복
된 것입니다. 그러나 인간이 살기에는 아직 완전히 안전하지 않았습
니다. 노아는 계속 기다렸습니다. 창세기 8장은 노아의 인내를 잘 보
여줍니다. 여러 표적이 있었지만, 그는 방주에서 성급히 나가려 하지
않았습니다.

노아가 601세 되는 해 1월 1일, 그는 방주의 덮개를 엽니다. 이는
인류 역사에 새로운 시대가 시작되는 순간이었습니다. 방주에는 창
이 하나만 있었기에 안은 매우 어두웠을 것입니다. 덮개를 여는 순
간, 방주 안은 빛으로 가득 찼을 것입니다. 이는 창조 첫째 날 "빛이
있으라" 하신 장면을 연상케 합니다. 노아는 그제서야 지면이 말랐
음을 확인했지만, 여전히 밖으로 나가지 않습니다. 이후에도 거의
두 달을 더 기다립니다. 이유는 단 하나, 아직 하나님의 말씀이 없었
기 때문입니다.

방주에서 나옴

홍수가 시작된 지 정확히 1년 하고 10일, 2월 27일에 드디어 하나님
께서 노아에게 말씀하셨습니다. "너는 네 아내와 네 아들들과 네 며
느리들과 함께 방주에서 나오라!" 놀랍게도 그 오랜 시간 동안, 하나
님은 단 한마디도 하지 않으셨습니다. 가장 절실한 순간에 침묵하셨

던 것입니다.

인간에게 가장 견디기 힘든 감정은 불안입니다. 앞날을 알 수 없는 상황 속에서 노아는 단지 물이 조금씩 줄어드는 것만 지켜볼 뿐이었습니다. 그럼에도 그는 함부로 방주에서 나오지 않았습니다. 노아는 방주의 문을 닫으신 분이 하나님이심을 기억했습니다(창 7:16). 그러므로 나가는 것도 하나님께서 명하셔야 한다고 믿었습니다.

마침내 하나님의 말씀이 임했고, 노아는 그 말씀에 철저히 순종합니다. 창세기 8장 16-19절은 노아가 하나님의 명령을 얼마나 신실하게 따랐는지를 보여줍니다.

노아가 방주 밖으로 나왔습니다. 그의 눈에 무엇이 들어왔을까요? 그가 마주한 세상은 눈부신 새 세상이 아니었습니다. 마치 거대한 쓰나미가 휩쓴 뒤처럼 모든 것이 파괴되고 시신들이 널려 있었을 테지요. 노아는 구원의 감격과 함께 하나님의 진노 앞에 떨었을 것입니다.

그때 노아가 가장 먼저 한 일은 제단을 쌓고 하나님께 제사를 드리는 것이었습니다. 하나님은 정결한 짐승들을 일곱 쌍씩 방주에 들어가게 하셨는데, 노아는 그중에서 짐승과 새를 취하여 번제를 드렸습니다. 이는 적지 않은 규모였을 것입니다.

하나님은 그 제사를 기쁘게 받으셨고, 강렬했던 진노를 거두셨습니다. 그리고 이렇게 말씀하셨습니다. "내가 다시는 사람으로 말미암아 땅을 저주하지 아니하리니 이는 사람의 마음이 계획하는 바가 어려서부터 악함이라"(21절). 하나님께서 이처럼 다짐하신 이유는 인간이 의로워졌기 때문이 아니라 인간의 본성이 악하다는 사실을 인정하셨기 때문입니다. 만일 인간의 악함을 기준으로 심판하신다면, 죄악이 가득할 때마다 홍수가 일어날 것입니다. 그러나 하나님은 그렇게 하지 않겠다고 약속하셨습니다.

창세기 8장 21절은 하나님의 자비하심을 드러냅니다. 우리가 여전히 살아 숨 쉬는 이유는 우리의 의가 아니라 오직 하나님의 자비에 있습니다.

오늘 본문은 하나님에 대해 몇 가지 중요한 진리를 알려줍니다. 무엇보다 구원의 시작은 인간에게 있지 않다는 점입니다. 창세기 8장은 구원이 하나님의 '기억'에서 비롯되었다는 사실을 강조합니다. 신자들이 구원받은 이유는 그들이 무엇을 잘했기 때문이 아니라, 하나님께서 자신의 언약에 신실하시기 때문입니다. 그러므로 우리는 은혜로 받은 구원을 항상 기억하며 끝까지 신앙을 지켜나가야 합니다.

노아는 단순히 "하나님께서 언젠가는 구원하시겠지" 하며 안일하게 기다리지 않았습니다. 그렇다고 가족들과 탈출 계획을 세우지도 않았습니다. 그는 하나님의 때와 방법을 신뢰하며 인내로 기다렸고, 말씀이 임하기를 간절히 사모하며 지켜보았습니다.

우리는 또한 하나님께서 왜 우리를 구원하셨는지를 깊이 묵상해야 합니다. 노아는 방주에서 나오자마자 제단을 쌓고 하나님께 제사를 드렸습니다. 이것은 구원받은 자의 첫 번째 응답이 '예배'임을 보여줍니다. 하나님께서 우리를 구원하신 목적은 우리가 그분을 영화롭게 하기 위함입니다

이는 오늘날 한국 교회가 깊이 되새겨야 할 메시지입니다. 하나님께서 우리를 물과 성령으로 죄와 사망에서 건져내셨습니다. 그러므로 이제 우리는 거룩한 제사장으로서 하나님을 예배하고 섬기며 살아야 합니다. 이러한 예배자의 삶을 소망하는 모든 성도들 위에 하나님의 자비가 충만하기를 주님의 이름으로 축원합니다.

IIIIIIIIIIIIIIIIIII

1. 본문에서 하나님께서 '기억하셨다'는 말씀이 강조된 이유는 무엇입니까? 이 표현을 통해 하나님의 어떤 성품을 알 수 있습니까?
2. 노아는 물이 줄어든 것을 보면서도 왜 스스로 방주에서 나오지 않았습니까? 그는 왜 하나님의 말씀을 끝까지 기다렸습니까?
3. 하나님께서 인간을 구원하신 목적을 묵상하며, 지금 우리는 어떤 모습으로 하나님께 영광을 돌리고 있는지 돌아봅시다.

노아에게 복을 주신 하나님
"살인하지 말라"

창세기 9:1-7

하나님께서 노아와 그의 가족에게 복을 주시며 새로운 인류 역사를
시작하십니다. 이 복은 단지 살아남았기 때문에 주신 것이 아니라,
창세기 1장에서 아담에게 주셨던 창조의 복을 이어가시는 것입니다.
"생육하고 번성하여 땅에 충만하라"(1절)는 복은 하나님의 형상대로
창조된 인간이 서로를 존중하고 생명을 지키며 살아갈 때 온전히
실현됩니다. 그러나 아담 이후 인간은 하나님의 복과는 정반대의 길
을 걸었습니다. 가인은 아벨을 죽였고, 라멕은 살인을 자랑했으며,
온 땅에 포악함이 가득 찼습니다. 하나님은 결국 홍수로 세상을 심
판하셨지만, 그 와중에도 노아를 통해 생명의 줄을 남기시고 다시
복을 선포하십니다.

이러한 배경을 이해해야 왜 하나님께서 홍수 심판 직후 노아에게

"사람의 생명을 해치지 말라"고 말씀하셨는지 그 의도를 깊이 이해할 수 있습니다.

모든 인간을 멸하신 후

이것은 성경에서 제6계명이 최초로 명시적으로 선포된 장면입니다. 이전에도 살인을 경계하는 하나님의 뜻은 여러 번 암시적으로 나타났지만, 이처럼 분명하게 말씀하신 것은 이번이 처음입니다. 하나님은 그 명령과 함께 지켜야 할 이유까지 분명히 설명해주십니다.

흥미로운 것은 하나님께서 인류를 물로 심판하신 후에, 노아가 제사를 드린 직후에 이 명령을 주셨다는 사실입니다. 홍수로 모든 인간을 멸하신 하나님께서 이제 사람을 죽이지 말라고 말씀하십니다. 언뜻 모순처럼 보일 수 있습니다.

그러나 우리는 이 말씀을 단순한 도덕이나 감정의 문제가 아니라 보다 근본적인 관점에서 이해해야 합니다. 성경은 인간의 생명이 무조건 절대적이라고 말하지 않습니다. 오히려 그리스도 없는 인간은 하나님의 진노의 대상이며, 성경은 하나님께서 심판의 방식으로 인간을 죽이시는 장면을 여러 번 보여줍니다. 홍수로 온 인류를 심판하셨고, 소돔과 고모라는 유황불로 멸망시키셨습니다. 출애굽한 이스라엘 백성도 한 세대가 광야에서 다 죽었습니다. 여호수아에게는 가나안 족속을 진멸하라고 명하셨습니다.

중요한 것은 사람의 생명이 하나님께 속해 있고, 그분의 형상대로 지어졌다는 사실입니다. 바로 그 점 때문에 사람을 죽이는 것은 단순한 범죄를 넘어 하나님을 모독하는 행위가 됩니다. 하나님은 심판 이후에도 생명의 질서를 다시 세우고자 하셨습니다. 살인을 금하신 이유에는 단지 인간 사회의 질서 유지 차원을 넘어 창조의 복을 회복시키려는 뜻이 담겨 있습니다.

제6계명, 정말 나와 상관없을까?

대부분의 신자들은 제6계명이 자신과 별 상관이 없다고 생각합니다. "나는 사람을 죽인 적이 없다"는 것입니다. 특히 어린이와 청소년들은 이 계명을 어른들의 일로 여깁니다. 하지만 정말 그럴까요?

하이델베르크 요리문답 제106문*은 제6계명이 단지 살인 행위만을 금하는 것이 아니라 미움, 시기, 분노, 욕설, 명예훼손까지 포함한다고 가르칩니다. 특히 청소년들은 실제로 사람을 죽일 힘은 없더라도 언어폭력을 통해 다른 사람을 파괴할 수 있습니다. '바보', '병신', '개새끼' 같은 말들은 단순한 장난이 아니라 상대를 하나님의 형상으로 보지 않게 만드는 위험한 언어입니다.

언어는 인식을 바꾸고, 인식은 태도를 바꿉니다. 결국 상대를 하나의 인격체로 보지 않게 되면 상처를 주는 일도, 폭력을 행사하는

---

* 106문: 그런데 이 계명은 살인에 대해서만 이야기합니까?
답: 아닙니다. 하나님께서는 살인을 금함으로써 살인의 뿌리가 되는 시기, 증오, 분노, 복수심 등을 미워하시며, 이 모든 것들을 살인으로 여기신다고 가르칩니다.

일도 점점 쉬워집니다. 이것은 예수님께서 산상수훈에서 강조하신 바와 정확히 일치합니다. "옛 사람에게 말한 바 살인하지 말라. 누구든지 살인하면 심판을 받게 되리라 하였다는 것을 너희가 들었으나 나는 너희에게 이르노니 형제에게 노하는 자마다 심판을 받게 되고 형제를 대하여 라가라 하는 자는 공회에 잡혀가게 되고 미련한 놈이라 하는 자는 지옥 불에 들어가게 되리라"(마 5:21).

그러므로 제6계명은 우리 모두와 깊이 관련된 계명입니다. 단지 살인을 하지 않았다는 외적 기준으로 스스로를 의롭게 여기고 있지는 않은지 돌아보고, 우리 안에 있는 미움과 분노, 멸시의 마음을 정직하게 살펴야 합니다.

왜 생명을 지켜야 하는가?

이제 다시 본문으로 돌아가봅시다. 하나님께서 처음 아담에게 주신 복은 "생육하고 번성하여 땅에 충만하라"는 것이었습니다. 하지만 가인이 아벨을 죽인 이후 인간은 서로의 생명을 파괴하기 시작했고, 땅은 포학함으로 가득 찼습니다. 이들은 하나님께서 주신 복을 정면으로 거부했습니다. 하나님께서 그들을 땅 위에 더 이상 두실 이유가 없다고 판단하신 것도 이 때문입니다. 결국 하나님은 홍수로 온 인류를 심판하시며 자신의 뜻을 분명히 나타내셨습니다.

그렇다고 아담에게 주신 복 자체를 없애지는 않으셨습니다. 하나님은 노아를 통해 그 복을 이어가고자 하셨습니다. 그래서 대홍수의 심판 속에서도 노아의 가족 여덟 명을 남기셨습니다. 그런데 이 여덟 명이 또다시 서로 증오하고 다투면 안 되기에, 그들에게 가장 먼저 "사람을 죽이지 말라"고 말씀하신 것입니다. 이 말씀은 단지 '하지 말라'는 금령이 아닙니다. 그것은 하나님의 형상을 따라 지음받은 존재들이 서로를 존중하며 살아가라는 적극적인 요청입니다.

그와 동시에 하나님은 인간에게 동물을 식용으로 취하는 것을 허용하셨습니다. 이는 인간이 생존하고 번성하는 데 필요한 것들을 공급해주신 배려였습니다. 그러나 다른 인간의 생명을 해치는 일은 단호히 금하셨습니다.

왜일까요? 동물은 하나님께서 인간을 위해 지으신 피조물이며, 인간은 하나님의 형상대로 창조된 유일한 존재이기 때문입니다. 따라서 인간 사회에서 살인이 일어나는 가장 근본적인 이유는, 사람들이 서로를 하나님의 형상으로 보지 않기 때문이라 할 수 있습니다. 하나님을 경외하지 않는 사람은 결코 타인의 형상을 존중하지 않으며, 결국 생명을 해치는 일을 가볍게 여기게 됩니다.

악한 자를 대하는 우리의 태도

살인을 금하신 하나님의 명령은 단지 무고한 사람을 죽이지 말라는 뜻이 아닙니다. 본문이 말하는 제6계명의 의미는, 설령 죽어 마땅해 보이는 자의 생명이라도 함부로 해서는 안 된다는 데 있습니다. 하나님께서 노아에게 이 계명을 주신 이후로도 사람들은 여전히 죄성이 가득했습니다. 그런데도 하나님은 그 생명을 존중하라고 명하십니다. 우리 주변에도 악한 사람들이 많습니다. 보기만 해도 분노가 치밀고 "죽어 마땅하다"고 느껴지는 이들이 있습니다. 그러나 성경은 그들을 심판하는 것 역시 인간에게 맡겨진 일이 아님을 분명히 합니다.

하나님은 악인을 심판하실 수 있는데, 왜 우리는 그렇게 하면 안 될까요? 우리는 모두 죄인이며, 우리의 판단은 종종 왜곡되거나 감정에 치우치기 때문입니다. 하나님은 "눈에는 눈, 이에는 이로 갚으라"고 명하셨습니다. 그러나 이것은 단순한 보복 명령이 아니라 복수에 제한을 두기 위한 조치였습니다. 당시에 이런 규정이 없었다면 어떤 일이 벌어졌을까요? 누군가의 눈을 다치게 한 일이 있다면, 피해자는 상대의 눈만 다치게 하는 선에서 그쳤을까요?

인간의 복수심은 제약을 두지 않으면 무한대로 늘어나게 되어 있습니다. 가인의 후손 라멕은 자신이 입은 사소한 상처에도 상대방을 죽이고는, 그것을 자랑삼아 노래했습니다. 인간은 한 대 맞으면 열 대로 갚아야 분이 풀리는 존재입니다. 이러한 모습은 국가 간의 전쟁에서 두드러집니다. 그러므로 인간이 인간을 정의롭게 심판하기는 불가능합니다.

예수님은 간음한 여인을 돌로 치려는 무리에게 "너희 중에 죄 없는 자가 먼저 돌로 치라"(요 8:7)고 말씀하심으로써, 누구도 다른 사람을 심판할 자격이 없음을 선언하셨습니다. 그렇다면 우리는 악인을 어떻게 대해야 할까요?

하나님은 심판의 권한을 국가에 위임하셨습니다. 로마서 13장 4절은 국가가 칼을 가지는 것은 하나님의 일꾼으로서 악을 행하는 자에게 진노하심을 나타내기 위함이라고 말합니다. 국가는 사적 복수를 억제하고 정의를 세우는 공적 기관입니다. 하이델베르크 요리문답 제105문답*의 마지막 구절은 이 점을 분명히 언급합니다.

하지만 국가도 완전하지 않으며, 그 정의가 하나님의 정의와 반드시 일치하지 않습니다. 국가는 오직 정당한 목적, 곧 국민의 생명을 보호하고 질서를 지키는 일에 대해서만 권한을 행사할 수 있습니다. 그 외의 정치적, 이념적, 이기적 목적에서 비롯된 전쟁이나 폭력은 결코 정당화될 수 없습니다.

평화를 만드는 자는 복이 있나니

제6계명의 참뜻을 깨달을수록 우리는 그 계명이 단지 금지 명령이 아니라 하나님의 복을 이루는 부르심임을 알게 됩니다. 창세기 1장에서 하나님은 "생육하고 번성하여 땅에 충만하라"고 축복하셨습니다. 이 복을 깨뜨리는 가장 근본적인 죄가 바로 살인입니다.

---

* 105문: 제6계명에서 하나님께서 원하시는 것은 무엇입니까?
답: 내가 이웃의 명예를 훼손하거나 그들을 미워하거나 해치거나 죽이지 않기를 원하십니다. 나는 생각이나 말이나 몸짓으로 무엇보다도 행동으로 그리해서는 안 되고, 다른 사람을 시켜서 해도 안 되며, 오히려 모든 복수심을 버려야 합니다. 더 나아가 자기 자신을 해쳐서도 안 되고 부주의하게 위험에 빠뜨려서도 안 됩니다. 그러므로 살인을 막기 위해 국가는 또한 칼을 가지고 있습니다.

그렇다면 이 복을 제대로 이루기 위해 우리에게 무엇이 필요할까요? 여러 가지로 답할 수 있겠지만, 한마디로 표현하자면 '평화'(샬롬)입니다. 예수님은 산상수훈에서 "화평하게 하는 자[평화를 만드는 자]는 복이 있나니 그들이 하나님의 아들이라 일컬음을 받을 것임이요"(마 5:9)라고 선포하셨습니다. 하나님의 자녀는 복수를 실행하는 자가 아니라 평화를 만드는 자입니다.

그러나 현실은 어떻습니까? 오늘날 한국 사회는 남북 간의 대립, 세대 간의 갈등, 정치적 분열, 혐오와 적대의 언어가 일상화된 상황입니다. 교회조차 이 대립의 한가운데서 정치적 도구가 되거나 분열을 부추기는 경우가 있습니다. 역사 속에는 교회가 전쟁과 폭력에 앞장섰던 비극적인 장면도 있습니다. 십자군 전쟁이나 종교개혁기의 30년 전쟁은 제6계명을 어긴 교회의 집단적 죄를 보여줍니다. 하지만 복음은 전쟁과 보복으로는 생명의 복을 이룰 수 없다고 분명히 말합니다.

제6계명의 완성은 "원수를 사랑하라"는 예수님의 명령에서 찾아야 합니다. 그러나 이 명령은 우리의 본성과 철저히 충돌합니다. 우리는 본능적으로 원수를 제거하고 싶어 합니다. 그러나 성경은 말합니다. "너희가 친히 원수를 갚지 말고 하나님의 진노하심에 맡기라. 기록되었으되 원수 갚는 것이 내게 있으니 내가 갚으리라고 주께서 말씀하시니라. 네 원수가 주리거든 먹이고 목마르거든 마시게 하라. 그리함으로 네가 숯불을 그 머리에 쌓아 놓으리라"(롬 12:19).

진정한 승리는 복수가 아닌 용서와 화해, 그리고 하나님의 심판을 신뢰하는 믿음 안에 있습니다. 평화를 이루는 삶이야말로 제6계명을 가장 온전히 실천하는 길입니다.

오늘 우리는 하나님께서 노아에게 주신 말씀을 통해, "생육하고 번성하라"는 복이 인류를 향한 하나님의 본래 뜻임을 되새겼습니다. 그리고 그 복을 정면으로 거스르는 것이 살인이라는 사실도 함께 배웠습니다. 이와 관련해 오늘 우리의 현실 속에서 가장 무겁게 다가오는 문제인 낙태를 언급하지 않을 수 없습니다. 어떤 이유에서든 태아의 생명을 해치는 일은 생명의 주인이신 하나님께서 주신 복에 대한 심각한 도전이며 죄입니다.

또한 우리는 타인의 생명뿐 아니라 자신의 생명도 소중히 여겨야 합니다. 스스로를 해치거나 위험에 빠뜨리는 행위 역시 제6계명의 정신에 어긋납니다. 과도한 과로와 스트레스를 방치하는 삶, 알코올이나 니코틴 등 중독성 물질에 대한 의존, 자기비하와 절망에 빠져 삶을 포기하려는 태도는 모두 하나님께서 우리에게 맡기신 생명을 경홀히 여기는 것입니다.

앞서 살펴본 것처럼 제6계명은 단순히 살인 행위를 금지하는 데서 그치지 않습니다. 우리가 원수를 어떻게 대할 것인가, 분노와 복수를 어떻게 다스릴 것인가를 묻는 계명입니다. 우리는 사랑하는 사람을 죽이지 않습니다. 문제는 미워하는 사람, 즉 원수입니다. 결국 이 계명은 "원수를 사랑하고, 평화를 이루라"는 하나님의 부르심입니다. 주님께서 말씀하셨습니다. "화평하게 하는 자는 복이 있나니 그들이 하나님의 아들이라 일컬음을 받을 것임이요"(마 5:9).

오늘날 정의라는 이름 아래 보복을 외치는 사람들이 많습니다. 스스로를 의의 사도라 여기고, 반대편을 악이라 규정합니다. 그러나 하나님 대신 그렇게 심판자의 자리에 서려는 마음이 모든 살인의 뿌리입니다. 그 안에는 참된 평화도, 생육과 번성의 복도 없습니다.

진심으로 하나님의 복을 누리기를 원하십니까? 그렇다면 하나님께서 우리에게 보여주신 길을 따라야 합니다. 그것은 바로 평화의 길입니다. "모든 사람과 더불어 화평함과 거룩함을 따르라. 이것이 없이는 아무도 주를 보지 못하리라"(히 12:14). 평화의 복음이 우리 모두의 삶에 충만하기를 주님의 이름으로 축원합니다.

||||||||||||||||||||||||

1. 하나님께서 노아에게 "사람을 죽이지 말라"고 명하신 이유는 무엇입니까? 이 계명은 창조의 복과 어떤 관계가 있습니까?
2. 제6계명은 단순한 살인 금지 이상의 의미를 담고 있습니다. 하이델베르크 요리문답 제106문에 따르면, 우리는 어떤 태도와 감정까지 살펴야 합니까?
3. 지금 우리는 평화를 이루는 삶을 살고 있습니까? 아니면 누군가를 미워하거나 멀리하고 있지는 않습니까?

가나안은 왜 저주를 받았는가?
"함은 가나안의 아버지라"

창세기 9:18-27

오늘 본문은 대홍수 이후 노아의 가정에서 벌어진 한 사건을 기록하고 있습니다. 이 사건은 단순한 가족 내의 갈등이 아니라, 하나님의 구원 역사에 중대한 의미를 가진 일이기에 성경은 이를 비중 있게 다룹니다. 실제로 이 사건으로 홍수 이후 전개될 세계사의 흐름이 결정되었습니다.

노아는 방주에서 나와 하나님께 제사를 드렸고, 하나님은 아담에게 주셨던 것과 동일한 복을 노아에게 다시 주셨습니다. "생육하고 번성하여 땅에 충만하라"는 복을 통해, 하나님은 노아와 그의 아들들을 통해 하나님의 나라를 시작하려 하십니다. 그런데 새로운 시작이 자리 잡기도 전에 함의 범죄로 인해 큰 위기가 닥쳤습니다. 본문은 하나님께서 이 문제를 어떻게 해결하시는지 보여줍니다.

본문은 특히 함의 아들 '가나안'에 주목합니다. 이 이름은 우리에게 매우 익숙합니다. 훗날 이스라엘 백성이 정복하게 되는 바로 그 가나안이기 때문입니다. 어떤 이들은 이렇게 묻습니다. "가나안 족속은 왜 그들의 땅에서 쫓겨나야 했는가? 조상 대대로 살아오던 땅인데 억울하지 않은가?"

하나님께서 그들을 멸하신 것은 그만큼 그들이 악한 족속이었기 때문입니다. 그렇다면 그들은 왜 그렇게 악한 족속이 되었을까요? 본문은 가나안 족속의 타락과 저주의 뿌리가 어디서부터 시작되었는지 그 근원을 보여줍니다.

노아에게는 셈, 함, 야벳, 세 아들이 있었습니다. 그중 함은 악한 아들이었으며, 아버지의 수치를 드러내며 무시하는 죄를 범했습니다. 노아는 분노하여 함뿐만 아니라 그의 아들 가나안도 저주합니다. 이는 단순한 분노의 표출이 아니라 하나님께서 가나안 족속에게 행하실 심판의 예고이자 경고였습니다. 결국 가나안은 하나님의 저주를 받은 자로 살게 되었고, 그분의 백성 이스라엘에게 멸망을 당했습니다.

이 사건은 하나님의 백성이 왜 거룩함을 지켜야 하는지 선명하게 일깨워줍니다. 오늘 본문을 통해 교회를 향한 하나님의 엄중한 경고와 그 경고를 넘어선 구속의 역사를 함께 묵상하고자 합니다.

창세기 9장의 사건은 얼핏 보면 매우 낯설고 이해하기 어려운 이야기입니다. 홍수 후 노아가 농사를 짓기 시작했습니다. 그중에서 포도나무를 심었습니다. 어느 날 노아가 포도주에 취한 채 장막 안에서 벌거벗고 누웠습니다. 함이 장막 안으로 들어가 아버지 노아의 벌거벗은 몸을 보았고 밖으로 나가 두 형제에게 알렸습니다. 이 말을 듣고 두 형제 셈과 야벳이 옷을 가져다가 아버지의 하체를 덮었습니다. 들어갈 때는 뒷걸음으로 들어갔기 때문에 아버지의 하체를 보지 않았습니다.

잠에서 깬 노아가 그 사실을 알고 다음과 같이 예언했습니다.

"가나안은 저주를 받아 그의 형제의 종들의 종이 되기를 원하노라"(25절).

"셈의 하나님 여호와를 찬송하리로다. 가나안은 셈의 종이 되고, 하나님이 야벳을 창대하게 하사 셈의 장막에 거하게 하시고, 가나안은 그의 종이 되게 하시기를 원하노라"(26-27절).

이 예언은 간단한 시로 기록되었기 때문에 후대 사람들에게 쉽게 전달되었을 것입니다. 이 사건으로 인해 가나안은 저주를 받았고, 셈은 복을 받아 하나님의 이름과 함께 불렸으며, 야벳은 셈의 복을 함께 누리게 되었습니다.

이 장면을 단순히 문자적으로 읽는다면, 누군가는 이렇게 이해할 수도 있습니다. "노아처럼 술에 취하면 자녀들이 저주를 받는 일이 벌어질 수 있다. 그러니 성도는 술을 멀리해야 한다." 물론 술 취하는 것이 결코 좋은 일은 아닙니다. 그러나 술 취한 일이 자녀의 저주로 이어질 만큼 악한 일일까요?

또 본문을 그대로 읽다보면 "아버지의 벌거벗은 몸을 본 것이 죄인가?" 하는 질문이 자연스럽게 떠오릅니다. 오늘날 한국 사회에서 부자간에 목욕탕을 함께 가는 일은 오히려 친밀함의 표현으로 여겨집니다. 물론 부모의 수치스러운 모습을 존중 없이 바라보는 것은 바람직하지 않습니다. 하지만 이 사건의 핵심은 단순히 '보았다'는 행위 자체가 아니라, 그것을 형제들에게 말하고 조롱거리로 삼은 태도에 있습니다.

함은 아버지의 수치를 덮지 않았고, 그것을 다른 이에게 알려 웃음거리로 만들었습니다. 오늘날로 말하면, 누군가의 벗은 모습을 몰래 촬영해 퍼뜨리는 행위와 비슷할 수 있습니다. 이는 지금도 사회적으로 비난받고 법적으로 처벌받는 일입니다. 반면, 셈과 야벳은 옷을 들고 뒤로 걸어 들어가 아버지의 하체를 덮어드림으로써 명예를 지키고 수치를 가려주었습니다.

그렇더라도 또 하나의 질문이 남습니다. "잘못은 함이 했는데, 왜 그의 아들 가나안이 저주를 받았는가?" 이는 성경을 문자적으로만 보면 납득하기 어려운 지점입니다.

본문에서 가장 중요한 표현은 "아비의 하체를 보았다"는 문장입니다. 이 짧은 구절은 단순히 우연한 목격을 의미할까요? 아니면 훨씬 더 심각한 죄를 암시하는 것일까요? 이에 대해서는 여러 해석이 있습니다.

그중 하나는 함이 술에 취한 아버지 노아를 거세시켰다는 해석입니다. 이는 일부 유대 랍비들이 전통적으로 주장해온 견해로, 생육하고 번성하라는 하나님의 축복을 함이 정면으로 거슬렀다는 것입니다. 그러나 이 해석은 부자연스럽고 다른 성경적 근거가 없습니다.

또 다른 해석은 '하체를 보았다'는 표현을 성적 행위를 의미하는 것으로 해석하는 견해입니다. 히브리어에서 성적 관계를 완곡하게 표현할 때 종종 '하체를 보았다'는 표현이 사용되며, 문맥상 술, 나체, 수치 등의 요소들이 성적 분위기를 암시하기도 합니다. 따라서 이 해석은 함이 아버지와 동성 간 근친상간을 저질렀다고 보고, 그 결과로 엄중한 저주가 내려졌다고 설명합니다. 그러나 이 역시 가나안이 저주받은 이유를 충분히 설명하지 못한다는 약점이 있습니다.

성경적으로 가장 자연스러운 해석은 함이 아버지 노아의 아내, 즉 자신의 어머니와 부적절한 관계를 가졌다는 견해입니다. 본문에서 함은 특별히 "가나안의 아버지"라고 강조되고 있습니다. 셈과 야벳에게서는 찾아볼 수 없는 소개입니다. 이는 가나안의 출생 배경, 곧 그의 기원이 불경건한 관계에서 비롯되었음을 암시한다고 볼 수 있습니다.

이 해석은 레위기 18장 7절의 근친상간 금지 조항과 직접 연결됩니다. "네 어머니의 하체는 곧 네 아버지의 하체이니 너는 범하지 말라." 여기서 "아버지의 하체"는 어머니를 뜻하는 표현으로, 성적 관계를 간접적으로 묘사하는 히브리식 표현입니다. 레위기는 근친상간 중에서도 가장 먼저 모자 간의 성관계를 금합니다. 이 해석에 따르면 함의 죄는 극히 중대한 것이며, 가나안은 그 죄의 결과로 잉태된 아들입니다. 따라서 저주가 함이 아니라 가나안에게 내린 이유가 설명됩니다. 가나안은 불경건한 관계에서 태어나, 이후 악한 민족의 조상이 되었다는 것입니다.

함의 죄는 근친상간보다 더 큰 죄를 내포하고 있습니다. 창세기 19장에서 롯과 두 딸의 근친상간으로 모압과 암몬이 태어나 가나안의 일부를 차지했지만, 하나님은 그들을 가나안 족속처럼 진멸하라 명하지는 않으셨습니다. 그 차이는 무엇입니까?

함의 죄는 단순히 정욕을 따른 것이 아니라, 당시 사회에서 아버지의 권위를 부정하고 그 자리를 찬탈하려는 행위였습니다. 이스라엘의 역사에도 이런 사례가 있었습니다. 압살롬은 반역 중에 아버지 다윗의 후궁들과 공개적으로 동침하며 왕권 찬탈을 선언했습니다. 르우벤은 아버지 야곱의 첩 빌하와 부적절한 관계를 맺었다가 장자권을 박탈당했습니다. 함도 자신의 행위를 형제들에게 자신만만하게 알렸습니다.

이러한 행위는 단순한 도덕적 타락이 아니라 하나님께서 세우신 질서를 뒤엎으려는 시도였습니다. 노아는 단지 한 집안의 가장이 아니었습니다. 그는 방주를 통해 인류를 구원한 자였고, 하나님께 제사를 드리는 제사장이자 말씀을 받은 선지자였습니다. 그런데도 함은 노아의 권위를 무너뜨리고, 그 자리를 찬탈하려 했습니다. 그 행동은 정확히 사탄이 시도했던 일과 동일합니다.

가나안 족속에 대한 경고

창세기를 기록한 모세는 가나안 땅에 들어갈 이스라엘 백성을 대상으로 이 말씀을 전하고 있습니다. 정작 모세 자신은 그 땅에 들어가지 못했지만, 하나님은 이스라엘에게 가나안 족속을 멸하고 그 땅을 기업으로 삼게 하셨습니다.

하나님께서 가나안 족속을 그토록 혹독히 심판하신 이유는 무엇일까요? 레위기 18장은 그 이유를 구체적으로 설명합니다. 그들의 악한 행위는 단지 문화적 차이에서 기인한 것 아니라 근친상간, 동성애, 수간 등 하나님께서 가증하게 여기신 온갖 음란과 부정이었습니다. 하나님은 이스라엘에게 "그들의 행위를 절대 따라하지 말라"고 경고하셨습니다. 그들로 인해 더러워진 그 땅이 그들을 토해낸 것처럼, 이스라엘이 그들과 같은 죄를 범하면 똑같이 토해낼 것이라고 말씀하셨습니다(레 18:24-25).

하나님은 이스라엘에게 특히 결혼 안에서의 거룩함을 요구하셨습니다. 왜일까요? 거룩한 결혼을 통해 경건한 자손이 생기기 때문입니다. 말라기 2장 15절은 이렇게 선언합니다. "그에게는 영이 충만하였으나 오직 하나를 만들지 아니하셨느냐. 어찌하여 하나만 만드셨느냐. 이는 경건한 자손을 얻고자 하심이라." 웨스트민스터 신앙고백서 역시 "인류의 합법적 번성과 교회의 거룩한 성장, 부정의 방지"를 결혼의 목적으로 가르칩니다(24장 1항).

우리는 이미 홍수 이전에 경건하지 못한 자손들이 어떻게 이 땅에서 번성했는지 보았습니다. 창세기 6장 2절을 보면, 하나님의 아들들이 사람의 딸들을 취하면서 세상에 죄악이 관영했습니다. 롯과 그의 딸들의 부적절한 관계를 통해 암몬과 모압 자손이 생겨났고, 함의 행동으로 가나안 족속이 생겨났습니다.

반면 셈과 야벳은 어떻게 반응했습니까? 그들은 술에 취한 아버지 노아의 수치를 덮어주었습니다. 이는 단순한 효행이 아니라 하나님께서 세우신 권위에 대한 깊은 경외심에서 비롯된 행동이었습니다. 이 일을 주도한 이는 셈이었고, 야벳은 그에게 협력했습니다. 그래서 노아는 예언했습니다. "셈의 하나님 여호와를 찬송하리로다. 가나안은 셈의 종이 되고 … 하나님이 야벳을 창대하게 하시리로다."

오늘 본문은 노아의 한 가족이 어떻게 서로 다른 길을 걷게 되었는지 그 분기점을 보여줍니다. 이 지점에서 우리는 창세기 3장 15절, 곧 '여자의 후손과 뱀의 후손이 서로 대적할 것'이라는 하나님의 말

씀을 다시 떠올릴 필요가 있습니다. 인류의 역사는 그 이후로 지금까지 하나님의 백성과 악한 자손의 대결의 역사였습니다. 그 구도는 홍수 이후에도 계속됩니다.

창세기 10장은 노아의 세 아들들이 어떻게 세상 곳곳으로 흩어졌는지를 보여주며, 특별히 가나안의 후손들을 따로 언급합니다. 이는 단지 족보를 나열한 것이 아니라 세상이 어떤 방식으로 다시 나뉘게 되는지를 설명하는 예언적 서술입니다. 노아 시대처럼 이 세상은 함의 후손과 가나안인, 그리고 셈의 후손인 이스라엘이 서로 대적하며 살게 될 것입니다. 가나안 족속은 온갖 부정한 방식으로 땅에 퍼졌지만, 하나님은 이스라엘이 거룩한 결혼과 경건한 자손을 통해 세상을 이끌어가기를 원하십니다.

오늘날 성적 타락과 자유분방함은 상상을 초월합니다. 우리의 자녀들이 이런 시대를 살고 있습니다. 그러므로 우리는 더욱 우리의 가정과 교회가 순결과 경건을 지켜갈 수 있도록 힘써야 합니다. 또한 하나님께서 세우신 권위자, 곧 예수 그리스도를 경외해야 합니다. 그분은 오늘날 말씀을 통해 교회를 다스리십니다. 그러므로 말씀 사역과 그 사역을 맡은 이들을 최대한 존중하는 태도를 가져야 합니다.

하나님은 함의 아들 가나안을 저주하신 반면, 셈에게는 복을 주셨습니다. 위기에 처했던 노아의 가정은 그 복으로 인해 계속 번성할 수 있었습니다. 가인의 살인에도 불구하고 셋을 통해 하나님 나라를 이어가셨던 것처럼, 하나님은 항상 자신의 뜻을 따르는 자를 통해 구속사를 이어가십니다. 이제 하나님은 셈의 하나님으로 불리게 됩니다. 이 복은 이후 아브라함을 통해 궁극적으로 예수 그리스도로 이어집니다.

셈의 하나님, 곧 유일하고 참되신 삼위 하나님을 우리의 하나님으로 고백하며, 그분께 경배와 찬송을 드리는 순결하고 번성하는 교회가 되기를 주님의 이름으로 축원합니다.

IIIIIIIIIIIIIIIIIIIIII

1. 함이 '아버지의 하체를 보았다'는 말은 무엇을 뜻하며, 왜 함이 아닌 그의 아들 가나안이 저주를 받았습니까?
2. 셈과 야벳이 아버지의 수치를 덮은 행동은 단순한 효행을 넘어 어떤 영적 의미를 가집니까?
3. 성적으로 혼탁한 시대에 우리의 자녀가 경건하게 자라도록 가정에서 실천할 수 있는 일은 무엇일까요

노아의 아들들 이야기
"홍수 후에"

창세기 10:1-32

본문에 등장하는 인물들은 대부분 낯설고, 그 이름들도 익숙하지 않습니다. 성경이니까 읽기는 하지만 무슨 의미인지 파악하기가 쉽지 않습니다. 어떤 이들은 도표를 만들어 계보를 분석하기도 하지만, 그런 정보가 성경의 메시지를 깊이 이해하는 데 큰 도움이 되는 것 같지는 않습니다.

성경의 의미는 항상 문맥 속에서 드러납니다. 창세기 10장은 대홍수와 바벨탑 사건 사이에 위치하며, 이 사이의 연결 고리로서 중요한 역할을 합니다. 즉 오늘 본문은 홍수 이후 인류가 어떻게 살아갔는지를 보여주며, 바벨탑 사건의 배경을 제공합니다. 바벨탑 사건은 왜 하나님께서 열방 가운데 아브라함을 택하여 하나의 민족을 세우셨는지 설명하는 중요한 전환점이 됩니다.

본문은 "노아의 아들 셈과 함과 야벳의 족보는 이러하니라"는 말로 시작됩니다(1절). 여기서 '족보'는 히브리어 '톨레도트'로, 창세기에서 새로운 이야기의 시작을 알리는 역할을 합니다. 이 톨레도트는 창세기에서 네 번째로 등장하며('노아의 톨레도트'와 아브라함의 아버지 '데라의 톨레도트' 사이에 위치합니다) 10장과 11장은 노아의 아들들의 역사를 이어서 보여주는 구조를 가지고 있습니다.

이 계보를 통해 우리는 하나님의 심판과 구원이 어떻게 이어지는지를 살펴볼 수 있습니다. 노아는 하나님 앞에 의로운 자였고, 그분의 은혜로 홍수에서 구원을 받았습니다. 성경은 노아에게 세 아들이 있었음을 반복해서 강조합니다(창 5:32, 6:10, 7:13). 세 아들들은 스스로 구원받은 것이 아니라 노아로 인해 함께 구원받은 자들이었습니다. 따라서 노아를 통해 구원받은 하나님의 백성이 이후로 어떤 삶을 살아갔는지를 보여주는 이야기입니다.

이 말씀을 통해 우리 역시 오늘날 어떤 믿음의 자세로 살아가야 하는지 함께 묵상하고자 합니다.

"홍수 후에"

대홍수는 창조 이후 인류 역사상 가장 큰 사건이었습니다. 이 사건을 기점으로 인류의 역사는 새롭게 시작되었고, 성경 역시 이 흐름을 분명히 보여줍니다. 창세기 10장 1절과 마지막 절은 모두 "홍수 후에"라는 표현을 사용하고 있으며, 직전인 9장 28절에서도 "홍수

후에 노아가 삼백오십 년을 살았고"라고 기록합니다. 이는 홍수가 단순한 재난이 아니라 인류 역사의 중대한 전환점이었음을 강조합니다.

오늘날의 연대와 연표에 익숙한 독자들은 창세기 10장의 족보를 노아가 죽은 후의 일처럼 느낄 수 있습니다. 그러나 성경은 노아가 홍수 이후에도 무려 350년을 더 살았다고 말합니다. 이 사실을 고려하면 10장의 족보와 11장의 바벨탑 사건은 모두 노아가 생존해 있던 시기에 일어난 일들이라 볼 수 있습니다. 단순 계산으로 따지면, 노아는 아브라함의 아버지인 데라가 태어날 때까지 살았습니다. 창세기의 기록을 사실로 받아들인다면, 노아는 인류가 다시 번성하고, 나라가 생겨나며, 사람들이 하나님을 거역해 바벨탑을 쌓는 그 모든 역사적 사건들을 지켜보며 살았던 것입니다.

홍수는 하나님의 심판이었지만 동시에 새로운 시작이기도 했습니다. 창조가 죄 없는 세상의 출발이었다면, 홍수는 죄로 타락한 세상을 정결케 하고 새롭게 하신 하나님의 은혜의 사건이었습니다.

이제 질문이 남습니다. 하나님의 심판을 경험한 인류는 그 후 하나님의 뜻에 순종하며 살아갔을까요? 아니면 또다시 하나님을 거역하고 자기 뜻대로 살아가려 했을까요? 창세기 10장은 이 질문에 대한 중요한 단서를 제공합니다.

홍수 이후 노아의 가족은 어떤 역사를 이어갔을까요? 창세기 10장에 나오는 세 아들의 족보는 그들이 땅 위에서 번성했음을 강조합니다. 자세히 읽지 않더라도 "참 많이도 낳았구나!" 하는 인상을 받을 정도입니다. 그러나 이것을 당연시 하면 안 됩니다. 당시 이 땅에는 노아의 가족 여덟 명만 살아남은 상태였습니다. 그들은 생존을 위해 척박한 자연을 개척하고, 짐승의 위협과 질병, 사고 등 수많은 어려움에 맞서야 했습니다. 그런 환경에서 인류가 이토록 빠르게 번성했다는 것은 참으로 놀라운 일입니다.

이 모든 것은 하나님께서 노아에게 하신 약속을 신실하게 이루신 덕분입니다. 창세기 9장 7절에서 하나님은 "너희는 생육하고 번성하며 땅에 가득하여 그중에서 번성하라"고 명하셨습니다. 10장의 족보는 바로 이 하나님의 약속이 구체적으로 실현되었는지 보여주는 증거입니다. 특히 흥미로운 점은 본문에 기록된 후손의 수가 정확히 70명이라는 사실입니다. 이 숫자는 성경에서 '완전함'과 '충만함'을 상징하는 7과 10의 곱입니다. 이후 출애굽기 1장 5절에서 야곱의 자손 수를 통해 다시 등장합니다. "야곱의 허리에서 나온 사람이 모두 칠십이요."

물론 10장의 족보에 모든 후손이 빠짐없이 기록된 것은 아닙니다. 어떤 이름은 간략히 언급되었고, 어떤 이름은 비교적 자세히 설명되었습니다. 이는 저자의 목적이 단순히 족보의 완전한 목록을 제시하는 것이 아니라, 하나님의 약속이 어떻게 이루어졌는지를 강조하는 데 있음을 보여줍니다.

또 하나 눈여겨볼 중요한 주제는 '민족의 나뉨'입니다. 10장에서는 세 아들의 족보가 거의 동일한 문장으로 마무리됩니다. "이들로부터 여러 나라 백성으로 나뉘어서 각기 언어와 종족과 나라대로"(5, 20, 32절). 이는 노아의 후손들이 언어, 문화, 정치적 경계에 따라 흩어졌다는 사실을 말해줍니다. 홍수 이전까지 인류는 하나의 민족이었습니다. 그러나 홍수 이후에는 다양한 언어와 문화, 민족과 나라로 나뉘게 됩니다. 다음 장에 나오는 바벨탑 사건은 왜 나라들이 나뉠 수밖에 없었는지를 잘 설명해줍니다.

셈의 족보는 세상이 언제 나뉘었는지 구체적으로 알려줍니다. 25절에서 셈의 증손자 에벨이 두 아들을 낳았는데, 하나는 벨렉이고 다른 하나는 욕단이었습니다. 성경은 "그때에 세상이 나뉘었음이요"라고 기록합니다. 10장에서는 욕단의 후손만 언급되고, 벨렉의 후손은 11장에서 다시 소개됩니다.

창세기 11장에 기록된 노아부터 아브라함까지의 계보는 총 10대인데, 벨렉을 중심으로 앞과 뒤로 구분할 수 있습니다(노아, 셈, 아르박삿, 셀라, 에벨/ 벨렉, 르우, 스룩, 나홀, 데라, 아브라함). 이는 바벨탑 사건이 노아와 아브라함 사이, 즉 하나님의 구속사가 새로운 전환점을 맞이하기 직전에 일어났음을 암시합니다.

창세기 10장이 가장 분명하게 전달하려는 메시지는, 홍수 이후에도 죄의 뿌리가 여전히 인간 안에 깊이 남아 있었다는 사실입니다. 이는 '구스의 아들 니므롯'이라는 인물을 통해 구체적으로 드러납니다. 본문의 족보 대부분이 단순히 이름을 열거하는 데 그치는 반면, 벨렉을 제외하면 유일하게 니므롯만 자세히 소개되고 있습니다.

니므롯은 함의 손자로서 세 가지 특징을 지닌 인물입니다. 첫째, 그는 세상에 처음 등장한 "용사"였고(8절), 둘째, "여호와 앞에서 용감한 사냥꾼"이라 불렸으며(9절), 셋째, 니느웨와 로호보딜, 갈라, 레센 등 큰 성들을 건축한 인물이었습니다(11-12절).

"용사"라는 표현은 단순히 힘센 사람을 가리키는 듯하지만, 창세기 6장에서 네피림을 묘사할 때 사용된 단어이기도 합니다. 네피림은 하나님의 아들들, 곧 경건한 자들이 불경건한 사람의 딸들과 결혼해 낳은 자들로, 이들로 인해 세상은 폭력과 죄악으로 가득 찼습니다. 니므롯은 이 포악한 계보를 계승한 존재로서 홍수 이후 네피림의 자리를 이어받은 인물입니다.

니므롯은 "여호와 앞에서 용감한 사냥꾼"으로 불렸는데, 여기서 사냥꾼은 단순한 수렵자가 아니라 매우 난폭한 인물임을 비유적으로 나타낸 표현입니다. '사냥'이라는 단어는 용맹함을 나타내지만 잔혹함을 의미할 수도 있습니다. 그는 가인처럼 형제를 죽이고, 라멕처럼 살인을 자랑하며, 네피림처럼 포악하게 군림한 자였습니다.

그는 시날 땅에서 바벨 왕국을 세웠습니다. 창세기 11장에 나오는 바벨탑 역시 같은 시날 땅에 세워진 것으로 보아, 바벨탑 건축이 니므롯과 그의 후손들에 의해 주도되었음을 짐작할 수 있습니다. 그는 레센을 포함해 네 개의 큰 성읍을 건축했는데, 이러한 경험은 후일 바벨탑이라는 거대한 문명을 쌓는 기술적 기반이 되었을 것입니다. 니므롯이 함의 손자라는 점은 무서운 홍수 심판 이후에도 인간이 얼마나 빠르게 타락했는지를 상징적으로 보여줍니다.

이 지점에서 우리는 인간이 어떤 존재인지에 대해 다시 생각하게 됩니다. 홍수라는 전무후무한 심판을 겪고도 인간은 전혀 달라지지 않았습니다. 본성이 변하지 않는 한 어떤 심판이나 교육도 인간을 죄에서 구원할 수 없습니다. 이것이 인간의 실상입니다.

이는 신자의 자녀들에게도 해당하는 진리입니다. 자녀들이 죄에서 벗어나려면 그들의 심성 자체가 바뀌어야 합니다. 다시 말해, 거듭나야 합니다. 거듭남(중생)은 오직 성령께서 하나님의 말씀을 통해 이루시는 은혜의 역사입니다. 자녀가 잘못했을 때 꾸짖는 것도 필요하지만, 그들의 마음이 말씀에 열려 거듭남의 은혜를 경험하도록 돕는 것이 더욱 중요합니다.

계속되는 구원 사역

홍수 이후에도 인간의 암울한 역사는 계속됩니다. 그러나 동시에 하나님의 구원 사역 또한 멈추지 않고 이어지고 있다는 사실이 창세기의 중요한 가르침입니다.

구약 시대의 이스라엘 백성들이 창세기 10장을 읽을 때, 아마 이런 질문을 품었을 것입니다. "우리는 이 수많은 민족들 가운데 어디에 속하는가?" 그러나 본문을 주의 깊게 읽지 않으면 이 질문에 답을 찾기란 쉽지 않습니다. 오히려 창세기 10장은 이스라엘과 직접 관련된 부분보다, 훗날 정복해야 할 가나안 족속들(15-20절)에 더 많은 분량을 할애하고 있어 독자들을 혼란스럽게 만들 수 있습니다.

이 점에서 우리는 창세기 9장 끝부분에 기록된 노아의 예언에 주목해야 합니다. 노아는 셈에 대해 이렇게 말했습니다. "셈의 하나님 여호와를 찬송하리로다. 가나안은 셈의 종이 되리라." 이 예언은 겉으로 보기에는 쉽게 이루어질 것 같지 않았습니다. 오히려 당시 세상의 주도권은 함의 후손들에게 넘어간 것처럼 보였습니다. 니므롯 같은 인물이 대표적입니다.

그렇다면 셈의 후손, 특히 이스라엘의 뿌리는 어디에 있을까요? 그 단서가 21절에 나옵니다. "셈은 에벨 온 자손의 조상이요." 문자적으로 보면, 에벨은 셈의 증손자입니다. 셈은 많은 아들과 손자를 두었지만, 유독 '에벨 자손의 조상'이라 불렸습니다. 이는 셈에게 주신 언약의 복이 에벨을 통해 이어졌음을 암시합니다. 실제로 에벨은 아들의 이름을 '벨렉'(나뉨)이라 지으며 하나님께서 세상을 나누셨다는 사실을 증거했습니다.

지금까지 노아의 세 아들로부터 이어지는 족보를 살펴보았습니다. 이 족보를 통해 우리는 몇 가지 중요한 진리를 깨닫게 됩니다.

무엇보다 우리가 섬기는 하나님은 특정 민족이나 지역의 신이 아니라 온 열방의 하나님이시라는 것입니다. 고대인들은 신을 민족의 수호신 정도로 여겼지만, 성경은 하나님이 모든 민족과 족속의 주인이심을 분명히 선포합니다. 이런 하나님을 믿는다면 우리의 시선도 마땅히 열방을 향해야 하며, 그 관심은 곧 세계 선교를 향한 사명으로 이어져야 합니다.

하나님께서 우리를 한국 땅에 태어나게 하신 것은 분명 섭리입니다. 우리는 우리 민족을 사랑하고, 이 땅을 위한 책임을 감당해야 합니다. 그러나 한국을 특별히 택함받은 민족이라며 지나치게 이상화하는 태도는 성경적이지 않습니다. 하나님은 온 세상을 창조하셨고, 각각의 민족과 나라를 향한 동일한 사랑과 구원의 계획을 가지고 계십니다.

또한 하나님의 약속은 '선택된 자들'에게 집중되고 있음을 기억해야 합니다. 노아의 하나님은 셈의 하나님으로 불리게 되었고, 셈은 에벨의 조상이 되었으며, 그 에벨의 계보 속에서 아브라함이 태어났습니다. 그렇다면 이런 질문이 생깁니다. "우리 자녀들 중에서도 누구는 선택받고, 누구는 선택받지 않을 수 있는가?"

그 답은 '예수 그리스도 안에서' 주어집니다. 마태복음 1장의 족보는 예수님이 바로 아브라함의 자손이심을 명확히 보여줍니다. 그러므로 예수 그리스도 안에 있는 자들, 그분을 구주로 영접한 이들이 바로 언약의 자녀요, 선택받은 백성입니다.

그러나 선택받은 자들이 살아가야 할 세상은 결코 만만치 않습니다. 네피림과 니므롯처럼 경건하지 못한 자들이 세상의 주도권을 쥐고 있고, 큰 도시와 제국을 세우며, 자신의 이름과 능력을 자랑합니다. 이런 시대에 믿음의 사람들은 자기 힘이 아니라 자신을 부르시고 이끄시는 하나님을 의지하며 살아가야 합니다. 이것이 선택받은 자의 삶, 믿음으로 살아가는 자의 모습입니다.

하나님의 주권적 선택을 확신하며 그 은혜 안에서 믿음을 지키고, 온 세상의 창조주요 주권자 되신 하나님을 찬양하며, 열방을 향한 소명을 품고 살아가는 저와 여러분이 되기를 축복합니다.

|||||||||||||||||||||

1. 왜 성경은 노아의 세 아들의 족보를 통해 하나님의 구원 역사를 설명하려 합니까?
2. 니므롯의 등장은 홍수 이후에도 죄의 세력이 여전히 강하게 작용하고 있음을 어떻게 보여줍니까?
3. 하나님의 선택과 구원 안에 있다는 사실은 우리 삶의 방향과 세계를 바라보는 태도에 어떤 영향을 줍니까?

바벨탑을 무너뜨리신 하나님
"그들을 온 지면에 흩으셨으므로"

창세기 11:1-9

창세기 11장은 창세기의 한 시대를 마감하는 장입니다. 일반적으로 창세기는 1장부터 11장까지, 12장부터 50장까지 두 부분으로 나뉘는데, 그 기준은 아브라함입니다. 아브라함 이전의 이야기는 인류 전체를 향한 하나님의 구원 계획, 곧 보편사로 볼 수 있습니다. 이 시기는 하나님께서 온 인류를 대상으로 역사하신 때입니다. 그러나 11장을 기점으로 하나님은 한 사람 아브라함을 택하시고, 그를 통해 한 민족을 세우시며, 그 민족을 중심으로 구원의 역사를 이끌어가십니다.

왜 하나님은 이런 전환을 선택하셨을까요? 그 질문의 열쇠가 창세기 11장, 바벨탑 사건 속에 담겨 있습니다. 창세기 1장과 11장을 비교해보면 이 전환의 의미가 분명하게 드러납니다. 창세기 1장 26절에서 하나님은 "우리의 형상을 따라 우리의 모양대로 우리가 사람을 만들고 그들로 바다의 물고기와 하늘의 새와 가축과 온 땅과 땅에 기는 모든 것을 다스리게 하자"고 말씀하시며 인간을 창조하셨습니다. 그러나 창세기 11장에서 그 하나님의 형상대로 지음받은 인간들은 "성읍과 탑을 건설하여 그 탑 꼭대기를 하늘에 닿게 하여 우리 이름을 내고 온 지면에 흩어짐을 면하자"(4절)고 말합니다. 이 말 속에는 단순한 건축의 야망이 아니라 하나님에게 맞서겠다는 교만한 욕망, 더 나아가 하나님의 자리를 넘보겠다는 반역의 의도가 담겨 있습니다.

바벨탑은 인간의 교만과 하나님을 향한 반역의 상징입니다. 하나님께서 이러한 인간의 도전에 어떻게 응하셨는지 본문을 통해 살펴보겠습니다.

바벨탑의 의미: 자신의 힘을 의지함

창세기 10장 25절에는 벨렉 시대에 "세상이 나뉘었다"는 기록이 나옵니다. 11장의 족보를 통해 벨렉은 노아 홍수 이후 약 111년에 태어났고, 이를 바탕으로 바벨탑 사건은 대략 홍수 이후 140-150년쯤에 일어난 일로 추정할 수 있습니다. 이는 인류가 하나님의 우주적 심판을 경험한 지 불과 한 세기 남짓한 시간 안에 다시금 깊은 죄악에 빠졌다는 사실을 보여줍니다. 홍수가 죄인들을 쓸어버리기는 했지만 죄의 뿌리까지 제거하지는 못했던 것입니다.

홍수 이후 노아의 후손들은 동쪽으로 이동하던 중 시날 평지에 이르러 그곳에 정착했습니다. 그들은 성읍을 세우고 하늘에 닿는 탑을 쌓기 시작합니다. 이러한 흐름은 가인에게서도 이미 나타났습니다. 가인은 아벨을 죽인 후 여호와 앞을 떠나 동쪽 놋 땅으로 가서 성을 세우고, 아들의 이름을 따 '에녹'이라 부릅니다. 하나님은 아담과 노아 모두에게 "생육하고 번성하여 땅에 충만하라"고 명령하셨지만, 사람들은 이 명령을 거부하고 자신들이 원하는 곳에 정착하기를 원했습니다. 성을 쌓는 것은 하나님의 축복에 정면으로 도전하는 행위였습니다. 그 결과 도시는 인류 역사에서 죄와 악의 중심지가 되어 왔습니다.

그들은 단지 성을 쌓은 것이 아니라 하늘에 닿는 탑을 쌓으려 했습니다. 성읍과 탑을 세우려면 엄청난 노동력과 고도의 기술이 필요합니다. 이들은 "벽돌을 만들어 견고히 굽자"고 외치며 돌 대신 벽돌을, 진흙 대신 역청을 사용했습니다. 이처럼 발달된 기술이 하나님의 뜻을 거스르는 데 사용되었습니다.

바벨탑을 쌓으려는 동기는 무엇입니까? 첫째, 그들은 자기 이름을 내고자 했습니다(4절). 오늘날 각국이 초고층 빌딩을 세우는 것도 결국 국력과 자부심을 과시하기 위함입니다. 가장 높은 건물은 도시의 랜드마크가 되고, 이름을 드러내는 수단이 됩니다. 당시 기술로 그들이 얼마나 높은 건물을 세웠는지는 알 수 없지만 의도는 분명했습니다. "꼭대기를 하늘에 닿게 하자." 인간의 이름을 하늘만큼 높이고자 한 것입니다.

둘째, 그들은 "온 지면에 흩어짐을 면하자"고 했습니다(4절). 이는 "땅에 충만하라"는 하나님의 명령을 정면으로 거부한 것입니다. 더 나아가 그들은 바벨탑을 일종의 피난처로 삼고자 했습니다. 혹여 다시 홍수가 닥쳐도 이 탑 안으로 피하면 구원받을 수 있으리라 여긴 것입니다. 하나님께서 노아에게 하신 언약을 신뢰하지 못하고 자신들의 힘으로 미래를 대비하려 했습니다. 만약 그들의 계획이 성공했다면 사람들은 하나님의 명령과 달리 더 이상 흩어질 필요 없이 도시 문명 안에서 안주하며 살아갔을 것입니다.

결국 이들은 자기 이름을 내기 위한 '세상의 왕국'을 세우고 있었습니다. 이 왕국은 하나님의 나라와 본질적으로 다릅니다. 창세기 12장 2절에서 하나님은 아브라함을 불러 이렇게 말씀하십니다. "내가 너로 큰 민족을 이루고 네게 복을 주어 네 이름을 창대하게 하리니 너는 복이 될지라." 여기서 우리는 두 왕국의 대조를 봅니다. 바벨은 인간의 이름을 위한 나라인 반면, 아브라함을 통한 하나님의 나라는 세상에 복을 흘려보내는 나라입니다.

이런 바벨탑 계획이 가능했던 배경이 있습니다. 인간의 언어가 하나였다는 것입니다. "온 땅의 언어가 하나요 말이 하나였더라"(1절). 언어가 같다는 것은 그만큼 소통을 정확하고 빠르게 할 수 있음을 의미합니다. 본문에는 '우리'라는 표현이 반복되며, 사람들이 한뜻으로 움직였음을 보여줍니다. 우리말 성경에서는 주어가 생략되어 잘 드러나지 않지만, 히브리어 원문에서는 이 점이 분명히 나타납니다. 바벨탑을 쌓는 일에 인간들은 그만큼 하나되어 힘을 모았습니다.

하나님의 방문: 언어를 혼잡하게 하심

인간이 바벨탑을 세우며 하나님께 대적하자, 하나님은 그들의 계획을 직접 살펴보기 위해 땅에 강림하셨습니다. 성경에서 하나님의 강림은 두 가지 목적을 가집니다. 하나는 구원을 위한 것이고, 다른 하나는 심판을 위한 것입니다. 신자에게 주의 강림은 은혜이며 구원의 사건입니다. 그래서 우리는 예배 중에도 "주여, 임하소서"라고 기도합니다. 그러나 그런 기도를 드릴 때마다 우리의 삶과 예배가 하나님 앞에서 과연 합당한지 스스로 돌아보아야 합니다.

창세기 11장은 하늘과 땅 사이의 방향성에서 극명한 대조를 보여줍니다. 땅에서는 인간이 하늘에 닿고자 위로 올라가고 있고, 하늘에서는 하나님께서 인간의 일을 살펴보기 위해 땅으로 내려오십니다. 인간들이 바벨탑 건설에 한마음이었던 것처럼 하나님도 이 계획을 저지하기로 뜻을 모으셨습니다. 7절에서 "자, 우리가 내려가서 거기서 그들의 언어를 혼잡하게 하자"는 말씀은 삼위 하나님 사이의 의논을 암시합니다. 이 장면은 하나님의 작정이 이루어지는 순간을 강조합니다.

하나님은 바벨탑을 물리적으로 무너뜨리지 않으셨습니다. 소돔과 고모라처럼 불과 유황으로 멸망시키실 수도 있었지만, 그것은 근본적인 해결책이 되지 못합니다. 하나님은 인간의 본성을 잘 아십니다. 탑이 무너져도 인간은 또다시 탑을 세울 것이며, 또 다른 이름으로 교만과 반역을 반복할 것입니다. 그래서 하나님은 그 동력 자체를 무력화하셨습니다. 곧, 언어를 혼잡하게 하심으로 인간들의 협력을 차단하신 것입니다. 이로써 바벨탑 건설은 중단되었고, 사람들은 흩어졌습니다.

많은 언어학자들은 언어의 다양성을 진화 과정의 결과로 설명하지만, 이는 여전히 증명되지 않은 가설일 뿐입니다. 왜 수많은 인종과 언어가 존재하는지 과학은 아직 명확한 답을 내놓지 못하고 있습니다. 그러나 성경은 아주 간단히 설명합니다. 다양한 언어는 자연적 진화의 산물이 아니라 죄에 대한 하나님의 초자연적 심판의 결과라는 것입니다.

제가 외국에서 공부하면서 언어의 장벽이 얼마나 큰지를 절감했습니다. 우리말로 글을 쓰는 것도 쉽지 않은데 영어로 논문을 작성하려니 훨씬 더 고역이었습니다. 공부하는 내내 "언어가 하나였다면 얼마나 좋았을까", "성경이 처음부터 한글로 기록되었거나, 내가 히브리어와 헬라어를 자유롭게 읽을 수 있다면 얼마나 좋을까"라는 생각을 자주 했습니다. 많은 사람들이 이와 비슷한 생각을 합니다. "언어가 하나면 소통이 잘 되어 세상이 더 평화로워지지 않을까?" 그러나 문제는 소통 자체가 아니라 '무엇을 위한 소통인가'입니다. 바벨탑 시대에 사람들은 완벽한 소통과 일치를 이루었지만, 그 목적은 하나님을 대적하는 것이었습니다.

오늘날도 마찬가지입니다. 전 세계가 하나의 언어로 소통한다면 과연 더 평화로운 세상이 올까요? 이미 한국 사회만 보아도 영어에 대한 과도한 열풍이 사회 구조에 큰 영향을 미치고 있습니다. 만약 세계가 하나의 언어, 하나의 통신망, 하나의 시스템으로 묶이게 된다면, 그것은 또 다른 바벨탑이 될 것입니다. 소수의 권력자들이 전 세계를 하나의 질서로 통제하게 될 것이고, 하나님의 영역마저 침범하려 들 것입니다. 이미 인간은 유전자 조작, 복제, 생명 창조에까지 손을 대며 하나님의 고유 권한을 넘보는 지경에 이르렀습니다.

언어 혼잡의 결과

하나님께서 인간의 언어를 혼잡하게 하시자 바벨탑 공사는 더 이상 진행될 수 없었습니다. 인간의 거대한 반역 계획은 하나님 앞에서 너무나 쉽게 무너졌습니다. 단 한 방울의 피도 흘리지 않고, 하나님은 그 전쟁에서 완전한 승리를 거두셨습니다. 사람들은 성 쌓기를 멈출 수밖에 없었고, 하나님은 그들을 온 지면에 흩으셨습니다.

이 사건을 통해 우리는 한 가지 중요한 사실을 배웁니다. 인간이 아무리 반역하고 도전할지라도 하나님의 계획은 결코 좌절되지 않으며 성실하게 이루어진다는 것입니다. 어쩌면 우리가 지금 한반도라는 지구의 작은 구석에서 살아가고 있다는 사실도 바벨탑 사건으로 인한 결과라 할 수 있습니다.

바벨탑에 대한 심판으로 '한 민족'이라는 개념은 무너지고, 여러 민족과 언어가 생겨났습니다. 노아 시대처럼 온 인류가 하나되어 하나님께 나아가는 일은 이제 불가능해졌습니다. 그렇다면 하나님의 구원 계획은 어떻게 이어졌을까요?

하나님은 새로운 방식으로 그분의 나라를 세워가십니다. 흩어진 민족들 가운데 아브라함을 택하시고, 그와 언약을 맺어 하나님의 나라를 다시 시작하십니다. 그러나 이것은 온 인류에 대한 구원 계획이 중단되었음을 의미하지 않습니다. 하나님의 보편적인 구원은 단지 아브라함을 중심으로 잠정적으로 좁혀졌을 뿐이며, 언젠가 다시 열방을 향해 확장될 것임을 내포하고 있습니다.

바벨탑 사건을 묵상하며 우리는 오순절 성령강림 사건을 함께 기억해야 합니다. 예수님께서 승천하시고 나서 열흘 뒤 오순절날 성령께서 제자들에게 임하셨습니다. 간절한 기도의 자리에 임하신 성령은 교회를 세우는 능력으로 나타나셨습니다. 교회가 세워졌다는 것은 하나님의 나라가 더 이상 이스라엘 민족에만 한정되지 않음을 의미합니다. 이제 복음은 모든 민족과 열방을 향해 나아가야 합니다.

오순절 성령강림의 상징은 '방언'이었습니다. 세계 각국에 흩어져 있던 경건한 유대인들이 예루살렘에 모였고, 그 자리에서 베드로가 복음을 전하자 각 나라 사람들이 자신들의 언어로 하나님의 말씀을 듣고 이해하는 일이 일어났습니다.

바벨탑 사건이 분열의 역사라면 오순절은 하나됨의 역사입니다. 성령께서 하나되게 하셨습니다. 여기서 중요한 것은 '무조건적인 하나됨'이 아니라 무엇을 위한 하나됨이며, 어떤 방식으로 이루어졌는가입니다. 인간의 나라와 달리 하나님의 나라에서는 성령께서 하나되게 하시고, 그 결과 모든 백성이 주님의 말씀을 듣고 순종하게 됩니다.

바벨탑 사건만을 기억한다면 우리는 절망과 비탄에 빠질 수밖에 없습니다. 그러나 성경은 하나님께서 심판 중에도 자신의 백성을 향한 사랑을 놓지 않으시는 분임을 증거합니다. 하나님은 인간의 교만과 반역으로 인해 그들을 온 땅에 흩으셨지만, 흩어진 인류 가운데서 아브라함을 불러내시고, 그를 통해 하나님의 백성을 세우셨습니다. 바벨탑 사건은 하나님의 구원 계획이 인간의 죄악 앞에서도 결코 중단되지 않는다는 사실을 보여줍니다.

오늘날에도 사람들은 각자의 방식으로 '무언가를 쌓으며' 살아갑니다. 각 나라와 사회, 그리고 개인들은 저마다의 바벨탑을 세우고 있습니다. 당시 사람들은 "우리 이름을 내고 온 지면에 흩어짐을 면하자"며 탑을 쌓았습니다. 오늘날도 많은 이들이 자기 이름을 드러내고, 안정된 삶을 확보하기 위해 분주하게 '쌓는 삶'을 살아갑니다.

문제는 무엇을 위해 쌓는가입니다. 인간은 결국 둘 중 하나를 위해 무언가를 쌓습니다. 하나님을 위해, 아니면 자기 자신을 위해. 바벨탑 사건은 우리에게 분명한 교훈을 줍니다. 하나님은 자신을 대적하는 모든 것을 무너뜨리시는 분입니다. 바벨탑을 무너뜨리신 하나님은 오늘도 우리 삶 속에서 인간 중심으로 쌓아올린 모든 것을 단숨에 중단시키실 수 있습니다.

이와 관련해 우리는 두 가지 말씀을 마음에 새겨야 합니다. 첫째, 반석 위에 세운 집에 대한 예수님의 비유입니다. "그러므로 누구든지 나의 이 말을 듣고 행하는 자는 그 집을 반석 위에 지은 지혜로운 사람과 같으리니"(마 7:24). 무엇을 쌓느냐도 중요하지만, 어디에 쌓느냐가 더 중요합니다. 하나님의 말씀 위에 세워진 삶만이 흔들림 없이 설 수 있습니다.

둘째, 시편 127편 1절 말씀입니다. "여호와께서 집을 세우지 아니하시면 세우는 자의 수고가 헛되며." 누가 세우는가가 핵심입니다. 하나님 없이 세운 모든 것은 결국 무너질 수밖에 없습니다.

그러므로 우리가 세우는 삶과 교회 공동체가 인간의 계획과 노력이 아닌 하나님의 말씀 위에 세워질 때, 비로소 그 위에 하나님의 이름이 영광스럽게 드러날 것입니다.

||||||||||||||||||||||

1. 바벨탑 사건에서 하나님은 왜 물리적 심판 대신 언어를 혼잡하게 하셨을까요?
2. 바벨탑 사건 이후 하나님은 어떻게 새로운 구원 계획을 이어가셨습니까?
3. 지금 우리가 열심히 쌓고 있는 것은 하나님의 이름을 위한 것입니까, 아니면 우리 이름을 드러내기 위한 것입니까?

아브라함 이야기

창세기 11:27-23:20

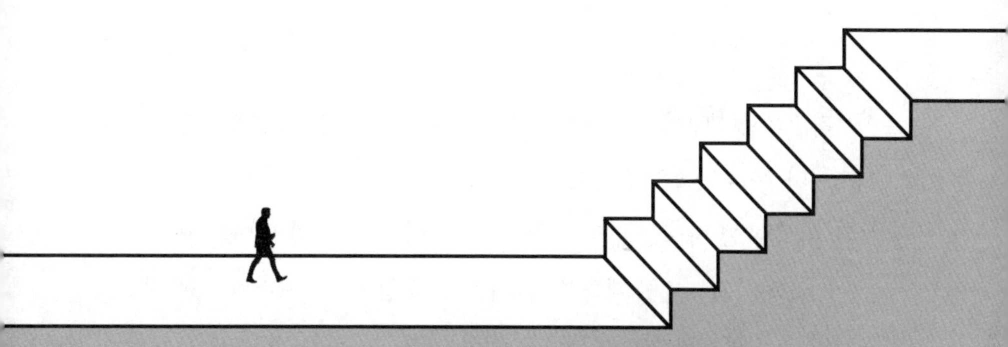

갈 바를 알지 못하고 떠남
"네게 보여줄 땅으로 가라"

창세기 11:27-12:5

아브라함은 성경에서 매우 중요한 인물입니다. 그는 이스라엘 민족의 시조이며, 우리 민족의 단군에 비견될 만큼 상징적인 조상입니다. 그보다 더 중요한 사실은 신약 성경이 예수님을 "아브라함의 아들"(또는 "아브라함의 자손")로 소개하며 시작된다는 점입니다. 아브라함은 예수님의 조상일 뿐만 아니라 믿음 안에서 우리 모두의 '아버지'이기도 합니다. 어떻게 아브라함이 우리의 아버지가 될 수 있을까요?

많은 학자들이 아브라함의 등장을 창세기의 분기점으로 봅니다. 창세기 1장부터 11장까지는 하나님의 구원 계획이 온 인류를 향해 펼쳐지는 보편사의 시대이고, 12장부터는 아브라함과 그 자손을 중심으로 한 특별 계시의 시대가 시작됩니다. 이전까지는 하나님께서 온 인류를 대상으로 말씀하셨지만, 이제 그 계시는 한 사람, 한 가정, 한 민족을 통해 이루어집니다. 노아와의 언약을 통해 하나님의 통치는 여전히 모든 피조물에 영향을 미치지만, 구체적인 구원 계획은 아브라함과 그 자손에게로 집중됩니다.

이제 본문을 통해 하나님께서 아브라함을 어떻게 부르셨는지, 어떤 약속을 주셨는지, 그리고 아브라함이 그 부르심에 어떻게 반응했는지 함께 살펴보겠습니다.

선택의 배경

아브라함 이야기를 읽을 때 가장 조심해야 할 점은, 그를 지나치게 영웅시하지 않는 것입니다. 모리아산에서 독자 이삭을 바친 사건(창 22장)은 그의 믿음을 상징하는 위대한 장면입니다. 그러나 아브라함을 성인(聖人)처럼 이상화한다면, 창세기는 하나님의 말씀이 아닌 한낱 인간의 위인전이 되고 말 것입니다. 아브라함의 신실한 믿음을 간과해서는 안 되지만, 그 이야기의 중심에 언제나 하나님이 계심을 잊지 말아야 합니다.

아브라함 이야기를 하나님 중심으로 올바로 이해하려면, 먼저 하나님께서 그를 부르시기 전에 어떻게 일하셨는지 살펴볼 필요가 있습니다. 창세기 1장부터 이어지는 굵직한 사건들을 짧게 돌아보면 다음과 같습니다.

하나님은 처음 인간을 창조하시고 복을 주셨습니다. 그러나 아담은 하나님의 명령에 불순종했고, 그 결과 인류는 죄 가운데 떨어지게 되었습니다. 그럼에도 하나님은 거기서 역사를 끝내지 않으시고 구속 계획을 이어가십니다. 노아 시대에 이르러서는 인류 전체가 타락해 심판받을 수밖에 없는 상태에 놓였습니다. 하나님은 결국 홍수로 온 세상을 심판하셨지만, 동시에 노아와 언약을 맺으시고 다시는 온 인류를 그렇게 심판하지 않겠다고 약속하셨습니다. 그 이유는 인간이 선해서가 아니라 어려서부터 악하다는 사실을 아셨기 때문입니다(창 8:21).

인간의 사악함은 바벨탑 사건에서도 다시 한번 분명히 드러났습니다. 하나님은 인간이 땅에 충만히 퍼져 살기를 원하셨지만, 사람들은 스스로의 이름을 높이고 흩어짐을 면하고자 성읍과 탑을 세웠습니다. 이에 하나님은 그들의 언어를 혼잡하게 하시고, 그들을 온 땅에 흩으셨습니다. 이로써 인류는 하나의 민족이 아니라 다양한 언어와 문화, 경계를 가진 여러 민족으로 나뉘게 되었습니다. 이제 온 인류가 하나의 공동체로 하나님을 섬기기는 불가능해 보이는 상황이 된 것입니다.

하지만 하나님은 여기서도 구원 계획을 멈추지 않으십니다. 한 민족을 이루어 복을 주기 위한 계획을 세우시고, 아브라함을 선택하여 부르십니다.

하나님의 주권적 선택

아브라함의 선택 장면을 읽다보면, 그가 어떤 특별한 자격을 갖추었기 때문에 하나님께 택함받은 것처럼 보이기도 합니다. 적어도 창세기만 보면 그렇습니다. 하나님의 부르심에 즉시 순종하여 떠나는 모습이 대단하게 느껴집니다. 그러나 좀 더 살펴봅시다.

먼저 아브라함은 가나안 땅 출신이 아닙니다. 그는 갈대아 우르, 즉 고대 바벨론 지역 출신으로, 약속의 땅과는 아무런 관련이 없는 인물이었습니다. 오늘날 이스라엘인 중에 이 사실을 불편하게 여길 사람이 있을지 모르지만, 하나님은 가나안 땅의 거민 중 한 사람을 선택하신 것이 아닙니다. 전혀 무관한 땅에서 우상을 섬기던 한 사람을 택하여 그에게 가나안 땅을 약속하셨습니다. 이는 가나안이 어떤 민족의 당연한 유산이 아니라 전적인 하나님의 은혜로 주어진 선물임을 보여줍니다.

갈대아 우르는 우상을 숭배하던 도시였습니다. 유프라테스강 인근의 무역 중심지로, 지구라트라 불리는 거대한 신전이 세워져 있던 곳입니다. 아브라함이 처음부터 하나님을 경외하는 사람이어서 선택받았다고 생각할 수 있지만, 여호수아는 아브라함의 아버지 데라가 우상을 섬겼다고 분명히 말합니다(수 24:2). 따라서 하나님께서 아브라함의 신앙을 보고 그를 선택하셨다고 보기는 어렵습니다.

창세기에서는 데라의 가족이 어떻게 우르를 떠났는지 자세히 설명하지 않지만, 사도행전 7장에서 스데반의 설교를 통해 더 구체적인 정보를 얻을 수 있습니다. 스데반은 하나님께서 아브라함에게 처음 나타나신 장소가 메소포타미아, 즉 갈대아 우르였다고 증언합니다. 이는 창세기 12장에서의 부르심이 두 번째였음을 의미합니다. 첫 부르심은 우르에서, 두 번째는 하란에서 이루어진 것입니다.

데라의 가족은 갈대아 우르를 떠났지만 가나안까지 가지 못하고 하란에 머물렀습니다. 오늘날로 말하자면, 베이징을 떠나 한국으로 향하던 길에 압록강 근처에서 멈춘 것과 비슷합니다. 그 이유는 정확히 알 수 없습니다. 아직 믿음이 약해서였을 수 있고, 아버지 데라의 영향력이 컸을 수도 있습니다. 하란이 살기 좋은 곳이었기에 정착하려 했던 것으로 보입니다. 그러나 거기서 안주했다면 하나님의 구원 역사는 더 이상 진행될 수 없었겠지요. 결국 데라가 죽은 뒤, 하나님은 다시 아브라함에게 나타나 "본토, 친척, 아버지의 집을 떠나라"고 명하십니다.

하나님의 구속 역사는 족보를 통해 그 흐름이 잘 드러납니다. 아담부터 노아까지, 그리고 노아부터 데라까지 각각 열 명의 인물이 등장합니다. 아담의 계보는 다음과 같습니다.

아담 → 셋 → 에노스 → 게난 → 마할랄렐 → 야렛 → 에녹 →
므두셀라 → 라멕 → 노아(노아는 셈·함·야벳을 낳음)

노아는 아담으로부터 열 번째 인물이며, 극심한 악으로 가득 찬 그의 시대에 하나님의 심판이 임했습니다. 그러나 하나님은 노아를 통해 인류를 보존하셨습니다. 노아의 계보는 다음과 같습니다.

노아 → 셈 → 아르박삿 → 셀라 → 에벨 → 벨렉 → 르우 →

스룩 → 나홀 → 데라(데라는 하란·나홀·아브람을 낳음)

데라는 노아로부터 열 번째 인물입니다. 이 시기의 영적 상태가 노아 이전보다 나았다고 보기는 어렵습니다. 오히려 더욱 악했을 것입니다. 그럼에도 하나님은 노아와 맺은 언약에 따라 다시 세상을 심판하지 않으시고, 대신 한 사람을 택하여 구원의 역사를 이어가십니다. 노아의 세 아들 중 셈이 택함을 받았듯이 데라의 세 아들 중에서는 아브라함이 선택됩니다. 이 선택은 전적으로 하나님의 주권에 따른 결정이었습니다.

데라의 장남으로 보이는 하란은 이미 우르에서 죽었고, 그의 자녀로는 롯과 밀가가 있었습니다. 밀가는 작은아버지 나홀과 결혼하여 라반을 낳았습니다. 한편 아브라함은 아직 자녀가 없었습니다. 가문을 이을 가능성은 나홀이 더 유력해 보이기도 합니다. 실제로 창세기 31장 53절에서 라반이 "나홀의 하나님"라는 표현을 쓰는데, 이는 나홀 역시 하나님에 대한 지식이 어느 정도 있었음을 보여줍니다. 그러나 아브라함이 하나님의 부르심에 따라 하란을 떠날 때, 롯은 따라나섰지만 나홀은 남았습니다. 그는 아마 하란에 남아 데라의 기업을 이어갔을 것입니다.

아브라함이 받은 약속

아브라함의 삶은 이주의 연속이었습니다. 그는 갈대아 우르를 떠나 하란에 이르렀고, 하란을 떠나 가나안 땅으로, 다시 이집트로, 그리고 또다시 가나안으로 이동했습니다. 가나안에 정착한 이후에도 여러 지역을 옮겨 다녔습니다. 한마디로 국가와 문화를 넘나드는 이민자의 삶이었습니다.

창세기 12장 5절에 따르면, 아브라함은 하란을 떠날 때 이미 많은 소유와 사람들을 거느리고 있었습니다. 어떤 이들은 그가 더 큰 부를 위해 가나안으로 향했다고 생각할지도 모르지만, 결정적인 동기는 '하나님의 부르심'이었습니다. 하나님은 그에게 떠날 것을 명하시며 크고 놀라운 세 가지 약속을 주셨습니다.

- 큰 민족을 이루게 하겠다.
- 복을 주겠다.
- 네 이름을 크게 하겠다.

이 약속들은 단지 물질적 번영을 보장하는 수준이 아닙니다. 하나의 민족, 곧 한 나라의 기초가 되는 인생을 약속하고 있습니다. 아버지의 집을 떠나 낯선 땅에서 홀로 가문을 일으키기란 결코 쉬운 일이 아닙니다. 당시의 사회 구조를 고려하면 외부의 위협과 생존의 불안 속에서 한 집안을 세우는 것은 거의 불가능한 도전이었습니다.

아브라함은 아주 특별한 복을 받았습니다. 이전에 하나님께서 아담과 노아에게 주셨던 복은 "생육하고 번성하라"는 창조적 복이었습니다. 그런데 아브라함에게 주신 복에는 독특한 차원이 하나 더 있습니다. 하나님은 그에게 "네가 복이 될 것"이라고 말씀하셨습니다. 그를 축복하는 자는 복을 받고, 저주하는 자는 저주를 받게 될 것입니다. 나아가 땅의 모든 족속이 그를 통해 복을 얻게 될 것입니다. 아브라함은 단지 복을 받는 사람이 아니라 복의 기준이자 통로가 되었습니다.

또한 하나님은 "내가 네 이름을 크게 하겠다"고 약속하셨습니다. 창세기 초반부를 보면, 사람들은 자신의 이름을 높이기 위해 많은 시도를 했습니다. 가인은 성을 쌓고 자기 아들의 이름을 따 '에녹성'이라 불렀습니다. 네피림은 '고대의 유명한 사람들'로 기억되었지만, 결국 하나님의 심판을 피하지 못했습니다(창 6:4). 바벨탑 사건에서도 사람들은 "우리 이름을 내자"고 외쳤지만, 그 계획은 하나님의 심판으로 좌절되었습니다.

그러나 하나님께서 주시는 이름은 인간 스스로 얻을 수 있는 것이 아니라 위로부터 주어지는 복입니다. 하나님께서 그 일을 아브라함을 통해 하고자 하십니다.

아브라함의 믿음

아브라함이 하나님으로부터 위대한 약속을 받았을 때, 겉보기에는 그 약속들이 이루어질 만한 조건은 전혀 갖춰지지 않았습니다. 그러나 아브라함은 그 약속을 믿었습니다. 히브리서 11장 8절은 그의 믿음을 이렇게 증언합니다. "아브라함은 부르심을 받았을 때에 순종하여 장래의 유업으로 받을 땅에 나아갈새 갈 바를 알지 못하고 나아갔으며."

히브리서 11장은 이른바 '믿음 장'으로, 믿음이 무엇인지 정의하고, 믿음으로 살아간 많은 신앙의 선진들을 소개합니다. 그 첫 구절은 이렇습니다. "믿음은 바라는 것들의 실상이요 보이지 않는 것들의 증거니"(히 11:1). 아브라함의 경우, "갈 바를 알지 못하고 나갔다"는 표현이 그의 믿음을 가장 정확히 드러냅니다.

여기서 주의할 점은 '긍정적 사고'를 믿음과 혼동해서는 안 된다는 것입니다. 무조건 "잘될 거야" 식의 자기 확신은 성경이 말하는 믿음이 아닙니다. 참된 믿음은 하나님의 약속에 근거한 신뢰입니다. 아브라함은 자신의 판단이나 조건을 보고 떠난 것이 아니라 하나님의 말씀을 따라 떠났습니다.

'갈 바를 알지 못하고 떠나는' 사람의 심정은 어떨까요? 군대에서 사병들은 종종 목적지를 모른 채 지휘관의 명령에 따라 이동하기도 합니다. 이럴 때 지휘관에 대한 전적인 신뢰가 요구됩니다. 신뢰하지 않는다면 그 명령을 따를 수도 없습니다.

이런 면에서 오늘을 살아가는 우리의 삶도 아브라함의 삶과 크게 다르지 않습니다. 우리 역시 갈 바를 알지 못합니다. 하나님께서 어느 직장을 주실지, 자녀가 어떻게 자라날지, 건강과 재정이 앞으로 어떤 길로 갈지 알 수 없습니다. 심지어 우리의 생명이 얼마나 남았는지도 모릅니다. 그러나 우리는 믿습니다. 하나님께서 우리와 함께하시며, 그리스도 안에서 아버지가 되어 반드시 선한 것을 주신다는 사실을 말입니다.

때로는 갈 바를 알지 못하는 삶이 막막하게 느껴집니다. 그러나 생각해보십시오. 만약 모든 것을 미리 알 수 있다면, 과연 하나님을 더 신뢰하게 될까요? 군인의 비유에서, 사병이 작전 경로를 미리 안다면 지휘관을 더 따를까요, 자기 판단으로 명령을 따지게 될까요? 갈 바를 알지 못하는 가운데서도 하나님을 신뢰하며 묵묵히 따라가는 것이 신자의 삶입니다.

아브라함과 우리 사이에는 시간과 공간의 큰 간극이 있기에, 아브라함에게 주어진 하나님의 약속을 오늘 우리의 삶에 기계적으로 적용할 수는 없습니다. 반대로 그 약속을 고대 이스라엘의 한 인물에게만 해당하는, 나와 무관한 이야기로 치부해서도 안 됩니다.

하나님은 아브라함에게 복을 약속하셨고, 오늘 우리에게도 예수 그리스도 안에서 누리는 신령한 복을 주셨습니다. 이 복은 믿음을 통해 주어지며, 이 점에서 아브라함과 우리는 본질적으로 같습니다. 하나님께서 아브라함에게 주신 세 가지 약속(큰 민족, 큰 이름, 모든 족속에게 미칠 복)은 결국 예수 그리스도 안에서 성취되었습니다. 예수님은 아브라함의 참된 자손으로 오셨고, 그를 통해 하나님의 나라가 임했으며, 그의 이름은 모든 이름 위에 높아졌고, 온 세상은 그로인해 구원의 복을 누리게 되었습니다.

아브라함은 그 복을 얻기 위해 본토와 친척, 아버지의 집을 떠났습니다. 이 모습은 제자도와도 맞닿아 있습니다. 예수님의 제자들도 주님을 따르기 위해 많은 것을 내려놓았습니다. 오늘날 우리가 이를 문자 그대로 받아들여 가족을 떠나야 하는 것은 아닙니다. 그러나 예수님을 따르기 위해서는 분명히 죄된 과거로부터 벗어나는 결단이 있어야 합니다.

하나님께서 아브라함을 부르셨듯이 오늘 우리도 그리스도의 교회로 부르심을 받았습니다. 이 부르심은 단지 개인의 복을 위한 것이 아니라, 우리를 통해 구원 계획을 이루시려는 하나님의 뜻 안에서 주어졌습니다. 4천 년 전, 아브라함을 복의 근원으로 부르신 하나님은 오늘 우리를 통해 그 복이 흘러가기를 원하십니다. 그 복은 복음 안에서 그리스도를 통해 온전히 계시되었고, 아브라함처럼 우리도 오직 믿음으로 그 복을 받아 누릴 수 있습니다. 우리 모두가 믿음으로 아브라함의 복에 참여하기를 주님의 이름으로 축원합니다.

|||||||||||||||||||||

1. 하나님께서 아브라함에게 주신 세 가지 약속(큰 민족, 큰 이름, 모든 족속에 미칠 복)은 각각 어떻게 예수 그리스도 안에서 성취되었습니까?
2. 아브라함이 "갈 바를 알지 못하고" 떠났다는 표현은 그의 믿음의 어떤 특성을 보여줍니까?
3. 우리 삶에서 하나님을 신뢰하며 결단해야 할 '떠남'은 무엇입니까?

약속의 어머니를 보호하신 전능자
"그대는 나의 누이라 하라"

창세기 12:10-13:2

아브라함을 단지 위대한 신앙인으로만 바라보면, 성경을 깊이 있게 이해하기 어렵습니다. 그의 믿음의 모습만 강조하고 연약한 모습은 외면한다면, 하나님의 말씀은 우리 현실과 동떨어진 이야기처럼 느껴질 수 있습니다. 그러나 오늘 본문은 그런 오해를 바로잡아줍니다. 여기서 우리는 '믿음의 조상'이 아니라 불신앙에 빠진 아브라함을 보게 됩니다.

놀라운 것은 하나님께서 그런 아브라함을 책망하거나 벌하지 않고 오히려 복을 주셨다는 점입니다. 반면 아브라함의 속임수로 인해 피해를 입은 애굽의 왕 바로는 하나님의 징계를 받았습니다. 이 사건은 우리의 도덕적 상식으로는 쉽게 이해되지 않습니다. 물론 이 이야기가 "하나님의 자녀는 죄를 지어도 복을 받는다"는 뜻은 아닙

니다. 그러나 분명한 사실은 아브라함의 불신앙에도 불구하고 하나
님께서 여전히 그를 붙드시고 복을 베푸셨다는 점입니다. 우리는 이
말씀을 어떻게 이해해야 할까요?

이 본문을 바르게 이해하려면 창세기가 도덕 교과서가 아니라 하
나님의 구속 역사, 곧 하나님 나라의 시작을 기록한 책이라는 사실
을 기억해야 합니다. 그리고 구속 역사 속에서 하나님께서 자신의
백성을 어떻게 대하시는지 깊이 들여다보아야 합니다.

이 사건의 신학적 의미

이 사건은 훗날 일어날 출애굽 사건과 놀라울 만큼 유사한 면모를
지니고 있습니다.

- 아브라함의 가족과 야곱의 가족은 모두 기근으로 인해 애굽
  으로 내려갔습니다.
- 아브라함과 이스라엘 백성은 애굽에서 많은 재물을 얻어 나
  왔습니다.
- 하나님의 징계를 받은 바로가 아브라함을 내보낸 것처럼, 훗날
  의 바로도 열 가지 재앙을 겪은 뒤 이스라엘을 내보냈습니다.
- 아브라함이 모든 소유를 이끌고 가나안으로 돌아온 것처럼,
  이스라엘도 전리품을 가지고 광야로 나왔습니다.
- 아브라함이 돌아와 전쟁을 벌였듯이, 이스라엘도 가나안 땅에

들어가 정복 전쟁을 벌였습니다.

물론 두 사건을 완전히 동일시할 수는 없습니다. 그러나 분명한 사실은 아브라함의 생애가 단지 한 개인의 인생사가 아니라 이스라엘 역사 전체를 예표하고 있다는 점입니다. 이스라엘은 아브라함이 걸었던 길을 반복하며 그 궤적을 따라갑니다. 아브라함의 참된 자손이신 예수 그리스도도 이 길을 따라 걸으셨습니다. 그분은 가나안 땅에서 태어나 애굽으로 피신하셨고, 요단강에서 세례를 받으신 후 광야에서 시험을 받으셨습니다. 이스라엘의 역사를 몸소 되짚으신 것입니다.

이 모든 과정을 통해 우리는 구원이 무엇인지, 그리고 우리가 이 땅에서 어떻게 살아야 하는지를 배우게 됩니다.

아브라함의 불신앙

하나님은 하란에 머물고 있던 아브라함을 불러 가나안 땅으로 이끄셨습니다. 그리고 그곳에서 그의 자손에게 땅을 주겠다고 약속하셨습니다. 아브라함은 하나님의 약속에 응답하여 제단을 쌓고 예배를 드렸습니다.

그러나 그 후 그는 계속해서 자리를 옮깁니다. 처음에는 세겜 땅 모레의 상수리나무 곁에 머물렀고, 이어서 벧엘과 아이 사이의 어떤 지점으로, 그리고 다시 남방으로 내려갑니다. 구체적인 이유는 기록되어 있지 않지만, 유목민으로서 좋은 초지를 찾아 이동했을 가능성이 큽니다. 그러나 이야기의 흐름상 그가 하나님이 약속하신 땅에서 점점 멀어지고 있다는 것은 분명합니다.

결정적으로 그 땅에 심한 기근이 들었을 때, 아브라함은 가나안을 떠나 애굽으로 내려가기로 결단합니다. 겉보기에 이는 매우 현실적인 선택 같습니다. 그러나 신앙의 관점에서 보면, 하나님이 약속하신 땅을 떠난다는 것은 결코 가벼운 결정이 아닙니다. 이는 단순한 여행이 아니라 사실상 약속의 땅을 등지고 문명의 땅으로 이주하기로 한 결정이었습니다.

애굽은 나일강 덕분에 기근과는 무관하게 항상 비옥했고, 강력한 문명국가였습니다. 그곳의 왕 바로는 신처럼 여겨지는 절대 권력자였습니다. 이런 거대한 문명의 중심으로 한 떠돌이 족장이 들어갑니다. 이때 그의 마음은 어땠을까요? 아마도 거대한 권력자 앞에서 완전히 위축되었을 것입니다.

사라의 중요성과 위기

이야기의 중심은 이제 사라로 옮겨갑니다. 아브라함은 아내에게 이렇게 말합니다. "여보, 나는 당신이 얼마나 아름다운 여인인지 잘 알고 있소. 애굽 사람들이 당신을 보면 아내로 삼고 싶어 남편인 나를 죽이고 당신은 살릴 것이오. 그러니 당신은 나의 누이라고 하시오. 그래야 당신 덕분에 내가 대접을 잘 받고 목숨도 건질 수 있을 테니."

이 말에서 드러나듯이 아브라함의 관심은 아내의 안전이 아니라 자신의 생명에 있었습니다. 이는 하나님의 약속을 받은 사람답지 않은 태도입니다. 절대 군주가 지배하는 애굽에서 아브라함은 스스로를 지킬 수 없다고 느꼈고, 그 불안은 아내를 누이라고 속이는 결정으로 이어졌습니다.

이 장면을 더 잘 이해하려면 창세기 20장을 함께 살펴볼 필요가 있습니다. 아브라함은 가나안 땅에서도 블레셋 왕 아비멜렉에게 동일한 거짓말을 반복했고, 다음과 같이 해명합니다. "하나님이 나를 내 아버지의 집을 떠나 두루 다니게 하실 때에 내가 아내에게 말하기를 '이후로 우리의 가는 곳마다 그대는 나를 그대의 오라비라 하라. 이것이 그대가 내게 베풀 은혜라' 하였었노라"(창 20:13).

아브라함은 하란을 떠난 이후 줄곧 사라를 아내가 아닌 누이로 소개해온 것입니다. 이는 완전한 거짓말은 아니었지만 본질적으로는 속임수였습니다. 그는 거짓말을 통해 자신의 생명을 보호하려 했고, 이는 그가 하나님의 약속을 온전히 신뢰하지 못했음을 보여줍니다. 무엇보다 주목할 점은, 이 시점까지 하나님께서 사라에 대해 아무런 약속을 하신 적이 없다는 사실입니다. 아브라함은 어쩌면 다른 여인을 통해서라도 자손을 얻을 수 있다고 생각했는지도 모릅니다. 그는 애굽으로 내려가며 아내에게 자신이 더 이상 보호자가 될 수 없다는 사실을 고백했고, 사라도 그런 현실을 받아들였습니다.

그러나 창세기의 관점에서 볼 때, 사라는 단순한 아내가 아닙니다. 아담에게 하와가 돕는 배필이었던 것처럼 아브라함에게 사라는 하나님의 언약을 함께 이루어갈 동역자였습니다. 하나님은 사라를 통해 한 민족을 이루실 계획이셨습니다. 그런데 지금 그 여인이 애굽의 권력자에게 넘어갈 위기에 놓였습니다. 사탄이 하와를 유혹해 죄로 끌어들였듯이 애굽의 바로도 권력을 이용해 사라를 자기 사람으로 삼으려 했습니다.

바로보다 크신 하나님

아브라함의 거짓말은 처음에는 성공한 듯 보였습니다. 그는 자신의 목숨을 지켰을 뿐 아니라 바로에게서 많은 재물까지 얻었습니다. 그러나 그 대가로 사라는 바로의 아내가 되었습니다. 겉으로 보면 아브라함은 모든 것을 얻은 듯했습니다. 이대로 머무른다면 그는 애굽에서 막강한 권력자로 살아갈 수도 있었을 것입니다.

그러나 그 순간 하나님께서 개입하십니다. 성경은 바로의 집에 재앙이 내렸다고만 기록하고 있습니다. 어떤 재앙이었는지는 알 수 없으나 그것이 사라로 인해 시작되었음은 분명합니다. 바로는 아무것도 알지 못한 채 사라를 아내로 맞이했으며, 이 모든 일의 원인은 아브라함의 거짓말에 있었습니다. 그렇다면 벌은 바로가 아니라 아브라함이 받아야 하지 않았을까요?

하지만 이 사건의 핵심은 거짓말 자체가 아니라 하나님의 언약이 위협받았다는 데 있습니다. 사라를 통해 한 민족을 이루시려는 하나님의 계획에 차질이 생긴 것입니다. 그래서 하나님은 바로의 집에 재앙을 내리심으로써 자신의 언약을 수호하셨습니다.

바로는 진노하며 아브라함을 불러 세 가지 질문을 던집니다.

"어찌하여 나를 이렇게 대접했느냐?"

"왜 그가 네 아내라는 사실을 말하지 않았느냐?"

"왜 그를 누이라 하여 내가 아내로 삼게 했느냐?"

아브라함은 그 앞에서 아무 말도 하지 못했습니다. 입이 열 개라도 할 말이 없었습니다. 그러나 놀랍게도 그는 생명을 건졌습니다. 그것은 오직 하나님의 은혜 때문이었습니다.

이 사건에서 우리는 중요한 교훈을 얻게 됩니다. 아브라함이 애굽에 들어올 때 가장 염려했던 것이 무엇이었습니까? 다름 아닌 자신의 생명이었습니다. 그는 아내의 아름다움 때문에 자신이 해를 입을까 봐 거짓말을 했습니다. 그 거짓말로 상황은 더 악화되었고, 하나님의 은혜가 아니었다면 그는 모든 것을 잃을 뻔했습니다. 그런데도 그는 살았고, 사라도 보호받았습니다. 왜냐하면 하나님께서 개입하셨기 때문입니다.

이 일을 통해 아브라함은 한 가지를 분명히 깨달았을 것입니다. 하나님은 바로보다 크신 분이시라는 사실입니다. 이때까지 그는 하나님을 온전히 알지 못했지만, 이제 애굽의 바로보다 강력한 분이 누구인지 직접 경험했습니다. 하나님은 바로의 집에 재앙을 내리고 사라를 지키심으로써, 자신이 단지 많은 신들 중 하나가 아니라 모든 민족과 왕들 위에 있는 참된 하나님이심을 드러내셨습니다.

하나님은 아브라함을 바로의 손에서 건져내셨습니다. 그리고 오늘 우리도 죄와 사망, 사탄의 권세에서 건져주셨습니다. 하나님의 약속을 받았더라도, 그것이 당장 눈에 보이지 않으면 우리는 눈앞의 현실에 압도되기 쉽습니다. 아브라함이 애굽이라는 거대한 문명 앞에 위축되었던 것처럼, 우리도 도시의 빌딩 숲속에서 하나님의 약속보다 세상의 위세에 눌릴 수 있습니다.

이 세상은 본질적으로 하나님을 대적하는 구조를 가지고 있습니다. 자본주의 사회 속에서 살아남기란 결코 쉬운 일이 아닙니다. 때로는 생존을 위해 편법을 택하고, 거짓을 말하고 싶은 유혹에 부딪힙니다. 그 거짓말이 다른 사람에게 직접 해를 끼치지 않는 것처럼 보이면 더욱 쉽게 스스로를 합리화하게 됩니다. 아브라함도 어쩌면 그렇게 생각했을지 모릅니다. 자신은 목숨을 건지고, 아내는 제국의 왕비가 되고, 바로는 세상에서 가장 아름다운 여인을 얻는 일이니, 모두에게 '좋은 결과'처럼 보였을 수 있습니다.

하지만 그것은 하나님의 약속을 위태롭게 하는 일이었습니다. 그래서 하나님께서 개입하셨습니다. 아브라함의 연약함에도 불구하고 하나님은 끝까지 자신의 뜻을 이루셨습니다. 우리는 흔들릴 수 있지만, 하나님은 결코 흔들리지 않으십니다. 이 사실은 우리에게 큰 위로가 됩니다.

그렇다고 죄를 정당화할 수는 없습니다. 하나님을 신뢰하는 것이 가장 안전한 길입니다. 세상이 아무리 커 보여도 우리가 믿는 하나님은 그보다 더 크신 분이십니다. 생명을 지키기 위한 인간적인 계산을 내려놓고, 세상 모든 권세 위에 계신 하나님을 전적으로 붙들어야 합니다. 이 믿음이 우리 안에 깊이 뿌리내리기를 간절히 바랍니다.

IIIIIIIIIIIIIIIIIIII

1. 아브라함이 애굽으로 내려가면서 선택한 행동은 하나님의 약속을 어떻게 위태롭게 만들었습니까?
2. 하나님께서 바로에게 재앙을 내리신 이유는 무엇입니까? 그 사건에서 하나님의 어떤 성품이 드러났습니까?
3. 현실 앞에서 믿음보다 계산을 앞세우고 있지는 않습니까? 하나님을 신뢰하지 못하고 세상과 타협한 선택이 있다면 무엇인가요?

분쟁을 해결한 아브라함
"네가 우하면 나는 좌하리라"

창세기 13:5-18

오늘 본문을 올바로 이해하려면 먼저 롯의 배경을 살펴보아야 합니다. 롯은 아브라함의 동생 하란의 아들로, 여동생 밀가와 함께 자랐습니다. 그의 아버지 하란이 갈대아 우르에서 일찍 세상을 떠났기 때문에 롯과 밀가는 어린 나이에 고아가 되었습니다. 이때부터 롯은 사실상 아브라함의 양아들처럼 자라게 됩니다. 후에 밀가는 아브라함의 형제 나홀과 결혼하게 되지요. 롯은 하란을 떠나 가나안까지 아브라함과 함께 긴 여정을 동행했습니다. 그만큼 그는 아브라함이 어떤 인물인지, 왜 떠났는지, 하나님께 어떤 계시와 약속을 받았는지 누구보다 잘 알고 있었습니다.

그런데 본문에서 롯이 아브라함을 떠나는 장면이 나옵니다. 창세기를 처음 읽는 독자라면, 롯이 아브라함의 신앙을 이어받게 되지 않을까 기대할 법도 하지만, 결국 그는 아브라함의 가정에서 떨어져 나오는 길을 택합니다. 이 선택이 어떤 의미를 갖는지 이해하려면, 롯의 영적 상태를 들여다볼 필요가 있습니다.

주목할 점은 롯이 아브라함을 통해 주어진 하나님의 말씀과 언약을 알고 있었음에도 눈앞의 현실을 따랐다는 것입니다. 이 과정에서 얼마든지 갈등이 생길 수 있었고, 실제로 그 뿌리는 이미 두 사람의 목자들 사이에서 시작되고 있었습니다.

더 중요한 것은 이런 상황에서 아브라함이 어떻게 처신했는가 하는 점입니다. 그의 태도와 결정을 통해 우리는 믿음의 사람들이 세상의 분쟁과 현실 앞에서 어떤 원칙으로 살아가야 하는지 배울 수 있습니다. 그러한 믿음의 삶이 어떻게 가능한지, 또 그렇게 살았던 그에게 하나님께서 어떻게 응답하셨는지 함께 살펴보겠습니다.

번성이 가져온 위기

오늘 본문에서 우리는 흔히 "큰 자가 작은 자에게 양보하면, 하나님께서 복을 주신다"는 교훈을 얻습니다. 그러나 이 사건을 단순히 그런 도덕적 메시지로만 받아들인다면, 성경이 말하는 핵심을 놓치게 됩니다. 성경은 단지 선행을 가르치는 도덕 교과서가 아니라 하나님의 구속사적 역사를 증언하는 말씀이기 때문입니다. 따라서 이 사건의 역사적 배경을 더 깊이 알아볼 필요가 있습니다.

롯과 아브라함의 이별은 그들이 애굽에서 돌아온 직후에 일어난 사건입니다. 앞서 살펴본 대로 아브라함은 애굽에서 아내 사라를 빼앗길 위기에 처했다가 하나님의 놀라운 개입으로 구원받는 경험을 했습니다. 이 사건은 아브라함뿐 아니라 그 자리에 함께 있었던 롯에게도 잊지 못할 교훈이 되었을 것입니다.

애굽에서 돌아올 때, 아브라함은 바로로부터 많은 재물을 받아 큰 부자가 되었습니다. 롯도 그 곁에서 함께 부유해졌습니다. 아브라함은 이 부가 자신의 수고로 얻은 것이 아니라 하나님의 선물임을 잘 알고 있었습니다. 롯 역시 이 사실을 알고 있었을 것입니다.

가나안 땅으로 돌아온 아브라함은 다시 처음 제단을 쌓았던 벧엘, 곧 '하나님의 집'으로 갑니다. 아브라함은 제2의 고향과도 같은 그곳에서 다시 제단을 쌓고 하나님께 예배를 드렸습니다.

애굽에서 돌아온 이후 아브라함과 롯 모두 가축이 크게 번성했습니다. 하나님께서 그들에게 복을 주신 결과였습니다. 하나님께서 주신 복은 거기서 끝나는 것이 아니라 책임을 요구하는 부르심이기도 합니다. 예를 들어, 큰 재물을 받았다면 그것을 어디에 어떻게 사용할 것인지가 중요합니다. 그 재물이 자기 자신과 가족만을 위한 수단이 된다면, 그 자체로 복이 되지 못할 뿐 아니라 오히려 갈등의 씨앗이 될 수 있습니다. 부모의 유산을 두고 형제 간에 벌어지는 분쟁이 대표적인 예입니다. 오늘 본문에서도 그러했습니다. 하나님께서 주신 번영이 분쟁의 원인이 되었습니다.

창세기 12장에서는 기근이라는 외적 위기가 아브라함의 가정을 시험했다면, 13장에서는 풍요로 인한 내적 위기가 찾아옵니다. 당시 가나안 땅에는 여부스 족속을 비롯한 원주민들이 거주하고 있었고, 목초지와 자원은 한정적이었습니다. 이로 인해 아브라함의 목자와 롯의 목자들 사이에 다툼이 벌어졌습니다.

이러한 상황에서 아브라함은 문제를 회피하지 않습니다. 오히려 믿음의 사람답게 갈등을 주도적으로 해결하기 위해 나섭니다.

양보를 통한 해결

모든 사회에는 갈등이 존재합니다. 자원은 한정되어 있는데, 그것을 나누려는 사람은 많기 때문입니다. 이는 어린아이들 가운데서도 쉽게 확인할 수 있습니다. 예컨대 생일 케이크를 여섯 조각으로 나누었는데, 아이는 일곱 명이라면 어떤 일이 벌어질지는 쉽게 예상할 수 있습니다.

현실에서 이런 갈등은 대개 두 가지 방식으로 마무리됩니다. 하나는 강자가 약자를 누르고 승리하는 방식이고, 다른 하나는 양측이 큰 대가를 치르고 억지로 타협하는 방식입니다. 전자는 힘의 차이가 클 때, 후자는 양측의 힘이 엇비슷할 때 주로 일어납니다.

그런 점에서 아브라함과 롯의 관계는 전형적인 갑을 관계였습니다. 아브라함은 조카인 롯보다 나이가 많았고, 하나님의 약속을 받은 중심 인물이었습니다. 그가 어떤 결정을 내리든 롯은 마땅히 따라야 할 위치에 있었습니다. 게다가 당시 부족 사회에서 '나라를 이룬다'는 것은 더 많은 사람과 재산을 거느리고 이웃 부족들을 점차 정복하는 것을 의미합니다. 따라서 롯이 독립하여 세력을 키우면 아브라함에게 위협이 될 수도 있는 상황입니다.

더욱이 야곱이 외삼촌 라반에게 당했던 일을 떠올려보십시오(창 30장). 라반은 야곱이 20년을 일했는데도 그를 독립시키지 않고 부려먹기만 하지 않았습니까? 애굽의 바로 역시 권력을 이용해 타인을 수단으로 삼았습니다.

그러나 아브라함은 전혀 다른 리더십을 보여줍니다. 여기서 우리는 하나님 나라의 통치 원리를 엿볼 수 있습니다. 아브라함은 자신의 권리를 주장하지 않고 롯에게 먼저 선택할 기회를 줍니다. "네가 좌하면 나는 우하고 네가 우하면 나는 좌하리라"(9절). 이는 현실적으로 큰 손해를 감수할 수 있는 제안이었습니다.

아브라함은 왜 이런 결정을 내렸을까요? 단지 도량이 넓었기 때문일까요? 그는 자신의 목자들과 롯의 목자들이 다투는 모습을 가나안과 브리스 족속이 지켜보고 있다는 사실을 의식했습니다. 그들은 아브라함과 롯이 왜 이 땅에 왔는지, 어떤 하나님을 섬기는지 알고 있었습니다. 그런 상황에서 아브라함은 가족 간에 다투는 모습을 보이고 싶지 않았습니다. 그에게 가장 중요한 것은 재산이 아니라 하나님의 영광이 열방 가운데 드러나는 것이었습니다.

이러한 인식은 하루아침에 생기지 않았습니다. 애굽에서의 위기와 구원 사건을 통해 그는 하나님이 어떤 분이신지 깊이 체험했습니다. 번영이 자신의 힘이 아니라 하나님의 손에 달려 있음을 깨달은 것입니다. 그래서 그는 애굽에서 돌아온 후, 가장 먼저 벧엘로 올라가 하나님께 제사를 드렸습니다.

롯이 어떤 선택을 하든 아브라함은 이제 약속의 땅을 떠나지 않을 것입니다. 진정한 약속은 땅 자체가 아니라 그 땅을 주신 하나님께 있음을 확신했기 때문입니다.

롯의 결정과 그 결과

롯은 아브라함의 제안을 듣고 자신의 눈에 가장 좋게 보이는 땅을 선택했습니다. 그가 택한 곳은 요단 들판, 곧 소돔과 고모라 인근의 비옥한 지역이었습니다. 하나님께서 소돔과 고모라를 멸하시기 전, 이곳은 여호와의 동산 같고 애굽 땅처럼 풍요로웠다고 성경은 말합니다(창 13:10).

롯은 자신의 안목에 따라 가장 유리해 보이는 땅을 택했는데, 그곳에는 당시 가장 악한 사람들이 거주하고 있었습니다. 반면 아브라함은 믿음으로 남은 땅을 받아들였습니다. 이러한 대조는 매우 의미심장합니다. 롯은 하나님께서 아브라함에게 행하신 일들을 애굽에서 직접 목격했음에도 불구하고, 결국 믿음보다는 눈에 보이는 이익을 좇았습니다.

롯이 떠난 후 아브라함의 심정은 어땠을까요? 롯은 단순한 조카가 아니라 사실상 아브라함이 아들처럼 아끼던 존재였습니다. 이제 사라와 둘만 남은 상황에서 아브라함은 하나님의 약속이 어떻게 이루어질지조차 막막했을 것입니다. 바로 그때 하나님께서 그에게 다시 나타나 말씀하십니다.

> 너는 눈을 들어 너 있는 곳에서 북쪽과 남쪽 그리고 동쪽과 서쪽을 바라보라. 보이는 땅을 내가 너와 네 자손에게 주리니… 네 자손이 땅의 티끌 같게 하리니… 일어나 그 땅을 종과 횡으로 두루 다녀보라. 내가 그것을 네게 주리라(14-17절).

이번에는 그가 실제로 차지할 땅과 그의 자손에 대한 더욱 구체적이고 강한 확신의 말씀이 주어졌습니다. 아브라함은 그 말씀을 믿었습니다. 그는 말씀을 따라 장막을 헤브론으로 옮기고, 그곳에서 또 한번 제단을 쌓아 하나님께 예배를 드렸습니다.

아브라함은 롯에게 큰 양보를 했고, 외적으로는 상당한 손해를 본 셈이었습니다. 롯이 비옥한 평야를 택했기에 아브라함에게 남은 것은 산지뿐이었습니다. 그가 정착한 헤브론은 해발 930미터의 고지대로, 목축을 하기에 적당해 보이지 않았습니다. 그러나 아브라함은 눈에 보이는 조건이 아니라 하나님께서 주신 약속을 붙들었습니다.

그가 선택한 헤브론은 이후 창세기 전체에서 매우 중요한 장소로 남게 됩니다. 아브라함은 훗날 그곳에 사라를 위한 무덤을 마련했고(창 23장), 이후로 자신과 이삭, 야곱, 그리고 그들의 아내들까지 모두 그곳에 묻히게 됩니다. 그들은 가나안 땅에서 실제로는 "발 붙일 만한 땅"(행 7:5)밖에 얻지 못했지만, 하나님의 약속을 신뢰하는 믿음 안에서 생을 마감했습니다. 결국 헤브론은 이스라엘 백성 모두에게 약속의 땅, 믿음의 본향으로 기억되는 장소가 되었습니다.

∫

아브라함의 가정은 그 시대의 교회 역할을 했습니다. 그런데 그 공동체에 닥친 위기는 외부의 공격이 아니라 내부의 지나친 번영이 원인이었습니다. 풍요는 하나님의 축복이지만, 때로는 분열과 다툼의 씨앗이 되기도 합니다.

오늘날 우리의 현실도 비슷합니다. 하나님의 은혜로 한국 교회는 눈부신 성장을 이루었지만, 그 이면에는 보이지 않는 경쟁과 갈등이 자리 잡고 있습니다. 대형 교회들은 더 큰 규모를 추구하며 기득권을 지키려 애쓰는 가운데 약자에 대한 배려는 점점 사라져가고 있습니다. 이는 비단 대형 교회만의 문제가 아닙니다. 모든 사람에게는 크든 작든 자기 몫의 기득권이 있고, 그것을 내려놓기가 결코 쉽지 않습니다. 그러나 진정한 평화는 바로 그 기득권을 내려놓을 때 시작됩니다.

아브라함은 그것을 믿음으로 실천한 사람이었습니다. 그는 자신의 권리를 주장할 수 있었지만, 하나님의 영광을 위해 스스로 양보했습니다. 하나님께서 모든 것을 주관하신다는 확신 속에서 세상의 방식이 아니라 하나님 나라의 원리를 따랐습니다.

아브라함과 그의 가족을 가나안족과 여부스족이 지켜보았듯이, 오늘날 우리 교회도 세상의 시선을 받고 있습니다. 그런데 많은 교회들이 교리나 신학적 문제보다는 "누가 더 크냐"는 경쟁과 분쟁에 휘말려 있습니다. 이러한 모습으로는 하나님께서 약속하신 참된 복을 누릴 수 없습니다.

예수님은 말씀하셨습니다. "화평하게 하는 자는 복이 있나니 그들이 하나님의 아들이라 일컬음을 받을 것임이요"(마 5:9). 참된 평화는 말로 외치는 것이 아니라 자신의 권리와 기득권을 내려놓는 데서 시작됩니다. 우리 주님은 하늘의 영광을 버리고 이 땅에 오셨습니다. 부요한 분이 가난하게 되심으로 우리를 부요하게 하셨습니다(고후 8:9). 십자가는 진정한 평화의 길을 보여주는 사건이었습니다. 이 평화의 원리가 오늘 우리 마음 깊은 곳에 뿌리내리기를 주님의 이름으로 축원합니다.

IIIIIIIIIIIIIIIIIIIII

1. 아브라함의 공동체에 닥친 위기는 어떤 상황에서 발생했으며, 그 원인은 무엇이었습니까?
2. 아브라함은 왜 자신의 권리를 주장하지 않고 롯에게 먼저 선택권을 주었을까요? 그의 선택은 어떤 신앙의 원리를 보여줍니까?
3. 나에게도 내려놓기 어려운 '작은 기득권'이 있다면 무엇입니까? 그것을 하나님 앞에서 어떻게 다루어야 할까요?

아브라함: 겁쟁이에서 용사로
"삼백십팔 명을 거느리고 쫓아가"

창세기 14:1-24

창세기 14장에서 우리는 놀랍도록 달라진 아브라함의 모습을 보게 됩니다. 이는 12장에서의 모습과 극명한 대조를 이룹니다. 애굽에서 아브라함은 자신의 생명을 지키기 위해 아내 사라를 누이라 속인 겁쟁이였습니다. 그러나 이제 그는 조카 롯을 구하기 위해 자신의 목숨은 물론 부하들의 생명까지 걸고 전쟁터로 나섭니다. 어떻게 이런 변화가 가능했을까요?

본문은 전쟁 이야기입니다. 보통 이런 이야기는 흥미진진한 전개와 박진감 넘치는 장면들로 가득합니다. 헐리우드 영화만 보더라도 수많은 전투 장면으로 관객을 압도하지 않습니까? 그러나 창세기 14장은 아브라함의 전투를 매우 간략히 처리하고 있습니다. "아브라함이 318명의 군사를 이끌고 밤에 기습하여 승리했다"가 전부입니다. 무슨 전술을 썼는지, 적군의 반응은 어떠했는지, 사상자는 얼마나 났는지에 대한 설명은 전혀 없습니다. 대신 전쟁 이후의 사건들을 더 비중 있게 기록하고 있습니다. 이는 창세기의 목적이 단순한 사건 묘사나 재미있는 이야기 전달이 아니라 하나님의 뜻을 드러내는 데 있음을 보여줍니다.

세상의 기준으로 보면 이 장면은 밋밋하고 흥미를 일으키지 못할 수 있습니다. 그러나 신앙의 눈으로 보면 이 사건은 하나님의 뜻이 어떻게 한 사람을 변화시키며, 하나님의 전사가 어떻게 세상 속에서 싸워야 하는지 보여주는 강력한 증언입니다. 창세기 14장은 단순히 수천 년 전에 일어난 사건의 기록이 아니라 오늘 우리에게 주시는 하나님의 말씀입니다.

누구와 전쟁을 했는가?

창세기 14장의 전반부는 아브라함이 누구와 전쟁을 치렀는지 비교적 자세히 보여줍니다. 그가 상대했던 이들은 메소포타미아 지역을 대표하는 강대국들의 연합군이었습니다. 이 점을 주목해야 합니다. 아브라함은 보잘것없는 지역 세력과 싸운 것이 아니라 그 시대 가장 강한 군사력을 가진 연합 세력과 맞서 싸웠습니다.

본문에는 세 차례의 전쟁이 언급됩니다. 첫 번째 전쟁은 엘람 왕 그돌라오멜을 중심으로 한 네 나라의 연합군과, 소돔 왕 베라를 중심으로 한 가나안 지역의 다섯 나라 연합군 사이의 충돌입니다. 이

전투에서 가나안 연합군은 패배했고, 이후 메소포타미아 국가에 조공을 바쳐야 했습니다.

두 번째 전쟁은 그로부터 12년 후 벌어집니다. 가나안 왕들이 조공을 거부하고 반란을 일으킨 것입니다. 그돌라오멜은 이를 진압하기 위해 제14년에 다시 군대를 이끌고 가나안 땅으로 진격합니다.

세 번째 전쟁에서는 반란을 일으킨 소돔과 고모라가 철저히 패배하여, 그 땅의 모든 재물과 주민들이 포로로 끌려갔습니다. 이때 조카 롯과 그의 가족도 함께 사로잡혀 끌려갔습니다.

본문은 그돌라오멜이 가나안으로 내려오기 전에 여섯 족속을 차례로 제압했다는 사실도 기록하고 있습니다. 그 대상은 르바임, 수스, 에밈, 호르, 엔미스밧, 아모리 족속으로, 신명기 2장과 3장에 따르면 이들은 '거인'으로 불릴 만큼 강대한 족속들이었습니다. 그런 세력조차 그돌라오멜 앞에 무릎을 꿇었습니다. 그는 모든 전쟁에서 승리를 거둔 뒤 소돔과 고모라의 소유를 약탈하고, 포로들을 데리고 본국으로 귀환하던 중이었습니다.

그 가운데 롯도 포함되어 있었고, 그들은 이미 가나안 땅 밖으로 끌려가고 있는 상황이었습니다. 여기서 롯이 살아 돌아올 가능성은 전혀 없었습니다.

담대한 아브라함

전쟁 중 살아남은 한 사람이 아브라함에게 조카 롯이 포로로 끌려갔다는 소식을 전해줍니다. 이것은 우연이 아니라 하나님의 개입하심이었습니다. 그 소식을 들은 아브라함은 집에서 길러 훈련시킨 자 318명을 이끌고 지체 없이 롯을 구출하러 출정합니다. 이 장면을 통해 우리는 롯과 헤어진 후 아브라함이 큰 부족을 이루었다는 사실을 알 수 있습니다.

무엇보다 주목할 점은 아브라함이 전혀 두려워하지 않았다는 사실입니다. 그는 망설임 없이 병력을 이끌고 먼 길을 떠납니다. 롯이 끌려간 곳은 이스라엘 최북단 지역인 단으로, 아브라함이 거주하던 헤브론에서 수백 킬로미터 떨어진 곳이었습니다. 그 먼 거리를 아브라함은 단숨에 달려갑니다.

상대는 막강한 연합군이었기에 아브라함은 야간 기습을 감행했습니다. 예상치 못한 공격에 연합군은 당황하여 도망쳤고, 아브라함은 그들을 추격하여 다메섹 근처 호바까지 이르러 마침내 승리를 거두었습니다. 그는 롯과 일행, 그리고 약탈당한 모든 재산을 되찾아옵니다. 호바는 단보다 훨씬 북쪽, 가나안 땅의 경계를 넘는 지점으로, 아브라함은 본토를 넘어 적진 깊숙이 추격한 것입니다.

여기서 우리는 질문하게 됩니다. 이 담대한 용기는 어디서 나온 것일까요?

아브라함은 본래 용맹한 인물이 아니었습니다. 창세기 12장에서 그는 겁 많고 자기중심적인 모습을 보이지 않았습니까? 자신의 생명을 지키기 위해 아내를 누이라 속였던 사람이었습니다. 그러나 그는 애굽 사건을 통해 여호와 하나님이 어떤 분이신지를 확실히 체험했습니다. 애굽 왕 바로조차 하나님의 손에 꺾이는 모습을 직접 목격했기에, 이 땅의 어떤 왕보다 하나님이 진정한 왕이심을 확신하게 되었습니다. 그에게는 이제 그돌라오멜조차 더 이상 두려운 존재가 아니었습니다.

창세기 14장에서 가장 자주 등장하는 단어는 '왕'입니다. 무려 28 번이나 반복되며, 낯선 이름의 왕들이 줄줄이 등장합니다. 이 가운데 아브라함 역시 하나님의 왕권을 위임받은 자로서 행동합니다. 롯은 그의 가족이며, 가족을 지키는 것은 당시 왕의 의무였습니다. 또한 고대 전쟁은 단순한 국가 간의 충돌이 아니라 신과 신 사이의 대결로 여겨졌습니다. 전쟁에서 이긴다는 것은 그 나라의 신이 더 강하다는 증거였습니다.

아브라함은 세상의 왕들을 두려워하지 않았습니다. 그는 오직 여호와 하나님이 진정한 왕이심을 믿었고, 그분의 전쟁을 대신 수행하는 충성스러운 전사로서 용감히 싸웠습니다. 이 전투는 궁극적으로 하나님의 전쟁이었습니다.

전쟁 이후 – 멜기세덱과 소돔 왕

전쟁에서 승리를 거두고 돌아온 아브라함을 두 왕이 맞이합니다. 한 사람은 살렘 왕이자 제사장인 멜기세덱이고, 다른 한 사람은 소돔 왕 베라입니다. 그런데 두 사람의 태도는 너무나 달랐습니다.

멜기세덱은 "지극히 높으신 하나님의 제사장"(18절)이었습니다. 그는 전쟁을 하나님의 이름으로 수행한 아브라함에게 떡과 포도주를 내어놓으며 축복합니다. 이 음식은 환대와 친교를 상징합니다. 그는 그 이름에 따르면 "의의 왕"이요 "살렘(평화) 왕"이었습니다(히 7:2). 그는 아브라함을 축복하면서 이렇게 고백합니다.

> 천지의 주재이시요 지극히 높으신 하나님이여, 아브람에게 복을 주옵소서. 너희 대적을 네 손에 붙이신 지극히 높으신 하나님을 찬송할지로다(19-20절).

멜기세덱은 하나님의 제사장으로서 아브라함이 전쟁에서 승리한 이유를 계시를 통해 분명히 알고 있었습니다. 그는 아브라함의 승리가 지극히 높으신 하나님이 함께하셨기에 가능한 일이었음을 선포합니다. 이에 아브라함은 전리품의 10분의 1을 바침으로써 자신이 전쟁에서 획득한 모든 것이 하나님의 소유임을 인정합니다.

반면 소돔 왕은 멜기세덱과 완전히 다른 모습을 보입니다. 그는 아브라함을 맞이하러 나오기는 했지만, 감사하지도 환대하지도 않았습니다. 오히려 그는 전쟁에서 큰 빚을 진 당사자임에도 불구하고 재물 분배에만 관심을 보이며 말합니다. "사람은 내게 보내고 물품은 네가 가지라"(21절). 마치 자신이 전쟁의 승리를 주도한 양 선심을 쓰듯 전리품을 자기 마음대로 하려는 오만한 태도를 보입니다.

이에 아브라함은 단호히 반응합니다. "네 말이 내가 아브람으로 치부하게 하였다 할까 하여 네게 속한 것은 실 한 오라기나 들메끈

한 가닥도 내가 가지지 아니하리라"(23절). 세상 왕의 도움으로 부자가 되었다는 말을 듣고 싶지 않았던 것입니다. 그는 자신이 받은 복이 오직 하나님으로부터 왔음을 증명하고자 했습니다.

동시에 자신과 함께한 부하들과 동맹군의 몫은 정당하게 챙깁니다. 이것이 바로 참된 지도자의 모습입니다. 자신의 유익은 내려놓되 함께한 이들의 권리를 소홀히 하지 않습니다.

아브라함이 전쟁에서 거둔 전리품은 막대했습니다. 가나안 땅을 더 확보하고 하나님의 약속을 실현하기 위해서라도 일부를 취하는 것이 마땅해 보입니다. 게다가 그는 과거 애굽에서는 바로가 준 선물을 기꺼이 받은 적도 있었습니다. 그러나 이번에는 달랐습니다. 소돔 왕의 속셈이 뻔했기 때문입니다. 그는 아브라함의 승리를 자신의 공으로 돌리고, "내가 아브람을 부요하게 했다"고 떠벌릴 가능성이 다분했습니다. 아브라함은 그러한 위험을 내다보고 많은 재물을 단호히 포기합니다. '얼마나 가졌는가'보다 '누가 주었는가', '어떻게 얻었는가'를 더 중요하게 여긴 것입니다.

멜기세덱은 하나님의 이름으로 복을 선포했지만, 소돔 왕은 아브라함의 전리품을 자기 소유처럼 여기며 복을 주려 했습니다. 그러나 아브라함은 진정한 복이 오직 하나님으로부터 온다는 사실을 알고 있었습니다. 그것은 애굽에서의 경험을 통해 뼛속 깊이 체득한 진리였습니다.

아브라함 이야기를 통해 우리는 교회가 본질적으로 '전투하는 공동체'임을 다시금 떠올리게 됩니다. 아브라함이 강력한 연합군과 싸웠듯이, 오늘날 교회는 죄와 거짓, 불의와 모든 악한 세력에 맞서 싸워야 할 사명을 받은 공동체입니다. 아무리 그 세력이 거대해 보일지라도 우리는 믿음으로 담대히 맞서야 합니다. 특히 주목할 점은, 아브라함이 혈육인 롯을 위해 목숨을 걸고 싸웠다는 사실입니다. 교회도 마찬가지입니다. 죄에 빠진 형제자매를 위해 희생을 각오하고 나서서 싸워야 합니다.

또한 아브라함이 멜기세덱이라는 하나님의 제사장을 통해 말씀과 축복을 받은 것처럼, 오늘의 교회도 영원한 대제사장이신 예수 그리스도를 통해 하나님의 말씀을 듣고 영적 양식을 공급받으며 복을 누려야 합니다. 히브리서 7장은 이 진리를 분명히 설명하고 있습니다.

마지막으로, 우리는 소유에 대한 태도를 점검해야 합니다. 우리가 가진 모든 것은 하나님의 것입니다. 아브라함은 이 믿음을 십일조라는 구체적인 행위로 드러냈습니다. 신앙은 단지 고백으로 끝나서는 안 되며 실제적이 삶의 결단으로 이어져야 합니다.

특히 돈 사용은 우리의 신앙을 가장 적나라하게 드러내는 영역입니다. 예수님도 "네 보물이 있는 그곳에는 네 마음도 있느니라"(마 6:21)고 말씀하셨습니다. 믿음의 사람은 무엇을 가졌느냐보다, 그것을 어떻게 다루고 살아가느냐로 신앙이 드러납니다. 아브라함의 삶은 바로 그런 신앙의 본이 되었습니다.

IIIIIIIIIIIIIIIIIIII

1. 아브라함이 창세기 12장의 겁쟁이에서 14장의 용사로 변화할 수 있었던 근본적인 이유는 무엇입니까?
2. 멜기세덱과 소돔 왕이 아브라함을 대하는 태도는 어떻게 달랐습니까? 아브라함이 소돔 왕의 제안을 거절한 이유는 무엇입니까?
3. 삶 속에서 아직 하나님의 주권 아래 내려놓지 못한 '내 것'이 있다면 무엇입니까?

믿음으로 의롭다 여김을 받음
"이를 그의 의로 여기시고"

창세기 15:1-7, 롬 4:1-12

오늘 본문은 아브라함을 이해하는 데 매우 중요한 장입니다. 로마서 4장이 보여주듯이 이 본문은 유대교와 기독교의 핵심적 차이를 분명히 드러냅니다. 아브라함이 언제 어떻게 '의롭다 하심'을 받았는지 보여주는 이 사건은, 수천 년이 지난 오늘 우리에게도 그대로 적용되는 칭의의 본질을 가르쳐줍니다.

사도 바울은 아브라함이 행위 없이 오직 믿음으로 의롭다 여김을 받았으며, 그 시점이 할례 이전이었다고 강조합니다. 이는 하나님께 의롭다 여김을 받기 위해 어떠한 인간적 행위도 필요 없으며, 아브라함이 이방인 상태에서 의롭다 여김을 받게 되었다는 뜻입니다. 그러므로 그의 칭의는 오늘날 이방인인 우리 모두에게도 그대로 적용되는 복음의 원형이 됩니다.

바울은 로마서 4장에서 칭의를 이렇게 설명합니다. "일을 아니할지라도 경건하지 아니한 자를 의롭다 하시는 이를 믿는 자에게는 그의 믿음을 의로 여기시나니"(롬 4:5). 시편 기자인 다윗 역시 이 복을 이렇게 노래합니다. "허물의 사함을 받고 자신의 죄가 가려진 자는 복이 있도다. 마음에 간사함이 없고 여호와께 정죄를 당하지 아니하는 자는 복이 있도다"(시 32:1-2).

많은 이들이 아브라함의 복을 부러워하지만, 그 복은 많은 재산이나 전쟁의 승리 혹은 아름다운 아내에 있지 않습니다. 그 모든 것은 복음의 본질과 무관합니다. 바울이 강조한 아브라함의 진짜 복은 바로 '믿음으로 얻는 하나님의 의'였습니다. 죄인이 하나님께 의롭다는 인정을 받는 것보다 더 큰 복은 없습니다. 칭의의 은혜야말로 복음의 핵심입니다.

우리는 이 복을 어떻게 받아야 하는지 분명히 알아야 합니다. 창세기 15장은 그 길을 역사 속 사건을 통해 상세히 보여줍니다. 이 말씀을 통해 아브라함이 받은 칭의의 복을 우리도 함께 누리게 되기를 소망합니다.

여전히 두려운 현실 속에서

오늘 본문은 "이후에"라는 말로 시작됩니다. 이는 이 사건의 시점이 아브라함이 전투에서 승리한 이후, 그러나 아직 할례를 받기 전임을 알려줍니다. 아브라함은 조카 롯을 구하기 위해 목숨을 걸고 싸웠고 전투에서는 승리했지만, 실제로 손에 남은 것은 거의 없었습니다. 전리품의 10분의 1은 멜기세덱에게 바쳤고, 나머지는 소돔 왕에게 모두 돌려주었기 때문입니다. 무엇보다 조카 롯이 다시 소돔으로 가버렸습니다. 아브라함은 어쩌면 롯이 자신의 대를 이어줄 것이라는 막연한 기대를 품고 있었는지도 모릅니다. 그러나 이제 그 가능성은 사라졌습니다. 승리의 기쁨은 잠시였고, 현실은 여전히 불안하고 공허했습니다.

바로 그때, 하나님께서 나타나 이렇게 말문을 떼십니다.

"두려워하지 말라."

이 말씀은 아브라함이 실제로 두려워하고 있었음을 전제합니다. 사실 아브라함은 기습 작전으로 부분적인 승리를 거두었을 뿐입니다. 상대는 가나안의 여러 족속을 제압한 강대한 메소포타미아 연합군이었고, 언제든 전열을 정비해 반격해올 수 있는 상황이었습니다.

그런 아브라함에게 하나님은 두 가지 약속을 주십니다.

"나는 네 방패다."

이는 보호의 약속입니다.

"나는 너의 지극히 큰 상급이다."

이는 보상의 약속입니다.

하나님 자신이 아브라함의 방패요 상급이 되신다는 선언은 어떤 군대보다 강력하고, 어떤 전리품보다 귀한 확신과 위로였습니다. 하나님께서 이렇게 말씀하신다면 여러분은 어떤 마음이 들 것 같습니까?

하나님의 말씀에 대한 아브라함의 반응을 살펴봅시다. 창세기 15장에서는 하나님과 아브라함 사이의 직접적이고 구체적인 대화가 본격적으로 시작됩니다. 이전까지는 하나님께서 중요한 시점마다 일방적으로 말씀하셨고, 아브라함은 그에 응답하여 제단을 쌓는 방식으로 반응했을 뿐이었습니다. 그런데 이제 대화가 시작되었다는 것은 하나님과 아브라함의 관계가 더 깊어졌음을 뜻합니다.

하나님의 약속에 대한 아브라함의 반응은 단순한 "아멘"이 아니었습니다. 하나님께서 "내가 너의 지극히 큰 상급이다"라고 말씀하셨을 때, 대부분이 앞뒤 가리지 않고 "아멘!" 하며 덥석 받아들이는 것이 인지상정 아닐까요?

그러나 아브라함은 신중했습니다. 그는 현실을 직시하며 하나님께 묻습니다.

주 여호와여, 무엇을 내게 주시려 하나이까? 나는 자식이 없사오니 나의 상속자는 이 다메섹 사람 엘리에셀이니이다(2절).

아브라함은 어떤 복을 받은들 자녀가 없다면 무슨 소용이 있겠느냐는 매우 현실적인 고민을 털어놓습니다. 그가 보기에는 지금 가진 모든 것이 엘리에셀에게 돌아갈 수밖에 없는 상황이었습니다. 엘리에셀이 정확히 누구인지는 명시되어 있지 않지만, 아브라함이 다메섹까지 쳐들어갔던 전쟁과 연결해본다면, 그 전쟁에서 얻은 포로 중 한 사람이었을 수도 있습니다. 그렇다면 그는 포로 중에서도 특히 신뢰할 만한 사람이었을 것입니다.

아브라함이 엘리에셀을 후계자로 삼기로 결심한 또 하나의 이유는, 하나님께서 자신에게 씨를 주지 않았다고 확신했기 때문입니다. 이 대목에서 우리는 아브라함이 하나님의 약속을 여전히 잊지 않고 있었음을 알 수 있습니다. 하나님께서 분명히 많은 자손을 약속하셨지만, 그 약속을 실현할 '씨'를 주지 않으셨습니다. 그래서 아브라함은 자신의 종이 그 일을 할 수밖에 없다고 판단했습니다. 하지만 그러한 결정은 유쾌하지 않았을 것입니다.

아브라함의 질문을 단순한 불평이나 불신으로 치부할 수는 없습니다. 그것은 믿음의 여정에서 누구나 겪게 되는 내면의 갈등이며, 하나님과의 관계 속에서 나타나는 성숙한 신앙의 표현입니다. 아브라함은 하나님의 말씀을 무턱대고 받아들이지 않았습니다. 그 말씀이 자신의 삶에 어떤 의미가 있는지 깊이 생각하고 이해한 뒤, 비로소 신뢰로 응답하는 것이 참된 믿음의 자세입니다.

하나님의 응답과 아브라함의 믿음

아브라함의 질문에 하나님은 즉시 응답하십니다. 먼저 엘리에셀이 아브라함의 후사가 아니라는 사실을 분명히 하시고, 아브라함의 자손은 반드시 그의 몸에서 낳은 자가 될 것이라고 약속하십니다. 이어서 아브라함을 이끌고 밖으로 나가 밤하늘의 별을 보여주며 말씀하십니다. "하늘을 우러러 뭇별을 셀 수 있나 보라. 네 자손이 이와 같으리라"(5절).

전기가 없던 고대의 밤하늘은 셀 수 없을 만큼 많은 별로 가득했을 것입니다. 하나님은 창조주로서의 위엄과 함께 자신의 약속이 얼마나 확실한지를 보여주셨습니다. 이에 대한 아브라함의 반응은 짧지만 결정적입니다.

> 아브람이 여호와를 믿으니 여호와께서 이를 그의 의로 여기시고(6절).

이 구절은 성경에서 '믿다'라는 단어가 처음 등장하는 장면입니다. 여기서 말하는 믿음은 어떤 사실이나 결과에 대한 확신이 아니라, 약속하신 하나님 그분 자체에 대한 신뢰를 의미합니다. 사업을 하는 분이라면 이 믿음의 의미를 좀 더 실감하실 것입니다. 거래 상대가 "10억을 주겠다"고 약속했을 때, 우리는 그 약속을 무엇을 근거로 믿을 수 있을까요? 그의 재산이 많기 때문일까요? 그가 뛰어난 능력을 갖고 있기 때문일까요? 결국 우리는 그 사람의 인격과 신용, 곧 그 사람 자체를 믿는 것입니다.

아브라함의 현실은 믿음을 갖기에는 결코 쉬운 상황이 아니었습니다. 자손이 하늘의 별처럼 많아지려면 적어도 몇 명쯤은 이미 주셨을 법도 했지만, 하나님은 아직 한 자녀도 허락하지 않으셨습니다. 그럼에도 아브라함은 하나님을 신뢰했습니다. 그가 어떻게 그런 믿음에 이르렀는지 성경은 자세히 설명하지 않지만, 어쩌면 밤하늘의 별을 바라보며 이렇게 생각했을지도 모릅니다. "저 수많은 별을 지으신 분이라면 그 약속도 반드시 이루실 것이다."

그러나 그것만으로는 충분한 설명이 되지 않습니다. 결국 우리는 이 믿음이 성령의 역사, 곧 하나님의 은혜라는 결론에 이를 수밖에 없습니다. 모든 참된 믿음은 하나님께서 베푸신 은혜의 열매입니다.

하나님은 아브라함의 믿음을 '의'로 여기셨습니다. 이는 아브라함이 의롭게 변화되었다는 뜻이 아니라 하나님께서 그를 의로운 자로 간주하셨다는 의미입니다. 이처럼 칭의란 죄인이 무죄 판결을 받는 것이 아니라 하나님께서 믿는 자를 의롭다고 선언하시는 것입니다. 무엇보다 강조할 점은, 아브라함이 의롭다 여김을 받을 때 아무런 행위도 하지 않았다는 사실입니다. '오직 믿음으로 의롭다 여김을 받는다'는 복음의 진리가 이 장면에서 빛나고 있습니다.

창세기 15장은 아브라함의 생애에서 중대한 전환점이 되는 장입니다. 이 장에서 하나님은 처음으로 아브라함과 언약을 맺으십니다. 하나님께서 아브라함을 부르신 목적은, 단지 그에게 복을 주시기 위함이 아니라 그를 언약 관계로 초청하시기 위함이었습니다.

그동안 아브라함은 이방인과 다를 바 없는 존재였지만, 이제 하나님은 그를 구별된 언약의 대표자로 세우십니다. 그 언약의 유일한 조건은 하나님에 대한 전적인 신뢰, 곧 믿음이었습니다. 아브라함은 이 믿음으로 의롭다 여김을 받았습니다. 그 믿음은 단순한 낙관이나 맹신이 아니었습니다. 그것은 하나님의 약속과 인격에 대한 깊은 신뢰였습니다. 그렇게 아브라함은 하나님의 복을 유업으로 받는 자가 되었습니다.

오늘 우리도 마찬가지입니다. 죄인인 우리가 하나님과 올바른 관계를 맺고 참된 복을 누릴 수 있는 길은 오직 믿음뿐입니다. 예수 그리스도 안에서 약속된 모든 영적 유산은 믿음을 통해서만 받을 수 있습니다. 아브라함의 믿음은 오늘 우리 믿음의 모형이요 길잡이입니다. 오직 성령께서 주시는 믿음으로 의롭다 여김을 받아, 그리스도 안에서 삼위 하나님과 풍성한 언약의 교제를 누리는 복된 성도들이 되시기를 주님의 이름으로 축원합니다.

||||||||||||||||||||

1. "무엇을 내게 주시려 하나이까?"라는 아브라함의 질문을 성숙한 신앙의 표현이라고 볼 수 있는 이유는 무엇입니까?
2. 아브라함이 하나님께 '의롭다 여김'을 받은 시점은 언제이며, 왜 그 시점이 중요합니까?(할례와의 관계를 떠올려보세요.)
3. 아브라함에게 요구된 언약의 조건은 믿음이었습니다. 우리 삶 속에서 하나님에 대한 전적인 신뢰는 어떤 모습으로 나타나고 있나요?

확신은 어디서 오는가?
"무엇으로 알리이까"

창세기 15:7-21

세상을 살아가는 데 가장 필요한 것 중 하나는 신뢰입니다. 신뢰가 없으면 관계는 불안해지고, 삶은 피곤해질 수밖에 없습니다. 예를 들어 누군가가 "이번 금요일에 점심 살게"라고 말했을 때, 그 말을 곧이곧대로 믿지 못한다면 어떻게 될까요? "시간이 되기는 하나?", "돈은 있나?", "무슨 꿍꿍이지?" 하고 의심이 꼬리를 물게 될 것입니다. 그런 관계는 오래가기 어렵습니다.

사랑하는 사람들 사이에도 마찬가지입니다. 남자가 여자에게 "사랑해"라고 고백하면서도 결혼 이야기는 꺼내지 않는다면, 여자는 그 말의 진심을 점점 의심하게 될 것입니다. 진정한 사랑의 가장 확실한 증거는 말이 아니라 행동, 곧 결혼이라는 헌신이기 때문입니다. 그래서 우리는 누군가의 말을 신뢰하기 위해 맹세나 행동 같은 보증을 요구하곤 합니다. "진짜라니까. 내가 두 눈으로 봤어!" 혹은 "사실이 아니라면 내 손에 장을 지지겠다"는 식으로 말입니다.

그렇다면 하나님께서 우리에게 "내가 너에게 복을 주겠다"고 약속하셨을 때, 우리는 그 말씀을 어떻게 확신할 수 있을까요? "내 아이의 병이 나으면 믿겠습니다", "사업이 잘되면 믿겠습니다"라고 조건을 붙여야 할까요? 아니면 우리는 도대체 어디서 어떻게 하나님의 말씀에 대한 확신을 얻을 수 있을까요? 오늘 본문은 이 질문에 대한 중요한 답을 보여줍니다.

"무엇으로 알리이까"

창세기 15장 전반부에서 하나님은 아브라함에게 친자식을 주시고, 그 자손을 하늘의 별처럼 많게 해주겠다고 약속하셨습니다. 이에 아브라함은 하나님의 말씀을 그대로 믿었고, 하나님은 그 믿음을 의로 여기셨습니다. 이어서 하나님은 또 하나의 중요한 약속을 주십니다. 그것은 가나안 땅을 그의 소유로 주시겠다는 약속이었습니다. 사실 이 약속을 주신 것은 이번이 처음이 아니었습니다. 하나님은 이미 롯이 떠난 후, 아브라함에게 동서남북을 바라보게 하시며 이 모든 땅을 주겠다고 말씀하셨습니다(창 13:14-15).

창세기 15장은 '자손'과 '땅'이라는 두 약속을 중심으로 구성됩니다. 앞장에서는 자손에 대한 약속이 강조되었고, 이어지는 본문에서는 땅에 대한 약속이 주를 이룹니다.

땅에 대한 약속을 들은 아브라함은 하나님께 묻습니다.

> 주 여호와여, 내가 이 땅을 소유로 받을 것을 무엇으로 알리이까?
> (8절)

이 질문은 단순한 의심이나 불신의 표현이 아닙니다. 오히려 믿음의 본질을 탐구하는 신중한 질문이었습니다. 이미 앞에서 아브라함은 하나님의 약속을 믿고 의롭다 여김을 받았습니다. 그렇다면 왜 다시 묻는 것일까요?

그 이유는 분명합니다. 믿음은 맹목이 아니라 이해를 동반한 신뢰이기 때문입니다. 참된 믿음은 질문하지 않는 믿음이 아니라, 하나님의 뜻과 약속을 더 깊이 이해하고자 하는 갈망에서 비롯됩니다. 믿음은 단지 막연한 낙관이나 감정이 아닙니다. 믿음은 하나님의 약속을 기반으로 하며, 그 약속의 의미와 실현 방식을 알아가면 갈수록 더욱 견고해집니다. 하나님은 "나는 너를 갈대아 우르에서 이끌어 낸 여호와니라"고 말씀하십니다(7절). 이 말씀은 단순한 자기소개가 아닙니다. 하나님은 자신이 아브라함을 부르셨을 뿐 아니라, 그를 가나안 땅의 상속자로 삼으려는 분이심을 밝힌 것입니다.

그러나 문제는 현실이었습니다. 가나안 땅은 이미 여러 강한 부족들이 차지하고 있었고, 그들이 스스로 땅을 내어줄 리 만무했습니다. 설령 전쟁으로 정복한다고 해도, 그것이 과연 하나님의 약속과 어떻게 연결되는지 알 수 없었습니다. 더군다나 하나님은 땅을 주겠다는 약속만 주셨을 뿐, 그 시점이나 방식에 대해서는 밝히지 않으셨습니다. 그래서 아브라함은 이렇게 물은 것입니다. "그 말씀을 어떻게 믿을 수 있습니까?"

언약: 믿음의 보증

아브라함의 질문은 "하나님, 저는 도저히 당신의 말을 믿을 수 없습니다"라는 뜻이 아닙니다. 그는 하나님의 약속에 대한 확증을 요구하고 있습니다. 자신이 하나님을 더욱 신뢰할 수 있도록 도와달라는 간구입니다. 하나님도 그 마음을 잘 아셨기에 그를 꾸짖지 않으십니다. "왜 내 말을 믿지 못하느냐"고 다그치지도 않으십니다.

대신 아브라함의 믿음이 더욱 견고해지도록 구체적인 행동으로 응답하십니다. 그것이 바로 언약 체결이었습니다. 하나님은 아브라함에게 명령하십니다.

> 나를 위하여 삼 년 된 암소와 삼 년 된 암염소와 삼 년 된 숫양과 산비둘기와 집비둘기 새끼를 가져올지니라(9절).

여기서 "나를 위하여"라는 표현이 중요합니다. 이 짐승들은 아브라함의 죄를 속죄하기 위한 희생제물이 아니라, 하나님께서 언약을 맺기 위해 친히 요구하신 준비물이었습니다. 아브라함은 이 명령의 의미를 정확히 이해하고 짐승들을 가져와 쪼갠 뒤 서로 마주보게 놓았습니다. 이는 고대 근동 지역에서 언약 체결 시 행하던 전형적인 의식이었습니다.

예레미야 34장 18-20절을 보면, 당시의 언약 체결 방식은 짐승을 둘로 쪼개고, 그 사이를 언약 당사자들이 함께 지나가며 "약속을 어기면 이 짐승처럼 될 것이다"라는 저주를 감당하겠다는 맹세적 행위였습니다. 즉 피로 맺은 언약이었습니다.

"반드시 알라!"

아브라함은 동물들을 준비해놓고 기다렸습니다. 그러나 시간이 흘러도 아무 일도 일어나지 않았고, 그는 동물의 사체에 몰려든 솔개를 쫓아야 했습니다. 그렇게 하루가 저물자 깊은 잠이 아브라함을 덮고 짙은 어둠과 두려움이 임했습니다. 그때 하나님께서 아브라함에게 말씀하십니다.

너는 반드시 알라(13절).

이 말씀은 앞서 아브라함이 하나님께 드린 질문, "내가 이 땅을 소유로 받을 것을 무엇으로 알리이까?"에 대한 답입니다. 하나님은 이제 약속이 어떤 과정을 통해 이루어질지 상세히 알려주십니다. 그 내용은 다음 네 가지로 요약할 수 있습니다.

- 네 자손이 이방 땅에서 나그네가 되어 400년 동안 종살이하며 고난을 당할 것이다.
- 그러나 그들을 억압한 민족을 내가 심판하고, 그 후 네 자손은 큰 재물을 가지고 나오게 될 것이다.
- 너는 장수하다가 평안히 조상에게로 돌아가 장사될 것이다.
- 네 자손은 네 세대 만에 이 땅으로 돌아올 것이다. 이는 아모리 족속의 죄악이 아직 가득 차지 않았기 때문이다.

이 말씀은 아브라함 개인만이 아니라, 그의 후손 곧 이스라엘 민족 전체를 향한 하나님의 구속 계획을 드러냅니다. 하나님께서 약속의 성취를 늦추신 이유는 단순히 시간이 더 필요해서가 아니라, 하나님의 공의와 인내에 근거한 것입니다. 가나안 족속의 죄악이 아직 심판에 이를 만큼 가득 차지 않았기에, 하나님은 정하신 때를 기다리고 계셨습니다.

하나님께서 이 말씀을 하실 때, 연기 나는 풀무와 타는 횃불이 쪼갠 고기 사이로 지나갔습니다. 이는 하나님의 임재를 상징하며, 훗날 이스라엘을 광야에서 인도하셨던 구름기둥과 불기둥을 예표합니다. 여기서 중요한 점은 오직 하나님만 그 사이를 지나가셨다는 것입니다. 이는 하나님께서 아브라함과 맺으신 언약이 전적으로 하나님 편에서 이루어졌음을 보여줍니다. 그날 여호와 하나님께서 친히 죽음의 언약식을 행하시며, "애굽 강에서부터 그 큰 강 유브라데까지"의 땅을 아브라함의 자손에게 주겠다고 스스로 맹세하셨습니다.

언약식이 끝났을 때, 아브라함의 마음에는 두려움과 함께 깊은 확신이 자리했을 것입니다. 하나님께서 약속을 반드시 이루시겠다고 죽음을 전제로 맹세하셨기 때문입니다. 비록 아브라함의 생애 동안에는 약속이 온전히 이루어지지 않았지만, 그는 자손들이 반드시 그 땅을 차지하게 될 것이라는 확증을 받았습니다.

실제로 하나님의 약속은 오랜 시간이 걸렸지만 결국 성취되었습니다. 아브라함이 이 언약을 받은 후 야곱이 애굽으로 들어가기까지 200여 년, 이어 출애굽까지 430년(출 12:40-41), 광야 생활 40년, 그리고 여호수아의 가나안 정복 시기까지 긴 세월이 흘렀습니다. 그러나 그 모든 과정을 통해 하나님은 자신의 말씀을 한 치의 오차도 없이 이루셨습니다.

이 언약은 오늘 우리에게도 중요한 메시지를 전합니다. 하나님께서 아브라함에게 가나안 땅을 약속하셨다면, 우리에게는 그보다 더 나은 본향, 곧 영원한 나라를 약속하셨습니다. 우리는 이 약속을 어떻게 믿을 수 있을까요?

더 큰 약속에는 더 확실한 보증이 필요합니다. 그 보증이 바로 예수 그리스도께서 십자가에서 세우신 은혜의 언약입니다. 이 언약이 곧 복음이며, 하나님께서 우리를 사랑하시는 가장 확실한 증거입니다. 이 복음은 성경에 기록되었고, 예배 중 선포되는 말씀을 통해 지금도 모든 민족에게 전해지고 있습니다. 오늘의 신자들은 이 복음

안에서 믿음의 확신을 붙들어야 합니다.

믿음은 때때로 흔들릴 수 있고, 의심이 찾아올 수도 있습니다. 그러므로 우리는 날마다 복음의 말씀 안에서 하나님의 사랑과 약속을 다시 확인하며 붙들어야 합니다. 이 확신은 성령께서 우리 안에 역사하실 때 비로소 견고해집니다. 교회는 언제나 순수한 복음을 전하고, 성도들은 그 복음을 분별하고 믿음으로 응답해야 합니다. 이 언약의 말씀 안에서 흔들림 없는 확신을 가지고 살아가시기를 주님의 이름으로 축복합니다.

IIIIIIIIIIIIIIIIIIIIIII

1. 아브라함과 맺은 언약식에서 왜 하나님만 쪼갠 고기 사이를 지나가셨을까요? 이것은 하나님 약속의 어떤 성격을 보여줍니까?
2. 하나님께서 가나안 땅의 약속 성취를 늦추신 이유(가나안 족속의 죄악이 아직 차지 않았음)는 그분의 어떤 성품과 계획을 드러냅니까?
3. 삶의 염려와 불안으로 믿음이 흔들릴 때, 십자가에서 이루신 예수 그리스도의 언약을 어떻게 다시 붙잡고 확신할 수 있을까요?

나를 살피시는 하나님
"브엘라해로이"

창세기 16:1-16

오늘 본문은 우물에서 일어난 한 사건을 다룹니다. 여기서 중요한 것은 단순히 우물이 아니라 그곳에서 나타난 하나님의 특별한 계시입니다. 팔레스타인 지역에서 우물은 곧 생명이었습니다. 물이 귀한 땅에서 우물은 공동체의 중심이었고, 우물을 차지하기 위한 다툼도 자주 벌어졌습니다. 성경에서 우물과 관련된 장면이 자주 등장하는 이유도 여기에 있습니다. 대표적인 예가 예수님께서 사마리아 여인과 대화를 나누셨던 야곱의 우물입니다.

창세기에도 여러 우물 이야기가 등장하는데, 그 첫 사례가 바로 오늘의 본문입니다. 이 우물이 특별한 까닭은 여호와의 사자가 나타나 계시하셨기 때문입니다. 하나님은 여종 하갈에게 자신을 '살아 계시어 살피시는 분'으로 드러내셨습니다. 하갈은 이 은혜로운 만남을 기념하며 그 우물 이름을 '브엘라해로이'라 불렀습니다(13-14절).
이 이름은 이후 세대에도 전해졌습니다.

고대 사람들은 도시나 마을의 이름을 지을 때, 그곳에서 일어난
중요한 사건을 기억하기 위해 명명하는 경우가 많았습니다. 오늘날
이스라엘의 많은 지명 역시 독특한 유래를 간직하고 있으며, 신자들
로 하여금 과거에 베푸신 하나님의 역사를 되새기게 합니다. 당시는
책이 귀하고 역사가 주로 구전을 통해 전해지던 시기였습니다. 따라
서 지역의 이름이 역사를 후대에 전하는 데 얼마나 중요한 역할을
했는지 짐작할 수 있습니다. 적어도 브엘라해로이에서 살던 사람들
은 하갈 이야기를 통해 하나님이 어떤 분이신지 분명히 알고 있었을
것입니다.

애굽 여인, 아브라함의 종이 되다

하갈이 브엘라해로이에 이르게 된 이유는 여주인 사라의 학대를 피
해 도망쳤기 때문입니다. 본래 하갈은 애굽 여인이었고, 아브라함의
아내 사라의 소유로 들어오게 되었습니다. 창세기는 하갈이 애굽 출
신이라는 사실을 여러 차례 강조합니다(창 16:3, 21:9, 25:12).

하갈이 아브라함의 집안에 들어온 배경은 이렇습니다. 아브라함
은 하나님의 부르심을 따라 갈대아 우르를 떠나 가나안에 도착했으
나, 그 땅에 기근이 들어 애굽으로 내려갔다가 다시 돌아왔습니다.
그때 아브라함은 많은 재산과 함께 사람들도 데리고 올라왔는데, 하

갈은 아마 그때 따라온 여종이었을 가능성이 큽니다.

그 시대에 종은 자신이 섬기는 신을 선택할 수 없었고, 주인의 신이 곧 자신의 신이 되었습니다. 하갈은 애굽에서 바로를 신으로 섬겼지만, 아브라함의 집에 속하게 되면서 여호와 하나님의 존재와 능력을 알게 되었습니다. 특히 애굽에 있을 때 하나님께서 사라를 보호하신 사건을 통해 그분이 바로보다도 훨씬 더 크고 위대한 분이심을 깨달았을 것입니다.

하갈은 아브라함에게 주어진 하나님의 약속도 잘 알고 있었습니다. 아브라함이 가나안 땅에서 하나님의 인도와 보호를 받으며 살아가는 모습을 가까이서 지켜보았기 때문입니다. 무엇보다 그돌라오멜과의 전쟁에서 아브라함이 승리한 사건에서 여호와 하나님이 어떤 분이신지 가장 분명하게 드러났습니다. 더 나아가 하나님께서 아브라함과 직접 언약을 맺으며 "약속의 자손이 그의 몸에서 태어날 것"이라고 말씀하신 일도 하갈은 알고 있었을 것입니다(창 15장). 그러나 당시까지만 해도 자신이 그 언약과 관련을 맺게 되리라고는 전혀 상상하지 못했습니다.

시간이 흐르고 아브라함이 85세가 되었을 때에도 사라는 여전히 아이를 낳지 못했습니다. 당시 여인이 자녀를 갖지 못하는 것은 큰 수치로 여겨졌고, 사라는 그것이 하나님께서 허락하지 않으신 결과라고 생각했습니다. 그러나 한편으로 사라는 약속의 자녀가 반드시 아브라함을 통해 태어날 것임을 알고 있었습니다. 그래서 그녀는 애굽 여인 하갈을 아브라함에게 주어 그녀를 통해 자녀를 얻고자 했습니다. 아브라함은 그 제안을 받아들여 하갈과 결혼했습니다.

이 대목에서 우리는 약속의 자녀를 얻는 과정을 사라가 주도하고 있음을 보게 됩니다. 흥미롭게도 이것은 창세기에서 사라의 말이 직접 기록된 첫 장면이기도 합니다. 이전까지 사라는 남편이 자신을 누이라 소개했을 때도, 바로의 아내가 될 뻔한 위기 속에서도 침묵하며 수동적으로 그려졌습니다. 그러나 자녀를 얻는 문제에서 그녀는 주도적으로 나서고 있습니다.

쫓겨난 하갈

하갈은 아브라함과 동침한 직후 임신하게 되었습니다. 이로써 자녀를 낳지 못했던 원인이 아브라함이 아니라 사라에게 있다는 사실이 드러났습니다. 반면 하갈은 얼마든지 자녀를 낳을 수 있는 여인이라는 사실이 입증되었습니다. 사라의 입장에서는 큰 수치가 아닐 수 없었습니다. 그러자 하갈이 교만해지기 시작했습니다. 여주인 사라가 과거 애굽 왕 바로의 손에서 구원받았지만, 이제는 자신이 하나님께 택함받은 존재라고 착각했습니다. 심지어 약속의 자손이 자기 몸에서 나올 것이라고 오해했습니다. 그러나 하나님은 하갈에게 그런 약속을 하신 적이 전혀 없었습니다.

착각에 사로잡힌 하갈은 본분을 잊고 사라를 업신여기기 시작했습니다. 우리말 성경은 그녀가 사라를 '멸시했다'고 번역하지만, 히브리어 원문은 사실상 '저주했다'는 의미에 가깝습니다. 구체적으로 어떤 말이 오갔는지는 기록되어 있지 않지만, 아마 아이도 못 낳는 여자라고 조롱했을 가능성이 있습니다. 임신한 사실을 앞세워 이제는 여주인이 자신을 함부로 대할 수 없다고 여긴 것입니다.

사라는 하갈의 이러한 태도에 단호히 대응했습니다. 그녀는 아브라함에게 "내가 받는 모욕은 당신이 받아야 옳도다"라며 하갈의 교만을 고발했습니다. "내가 나의 여종을 당신의 품에 두었거늘 그가 자기의 임신함을 알고 나를 멸시하니 당신과 나 사이에 여호와께서 판단하시기를 원하노라"(5절). 이에 아브라함은 하갈이 여전히 사라의 여종임을 확인해주며, "당신의 눈에 좋을 대로 그에게 행하라"고 답했습니다. 그리하여 사라는 하갈을 학대했고, 하갈은 집을 떠나 도망칠 수밖에 없었습니다.

이 대목에서 사라가 단지 개인적 감정이나 복수심에 따라 행동한 것이 아님을 주목해야 합니다. 하갈이 잉태한 아기는 아브라함의 자손이기는 했지만, 사라는 그 아이가 하나님의 약속을 이어갈 자가 아니라는 것을 알았습니다. 그래서 단호한 조치를 취했고, 아브라함 역시 그 판단에 동의한 것으로 보입니다.

이 사건은 훗날 이스라엘 백성에게도 중요한 교훈으로 남았습니다. 그들은 아브라함의 자손이라는 사실만으로 자신들이 선택받은 백성이라고 여겼습니다. 그러나 본문은 혈통만으로 하나님의 자녀가 되는 것이 아님을 분명히 보여줍니다. 하나님의 자녀는 육신의 혈통이 아니라 '약속'을 따라 태어난 자들입니다. 이것이 이 사건의 핵심 주제입니다.

요한복음 1장 12-13절은 이를 명확히 선언합니다.

영접하는 자 곧 그 이름을 믿는 자들에게는 하나님의 자녀가 되는 권세를 주셨으니 이는 혈통으로나 육정으로나 사람의 뜻으로 나지 아니하고 오직 하나님께로부터 난 자들이니라.

다시 돌아가 복종한 하갈

얼핏 보면 하갈이 불쌍해 보일 수 있습니다. 사실 이 모든 일이 벌어진 근본 원인은 사라가 하나님의 약속을 끝까지 신뢰하지 못한 데 있었습니다. 아브라함 역시 가정의 제사장이자 선지자요 왕으로서 더 깊이 분별했어야 했지만, 별다른 고민 없이 사라가 하자는 대로 했습니다. 이 장면은 선악과를 먹었던 아담과 하와의 사건을 떠올리게 합니다. 그 결과 하나님의 언약을 맡은 가정 안에 심각한 갈등이 일어났습니다.

하갈은 자신의 교만과 약속에 대한 잘못된 확신 때문에 결국 집에서 쫓겨났습니다. 임신한 몸으로 집을 떠나야 했던 하갈에게 무슨 미래가 있겠습니까? 아마 그녀는 여호와를 섬길 이유조차 잃었다고 느꼈을지 모릅니다. 애굽의 신들에게 돌아가려는 생각도 했을지 모릅니다. 그러나 놀랍게도 하갈은 절망 속에서 하나님께 고통을 호소했습니다.

그때 여호와의 사자가 나타났습니다. 이것은 매우 특별한 사건입니다. 하나님께서 아직 사라에게도 사자를 보내신 적이 없었기 때문입니다. 사자는 하갈에게 물었습니다. "네가 어디서 왔으며 어디로 가느냐?" 하갈은 "내 여주인 사래를 피하여 도망하나이다"라고 대답했습니다. 그녀가 있던 곳은 술 광야, 곧 애굽으로 돌아가는 길목이었습니다. 그러나 여호와의 사자는 뜻밖의 말을 했습니다. "네 여주인에게로 돌아가서 그 수하에 복종하라." 그리고 하갈에게 놀라운 약속을 했습니다. "내가 네 씨를 크게 번성하여 그 수가 많아 셀 수 없게 하리라."

그뿐 아니라 하갈이 아들을 낳을 것이라 예고하며, 그의 이름을 '이스마엘'이라 하라고 했습니다. 그 이유는 하나님께서 하갈의 고통을 들으셨기 때문입니다. 또 그 아들에 대해서는 이렇게 말했습니다. "그가 사람 중에 들나귀같이 되리니 그의 손이 모든 사람을 치겠고 모든 사람의 손이 그를 칠지며 그가 모든 형제와 대항해서 살리라"(12절).

하갈은 이 말씀에 깊은 감동을 받았고, 하나님을 '나를 살피시는 분'이라 불렀습니다. 또한 계시가 임했던 우물의 이름을 '브엘라해로이'라 명명했습니다. 이는 '살아 계시어 나를 살피시는 분의 우물'이라는 뜻으로, 모세가 창세기를 기록할 당시에도 여전히 그 이름으로 불렸습니다. 모세는 그 우물이 가데스와 베렛 사이에 있다고 구체적으로 언급하며 이 사건이 역사적 사실임을 강조합니다.

하갈은 여호와의 말씀에 순종하여 다시 집으로 돌아가 사라에게 복종했습니다. 그리고 약속대로 아들을 낳았고, 아브라함은 그의 이름을 이스마엘이라 불렀습니다. 그 이름은 '하나님께서 들으셨다'는 뜻입니다. 아브라함의 집안은 그 이름을 부를 때마다, 하나님께서 하갈의 고통을 들으시고 그녀를 살피셨다는 사실을 떠올렸을 것입니다.

☙

하갈 이야기를 통해 우리는 여러 교훈을 얻게 됩니다. 먼저, 고난 가운데 부르짖는 자의 기도를 하나님께서 들으신다는 위로의 메시지입니다. 그러나 더 중요한 교훈은 하나님께서 누구의 기도를 들으셨는가 하는 것입니다. 하나님은 약속의 자녀가 아닌 이방 여종 하갈의 기도를 들으셨습니다. 하물며 언약의 자손인 우리가 믿음으로 간구할 때, 하나님께서 외면하시겠습니까? 오늘 본문은 이스라엘 백성뿐 아니라 오늘 우리 신자들로 하여금 자신을 돌아보게 합니다.

창세기에는 반복되는 하나의 패턴이 있습니다. 아브라함과 그의 가족이 위기에 처할 때마다 '애굽'을 선택했다는 점입니다. 아브라함은 기근이 들자 가나안을 떠나 애굽으로 갔고, 사라는 자손 문제를 해결하기 위해 애굽 출신의 여종에게 의지했습니다. 롯이 소돔을 선택할 때도, 그 땅이 "애굽 땅과 같음"을 보았습니다(창 13:10).

애굽은 풍요와 안정을 상징하지만, 성경에서는 인간적 의지와 세속적 방법을 의미하기도 합니다. 그 결과는 언제나 갈등과 문제, 더 나아가 하나님의 징계로 이어졌습니다. 이러한 패턴은 출애굽 이후 광야를 지나는 이스라엘 백성에게도 반복됩니다. 그들은 하나님보다 과거에 살았던 애굽을 그리워했고, 하나님은 그런 태도를 책망하셨습니다.

이 교훈은 오늘 우리에게도 동일하게 적용됩니다. 우리는 종종 하나님의 약속을 끝까지 기다리지 못하고, 세상의 방법과 인간적 지혜를 앞세워 신앙의 길에서 벗어나곤 합니다. 그러나 놀랍게도 하나님은 그런 실수와 갈등, 불완전함조차 사용해 선을 이루십니다. 하갈 이야기가 바로 그 증거입니다. 하나님은 하갈을 버리지 않으셨고, 그녀와 그의 자손을 돌보셨습니다. 사라는 하갈을 통해 자손을 얻으려 했지만, 하나님은 하갈을 통해 전혀 다른 민족을 일으키셨습니다.

그러나 이 복에는 한계가 있습니다. 하갈에게 주어진 복은 언약의 복이 아니라 번성의 복이었습니다. 그것은 물질적이고 외적인 복이었을 뿐, 참된 복은 하나님의 언약 안에서만 주어집니다. 그래서 여호와의 사자는 하갈에게 "돌아가서 여주인에게 복종하라"고 명했습니다. 이는 아브라함을 부르신 하나님의 목적과도 연결됩니다. 하나님은 아브라함을 통해 모든 민족이 복을 얻게 하겠다고 약속하셨습니다(창 12:3). 하갈을 향한 하나님의 돌보심은 그 약속이 이미 시작되었음을 보여주는 사건이었습니다.

결국 하갈 이야기 속에서도 우리는 복음의 그림자를 보게 됩니다. 참된 약속의 씨, 곧 예수 그리스도께 복종할 때 비로소 우리는 하나님의 자녀로서 언약의 복을 누릴 수 있습니다.

||||||||||||||||||||

1. 하나님은 왜 언약의 자손이 아닌 이방인 여종 하갈의 기도를 들으셨을까요? 이 사실은 하나님의 어떤 성품을 보여줍니까?

2. 창세기에서 아브라함의 가정이 위기에 처할 때마다 '애굽'을 선택했던 패턴은 오늘 본문에서 어떤 의미를 갖습니까?

3. 우리도 종종 하나님의 약속을 기다리지 못하고 세상의 방식에 의지할 때가 있습니다. 그럴 때 어떻게 예수 그리스도의 복음을 붙잡고 흔들림 없이 믿음을 지켜낼 수 있을까요?

엘 샤다이, 언약을 완성하심
"내 앞에서 행하여 완전하라"

창세기 17:1-27

하나님은 자신의 백성에게 말씀하시는 왕이십니다. 창세기 17장에서 우리는 바로 그런 하나님을 만나게 됩니다. 하나님은 아브라함을 부르신 이후 인생의 결정적 순간마다 나타나 말씀을 주셨습니다. 그런데 오늘 본문에서 유독 많은 말씀을 연이어 주십니다. 총 네 번에 걸쳐 말씀하셨고, 17장 전체는 대부분 하나님의 말씀으로 채워져 있습니다. 창세기 전체를 보더라도 이렇게 길고 자세하게 말씀하신 장면은 드뭅니다.

하지만 본문의 말씀은 이해하기가 쉽지 않습니다. 수천 년 전 팔레스타인 땅에서 아브라함에게 주어진 말씀이기 때문입니다. 설령 본문의 의미를 이해한다 해도, 그 말씀을 오늘 우리의 삶에 적용하려면 더 큰 어려움이 따릅니다.

본문의 핵심 내용을 요약하면 이렇습니다. 하나님은 아브라함과 언약을 맺으시고, 그 언약의 증표로 할례를 요구하셨으며, 아브라함은 그 명령에 순종했습니다. 그렇다면 오늘 우리는 이 말씀 앞에서 어떻게 반응해야 할까요? 아브라함이 할례를 받았으니 우리도 그대로 따라야 한다고 생각하는 사람은 없을 것입니다. 실제로 그렇게 행하는 것은 하나님의 뜻을 따르는 것이 아니라 오히려 그리스도의 구속 사역을 헛되게 만드는 일입니다.

하나님의 말씀대로 산다는 것은 문자 그대로의 행위를 모방하는 것이 아닙니다. 말씀의 본질을 깨닫고, 그 정신에 합당하게 살아가는 것이 진정한 순종입니다. 본문에서 우리는 우리에게는 낯설지만, 이스라엘 백성에게는 삶의 일부였던 '할례'라는 예식을 접하게 됩니다. 마취 기술이 없던 고대 사회에서 이 예식은 큰 고통을 수반했습니다. 그러나 하나님은 아브라함과 그의 집안 모든 남자에게 이를 반드시 시행하라고 명령하셨습니다. 이를 거부하는 자는 하나님의 백성에서 끊어질 것이라 경고하셨습니다.

이처럼 무겁고 엄숙한 말씀은 오늘을 살아가는 우리에게는 어떤 의미가 있을까요?

기존 언약의 강화

오늘 본문을 바르게 이해하려면 먼저 '언약'이라는 개념을 이해해야 합니다. 이 주제는 이미 창세기 15장에서 다루었으므로 길게 반복하지는 않겠습니다. 하나님은 아브라함과 언약을 맺으셨고, 그로 인해 하나님과 아브라함은 특별한 관계에 들어갔습니다. 하나님은 단지 전능한 창조주가 아니라 '아브라함의 하나님'이 되신 것입니다. 그렇다면 창세기 17장의 언약은 어떤 의미일까요? 전혀 새로운 언약일까요? 만약 그렇다면 하나님은 상황에 따라 수시로 언약을 바꾸는 분이 되시고 말 것입니다. 언약이 그런 것이라면 하나님의 신실함과 언약의 확실성은 보장될 수 없습니다.

따라서 17장에서의 언약은 새로운 것이 아니라 이미 세우신 언약을 강화하고 구체화하는 연장선에 있습니다. 하나님은 15장에서 아브라함에게 자손과 땅을 약속하시며 언약을 맺으셨습니다. 당시 아브라함은 단지 그 약속을 믿었고, 하나님은 그 믿음을 의로 여기셨습니다. 언약을 체결하는 자리에서는 하나님만 홀로 쪼개놓은 고기 사이를 지나가셨습니다. 그런데 이제 하나님께서 다시 나타나 그 언약을 더욱 확실히 하시며, 아브라함에게 언약의 증표로 할례를 요구하십니다. 이는 믿음을 눈에 보이는 행위로 드러내게 하시려는 것이었습니다.

17장은 사건이 일어난 시점을 분명히 밝히며 시작됩니다. 아브라함이 99세 되었을 때였습니다. 앞서 16장에서 이스마엘이 태어났을 당시 아브라함은 86세였습니다. 그러므로 두 장 사이에는 13년의 공백이 있습니다. 그 기간 동안 하나님은 침묵하셨고, 아브라함의 선택을 두고 지켜보셨습니다. 그러나 하나님 보시기에 아브라함은 하나님이 원하시는 길로 나아가지 못했던 것 같습니다.

이스마엘이 13세가 되었다는 것은 그가 성년이 되었다는 뜻이기도 합니다. 오늘날 이스라엘의 성인식 '바르 미쯔바'(언약의 아들)가 13세에 이루어지는 것도 이와 무관하지 않습니다(비록 직접적 연관은 없지만, 본문의 흐름을 이해하는 데 도움이 됩니다). 아브라함은 이스마엘을 후계자로 삼아 하나님의 약속을 성취하려 했습니다. 실제로 하나님께서 사라를 통해 자녀를 주겠다고 하셨을 때, 아브라함은 이렇게 대답했습니다. "이스마엘이나 하나님 앞에 살기를 원하나이다"(18절). 그는 이미 자기 방식대로 하나님의 뜻을 이루려 하고 있었던 것입니다. 그런 아브라함에게 하나님은 엄숙하게 말씀하십니다.

나는 전능한 하나님이라. 너는 내 앞에서 행하여 완전하라(1절).

이 말씀은 전형적인 고대 언약문의 서두 형식입니다. 하나님은 먼저 자신이 누구신지를 밝히십니다. 히브리어로는 '엘 샤다이'(전능하신 하나님)라는 이름을 드러내신 것입니다. 창세기에서 하나님이 스스로 이름을 밝히신 것은 이번이 처음입니다. 15장에서는 "나는 네 방패요 너의 지극히 큰 상급이니라"고 비유적으로 말씀하셨지만, 여기서는 이름을 직접 계시하십니다.

'엘 샤다이'의 정확한 의미는 분명치 않지만, 중요한 사실은 '엘'이 고대 근동에서 일반적으로 '신'을 가리키는 표현이었던 반면, '샤다이'는 참 하나님을 다른 신들과 구분하는 수식어라는 점입니다. 출애굽기 6장 3절에서 하나님은 모세에게 이렇게 말씀하십니다. "내가 아브라함과 이삭과 야곱에게 전능의 하나님(엘 샤다이)으로 나타났으나 나의 이름을 여호와로는 그들에게 알리지 아니하였다."

엘 샤다이는 모든 것을 다스리며 성취하는 주권자의 이름입니다. 여호와가 '구원의 하나님'이라면, 엘 샤다이는 약속을 능히 이루시는 하나님이십니다. 실제로 엘 샤다이 하나님은 아브라함에게 다시금 번성의 약속을 선언하셨습니다. 그리고 명령하십니다. "내 앞에 행하여 완전하라."

이 말씀은 단지 도덕적으로 흠 없는 삶을 살라는 뜻이 아닙니다. 그것은 하나님과 동행하라는 명령입니다. 노아에 대해 기록된 것처럼 말입니다. "노아는 의인이요 당대에 완전한 자라. 그는 하나님과 동행하였으며"(창 6:9). 이제 아브라함은 자기 생각과 계획을 따르는 길을 내려놓고, 하나님의 인도하심을 따라 동행하는 삶을 살아야 했습니다. 그것이 언약 백성의 삶입니다.

하나님께서 아브라함에게 복을 약속하셨을 때, 아브라함은 가볍게 "좋습니다, 감사합니다"라고 반응하지 않았습니다. 왜냐하면 하나님께서 복을 주시는 방식이 바로 언약이었기 때문입니다. 본문에서 반복되는 "내 언약"이라는 표현이 이를 분명히 보여줍니다. 아브라함은 그 말씀을 들었을 때 엎드렸습니다. 언약이란 목숨을 걸고 맺는 엄숙한 서약이었기 때문입니다.

언약의 내용과 이름의 변화

창세기 17장에서 하나님께서 아브라함에게 주신 언약은 언뜻 이전과 동일해 보입니다. "땅을 주겠다", "후손을 많게 하겠다", "복을 주겠다"는 약속은 이미 여러 차례 주어졌던 말씀입니다. 그러나 하나님의 약속은 계시가 진전됨에 따라 점차 더 깊고 구체적으로 드러납니다. 이번 장에서 특히 주목할 점은 하나님께서 아브라함의 이름을 바꾸셨다는 사실입니다.

'아브람'이라는 이름은 '존귀한 아버지'라는 뜻이고, '아브라함'은 '많은 민족의 아버지'라는 뜻입니다. 하나님은 아브라함을 단지 한 민족의 조상이 아니라 여러 민족의 아버지로 세우셨습니다. 이것은 아브라함이라는 인물을 이해하는 데 있어 본질적인 변화였습니다. 그러나 오늘날 유대인들은 여전히 아브라함을 자기 민족의 조상으로만 한정하는 경향이 있습니다.

더 나아가 하나님은 아브라함만이 아니라 그의 후손들과도 언약을 맺으시겠다고 선언하셨습니다.

> 내가 내 언약을 나와 너 및 네 대대 후손 사이에 세워서 영원한 언약을 삼고 너와 네 후손의 하나님이 되리라(7절).

지금까지 하나님은 아브라함 개인에게 복을 약속하시고 언약을 맺으셨습니다. 그러나 이제는 그 언약이 후손들까지 포함되는 영원한 언약임이 명확히 드러났습니다. 아브라함의 언약은 대대손손 이어지는 언약이며, 그를 통해 아브라함의 후손 역시 하나님의 백성이 되는 것입니다.

이 지점에서 우리는 왜 성경이 아브라함을 그렇게 중요하게 다루는지 새삼 확인할 수 있습니다. 아브라함은 단지 혈통적 조상이 아니라 하나님께서 믿음의 조상으로 세우신 인물이기 때문입니다. 혈통상 우리는 이스라엘 민족이 아닙니다. 그러나 믿음 안에서 우리는 아브라함의 후손이며, 동일한 언약 아래 살아가는 언약 백성입니다. 그러므로 우리의 믿음이 아브라함의 믿음과 같은지 늘 성찰해야 합니다.

하나님은 이 언약의 성취가 사라를 통해 이루어질 것임을 분명히 말씀하셨습니다. 그러나 아브라함은 속으로 웃을 수밖에 없었습니다. 자신은 백 세, 아내 사라는 90세였기 때문입니다. 그래서 그는 이렇게 아뢰었습니다. "이스마엘이나 하나님 앞에서 살기를 원하나이다." 아브라함은 여전히 자신이 만들어놓은 현실적 대안, 곧 이스마엘을 통해 하나님의 약속이 이루어지기를 바라고 있었습니다.

그러나 하나님은 단호히 말씀하셨습니다. 이스마엘도 복을 받아 번성하고 큰 민족을 이루겠지만, 언약은 사라에게서 태어날 아들, 곧 이삭을 통해 이루어지게 하겠다고 하신 것입니다. 하나님은 그 약속의 확실성을 보이기 위해 미리 아들의 이름까지 정해주셨습니다. 이삭, 곧 '웃음'이라는 뜻의 이름입니다. 아브라함은 그 후로 평생 아들의 이름을 부를 때마다 자신이 하나님의 약속 앞에서 웃었던 일을 떠올렸을 것입니다.

여기서 우리는 중요한 차이를 발견합니다. 일반적인 복과 언약의 복은 구별되어야 한다는 점입니다. 이스마엘도 복을 받아 큰 민족이 되었고, 아브라함의 자손으로서 할례까지 받았습니다. 그러나 그가 받은 것은 어디까지나 언약의 외적 표징에 불과했습니다. 아무리 큰 복을 받았다 할지라도 하나님의 선택이 없다면, 그것은 궁극적인 의미를 갖지 못합니다. 하나님은 자신이 선택하신 백성과 참된 언약적 관계를 맺으십니다. 아브라함과 사라를 통해 태어날 이삭이 바로 그 선택의 증거였습니다.

할례를 요구하시는 하나님

하나님은 아브라함과 그의 후손과의 언약을 세우신 후, 그들에게 이 언약을 지키라고 명령하셨습니다. 여기서 중요한 점은 언약이 인간과 하나님이 대등한 위치에서 맺는 계약이 아니라는 사실입니다. 언약은 철저히 하나님의 주권 아래서 이루어집니다. 하나님께서 먼저 일방적으로 언약을 제정하시고, 아브라함에게 그 언약에 참여할 것을 명하셨습니다. "내가 이런 복을 주고 싶은데, 너는 어떻게 생각하느냐?"라고 묻지 않으셨습니다. 하나님은 주도적으로 언약을 세우셨고, 동시에 그 언약을 지킬 책임을 아브라함과 그의 후손에게 요구하셨습니다.

하나님은 언약을 통해 자신이 그들의 하나님이 되겠다고 선언하셨습니다. 그렇다면 언약 백성이 해야 할 일은, 마땅히 그분을 유일한 하나님으로 받아들이고 경배하는 것입니다. 이 언약적 신앙의 고백과 순종을 외적으로 드러내는 표가 바로 할례입니다.

할례는 언약 그 자체가 아닙니다. 그것은 언약에 속한 자라는 사실을 드러내는 '표징'입니다. 곧 "나는 엘 샤다이 하나님께 속한 사람이다"라는 고백을 몸에 새기는 행위입니다. 만약 이 할례를 거부한다면, 그것은 곧 엘 샤다이를 나의 하나님으로 인정하지 않겠다는 의미가 됩니다. 그래서 하나님은 단호히 말씀하셨습니다. "할례를 받지 아니한 남자 곧 그 포피를 베지 아니한 자는 백성 중에서 끊어지리니 그가 내 언약을 배반하였음이니라"(14절).

여기서 우리는 언약의 엄중함을 보게 됩니다. 하나님은 언약을 배반한 자를 결코 가볍게 다루지 않으십니다. 언약을 지킬지 말지는 개인의 선택 문제가 아닙니다. 언약을 거부하거나 그 증표를 외면하는 자는, 곧 하나님의 언약을 배반하는 자로 간주되어 하나님의 백성 가운데서 반드시 끊어질 것입니다.

❧

이 모든 말씀을 마치신 후, 하나님은 아브라함을 떠나 올라가셨습니다. 아브라함은 그날 바로 자신과 이스마엘, 그리고 집안의 모든 남자에게 할례를 시행했습니다. 돈으로 산 종들까지 예외가 없었습니다. 이는 그가 하나님의 말씀에 즉각적이고 철저하게 순종했음을 보여쭙니다. 그렇다면 우리는 이 말씀 앞에서 어떻게 반응해야 할까요?

첫째, 우리가 섬기는 분이 바로 '엘 샤다이'(전능하신 하나님)이심을 기억해야 합니다. 아브라함의 하나님은 오늘 우리의 하나님이십니다. 그분은 언약을 세우시고, 그 언약 안에서 자신의 백성과 동행하십니다. 그 언약은 예수 그리스도 안에서 완성되며, 삼위 하나님의 사랑과 구원이 언약을 통해 우리에게 전해집니다. 엘 샤다이 하나님은 오늘 우리에게도 동일하게 요구하십니다. "내 앞에서 행하여 완전하라." 하나님의 언약에 참여하기 위해서는 세속적인 가치와 삶의 방식을 버리고, 그분 앞에서 온전히 순종하며 살아야 합니다. 이것이 곧 하나님과 동행하는 신자의 삶입니다.

둘째, 우리는 이 언약이 자녀들에게도 유효하다는 사실을 깊이 인식해야 합니다. 오늘날 많은 부모들이 자녀의 신앙 교육을 책임지려 하지 않습니다. 자녀들 역시 부모의 신앙을 외면하면서 세상의 유익만 좇으려는 경향이 있습니다. 그러나 하나님의 언약은 대대로 이어지는 것입니다. 따라서 유아세례는 단순히 형식적 의식이 아니라, 자녀가 언약 백성으로 살아가기를 바라는 부모가 믿음으로 드리는 고백이자 신앙적 서약입니다. 부모는 자녀가 하나님의 말씀을 따라 살도록 이끌 책임이 있으며, 언약을 배반하는 것이 얼마나 무서운 일인지 복음 안에서 가르쳐야 합니다.

셋째, 우리는 언약과 복을 구별할 줄 알아야 합니다. 겉으로 보기에 이스마엘도 큰 복을 받았습니다. 많은 후손을 이루고 강한 민족이 되었지만, 그가 받은 복은 이삭의 것과 비교할 수 없었습니다. 이삭은 언약의 중심에 있는 자였기 때문입니다. 하나님은 '이삭의 하나님'이 되겠다고 하셨지, '이스마엘의 하나님'이 되겠다고 하지 않으셨습니다. 이는 참된 복이란 임마누엘, 곧 하나님이 우리와 함께하시는 것임을 보여줍니다.

우리에게 가장 큰 복은 "엘 샤다이 하나님께서 그리스도 안에서 나의 하나님이 되신다"는 사실입니다. 어떤 상황에서도 이 언약의 복을 소망하며 살아가시기 바랍니다. 언약의 하나님께서 우리와 우리의 자녀를 지키고 보호해주십니다.

|||||||||||||||||||||

1. 하나님께서 아브라함에게 "내 앞에서 행하여 완전하라"고 명하신 말씀은 단순히 도덕적으로 흠없음을 뜻하지 않습니다. 이 명령은 무엇을 의미하며, 왜 언약 백성의 삶에서 핵심이 되는 것일까요?
2. 하나님은 이스마엘에게도 복을 주셨지만, 언약은 이삭과 세우셨습니다. 이는 하나님의 언약과 일반적인 복 사이에 본질적으로 어떤 차이가 있음을 보여줍니까?
3. 오늘 우리도 하나님의 언약 백성으로 살아갑니다. 그렇다면 가정과 일상 속에서 "내 앞에서 행하여 완전하라"는 명령을 어떻게 실천할 수 있을까요?

환대의 중요성
"반드시 네게로 돌아오리니"

창세기 18:1-15

오늘날 한국 교회의 큰 문제 중 하나는 신자들이 자신의 정체성을 잃어버리고 있다는 점입니다. 예수를 믿어 하나님의 거룩한 백성이 되었지만, 그에 합당한 삶의 열매가 잘 나타나지 않습니다. 그 결과 기독교인과 비기독교인 사이에 가치관이나 삶의 방식에서 뚜렷한 차이를 발견하기 어려운 지경에 이르렀습니다. 어떤 신자들은 신앙인다운 삶의 중요성을 알지 못하고, 또 어떤 신자들은 그 필요성을 알면서도 구체적으로 어떻게 살아야 하는지를 배우지 못해 실천하지 못합니다.

이 점에서 오늘 본문은 매우 중요한 교훈을 줍니다. 우리는 믿음을 통해 아브라함의 후손이 되었고, 그런 의미에서 그의 삶은 신자들에게 중요한 본보기가 됩니다. 물론 우리가 아브라함의 행동을 문자 그대로 따라야 한다는 뜻은 아닙니다. 우리는 마므레 상수리나무 아래로 직접 찾아갈 수 없습니다. 그러나 그의 삶에 담긴 신앙의 원리와 태도는 오늘 우리에게 귀한 모범이 됩니다.

본문의 핵심은 단순합니다. 아브라함이 손님을 극진히 대접했다는 것입니다. 여기서 '손님'은 본래 '낯선 사람'을 의미합니다. 이제는 낯선 사람을 집으로 초대하기를 꺼리는 시대가 되었습니다. 자신의 일상을 방해받고 싶지 않기 때문입니다. 대부분은 가까운 관계 속에서만 만족하며, 낯선 사람을 어떻게 대해야 할지 알지 못합니다. 그러나 이것은 단순히 성격의 문제가 아니라 신앙의 문제입니다.

주님도 이렇게 말씀하셨습니다. "너희가 너희 형제에게만 문안하면 남보다 더 하는 것이 무엇이냐? 이방인들도 이같이 아니하느냐?"(마 5:47) 예수님은 우리가 믿음의 공동체 안에서만 머물지 말고, 낯선 이웃에게까지 사랑을 베풀어야 한다고 가르치십니다.

그런데 본문은 여기서 한 걸음 더 나아갑니다. 환대가 단순히 선행이나 예의범절에 그치지 않고, 그 속에 담긴 하나님의 은혜와 약속을 보여주기 때문입니다. 아브라함은 낯선 손님을 잘 대접함으로써 "내가 반드시 네게로 돌아오리니"라는 하나님의 놀라운 약속을 듣게 되었습니다.

오늘 본문을 통해 우리는 이 환대 사건 속에서 주어진 복음적 의미를 함께 묵상하고자 합니다.

할례에서 식사로

오늘 본문은 매우 독특한 이야기입니다. 언뜻 창세기의 전체 흐름에서 빠져도 별 문제가 없을 것처럼 보입니다. 그러나 이 사건은 아브라함의 할례 사건(창 17장)과 소돔과 고모라의 심판 사건(창 19장) 사이에 놓여 있습니다. 성경에서 중요한 두 사건 사이에 끼어 있는 이 짧은 이야기의 의미는 무엇일까요?

먼저, 이 이야기의 배경으로 등장하는 할례를 다시 떠올려봅시다. 할례는 하나님께서 아브라함과 그의 자손에게 주신 언약의 표징이었습니다. 그것은 이스라엘의 정체성을 드러내는 외적 예식이었고, 아브라함의 모든 남자 식구가 참여함으로써 이방인들과 구별되었습니다. 앞으로도 이스라엘은 할례를 통해 자신이 언약 백성임을 확인하며 살아가야 했습니다.

그렇다면 이렇게 구별된 자들은 이 땅에서 어떻게 살아야 할까요? 본문이 보여주는 순서에 주목하십시오. 할례와 식사가 서로 연결되어 있다는 사실은 신학적으로 매우 중요합니다. 인간의 눈으로 보면, 본문의 중심은 '나그네들을 환대한 아브라함'일 것입니다. 그러나 하나님의 관점에서 본다면, 이 본문의 핵심은 '아브라함을 찾아와 함께 식사하며 말씀을 주시는 하나님'입니다.

하나님은 먼저 할례를 통해 언약을 세우셨고, 이어서 식사를 통해 그 언약의 유익을 풍성하게 누리도록 하십니다. 이는 신약의 세례와 성찬이 본질적으로 연결되어 있음을 보여줍니다. 세례는 하나님의 백성으로 구별되는 표이고, 성찬은 그 백성이 하나님과 지속적으로 누리는 교제입니다. 따라서 세례를 받은 신자는 성찬과 말씀을 통해 하나님과 깊은 교제를 이어가야 합니다.

이와 같은 흐름은 곧이어 나오는 19장에서 더욱 분명히 드러납니다. 소돔 사람들은 세 나그네를 맞이했지만, 환대하기는커녕 하나님께서 가장 미워하시는 죄악인 동성 간의 성적 폭력으로 그들을 욕보이려 했습니다. 당시 사회적으로 가장 취약한 나그네의 처지를 악용해 자기 욕망을 채우려 했던 것입니다. 법적 보호조차 받지 못하는 이방인을 착취하려는 소돔 사람들의 태도와 아브라함의 환대가 극명한 대조를 이룹니다.

이 장면은 참된 신자의 정체성이 무엇인지 분명히 보여줍니다. 아브라함은 자신이 받은 복의 의미를 알고 있었습니다. 그는 할례를 통해 하나님과 언약을 맺었고, 그 언약의 핵심이 '천하 만민이 그로 말미암아 복을 받게 될 것'이라는 약속임을 믿었습니다. 그리고 그 믿음은 실제 행동으로 드러났습니다. 아브라함은 하나님 나라의 대리 통치자가 어떻게 살아야 하는지를 보여줍니다. 그것은 바로 섬김과 환대의 삶입니다.

극진한 환대

본문은 아브라함이 나그네들을 어떻게 환대했는지 아주 상세히 묘사합니다. 먼저, 사건의 장소와 시간이 정확히 제시됩니다. 창세기

18장 1절에 따르면, 아브라함은 마므레의 상수리나무들 근처* 장막 문에 앉아 있었고, 시간은 정오 무렵이었습니다. 이러한 정황은 곧이어 나오는 롯과 대비됩니다. 19장 1절에서는 롯이 소돔 성문에 앉아 있었고, 시간은 해가 저물 무렵이었습니다.

정오는 히브리어로 '열기'(heat)라는 뜻을 지니고 있습니다. 즉 아브라함은 한낮의 뜨거운 열기 속에서 쉬고 있었습니다. 그런데 세 나그네가 다가오는 것을 보자 주저하지 않고 일어나 그들을 맞이했습니다. 백 세가 넘은 노인이 손님을 영접하기 위해 달려가는 모습을 상상해보십시오. 심지어 그는 땅에 엎드려 절하며 자신을 종이라 낮추고, 그들을 '주'라고 높여 부릅니다. 이는 단순한 예의가 아니라 깊은 경외와 겸손, 그리고 신앙적 감각을 보여주는 장면입니다.

아브라함은 먼저 물을 가져다 발을 씻게 하고, 나무 그늘에서 더위를 피하도록 배려합니다. 이어서 음식을 준비하는 데 온 정성을 다합니다. 그는 아내 사라에게 "속히 고운 가루 세 스아를 가져다가 반죽하여 떡을 만들라"고 명합니다. 여기서 '고운 가루'는 최상의 재료를 뜻하며, '세 스아'는 적은 양이 아닙니다. 사무엘상 25장 18절에서 아비가일이 다윗과 400명의 군사를 위해 준비한 곡식이 다섯 스아였음을 감안하면, 아브라함은 지금 대규모 연회를 준비하도록 지

시한 셈입니다. 사라가 직접 반죽을 했는지는 알 수 없지만, 이 양을 준비하는 것만으로도 상당한 수고가 따랐을 것입니다.

아내의 입장에서 이 상황을 한번 상상해 보십시오. 많은 아내들이 가장 싫어하는 일 가운데 하나는, 남편이 아무 예고도 없이 손님을 집으로 데려오는 일일 것입니다. 미리 약속된 방문조차 부담스러운데, 갑작스러운 손님이라면 얼마나 난처하겠습니까? 더구나 간단한 대접이 아니라 큰 잔치를 준비해야 한다면 말입니다. 그런데도 사라는 불평하지 않고 아브라함의 말에 순종했습니다. 베드로 사도는 사라가 "아브라함을 주라 칭하여 순종한 것"(벧전 3:6)이 신자에게 본이 된다고 가르칩니다. 사라 역시 믿음에서 비롯된 순종으로 손님을 맞이하고 있는 것입니다.

아브라함은 이어서 기름지고 좋은 송아지를 직접 골라 하인에게 요리하게 합니다. 송아지 요리를 하려면 아무리 서둘러도 준비하는 데 시간이 꽤 걸립니다. 그럼에도 그는 송아지 고기와 버터, 우유를 준비해 손님에게 내어놓았습니다. 그리고 식사하는 동안 종처럼 곁에 서서 시중을 들었습니다. 많은 하인이 있었음에도 주인이 직접 시중을 드는 것은 손님에 대한 최고의 예우였습니다.

아브라함에게 주신 약속

식사를 마친 후, 나그네 중 한 사람이 아브라함에게 묻습니다. "사라가 어디 있느냐?" 이 질문은 단순한 관심이 아니라 이제 본격적으로 하나님의 말씀이 선포될 준비가 되었다는 것을 알리는 신호입니다. 사라는 음식을 준비하느라 그동안 손님들과 직접 교제하지 못했던 것으로 보입니다. 아브라함은 간단히 "장막에 있나이다"라고 대답합니다. 놀랍게도 나그네들은 사라를 불러오라고 하거나 그녀 앞에서 직접 말을 전하지 않습니다. 대신 아브라함에게 이렇게 선언합니다.

> 내년 이맘때 내가 반드시 네게로 돌아오리니 네 아내 사라에게 아들이 있으리라(10절).

아브라함이 손님을 극진히 섬겼다면, 하나님은 그 섬김에 대한 응답으로 생명의 약속을 주신 것입니다. 하나님의 언약이 다시 한번 아브라함에게 확인되는 순간입니다.

이때 사라는 그 뒤 장막 문에서 그 말씀을 듣고 웃었습니다. 이미 나이가 많아 경수가 끊어졌고, 자신과 남편 모두 늙어서 더 이상 자녀를 낳을 수 없다고 생각했기 때문입니다. 그래서 속으로 이렇게 말했습니다. "내가 노쇠하였고 내 주인도 늙었으니 내게 무슨 즐거움이 있으리요"(12절).

이 장면은 앞선 17장의 사건을 떠올리게 합니다. 하나님께서 아브라함에게 "네 아내 사라가 네게 아들을 낳으리라"고 말씀하셨을 때, 아브라함 역시 속으로 웃었습니다. 그는 그 말씀을 가족에게 전했을 것입니다. 그럼에도 사라는 여전히 그 약속을 믿지 않았습니다. 하나님의 음성을 직접 들었는데도 여전히 믿지 못하고 있습니다.

하나님은 사라의 속마음을 꿰뚫어 보고 말씀하십니다. "사라가 왜 웃으며 이르기를 '내가 늙었거늘 어떻게 아들을 낳으리요' 하느냐? 여호와께 능하지 못한 일이 있겠느냐?" 그리고 다시 한번 확언하십니다. "기한이 이를 때에 내가 네게로 돌아오리니 사라에게 아들이 있으리라." 이 말씀에 사라는 두려워서 자신은 웃지 않았다고 부인합니다. 그러나 하나님은 "아니라, 네가 웃었느니라"고 단호히 말씀하시며 본문은 마무리됩니다.

이 장면은 사라의 연약한 믿음과 인간적인 반응을 여실히 보여줍니다. 그러나 책임은 사라에게만 있지 않았습니다. 남편이자 가정의 영적 지도자인 아브라함에게도 아내의 믿음을 돌보지 못한 책임이 있습니다. 그럼에도 하나님은 말씀을 통해 아브라함의 믿음을 다시 견고히 하십니다.

"기한이 이를 때에 내가 네게로 돌아오리니 사라에게 아들이 있으리라"는 약속은 단지 한 가정의 출산에 관한 말씀이 아닙니다. 이삭이라는 아들로 끝나는 것이 아니라 장차 오실 약속의 씨, 곧 예수 그리스도로 이어지는 복음의 계보가 이 말씀에 담겨 있습니다. 주님께서 다시 오실 때, 우리는 그리스도를 통해 이 약속의 완전한 성취를 보게 될 것입니다.

오늘 본문은 세례받은 하나님의 백성이 이 땅에서 어떻게 살아야

하는지를 분명히 보여줍니다. 그것은 손님을 대접하는 삶, 곧 환대의 삶입니다. 히브리서 13장 2절은 본문을 이렇게 해석합니다. "손님 대접하기를 잊지 말라. 이로써 부지중에 천사들을 대접한 이들이 있었느니라." 히브리서는 환대를 단순한 선행이나 덕목이 아니라 예배와 제사의 한 방식으로 이해합니다. 이어지는 16절은 이렇게 말합니다. "오직 선을 행함과 서로 나누어 주기를 잊지 말라. 하나님은 이같은 제사를 기뻐하시느니라."

손님을 환대하는 삶은 교회의 성장에도 매우 중요합니다. 유학 시절 저는 다양한 개혁교회를 방문하며 어디에 정착할지를 고민했습니다. 결국 제가 출석하게 된 교회는 '선교가 가장 활발한 교회'가 아니라, 나그네였던 저와 제 가족을 집으로 초대해 식사와 교제를 나누어 준 교회였습니다. 목사님에 이어 장로님까지 저희를 따뜻하게 맞아주셨고, 그 환대가 제가 그 교회를 선택한 결정적 이유가 되었습니다. 저는 귀국 후 교회를 개척한 뒤에도 이 전통을 이어가, 새가족이 등록하기 전에 반드시 제 집으로 초대해 식탁 교제를 나누고 있습니다.

예수님도 손님 대접이 구원과 밀접한 관계가 있음을 '양과 염소의 비유'에서 가르치셨습니다(마 25:31-46). "내가 나그네 되었을 때에 영접하였고 … 여기 내 형제 중에 지극히 작은 자 하나에게 한 것이 곧 내게 한 것이니라." 이 말씀은 보이지 않는 주님에 대한 믿음이 보이는 형제 대접으로 나타나야 한다는 진리를 선포합니다.

끝으로, 우리는 하나님께서 아브라함에게 주신 말씀을 기억해야 합니다. "기한이 이를 때에 내가 네게로 돌아오리니 사라에게 아들이 있으리라."

주님이 다시 오실 때, 그분의 백성은 어떤 것을 얻게 될까요? 그리스도 안에서 택함받은 자들은 영생의 선물을 받지만, 복음을 거부한 자들에게는 심판과 멸망이 있을 것입니다. 그러므로 우리가 살 길은 오직 하나님께서 약속하신 복음을 믿고 받아들이는 것입니다. 이 복음은 지금도 말씀 사역자들을 통해 선포되고 있습니다. 그들이 우리 눈에는 가장 작은 자처럼 보일 수도 있습니다. 그러나 그들을 환대하고 복음을 받아들일 때, 우리는 영생의 복을 누리게 될 것입니다. 성도 여러분 모두가 이러한 믿음 안에 거하시기를 주님의 이름으로 축복합니다.

IIIIIIIIIIIIIIIIIIII

1. 왜 성경은 아브라함의 환대를 단순한 선행이 아니라, 하나님께 드리는 예배와 제사의 행위로 설명하고 있을까요?
2. 하나님께서 아브라함과 사라에게 주신 약속("내가 반드시 네게로 돌아오리니")은 단지 한 아들의 출생을 넘어 어떤 복음적 의미를 담고 있습니까?
3. 오늘 우리 교회와 가정은 낯선 사람을 맞아들이는 환대의 삶을 얼마나 실천하고 있습니까? 주님을 대접하듯 이웃을 환대하는 구체적인 방법에는 무엇이 있을까요?

아브라함의 중보기도
"세상을 심판하시는 이가 정의를…"

창세기 18:16-33

본문에서 가장 먼저 눈에 띄는 것은 아브라함의 중보기도입니다. 지금까지 창세기에서 아브라함이 기도하는 장면은 거의 등장하지 않았습니다. 아내 사라가 위험에 처했을 때, 그는 하나님께 간구하기보다는 자신의 꾀에 기댔습니다. 조카 롯이 그돌라오멜 왕에게 사로잡혔을 때도, 하나님의 도움을 구하기보다 자신의 군사적 역량을 동원했습니다. 심지어 하나님께서 아들을 주겠다고 하셨을 때도, 그 성취를 위해 기도한 흔적은 보이지 않습니다.

그러나 오늘 본문에서 아브라함은 전혀 다릅니다. 그는 간절히, 그것도 여섯 번이나 반복해서 하나님께 간구합니다. 더욱이 이 기도는 자신을 위한 것이 아닙니다. 아들을 얻기 위한 기도도 아니고, 재물이나 성공을 구하는 기도도 아닙니다. 겉으로 보면 죄악으로 가득한 소돔과 고모라를 위한 기도이지만, 사실은 그 안에서 살아가는 의인들을 위한 중보기도였습니다.

그의 기도는 오늘 우리에게 깊은 반성과 도전을 줍니다. 우리는 주로 무엇을 위해 기도합니까? 혹시 우리의 기도가 지나치게 자기중심적이지는 않습니까? 너무 세속적이지는 않습니까? 하나님의 공의와 이웃의 구원을 위한 기도가 과연 얼마나 포함되어 있습니까? 물론 아브라함의 기도를 문자 그대로 모방할 필요는 없습니다. 오늘날 소돔과 같은 도시를 언급하며 기도한다고 해서 아브라함과 같은 기도가 되지는 않습니다. 외형은 비슷할 수 있지만, 기도의 정신과 본질은 전혀 다를 수 있기 때문입니다.

그러므로 본문을 통해 아브라함이 어떤 기도를 드렸는지, 왜 그런 기도를 드렸는지, 나아가 그것이 오늘 우리의 기도와 삶에 어떻게 적용될 수 있는지 함께 살펴보고자 합니다.

하나님의 두 가지 계시

오늘 본문은 앞선 이야기의 연속입니다. 하나님께서 두 천사와 함께 아브라함에게 나타나셨습니다. 하나님의 현현에는 언제나 목적이 있습니다. 하나님은 심심풀이로 혹은 무작정 나타나시는 분이 아닙니다. 하나님께서 자신을 나타내실 때는 언제나 자신의 백성에게 중요한 메시지를 전하시려는 뜻이 있습니다. 예수 그리스도의 성육신은 그 모든 현현 가운데 가장 완전한 사건으로, 아버지의 뜻을 온전히 드러낸 계시였습니다.

하나님께서 이번에 아브라함에게 주신 메시지는 두 가지였습니다. 첫 번째는 식사 자리에서 주어졌고, 두 번째는 식사 후 작별 인사를 나누는 순간에 주어졌습니다. 아브라함에게는 사라를 통해 아들이 태어날 것이라는 생명의 약속이 주어졌고, 소돔과 고모라에게는 그들의 죄악에 대한 심판의 경고가 선포되었습니다.

그렇다면 하나님은 왜 굳이 아브라함에게 소돔과 고모라의 운명을 알려주셨을까요? 식사를 마치고 세 사람은 소돔을 향해 내려다보았고, 아브라함은 끝까지 그들을 전송하며 동행했습니다. 단순히 식사를 제공한 데서 멈추지 않고 끝까지 환대한 것입니다. 만일 아브라함이 그 길을 배웅하지 않았다면, 두 번째 계시는 듣지 못했을지도 모릅니다.

이때 여호와께서 말씀하십니다. "내가 하려는 것을 아브라함에게 숨기겠느냐?" 이 짧은 말씀은 하나님께서 아브라함을 어떻게 여기시는지 잘 보여줍니다. 그는 단순히 복 받은 사람이 아니라 하나님께 택함받은 선지자였습니다. 하나님께서 밝히신 말씀의 핵심은 이미 여러 번 반복된 내용처럼 보입니다. "아브라함은 강대한 나라가 되고 천하 만민은 그로 말미암아 복을 받게 될 것이다." 그런데 이어지는 구절에 중요한 새로운 의미가 드러납니다.

내가 그로 그 자식과 권속에게 명하여 여호와의 도를 지켜 의와 공도를 행하게 하려고 그를 택하였나니(19절).

이것은 하나님께서 지금까지 드러내지 않으셨던, 아브라함을 선택하신 궁극적인 목적입니다. 여기서 "의와 공도"(히브리어로 '체다카'와 '미쉬파트')는 구약의 핵심 개념으로, 이 두 단어는 자주 함께 등장하며 거의 동의어처럼 쓰입니다. 구약 성경을 보면 하나님께서 정의와 공의를 얼마나 강조하셨는지 알 수 있으며, 이것이 바로 이스라엘의 존재 이유입니다.

아브라함은 자식과 권속에게 여호와의 도를 지키게 할 책임을 가진 자로서 선지자이자 왕으로 부르심을 받은 것입니다. 그를 통해 강대한 나라가 이루어지고 만민이 복을 받을 때, 그들이 행해야 할 일은 바로 하나님의 도를 따라 의와 공도를 실천하는 것입니다.

이 말씀은 오늘날 한국 교회에도 깊은 도전을 줍니다. 하나님께서 한국 교회에 풍성한 복을 주셨지만, 정작 의와 공도를 실천하지 못하고, 오히려 기득권 유지에 집중하는 현실을 돌아보게 합니다. 하나님은 우리를 죄에서 구원하사 의와 공도를 행하는 삶으로 부르셨는데, 우리는 그 목적을 자주 잊고 살아갑니다.

두 번째 메시지는 소돔과 고모라를 향한 경고입니다. 하나님은 "소돔과 고모라에 대한 부르짖음이 크고 그 죄악이 심히 무겁다"고 말씀하시며, "내가 이제 내려가서 보고 알려 하노라"고 선언하십니다. 이는 하나님께서 상황을 몰라서 그렇게 하신다는 의미가 아닙니다. 이미 그들의 죄악을 잘 알고 계십니다. 다만 명백한 증거에 기초해 의로운 심판을 행하겠다는 뜻을 밝히신 것입니다. '보고 알려 한다'는 말은 곧 '친히 의롭게 심판하겠다'는 선언입니다. 이어지는 아브라함의 간구가 그 사실을 분명히 보여줍니다.

정의를 구하는 아브라함

이제 하나님과 아브라함 사이에 진지한 대화가 시작됩니다. 세 사람 중 두 명은 이미 소돔으로 향했고, 자리에 남은 이는 아브라함과 여호와 하나님뿐이었습니다. 아브라함은 하나님께 가까이 나아갔습니다(23절). 이 표현은 단순히 물리적 거리를 말하는 것이 아니라 그의 간절한 마음을 드러냅니다. 우리도 누군가에 꼭 전할 말이 있으면 가까이 다가가지 않습니까?

아브라함은 앞서 두 계시의 말씀을 들었을 때 어떤 생각이 들었을까요? 아마도 약 20여 년 전 그돌라오멜과의 전투를 떠올렸을 것입니다. 당시 소돔과 고모라는 침략을 받아 백성과 재물을 모두 빼앗겼습니다. 그때 아브라함은 가신들을 이끌고 가서 목숨을 걸고 싸워 그들을 구해냈습니다. 그러나 소돔 왕은 사람보다 재물에 마음이 빼앗긴 모습을 보였고, 아브라함은 그런 왕에게 아무런 소유권도 주장하지 않았습니다. 결국 소돔은 악한 왕의 통치 아래서 더욱 타락했고, 이제 하나님의 심판을 눈앞에 두게 된 것입니다.

그렇다면 아브라함은 소돔의 심판 소식을 듣고 기뻤을까요? 그는 소돔의 악행을 누구보다 잘 알고 있었기에 그 심판이 정당하다고 여겼을지도 모릅니다. 문제는 조카 롯과 그의 가족이 그 성읍에 살고 있다는 것이었습니다. 아브라함은 단순히 조카의 안위를 걱정한 것이 아닙니다. 의인을 악인과 함께 멸하거나 둘을 동일하게 취급하는 것은 부당하다는 신앙적 문제의식을 품었습니다. 그래서 하나님께 호소합니다. "세상을 심판하시는 이가 정의를 행하실 것이 아니니이까?"(25절)

아브라함의 관심은 분명합니다. 하나님의 심판이 정의로워야 한다는 것입니다. 조금 전 하나님께서 아브라함을 택하신 목적이 "의와 공도를 행하게" 하기 위함이라고 말씀하셨습니다. 그렇다면 아브라함이 하나님의 대리자로서 첫 번째로 요청해야 할 것은 바로 하나님의 심판이 의롭다는 확신이었습니다.

아브라함은 먼저 "그 성 중에 의인 50명이 있다면 그곳을 용서해 달라"고 간구합니다. 하나님은 기꺼이 응답하십니다. 그러자 그는 숫자를 45명, 40명, 30명, 20명, 마지막으로 10명까지 줄여가며 끈질기게 재차 간구합니다. 하나님은 한결같이 "그 수만큼의 의인이 있다면 성읍을 멸하지 않겠다"고 약속하십니다.

여기서 우리는 하나님의 정의의 새로운 차원을 보게 됩니다. 하나님은 단순히 죄인을 벌하시는 분에 그치지 않으십니다. 오히려 소수의 의인으로 인해 다수의 죄인까지 용서하시려는 자비의 하나님이십니다. 세상에 악이 가득할지라도 하나님께서 심판을 늦추시는 이유는 여전히 구원받아야 할 백성이 남아 있기 때문입니다.

아브라함이 마지막으로 언급한 인원은 10명이었습니다. 출애굽기 18장 25절을 보면, 모세가 백성들을 다스릴 때 가장 작은 공동체 단위를 십부장(10명 단위)으로 세웠습니다. 그러므로 아브라함이 10명을 기준으로 삼은 것은 최소한의 의로운 공동체, 즉 의로운 한 가정 혹은 소그룹이 소돔에 존재하기를 바란 것이었습니다.

그러나 소돔에는 그런 공동체가 없었습니다. 최소 단위의 의로운 집단조차 존재하지 않는다면, 그 성읍은 존재할 가치가 없으며 멸망하는 것이 하나님의 의와 공의입니다. 개인의 의로움도 중요하지만, 공동체의 의로움이 그만큼 중요합니다.

소돔에는 오직 롯의 가정만이 남아 있었습니다. 하나님은 그 가정을 구원하셨지만, 그들의 존재만으로는 소돔 전체를 구원할 수 없었습니다. 롯은 아브라함처럼 복의 통로가 되지 못했습니다. 그는 개인적으로 의로웠을지 모르지만, 아내와 자녀들은 소돔의 문화에 동화되었고, 그의 영향력은 이웃에게 미치지 못했습니다.

아브라함은 마지막 간구를 마치고 집으로 돌아갔습니다. 이것은 무엇을 뜻할까요? 저는 개인적으로 그가 소돔의 심판과 롯의 구원을 전적으로 하나님께 맡기고 평안히 돌아갔다고 봅니다. 심판이 어떻게 진행될지는 알 수 없었지만, 그것이 반드시 의롭고 공정하게 이루어질 것이라고 확신했기 때문입니다.

오늘 본문은 하나님께서 아브라함을 택하신 이유를 분명히 보여줍니다. 하나님은 그를 통해 의와 공의를 이 땅 가운데 실현하고자 하셨습니다. 그 목적은 오늘날 믿음을 따라 아브라함의 후손이 된 우리에게도 동일하게 주어집니다. 우리는 세상 속에서 그리스도를 증언하는 선지자, 하나님의 뜻에 따라 다스리는 왕, 세상을 위해 중보하는 제사장으로 부르심을 받았습니다.

아브라함은 하나님께 무작정 자비만을 구하지 않았습니다. 그는 하나님의 심판이 반드시 정의롭게 이루어지기를 간구했습니다. "세상을 심판하시는 이가 정의를 행하실 것이 아니니이까?"라는 질문은 단순히 조카 롯에 대한 걱정을 넘어 하나님의 공의가 훼손되지 않기를 바라는 신앙 고백이었습니다. 예수님도 "먼저 그의 나라와 그의 의를 구하라"(마 6:33)고 말씀하셨습니다.

우리의 기도 속에 과연 의에 대한 갈망이 있는지 돌아보아야 합니다. 아브라함처럼 하나님의 정의가 이 땅 가운데 이루어지기를 간구하는 것이 참된 믿음의 태도입니다.

오늘날 우리 사회에 거짓과 불의가 가득한 것은 악인들이 의를 저버렸기 때문만이 아닙니다. 동시에 신자들이 공의와 정의에 무관심해졌기 때문이기도 합니다. 그러므로 우리는 하나님께서 우리를 부르신 목적을 잊지 말아야 합니다. 세상 속에서 의와 공도를 실천하며 살고, 무엇보다 하나님의 심판이 이 땅에 공의롭게 이루어지기를 위해 기도해야 합니다. 이 시대에 선지자요 왕이요 제사장으로 부름받은 자답게 세상의 빛과 소금으로 살아가는 그리스도인이 되시기를 주님의 이름으로 축원합니다.

1. 하나님께서 아브라함에게 소돔의 운명을 알려주신 이유는 무엇이며, 이것은 아브라함의 신앙적 사명과 어떻게 연결됩니까?
2. 아브라함의 간구에 하나님은 소수의 의인으로 인해 다수의 죄인도 용서하겠다고 하셨습니다. 이 장면에서 하나님의 공의와 자비는 어떻게 동시에 실현되고 있습니까?
3. 우리 개인과 교회가 세상 속에서 의와 공도를 실천하기 위해 구체적으로 어떤 일을 할 수 있을까요?

소돔에서 롯을 건지심
"그 엎으시는 중에서 내보내셨더라"

창세기 19:1-38

소돔과 고모라 이야기는 성경에서 가장 잘 알려진 사건 중 하나입니다. 믿지 않는 사람들조차 이 도시들을 악의 상징처럼 받아들이고, 이들이 불과 유황으로 멸망했다는 사실을 알고 있습니다. 영화나 문학에서도 소돔과 고모라는 타락의 대명사로 자주 등장합니다. 많은 사람에게 이 사건은 단지 전설처럼 흥미로운 이야기일 뿐 삶에 별 영향을 주지 못합니다. 그러나 신자조차 이 말씀을 오늘 우리에게 주시는 하나님의 심판 경고로 듣지 않는다면, 우리도 소돔과 고모라 사람들과 다를 바가 없습니다.

사람들이 이 이야기를 심각하게 받아들이지 않는 이유는 무엇일까요? 어쩌면 자신이 소돔과 고모라 사람들보다 낫다고 생각하기 때문일지도 모릅니다. 사실 이스라엘 백성도 그렇게 생각했을 것입니다. 그러나 하나님의 판단은 달랐습니다. 예레미야애가 4장 6절은 이렇게 선언합니다. "내 백성의 죄가 소돔의 죄악보다 무겁도다." 이 말씀은 충격적입니다. 하나님의 백성이라고 해서 자동으로 의로워 지는 것이 아님을 보여주기 때문입니다.

물론 소돔과 고모라의 멸망 자체도 중요한 교훈을 줍니다. 그러 나 오늘 본문은 그보다 더 중요한 진리를 조명합니다. 그것은 바로 롯이 멸망 가운데서 건짐을 받았다는 사실입니다. 그의 구원은 단 순한 개인의 탈출 이야기가 아니라, 신자의 구원이 어떻게 이루어지 는지를 보여주는 대표적 예시입니다. 우리는 롯이 특별한 믿음을 가 졌기 때문에 구원받았다고 생각하기 쉽지만, 본문은 그렇지 않다고 증언합니다.

롯의 구원을 통해 구원이 오직 하나님으로부터 시작되고 하나님 으로 말미암아 완성된다는 진리를 발견하게 되기를 바랍니다.

롯의 상황

롯이 소돔에 살게 된 과정은 이미 창세기에서 소개되었습니다. 애굽 에서 돌아온 아브라함과 롯은 가축이 너무 많아 함께 머물 수 없게 되었고, 아브라함은 조카에게 먼저 땅을 선택할 기회를 양보했습니 다. 그때 롯은 눈으로 보기에 가장 비옥한 요단 들판, 곧 소돔 땅을 택했습니다. 그 땅은 마치 에덴동산처럼 비옥한 곳이었습니다.

그러나 얼마 후 그 땅에 전쟁이 일어났습니다. 북방 왕 그돌라오멜이 소돔을 침공해 롯과 그의 가족까지 포로로 끌고 갔습니다. 아브라함은 훈련된 가신들을 이끌고 추격하여 승리했고, 결국 롯과 소돔을 구출해냈습니다. 이것이 창세기 14장에 기록된 사건입니다.

그 후 롯이 소돔에서 어떻게 살았는지 성경은 자세히 말하지 않지만, 몇 가지는 짐작해볼 수 있습니다. 아브라함 덕분에 소돔이 해방되었으니 롯은 그곳에서 존중받는 인물이 되었을 것입니다. 실제로 본문에는 "롯이 소돔 성문에 앉아 있었다"(1절)고 기록되어 있습니다. 성문은 고대 근동 사회에서 재판과 공적 결정이 이루어지는 장소였습니다. 이는 롯이 단지 거주민일 뿐 아니라 공적 지위를 가진 지도층 인사였음을 암시합니다. 19장 9절에서 소돔 사람들이 "이 자가 들어와서 거류하면서 우리의 법관이 되려 하는도다"라고 반발하는 장면은 이를 뒷받침합니다.

그렇다면 롯은 소돔에서 어떤 신앙 생활을 했을까요? 이에 대해 사도 베드로는 매우 중요한 증언을 남깁니다.

> 소돔과 고모라 성을 멸망하기로 정하여 재가 되게 하사 후세에 경건하지 아니할 자들에게 본을 삼으셨으며 무법한 자들의 음란한 행실로 말미암아 고통당하는 의로운 롯을 건지셨으니 (이는 이 의인이 그들 중에 거하여 날마다 저 불법한 행실을 보고 들음으로 그 의로운 심령이 상함이라)"(벧후 2:6-8).

베드로는 노아와 롯을 함께 언급하며, 하나님께서 그들의 삶을 통해 경건하지 않은 자들에게 본을 보이셨다고 말합니다. 이는 하나님께서 소돔을 심판하실 때 롯만은 구원하신 이유를 잘 보여줍니다.

그러나 롯의 삶을 있는 그대로 의롭다고 보기에는 어려운 면이 있습니다. 그는 욕심을 따라 소돔 땅을 선택했고, 심지어 본문에서 자신의 딸들을 폭도들에게 내어주려는 충격적인 모습을 보입니다. 그에게 딸은 여전히 자기 소유물에 불과했습니다. 또한 이야기의 마지막에 기록된 근친상간 사건은 그의 가정이 이미 소돔 문화에 깊이 물들어 있었음을 보여줍니다. 따라서 성경이 롯을 '의인'이라 부른 것은 그가 완벽했기 때문이 아닙니다.

소돔의 죄

소돔과 고모라가 멸망한 이유가 무엇인지 많은 사람들이 묻습니다. 가장 대표적인 대답은 '동성애'입니다. 실제로 본문은 소돔 사람들이 두 천사를 향해 욕정을 품고 폭력적으로 대하려 했음을 기록합니다. 그래서 소돔과 고모라는 오랫동안 동성애의 상징으로 여겨져 왔습니다.

그러나 성경은 소돔의 죄를 단순히 특정한 성적 행위로만 규정하지 않습니다. 오히려 그들의 죄는 훨씬 더 깊고 광범위했습니다. 하나님은 에스겔 선지자를 통해 이스라엘의 죄를 책망하면서 소돔의 죄가 무엇인지 이렇게 밝히셨습니다. "네 아우 소돔의 죄악은 이러하니 그와 그의 딸들에게 교만함과 식물의 풍족함과 태평함이 있음이며 또 그가 가난하고 궁핍한 자를 도와주지 아니하며"(겔 16:49).

여기서 '소돔'은 실제 도시를 가리키기도 하지만, 동시에 하나님의 백성인 이스라엘에게 경고의 거울이 됩니다. 소돔의 죄는 성적 타락에만 있지 않았습니다. 그들의 죄는 교만, 자기만을 위한 풍요의 남용, 그리고 사회적 약자에 대한 냉혹한 무관심이었습니다.

본문에서도 그들의 태도를 확인할 수 있습니다. 두 천사가 나그네의 모습으로 소돔에 도착했을 때, 롯은 일어나 영접하며 땅에 엎드려 절했습니다. 그는 아브라함처럼 극진한 환대를 베풀었고, 강청하여 집으로 들였으며, 직접 음식을 준비해 대접했습니다.

반면 소돔 사람들은 어땠습니까? 나그네들이 잠자리에 들기도 전에 성 사람들 전체가 몰려와 롯의 집을 에워싸고 그들을 끌어내라 요구했습니다. 성경은 "노소를 막론하고" 모였다고 기록합니다(4절). 이는 타락이 특정 계층이나 세대에 국한되지 않고 도시 전체에 깊이 스며들어 있었음을 보여줍니다. 그들은 가난하고 보호받지 못하는 나그네를 도와주기는커녕 자신의 욕망을 채우는 수단으로 삼으려 했습니다.

더 나아가 그들은 나그네를 지키려는 롯에게 오히려 분노하며 폭력을 행사했습니다. 롯은 그들에게 나그네들이 "내 지붕 아래로 들어왔다"고 강조했습니다(8절, 우리말성경). 당시 '지붕 아래'는 보호와 책임을 의미하는 표현이었습니다. 롯은 피신한 손님을 지키기 위해 자기 딸들을 내어주는 극단적인 선택까지 하려 했습니다. 그러나 소돔 사람들은 그의 경고를 거부했고, 오히려 그를 해치려 들었습니다.

그들의 죄는 단지 행위의 문제가 아니라 죄를 죄라고 말하는 자를 미워하고 제거하려 했다는 데 있었습니다.

결국 소돔의 멸망은 단순한 징벌이 아니라 억눌린 자들의 부르짖음이 하나님께 가 닿은 결과였습니다. 본문의 13절은 이렇게 말합니다. "그들에 대한 부르짖음이 여호와 앞에 크므로 여호와께서 이곳을 멸하시려고 우리를 보내셨나니 우리가 멸하리라." 그 부르짖음은 누구의 목소리입니까? 에스겔서의 말씀과 연결하면, 바로 가난하고 궁핍한 자들의 울부짖음입니다. 하나님은 그들의 소리를 들으셨고, 더 이상 침묵하지 않기로 하셨습니다.

롯의 구원

롯은 극심한 위기 속에서 하나님의 특별한 구원의 손길을 경험합니다. 두 천사가 손을 내밀어 롯을 집안으로 끌어들이고 문을 닫아 보호한 것입니다. 이어서 밖에 있던 사람들의 눈을 어둡게 하여 문을 찾지 못하게 했습니다(10절). 여기서 주목할 점은 눈이 어두워졌는데도 그들이 여전히 문을 더듬어 들어가려 했다는 사실입니다. 이것이 바로 죄에 깊이 물든 인간의 본성입니다.

하나님의 구원은 계속해서 더욱 긴박하게 진행됩니다. 천사들은 롯에게 사위와 아들딸을 포함한 가족들 모두를 데리고 성을 떠나라고 경고했습니다. 그러나 사위들은 롯의 말을 농담으로 여기며 끝내 믿지 않았습니다(14절). 결국 롯은 두 딸만 데리고 나올 수 있었습니다. 동틀 무렵 천사들은 롯에게 서둘러 떠나라고 재촉했습니다. 하지만 그는 여전히 망설였습니다. 이때 중요한 장면이 등장합니다.

> 그러나 롯이 지체하매 그 사람들이 롯의 손과 그 아내의 손과 두 딸의 손을 잡아 인도하여 성 밖에 두니 여호와께서 그에게 자비를 더하심이었더라(16절).

여기서 우리는 롯의 구원에 나타난 두 번째 특징을 보게 됩니다. 그의 구원이 철저히 하나님의 주도 아래 이루어진다는 사실입니다. 롯이 머뭇거리자 하나님은 기다리지 않고 천사들을 통해 그의 손을 붙잡아 성 밖으로 이끌어내셨습니다. "여호와께서 그에게 자비를 더하신" 것입니다. 29절 역시 "하나님이 아브라함을 생각하사 롯을 그 엎으시는 중에서 내보내셨다"고 기록합니다. 롯 자신에게 구원받을 특별한 이유가 있지 않았습니다. 그는 상대적으로 의로운 사람이었으나 그것이 구원의 근거는 아니었습니다.

성 밖에서 천사들은 산으로 피하라고 명했지만, 롯은 그것이 어렵다며 가까운 성읍 소알로 피할 수 있게 해달라고 간청했습니다. 하나님은 그 요청까지도 들어주시고 소알을 심판 대상에서 제외하셨습니다. 롯이 소알에 들어간 직후, 하나님은 소돔과 고모라에 유황과 불을 비처럼 내려 그곳을 멸망시키셨습니다. 본문은 이 장면을 '엎으셨다'고 묘사합니다(25, 29절). 아마도 큰 지진이 일어났을 것입니다. 아브라함은 아침 일찍 일어나 그 도시들이 멸망하는 것을 직접 목격했습니다.

그러나 이 구원의 과정에서 끝내 살아남지 못한 이가 있었습니다. 바로 롯의 아내입니다. 그녀는 하나님의 분명한 명령을 듣고도 뒤를 돌아보다가 그 자리에서 소금 기둥이 되었습니다(26절). 그녀는 남편 롯과 함께 살았고 같은 길을 걸었으며 천사들의 손길도 함께 받았습니다. 그러나 결국 소돔에 남겨둔 것에 대한 미련을 버리지 못해 구원에서 탈락했습니다. 예수님은 이 사건을 기억하라고 말씀하셨습니다. "롯의 처를 기억하라. 무릇 자기 목숨을 보전하고자 하는 자는 잃을 것이요 잃는 자는 살리리라"(눅 17:32-33). 롯의 아내는 구원을 눈앞에 두고도 세상에 대한 미련을 떨치지 못해 멸망한 사람의 전형이 되었습니다.

롯이 구원받은 이유를 다시 생각해봅시다. 가장 중요한 이유는 그가 하나님께서 보내신 자들을 영접했고, 그들의 말을 믿고 따랐던 것입니다. 반면 소돔 사람들은 그들을 해치려 했고, 롯의 사위들은 경고를 농담으로 여겼으며, 롯의 아내는 말씀을 부분적으로만 받아들이고 결국 뒤돌아보다가 멸망했습니다. 이처럼 하나님께서 보내신 자를 어떻게 대하는지, 그리고 그 말씀에 어떻게 반응하는지가 생명과 멸망을 가르는 기준입니다.

구약의 롯이 천사들을 영접함으로써 구원을 얻었듯이, 신약에서 하나님은 자신의 아들 예수 그리스도를 이 땅에 보내셨고, 이제는 그 이름을 믿고 영접하는 자들에게 하나님의 자녀가 되는 권세를 주십니다(요 1:12). 하나님은 오늘도 말씀을 통해 우리를 부르고 계십니다. 주님은 복음의 사역자들을 보내어 진리의 말씀을 우리 마음에 심으시고, 성령으로 그 말씀을 확증하십니다. 중요한 것은 우리가 그 말씀을 전심으로 믿고 삶으로 순종하느냐 하는 것입니다.

소돔과 고모라의 멸망은 단순히 옛날 사건이 아닙니다. 그것은 장차 올 마지막 심판의 예시입니다. 주님의 심판은 예고 없이 임할 것이며, 구원은 신속하게 이루어질 것입니다. 그러므로 지금 이 순간이 바로 말씀 앞에 겸손히 엎드릴 때입니다. 말씀을 온전히 믿고 영접하며 순종하는 자만이 악하고 패역한 세대 속에서 구원을 얻을 수 있습니다. 롯을 구원하신 하나님께서 오늘 우리 성도들도 죄와 시험 속에서 건져주시기를 주님의 이름으로 축원합니다.

|||||||||||||||||||||

1. 하나님께서 보내신 이들과 말씀에 대한 반응은 소돔 사람들과 롯 가족에게 서로 다른 결과를 가져왔습니다. 그 차이를 비교해 보십시오.
2. 롯은 망설이며 지체했지만 하나님께서 친히 그의 손을 붙잡아 성 밖으로 이끌어내셨습니다. 이 장면은 구원이 전적으로 하나님의 은혜로 주어진다는 사실을 어떻게 보여줍니까?
3. 오늘도 하나님은 복음의 말씀과 사역자들을 통해 구원의 길을 제시하십니다. 우리는 그 말씀을 어떻게 받아들이고 있는지 돌아봅시다.

연약한 아브라함, 신실하신 하나님
"그는 선지자라"

창세기 20:1-18

창세기 20장을 읽는 독자들은 의아함을 느낄 수 있습니다. 아브라함이 12장에서 저질렀던 실수와 거짓말을 거의 그대로 반복하고 있기 때문입니다. 더 나아가 26장에서는 그의 아들 이삭조차 부친의 행동을 그대로 따라 하는 장면이 나옵니다. 말 그대로 '그 아버지에 그 아들'입니다. 그래서 일부 학자들은 이 유사한 사건들을 동일한 이야기의 다른 전승 혹은 편집본으로 보기도 합니다. 실제로 내용을 비교하면 꽤 설득력 있는 주장처럼 보입니다.

그러나 이런 해석은 성경이 하나님의 말씀이라는 사실을 간과하고 있습니다. 얼핏 비슷해 보일지라도 이 사건들에는 중요한 차이점이 있습니다. 세 사건은 단순한 반복이 아니라 각기 고유한 의미를 지닌 별개의 사건들입니다. 따라서 "아브라함도 실수를 되풀이했으니 우리도 조심하자"는 정도의 모범론적 해석으로는 본문의 깊은 메시지에 도달할 수 없습니다. 하물며 "믿는 자들도 거짓말을 할 수 있지. 그래도 구원에는 지장이 없잖아"와 같은 해석은 본문의 의도와는 거리가 멉니다.

우선, 이 사건은 소돔 멸망 이후에 일어난 것이 아닐 수 있습니다. 적어도 19장 마지막에 나오는 롯의 딸들 이야기보다는 앞선 시점일 가능성이 큽니다. 만일 연대기적으로 연결한다면, 사라는 이미 90세가 되었을 때인데 사라가 아무리 아름다웠다 해도 그 나이의 여인을 왕이 아내로 삼으려 했다는 설명은 자연스럽지 않습니다. 따라서 이 사건은 아브라함이 부르심을 받은 후 어느 정도 시간이 지나 일어난 일로 보는 것이 타당합니다.

고대 히브리인에게 시간적 순서는 그리 중요하지 않았습니다. 창세기도 엄밀하게 시간 순으로 기록된 책이 아니므로 우리는 이런 구도를 통해 전달하려는 메시지에 주목해야 합니다.

창세기 19장이 소돔 멸망과 롯의 자녀 출산 이야기로 마무리되는 것처럼, 20장 역시 아브라함의 기도로 아비멜렉 집안이 출산의 은혜를 회복하는 장면으로 끝납니다. 이어지는 21장에서는 마침내 약속의 자손 이삭이 태어납니다. 이러한 흐름은 하나님이 이스라엘뿐만 아니라 다른 민족의 번성과 생명도 주관하는 분이심을 보여줍니다.

무엇보다도 이삭의 출생 직전에 아브라함의 부족함이 다시 드러난다는 점은 중요한 신학적 메시지를 담고 있습니다. 아브라함이 연

약할수록 언약을 이루시는 하나님의 신실하심은 더욱 분명히 드러
납니다.

아비멜렉: "온전한 마음과 깨끗한 손"

아브라함은 평소에도 사라를 자신의 누이라고 소개하곤 했습니다.
실제로 12장에서 애굽에 내려갔을 때 그렇게 말했고, 이번에도 그랄
땅에서 똑같은 행동을 반복했습니다. 그의 거짓은 다소 이해할 만
한 면도 있습니다. 13절에 따르면, 아브라함은 고향을 떠날 때 사라
에게 "우리의 가는 곳마다 그대는 나를 그대의 오라비라 하라. 이것
이 그대가 내게 베풀 은혜라"라고 당부했습니다. 게다가 사라는 실
제로 아브라함의 이복누이였으므로 그의 말이 100퍼센트 거짓이라
할 수도 없습니다.

문제는 그 거짓말로 인해 아내 사라를 다른 사람에게 빼앗길 뻔
했다는 데 있습니다. 아브라함은 자신의 생명을 보호하려 했지만,
결과적으로 아내를 위험에 빠뜨렸습니다. 오늘날의 시각으로 보면,
그는 무책임한 남편 같기도 합니다. 그러나 당시 사회에서는 아내를
남편의 소유물로 여겼기에 아브라함 역시 이런 가치관에서 자유롭
지 못했습니다. 이와 대조적으로 하나님은 사라를 특별히 보호하셨
습니다. 그녀는 약속의 자손을 낳을 여인이자 믿음의 어머니이기 때
문이었습니다.

12장의 바로 사건과 이번 사건 사이에는 중요한 차이가 있습니다.

바로는 사라를 욕망으로 취했고, 그 즉시 하나님은 그에게 재앙을 내리셨습니다. 반면 아비멜렉은 진심으로 아무런 잘못 없이 사라를 데려갔습니다. 그래서 그는 하나님께 "온전한 마음과 깨끗한 손으로 이렇게 하였나이다"(5절)라고 항변했고, 하나님도 이를 인정하셨습니다. 하나님은 꿈에 나타나 그가 죄를 범하지 않도록 미리 막으셨습니다.

하나님은 꿈에서 아비멜렉에게 말씀하셨습니다. "네가 데려간 이 여인으로 말미암아 네가 죽으리라." 이에 아비멜렉은 물었습니다. "주께서 의로운 백성도 멸하시나이까?" 앞서 18장에서 아브라함도 같은 질문을 던졌습니다. "주께서 의인을 악인과 함께 멸하려 하시나이까?" 아비멜렉의 항변은 단순한 자기 변호가 아닙니다. 그는 실제로 아무런 잘못이 없었습니다. 아브라함과 사라 모두 자신들이 부부가 아니라고 말했기 때문입니다. 그런데도 하나님은 아비멜렉에게 사라를 반드시 돌려보내야 하는 이유를 분명히 밝히십니다. 그것은 바로 아브라함이 선지자이기 때문입니다(7절).

여기서 '선지자'라는 표현이 성경에 처음 등장합니다. 물론 에녹이나 노아도 훗날 선지자로 불렸지만, 성경 본문에서 직접 처음으로 선지자라는 칭함을 받은 인물은 아브라함입니다. 선지자의 역할은 하나님과 사람 사이를 잇는 중보자이며, 백성들을 위해 하나님께 기도하는 자입니다. 아비멜렉이 살 수 있는 길은 오직 아브라함의 중보기도에 있었습니다. 하나님은 "그가 너를 위하여 기도하리니 네가 살리라"고 말씀하셨고, 만약 사라를 돌려보내지 않으면 "반드시 죽을 줄 알지니라"고 경고하셨습니다.

이 장면은 에덴동산 사건을 떠올리게 합니다. 하나님은 아담에게 "반드시 죽으리라"고 경고하셨지만, 아담은 그 말씀을 어겼습니다. 아비멜렉은 어떻게 반응했을까요? 그는 아담과는 달리 하나님의 말씀을 듣고 즉시 순종했습니다.

아비멜렉에게 책망을 받다

다음날 아침, 아비멜렉은 꿈에서 받은 계시를 가볍게 여기지 않았습니다. 그는 새벽 일찍 일어나 신하들을 모두 불러 모은 후, 자신이 들은 하나님의 말씀을 전했습니다. 신하들은 그 이야기를 듣고 심히 두려워했습니다(8절). 이런 반응은 앞서 소돔 사람들의 반응과 뚜렷이 대비됩니다. 소돔 사람들은 하나님의 사자들을 보고도 죄악을 멈추지 않았고, 롯의 경고도 농담으로 여겼으며, 결국 심판을 받았습니다. 그러나 블레셋 사람들은 하나님의 계시에 즉각 반응하며 경외심으로 받아들였습니다.

회의가 끝난 후 아비멜렉은 아브라함을 불러 엄중히 따져 물었습니다. "네가 어찌하여 우리에게 이렇게 하느냐. 내가 무슨 죄를 네게 범하였기에 네가 나와 내 나라가 큰 죄에 빠질 뻔하게 하였느냐. 네가 합당하지 아니한 일을 내게 행하였도다"(9절). 그의 말은 지극히 정당하며 책임 있는 통치자의 면모를 보여줍니다.

아비멜렉은 이번 사건을 단순한 오해나 실수로 여기지 않았습니다. 비록 모르고 행한 일이었을지라도 그것은 '큰 죄'가 될 수 있음을 분명히 인식했습니다. 더 나아가 그러한 죄의 빌미를 제공한 장본인인 아브라함의 책임을 정확히 지적했습니다.

이에 아브라함은 세 가지 이유를 들어 변명합니다. 첫째, 블레셋 사람들이 하나님을 두려워할 줄 몰랐고, 둘째, 사라는 실제로 이복누이이므로 자신이 완전히 거짓말을 한 것은 아니며, 셋째, 자신과 사라가 가나안 땅에서 낯선 사람들과 살아가는 동안 오누이로 지내기로 약속했다는 것이었습니다.

그러나 이 해명은 궁색하기 짝이 없습니다. 무엇보다 첫 번째 주장과 달리 아비멜렉은 하나님의 말씀을 듣자마자 두려워했고, 그의 신하들도 마찬가지였습니다. 그 나라 사람들은 최소한 남의 아내를 빼앗는 것이 큰 죄라는 사실을 알고 있었습니다. 또한 사라가 이복누이라 해도 그녀가 아내라는 사실을 숨긴 것은 명백한 거짓말이었습니다. 두 사람 사이에 합의가 있었다 해도 거짓말을 정당화할 수는 없습니다.

아비멜렉의 조치와 아브라함의 기도

아비멜렉의 책망 앞에서 아브라함은 자신의 생명을 지키기 위한 불가피한 선택이었다고 해명했지만, 그것은 충분한 설명이 되지 못했습니다. 그러나 하나님께서 계시로 개입하셨기에, 아비멜렉은 아브라함의 말을 받아들이고 사라를 돌려보내기로 했습니다. 그는 단순히 사라만 돌려보내지 않았습니다. 아브라함에게 양과 소, 노비 등 풍성한 재산을 함께 주었고, 원한다면 그의 땅 어디든 거주할 수 있는 권한도 허락했습니다. 또한 사라에게는 은 천 개를 보상금으로 주며 그녀의 수치를 풀어주었습니다. 이것은 단순한 물질적 배상 차원을 넘어 그녀가 겪었을 수치심과 오해를 공적으로 회복시키는 조치였습니다. 실제로 고대 근동 사회에서 유부녀를 잘못 데려갔을 경우, 비록 고의가 아니었더라도 남편에게 배상하는 규례가 있었습니다. 아비멜렉은 이 관습에 따라 성실히 책임을 다한 것입니다.

이 모습은 과거 애굽의 바로가 사라 사건 이후 아브라함을 추방했던 것과 뚜렷이 대비됩니다. 이처럼 아비멜렉이 하나님 앞에서 바르게 반응하자, 아브라함은 그를 위해 중보기도를 드렸습니다. 하나님은 그 기도를 들으시고 아비멜렉 집안에 임했던 재앙을 거두셨습니다. 그로 인해 그의 아내들과 여종들이 다시 아이를 낳게 되었습니다. 이는 하나님께서 아브라함을 불러 하셨던 말씀, 곧 "너를 축복하는 자에게는 내가 복을 내리고, 너를 저주하는 자에게는 내가 저주하리라"(창 12:3)는 약속의 성취였습니다. 동시에 아브라함이 참으로 하나님의 선지자임을 확증하는 사건이었습니다.

창세기 20장은 약속의 자손 이삭이 태어나기 직전, 아브라함의 또 다른 실수와 그럼에도 불구하고 역사하시는 하나님의 은혜를 보여

줍니다. 아브라함은 이스라엘의 조상이었지만 결코 완전하지 않았습니다. 그는 이복누이 사라를 아내로 맞았고(모세 시대의 기준에 따르면 이런 결혼은 엄격히 금지되었습니다) 자신의 생명을 보존하기 위해 거짓말을 반복했습니다. 당시 기준으로도 신뢰받기 어려운 남편이었고, 약속의 조상답지 못한 모습이었습니다. 그럼에도 하나님은 아브라함과의 언약을 신실하게 지키셨고, 곧이어 이삭이 태어나게 하셨습니다.

성경은 아브라함의 허물까지 숨기지 않고 기록함으로써, 인간의 위대함이 아닌 하나님의 신실하심을 드러냅니다. 아브라함의 거짓말은 아비멜렉과 사라, 더 나아가 한 민족까지 위기에 빠뜨릴 수 있었지만, 하나님은 그를 여전히 선지자로 세우셨습니다. 이는 거짓을 용인하신 것이 아니라, 아브라함이 부족해도 언약과 복의 통로임을 보여주신 것입니다.

우리에게는 아브라함보다 더 큰 선지자, 곧 그의 후손 예수 그리스도가 계십니다. 본문이 가르쳐주듯이 큰 선지자이신 예수님을 어떻게 영접하느냐에 따라 복과 저주가 갈립니다. 참된 믿음으로 그분을 영접할 때, 예수님은 하늘에서 우리를 위해 성부께 간구하시며, 그분의 보혈로 우리의 수치를 덮으시고 의의 영광을 누리게 하십니다. 그러므로 아브라함의 자녀인 우리도 이 세상에서 복음을 전하는 작은 선지자로 살아가야 합니다. 큰 선지자 예수님을 증언하며, 그분의 복을 흘려보내는 통로가 되기를 주님의 이름으로 축원합니다.

1. 아브라함의 거짓말에 대한 바로와 아비멜렉의 반응은 각각 어떠했으며, 그 차이가 주는
   교훈은 무엇입니까?
2. 아브라함이 연약함을 드러냈음에도 하나님께서 그를 '선지자'라고 부르신 이유는 무엇
   입니까?
3. 하나님께서 연약한 나를 들어 쓰시는 은혜를 경험한 적이 있습니까? 그런 경험을 통해 얻
   은 깨달음이나 은혜를 어떤 방식으로 다른 사람들과 나누고 있나요?

이삭과 이스마엘
"하갈의 아들이 놀리는지라"

창세기 21:8-21

오늘 본문은 겉보기에는 단순합니다. 하갈과 그녀의 아들 이스마엘이 아브라함의 집에서 쫓겨난 사건입니다. 그러나 이 이야기는 과거 한국 사회의 복잡한 가정사 속에서 때로는 상처를 주는 본문으로 오해되곤 했습니다. 어떤 교회에서는 본처가 내연녀와 그의 자녀를 정죄하는 근거로 잘못 사용되기도 했습니다.

오늘날에도 재혼 가정이나 특별한 가족사를 지닌 이들이 이 본문을 접할 때 마음에 아픔을 느낄 수 있습니다. 문자 그대로만 읽는다면 하갈과 이스마엘은 버려진 자, 배척당한 자로만 비칠 수 있기 때문입니다. 더구나 중혼 제도가 사라진 오늘날의 상황에서, 이 본문은 우리의 삶과 신앙에 아무런 영적 유익도 주지 못하는 듯 보일 수 있습니다.

그러나 성경은 단순한 도덕 교훈집이 아니라 하나님의 구원 역사를 드러내는 말씀입니다. 따라서 우리는 이 본문을 인간의 시선이 아닌 하나님의 시선으로 다시 읽어야 합니다. 그럴 때 이 말씀은 오늘을 사는 우리에게도 여전히 살아 있고, 구원의 복음을 전하는 능력의 말씀이 됩니다.

약속에 따라 태어난 이삭

창세기 21장은 먼저 이삭의 출생을 기록합니다. 본문이 이삭의 출생을 어떤 관점에서 서술하고 있는지 주의 깊게 살펴보십시오. 1절은 이렇게 말합니다.

> 여호와께서 말씀하신 대로 사라를 돌보셨고 여호와께서 말씀하신 대로 사라에게 행하셨으므로.

이삭의 출생은 우연이 아니라 전적으로 하나님의 말씀대로 이루어진 사건이었습니다. 여기서 '돌보셨다'(개역개정) 혹은 '권고하셨다'(개역한글)로 번역된 히브리어는 '파카드'입니다. 이 단어는 문자적으로는 '찾아오다' 또는 '방문하다'라는 뜻입니다. 그러나 성경에서는 주로 하나님께서 자기 백성을 기억하시고 구원의 역사를 시작하실 때 사용되는 신학적으로 깊은 의미의 단어입니다.

2절에서도 하나님의 말씀이 다시 강조됩니다. "하나님이 말씀하신 시기가 되어 노년의 아브라함에게" 아들이 태어났습니다. 이는 창세기 18장에서 하나님께서 아브라함의 장막을 찾아와 약속을 주신 사건과 연결됩니다. 그때 사라는 장막 안에서 약속의 말씀을 엿듣고는 속으로 웃으며 "내가 노쇠하였고 내 주인도 늙었으니 내게 무슨 즐거움이 있으리요"라고 말했습니다. 그러나 하나님은 "내게 능하지 못한 일이 있겠느냐?"라고 말씀하시며 사라의 불신을 꾸짖으셨습니다.

본문은 아브라함이 늙었다는 사실을 두 차례 강조합니다(2, 7절). 이는 인간의 가능성이 완전히 닫힌 자리에서 하나님의 약속이 성취되었음을 보여줍니다. 아브라함은 이 사실을 알았기에 아들의 이름을 '이삭'이라 지었습니다. 그리고 하나님께서 명하신 대로 태어난 지 8일 만에 할례를 시행했습니다. 모든 것이 하나님의 말씀에 따라 이루어졌습니다.

이삭이 태어났을 때 사라는 기뻐하며 노래를 지었습니다. "하나님이 나를 웃게 하시니 듣는 자가 다 나와 함께 웃으리로다"(창 21:6). 처음에는 불신으로 웃었지만, 이제는 믿음의 기쁨으로 웃게 된 것입니다. 이삭이라는 이름은 단순한 '웃음'이 아니라, 하나님의 약속이 이루어졌음을 기억하게 하는 감사의 웃음을 뜻합니다.

아브라함은 이삭이 젖을 뗀 날 큰 잔치를 열었습니다. 고대 사회에서는 유아 사망률이 높았기에 젖을 무사히 떼기만 해도 축하할 일이었습니다. 그러나 아브라함이 단지 육아의 안도감 때문에 잔치를 연 것은 아니었습니다. 예수님은 요한복음 8장 56절에서 "너희 조상 아브라함은 나의 때 볼 것을 즐거워하다가 보고 기뻐하였느니라"고 말씀하셨습니다. 아브라함은 이삭을 통해 장차 오실 약속의 씨, 곧 그리스도를 미리 보았던 것입니다. 그 기쁨이 너무 커서 그는 큰 잔치를 베풀며 하나님께 감격을 표현했습니다.

이스마엘의 시기와 추방

하나님의 언약대로 아브라함의 가정에 이삭이 태어났습니다. 그러나 약속의 자녀 이삭은 이제 막 젖뗀 어린아이에 불과했습니다. 이때 하갈의 아들 이스마엘이 어린 동생을 희롱하기 시작했습니다. 당시 이스마엘은 16세쯤 된 청년으로, 어린 이삭은 그 앞에서 아무런 저항도 할 수 없었습니다. 그 모습이 사라의 눈에 띄었고, 사라는 심각한 위협을 감지했습니다.

이스마엘은 왜 이삭을 괴롭혔을까요? 자신도 아브라함의 아들이었기 때문입니다. 이삭이 태어나지 않았다면 자신이 후계자가 되었을 것이라 생각했을 테지요. 하지만 하나님께서 선택하신 약속의 자녀는 이삭이었습니다. 이 점에서 이스마엘의 시기는 단순한 질투가 아니라 하나님의 뜻에 대한 거부였습니다.

하갈과 이스마엘이 아브라함의 집에 머무르게 된 사연은 창세기 16장에 기록되어 있습니다. 사라는 자녀가 없자 여종 하갈을 아브라함에게 주어 아들을 얻게 했습니다. 그러나 임신한 하갈은 교만해져 여주인을 멸시하다가 결국 광야로 도망쳤습니다. 그때 하나님의 사자가 나타나 하갈을 위로하며 "네 씨를 크게 번성하여 그 수가 많아 셀 수 없게 하리라"고 약속하셨습니다(창 16:10). 그래서 하갈은 다시 돌아와 이스마엘을 낳았던 것입니다.

하갈이 이스마엘을 낳은 후에도 사라는 여전히 아이를 갖지 못했습니다. 그러던 중 하나님은 아브라함과 언약을 맺으시면서 사래의 이름을 사라로 바꾸고, 그녀를 열국의 어머니가 되게 하겠다고 약속하셨습니다. 그때 아브라함은 "이스마엘이나 하나님 앞에 살기를 원하나이다"(창 17:18)라고 대답했습니다. 이때만 하더라도 이스마엘을 후계자로 생각했던 것입니다. 이스마엘은 아브라함의 아들이었고, 할례도 함께 받았습니다. 당시의 기준으로 보면 얼마든지 아버지의 기업을 이을 자격이 있었습니다.

도망쳤다가 돌아온 하갈이 아브라함의 집에 살 수 있는 조건은 단 하나, 여주인 사라에게 복종하는 것이었습니다. 마찬가지로 이스마엘이 복을 누리며 그 집에 머물 수 있는 길도 하나였습니다. 약속의 자녀 이삭에게 복종하는 것이었습니다. 그러나 이스마엘은 이러한 하나님의 뜻을 알면서도 거부했고, 어린 이삭을 괴롭혔습니다.

사라는 이런 상황을 결코 용납하지 않았습니다. 그녀는 아브라함에게 하갈과 이스마엘을 내쫓으라고 요구했습니다. 아브라함은 깊이 괴로워했습니다. 그도 그럴 것이 이스마엘은 자신의 친아들이었기 때문입니다. 그러나 하나님께서 친히 나타나 사라의 말을 따르라고 명하셨습니다. 하나님의 뜻은 분명했습니다. 약속은 이삭을 통해 이어질 것이었습니다.

아브라함은 마침내 하갈과 이스마엘을 내보냅니다. 비정하게 느껴지지 않습니까? 그는 그들에게 떡과 물 한 가죽부대만을 주었고, 광야를 헤매던 모자는 곧 죽음의 위기에 직면했습니다. 하갈은 아들이 죽어가는 모습을 차마 볼 수 없어 멀리 떨어져 울었습니다. 그때 하나님께서 다시 하갈을 찾아오셨습니다. "두려워하지 말라"는 말씀과 함께 이스마엘이 큰 민족을 이룰 것이라는 약속을 다시 확인해주셨습니다. 그리고 하갈의 눈을 열어 샘물을 보게 하셨습니다. 그 물로 그들은 생명을 보존할 수 있었습니다.

성경은 "하나님이 그 아이와 함께 계시매"(20절)라고 기록합니다. 이후 이스마엘은 광야에서 자라 활 쏘는 자가 되었고, 어머니 하갈은 애굽 여인 중 한 사람을 며느리로 맞이했습니다.

자유인의 아들 vs 종의 아들

오늘 본문은 우리에게 중요한 질문을 던집니다.

"누가 이삭이고, 누가 이스마엘인가?"

만약 우리가 자신을 이삭이라 말한다면, 그 근거는 무엇입니까?

이 질문에 대해 사도 바울은 갈라디아서 4장 21절 이하에서 명확한 해석을 제시합니다. 그는 아브라함에게 두 아들이 있었음을 상기시키며 한 아들은 여종에게서, 다른 아들은 자유 있는 여자에게서 태어났다고 설명합니다. 여기서 종의 아들은 육체를 따라 난 자이고, 자유인의 아들은 약속을 따라 난 자입니다. 이것이 이삭과 이스마엘을 가르는 결정적 차이였습니다.

바울은 이러한 비교를 그저 역사적 사실로 끝내지 않습니다. 그는 두 여인과 아들의 이야기를 두 언약에 대한 비유로 확장합니다. 종을 낳은 하갈은 시내산 언약을 상징하는데, 이는 당시 예루살렘과 그 백성들, 곧 율법 아래 매여 살아가는 자들을 가리킵니다. 반면에 자유인 사라는 '위에 있는 예루살렘'을 상징합니다. 이것은 하늘 어딘가의 공간이 아니라 신령한 하나님의 집, 곧 그리스도의 몸된 교회를 가리킵니다. 바울은 교회를 통해 태어난 이들이 바로 약속을 따라 난 자요, 성령으로 태어난 자들이라고 말합니다. 이삭과 이스마엘의 근본적 차이는 신분이나 출생 순서가 아니라 약속과 성령으로 난 자인가에 달려 있습니다.

당시 갈라디아 교회 안에는 예수를 믿고 세례를 받았지만 여전히 율법주의에 묶여 있는 사람들이 있었습니다. 그들은 모세의 율법을 지켜야만 의롭다 칭함을 얻는다고 주장하며, 다른 이들을 종의 멍에로 끌어들였습니다. 바울은 이런 자들을 단호히 '종의 자녀'라 규정합니다.

육체를 따라 난 자가 성령으로 난 자를 핍박한 사건은 단지 창세기 이야기로 끝나지 않았습니다. 교회 역사 속에서도, 그리고 바울이 목회하던 당대의 교회 안에서도 반복되었습니다. 그렇다면 교회는 어떻게 대응해야 할까요? 바울은 주저하지 않고 선언합니다. "여종과 그 아들을 내쫓으라"(갈 4:30).

이 말씀은 단순히 죄 지은 사람을 교회에서 쫓아내라는 뜻이 아닙니다. 교묘히 복음을 변질시키고 율법으로 약속을 무너뜨리려는 거짓 가르침과 그 세력을 분별하여 단호히 배제하라는 것입니다.

아브라함이 이스마엘을 내쫓는 장면은 오늘날 우리의 눈에 몹시 비정하게 보일 수 있습니다. 아무리 잘못했더라도 어떻게 친아들을 내칠 수 있느냐는 의문이 생깁니다. 그러나 이스마엘의 행위를 가볍게 봐서는 안 됩니다. 그는 하나님의 자비로 태어났고, 약속의 자녀 이삭을 통해 복을 이어받아야 한다는 사실을 알고 있었습니다. 그러나 그는 그 길을 거부하고, 오히려 약속의 자녀를 괴롭혔습니다.

본문을 바르게 이해하기 위해서는 우리의 정체성을 명확히 인식해야 합니다. 본문은 누가 진정한 아브라함의 아들인지를 가르쳐줍니다. 혈통이 아니라 약속을 따라 난 자가 아브라함의 자녀입니다. 우리는 약속을 따라 믿음으로 아브라함의 후손이 되었고, 성령으로 거듭난 자유인의 자녀가 되었습니다. 본래 죄와 사망의 종이었던 우리가 믿음을 통해 자유인이 된 것입니다.

그러므로 자유를 지키는 일에 힘써야 합니다. 자유를 지키는 가장 확실한 방법은 순수한 복음을 굳게 붙잡는 것입니다. 복음 안에서만 진정한 자유를 누릴 수 있습니다. 교회 안에는 늘 이 자유를 무너뜨리고 성도들을 다시 율법의 종으로 만들려는 세력이 존재합니다. 아브라함이 사랑하는 아들이었음에도 이스마엘을 내보낼 수밖에 없었던 것처럼, 교회 역시 겉으로는 하나님의 자녀라 하면서 복음을 대적하는 자들에 대해 단호히 권징해야 합니다.

그럴 때 교회는 성도의 어머니가 되어 성도들을 보호하고 양육하며, 신령하고 거룩한 하나님의 집으로 세워질 것입니다.

IIIIIIIIIIIIIIIIIII

1. 왜 하나님은 혈통이 아니라 약속을 따라 난 자만을 참된 아브라함의 자녀로 인정하셨습니까?
2. 이스마엘이 아브라함의 아들이었음에도 집에서 쫓겨나야 했던 이유는 무엇입니까?
3. 자유인의 자녀로서 복음을 굳게 붙잡고 있습니까? 아니면 율법이나 세상의 가치에 다시 종처럼 얽매이고 있지는 않습니까?

독자를 돌려받은 아브라함
"여호와의 산에서 준비되리라"

창세기 22:1-19, 히브리서 11:17-19

본문에 기록된 일은 아브라함 이야기 가운데 가장 널리 알려진 사건입니다. 여러분도 어릴 적 주일학교에서 이 이야기를 여러 번 들으셨을 것입니다. 너무 자주 듣다보니 자연스럽게 이런 반응을 하게 됩니다. "아브라함의 믿음은 참으로 위대하다. 어떻게 독자를 번제로 바치라는 명령에 순종할 수 있었을까?" 처음에는 그의 믿음에 감탄하지만, 시간이 흐르면 오히려 자신을 책망하기도 합니다. "아브라함에 비하면 내 믿음은 보잘것없어. 나는 자식까지 하나님께 드릴 믿음은 없어."

아브라함 이야기에 감동받아 큰 결단을 내리는 사람들도 있습니다. 특히 어린 자녀를 둔 부모들 가운데 자녀를 목회자로 드리겠다고 서원하는 경우가 있습니다. 실제로 지금 목회를 하는 이들 중에는 그런 서원으로 목회의 길을 걸은 사람들이 적지 않습니다. 그러나 자녀를 목회자로 세우는 일과 아들을 번제로 바치는 일은 전혀 다른 차원입니다. 오히려 오늘날 목회자라는 직업은 사회적으로 존경과 안정성을 얻는 선택일 수 있습니다.

우리가 성경을 읽을 때 흔히 빠지는 오류가 있습니다. 성경을 마치 영웅전처럼 읽는 것입니다. 그러면 아브라함은 위대한 믿음의 영웅, 본받아야 할 이상적인 신앙인의 전형으로만 보이게 됩니다. 물론 아브라함에게서 배울 점은 많습니다. 그러나 성경을 그런 식으로만 읽는다면 성경은 위인전에 불과해지고, 그 속에서 하나님이 설 자리는 점점 좁아집니다.

무엇보다 성경이 하나님의 말씀임을 잊어서는 안 됩니다. 오늘 본문에서도 우리는 '아브라함이 무엇을 했는가'보다 '하나님이 어떤 분이신가'에 집중해야 합니다. 그럴 때 아브라함의 믿음의 본질도 분명하게 드러날 것입니다.

시험하시는 하나님

본문은 하나님께서 아브라함을 시험하시는 장면으로 시작됩니다. "그 일 후에 하나님이 아브라함을 시험하시려고 그를 부르시되…"(1절). 하나님이 아브라함을 부르신 목적이 시험이었다는 사실을 성경이 분명히 밝히고 있습니다. 여기서 '시험하다'에 해당하는 히브리어 '나사'는 성경 전체에서 자주 쓰이지 않는 단어로, 창세기에서는 이곳에서만 사용되었습니다. 다시 말해 이 사건은 하나님의 아주 특별하고 예외적인 모습을 보여줍니다.

그렇다면 하나님께서 무엇을 시험하신 것일까요? 본문에 따르면 그것은 아브라함의 하나님에 대한 경외심이었습니다. 아브라함이 이삭을 제물로 드리려 할 때 여호와의 사자가 말씀합니다. "내가 이제야 네가 하나님을 경외하는 줄을 아노라"(12절). 마치 하나님께서 여태까지 아브라함의 믿음을 모르셨다는 말처럼 들립니다. 그러나 하나님은 전지하신 분이십니다. 인간의 생각과 마음 깊은 곳까지 아시는 하나님께서 그의 믿음을 모르셨을 리 없습니다. 따라서 이것은 아브라함의 믿음이 실제로 어떤 것인지 드러내고 확증하는 사건으로 이해해야 합니다.

우리도 인간관계 속에서 상대에 대한 신뢰를 말로 표현하거나 행동으로 증명하지 않습니까? "당신이 죽으라면 죽을 수 있다", "당신과 함께 싸우다 죽겠다"는 식의 충성 고백이 그 예입니다. 이런 비유로 생각해본다면, 지휘관에 대한 충성과 하나님에 대한 아브라함의 충성심은 본질적으로 다르지 않습니다. 중요한 것은 아브라함이 하나님의 무엇을 신뢰했는가 하는 것입니다.

약속의 아들 이삭을 통한 시험

우리가 주목할 점은 하나님께서 이삭을 통해 아브라함을 시험하셨다는 사실입니다. 이 대목에서 구약 성경의 첫 번째 독자들이 이스라엘 백성이었다는 점이 매우 중요합니다. 우리는 대한민국 사람이기에 이 본문을 읽을 때 자연스럽게 아브라함의 행동에 감정을 이입하게 됩니다. 그러나 이스라엘 백성은 달랐습니다. 그들은 아브라함의 입장보다 이삭의 운명에 훨씬 더 주목했습니다. 왜냐하면 이삭의 운명이 곧 그들의 운명이었기 때문입니다. 만약 이삭이 번제로 바쳐져 죽고 말았다면, 아브라함의 후손인 이스라엘은 아예 존재할 수 없었을 것입니다. 이런 이유로 유대인들은 지금도 새해에 '이삭의 결박'이라 불리는 이 본문을 읽는 전통을 지키고 있습니다.

본문은 아브라함의 순종을 두드러지게 보여주는 동시에 이삭의 정체성을 강조합니다. 하나님은 아브라함을 부르실 때, 단순히 "네 아들"이라 하지 않으셨습니다. "네 아들 네 사랑하는 독자 이삭"이라고 말씀하셨습니다. 이삭이 아브라함에게 어떤 존재인지 분명히 드러내신 것입니다. 그는 여러 아들 중 한 명이 아니었습니다. 물론 하갈에게서 난 이스마엘이 있었지만, 아브라함은 이미 그를 집에서 내보냈습니다. 또 다른 아들을 낳을 가능성도 없었습니다. 따라서 이삭은 아브라함의 유일한 아들, 노년에 얻은 아들, 가장 사랑하는 아들이었습니다. 그런데 하나님께서 바로 그 아들을 번제로 바치라고 요구하셨습니다.

무엇보다 이삭은 '약속의 아들'이었습니다. 하나님은 아브라함을 부르실 때마다 "씨를 주겠다"는 약속을 반복하셨습니다. 그러나 그 약속이 성취되기까지 무려 25년이 걸렸습니다. 드디어 약속이 이루어져 이삭이 태어났는데, 이제 그 약속의 아들을 바치라고 요구하시는 것입니다. 문제의 핵심은 이삭 그 자체보다 하나님의 약속에 있었습니다. 아브라함이 명령에 순종하여 이삭을 드리면, 하나님의 약속은 더 이상 이루어질 수 없게 됩니다. 이성적으로는 도무지 이해할 수 없는 명령이었습니다. 자칫 하나님이 마음에 들면 주었다가 마음에 들지 않으면 빼앗아가는 변덕스러운 군주처럼 보일 수도 있었습니다.

과연 이런 하나님을 끝까지 신뢰할 수 있을까요? 아브라함이 이삭을 번제로 바치더라도 하나님은 약속을 지킬 수 있는 분이실까요? 이것이 아브라함이 받은 시험의 본질이었습니다.

하나님께서 아브라함에게 처음 나타나 "너는 너의 고향과 친척과 아버지의 집을 떠나라"고 명하셨을 때, 그는 믿음으로 순종했습니다. 그때 아브라함은 자신의 모든 과거와 단절해야 했습니다. 이제 하나님은 "네 아들을 번제로 드리라"고 명령하십니다. 이 명령에 순종한다면 아브라함은 자신의 미래마저 내려놓게 됩니다. 결국 아브라함이 칼을 들어 이삭에게 대려 한 순간, 그는 자신의 모든 미래를 하나님께 온전히 맡긴 것입니다.

약속과 번제가 동시에 가능하려면

아브라함의 믿음은 하나님의 명령 앞에서 보여준 그의 반응에서 드러납니다. 하나님께서 "네 아들 이삭을 번제로 드리라"고 하셨을 때, 그는 아무 질문도 하지 않았습니다. 이것을 단순히 '묻지마 믿음'이라고 할 수 없습니다. 오히려 그는 깊이 생각하고 최소한의 결론을 내린 다음, 믿음으로 행동하기 시작했습니다. 본문은 그가 지체 없이 순종했다는 사실을 강조합니다. 아브라함은 하나님의 명령을 받고 아침 일찍 일어나 모리아 땅을 향해 길을 떠났습니다. 모리아산은 후에 예루살렘 성전이 세워진 자리였습니다(대하 3:1). 브엘세바에서 모리아까지는 먼 길이었고, 아브라함은 3일을 걸어 그곳에 도착했습니다.

아브라함이 멀리서 보니 제사 드릴 곳이 보였습니다. 그는 두 종에게 이렇게 말했습니다. "내가 아이와 함께 저기 가서 예배하고 우리가 너희에게로 돌아오리라"(5절). 그의 말에는 이삭과 함께 돌아올 것이라는 확신이 담겨 있었습니다.

아브라함은 종들의 도움 없이 홀로 하나님의 명령을 수행할 계획이었습니다. 그는 번제에 쓸 나무를 이삭에게 지우고, 자신은 불과 칼을 들고 길에 올랐습니다. 사람을 번제로 드릴 정도면 상당한 양의 나무였을 것입니다. 자신을 불태울 나무를 지고 힘겹게 걸어가는 이삭을 한번 생각해보십시오. 자신을 매달 십자가를 지고 힘겹게 골고다로 오르시던 예수 그리스도가 자연스레 떠오르지 않습니까?

길을 가던 중 이삭이 물었습니다. "불과 나무는 있는데 번제할 어린 양은 어디 있습니까?" 아브라함은 "하나님께서 친히 준비하실 것이다"라고 대답했습니다. 그는 하나님께서 어떻게 준비하실지 알지 못했지만, 그분의 신실하심을 끝까지 신뢰했습니다.

그러나 지정한 장소에 왔을 때 하나님께서 준비하신 양은 없었습니다. 결국 아브라함은 이삭을 묶어 제단 위에 올렸습니다. 당시 이삭은 청년이었고, 아브라함은 이미 늙은 나이였습니다. 이 상황에서 번제가 가능했다는 것은 이삭이 자발적으로 자신을 내어주었음을 의미합니다. 종들의 도움을 거절한 것도 아브라함이 홀로 하나님 앞에서 이 일을 감당하려 했음을 보여줍니다.

히브리서 11장 17-19절은 아브라함의 믿음을 이렇게 설명합니다. 이삭이 약속의 아들임에도 불구하고 아브라함이 그를 번제로 드릴 수 있었던 것은, 하나님께서 능히 죽은 자 가운데서도 다시 살리실 줄 믿었기 때문입니다. 이는 실로 놀라운 믿음이 아닐 수 없습니다. 번제는 제물을 완전히 태워 없애는 제사입니다. 그럼에도 불구하고 아브라함은 하나님께서 이삭을 반드시 다시 살리실 것을 확신했습니다. 부활에 대한 믿음이 바로 그가 가진 신앙의 핵심이었습니다.

아브라함은 하나님의 약속은 결코 변치 않음을 확신했습니다. 그렇다면 약속과 번제가 동시에 성립하는 길은 단 하나입니다. 하나님께서 번제로 바친 아들을 다시 살리심으로써 약속을 지키시는 것입니다.

여기서 우리는 그리스도를 보게 됩니다. 마태복음 1장은 예수님을 "아브라함의 자손"이라고 소개합니다. 예수님은 아브라함의 자손으로서 하나님의 약속을 성취하기 위해 십자가에서 죽으셨고 부활하셨습니다. 아브라함이 믿었던 그 하나님은 바로 예수 그리스도의 십자가와 부활 속에서 약속을 온전히 이루신 하나님이십니다.

아브라함이 이삭에게 칼을 대려는 순간, 여호와의 사자가 그를 불러 세웠습니다. "그에게 아무 일도 하지 말라."

아브라함은 시험을 통과했기 때문에 더 이상 자신의 믿음을 증명할 필요가 없었습니다. 하나님은 아브라함을 위해 이미 숫양을 준비해 두셨습니다. 아브라함은 그 숫양을 번제로 드렸고, 하나님은 그에게 다시 복을 약속해주셨습니다. 그 복 가운데 특별한 것은 앞으로 그의 자손들이 대적의 문을 차지하게 될 것이라는 약속이었습니다. 이는 하나님의 백성이 원수와 싸워 마침내 승리할 것임을 예고하는 말씀입니다.

이 사건의 주인공은 아브라함이 아니라 하나님이십니다. 하나님은 아브라함을 시험하셨고, 제물을 준비하셨으며, 그의 제사를 받으시고 축복하셨습니다. 그래서 그 장소 이름이 "여호와 이레"라 불리게 되었고, "여호와의 산에서 준비되리라"는 속담이 생겨났습니다(14절). 이는 장차 하나님께서 거룩한 산, 곧 예루살렘에서 자신을 나타내실 것임을 예고하는 말씀이기도 합니다.

아브라함이 독자를 아끼지 않았던 것처럼, 하나님은 독생자 예수 그리스도를 아끼지 않으시고 우리를 위해 내어주셨습니다. 아브라함은 이삭의 부활을 믿음으로 바라보았고, 우리는 그리스도의 실제 부활을 믿음으로써 더 크고 확실한 복을 누립니다.

사도 바울은 로마서 8장 32절에서 이렇게 선언합니다. "자기 아들을 아끼지 아니하시고 우리 모든 사람을 위하여 내주신 이가 어찌 그 아들과 함께 모든 것을 우리에게 주시지 아니하겠느냐?" 아브라함은 죽은 자 가운데서 아들을 돌려받음으로써, 죽음도 하나님의 약속을 무너뜨릴 수 없다는 확신을 얻었습니다. 그리고 우리는 부활하신 그리스도를 믿음으로써 동일한 확신과 더 큰 축복을 받게 되었습니다. 여호와 이레의 하나님께서 여러분의 삶 속에도 모든 필요를 채우시고 약속을 반드시 이루시는 은혜를 누리기를 주님의 이름으로 축원합니다.

||||||||||||||||||||||

1. 하나님께서 아브라함을 시험하신 진정한 목적은 무엇입니까?

2. 아브라함이 종들에게 "우리가 너희에게로 돌아오리라"(5절)고 말할 수 있었던 믿음의 근거는 무엇이었습니까?

3. 삶 속에서 '여호와 이레'의 하나님을 경험한 적이 있습니까? 그 경험이 오늘의 믿음에 어떤 힘이 되었나요?

믿음으로 매장지를 구매한 아브라함
"그 굴을 내게 주어"

창세기 23:1-20

창세기 23장은 언뜻 보기에 은혜와 거리가 먼 본문처럼 느껴질 수 있습니다. 사라의 죽음, 매장지 구입, 부동산 거래 같은 현실적인 이야기로 가득 차 있기 때문입니다. 먼저, 우리는 사라의 죽음을 읽으며 자연스럽게 자신과 배우자의 죽음을 떠올리게 됩니다. 어떤 분은 이미 사별의 아픔을 경험했기에 그 기억이 떠오를 수 있고, 어떤 분은 "배우자가 떠나면 나는 어떻게 살아갈까?"라는 두려움이 들면서 "하나님, 우리 부부 오래 함께하게 해주세요"라고 기도하게 되겠지요. 아브라함이 아내를 위해 깊이 애통해 하는 것을 보며, 지금 살아 있는 가족을 더 사랑하고 소중히 대해야겠다고 다짐할 수도 있습니다.

그런데 성경은 이 장면을 길게 다루지 않습니다. 대신 사라의 죽음 이후 아브라함이 어떤 신앙의 행동을 했는지에 집중합니다. 사라가 죽은 후 아브라함은 아내를 묻기 위해 매장지를 구입합니다. 그는 은 400세겔을 지불했습니다. 정확히 환산하기는 어렵지만, 당대의 경제 상황을 고려할 때 막대한 금액이었을 것입니다.

이 장면은 어쩌면 부동산 거래의 사례처럼 보일 수도 있습니다. "정말 원하는 땅이 있다면 아브라함처럼 정중하게 협상하고 기꺼이 대가를 치르면 된다"는 식의 해석도 가능하겠지요. 그러나 아브라함이 택한 길은 장사에 도움이 되는 지혜로운 거래가 아니었습니다. 오히려 싼 땅을 터무니없이 비싼 값에 사들이는, 세상의 눈으로 보면 손해를 보는 선택이었습니다.

여기서 중요한 것은 장사 수완이 아니라 아브라함이 보여준 신앙의 태도입니다. 이 모든 해석들은 본문을 읽는 우리의 주관적 감상일 뿐 성경이 전하려는 본질적 메시지는 아닙니다. 더욱이 본문에는 하나님께서 직접 등장하시지 않아 그분의 뜻을 포착하기도 쉽지 않습니다. 그러나 아브라함의 행동 속에는 하나님을 향한 깊은 신앙이 담겨 있습니다. 매장지를 구입하는 그의 모습 속에서 아브라함이 무엇을 믿었는지, 그리고 그 믿음이 오늘을 사는 우리에게 어떤 도전과 위로를 주는지 살펴보겠습니다.

나홀 vs 아브라함

사라의 죽음을 다루기 전, 성경은 갑자기 아브라함의 형 나홀의 족보를 소개합니다(창 22:20 이하). 그의 가족은 우르를 떠나 하란에 정착했고, 데라가 죽은 뒤에야 아브라함만 하나님의 부르심을 따라 가나안 땅으로 들어갔습니다. 그로부터 약 62년의 세월이 흘렀습니다.

그렇다면 하나님의 부르심을 받지 않은 나홀과 부르심을 따라간 아브라함의 삶은 어떻게 달라졌을까요?

상식적으로는 아브라함이 훨씬 더 풍성한 복을 받았을 것이라 기대할 수 있습니다. 그러나 겉으로 보이는 현실은 달랐습니다. 나홀은 열두 명의 아들을 두었고, 그중 그무엘은 훗날 아람 족속의 조상이 되었습니다. 반면 아브라함은 약속의 자녀인 이삭 한 명만 얻었을 뿐입니다. 이스마엘도 있었지만 약속의 계승자로는 인정되지 않았습니다. 아브라함의 가문이 나홀의 자손 수에 비견될 만큼 번성하게 된 것은 손자 야곱에 이르러서야 가능했습니다.

성경은 이 차이를 의도적으로 드러냅니다. 하나님의 약속을 따라 사는 삶은 당장 눈에 띄는 성공을 가져오지 않을 수도 있습니다. 그러나 믿음으로 오래 참을 때, 그 약속은 반드시 실현됩니다. 이런 맥락에서 창세기 22장과 23장은 긴밀히 이어져 있습니다.

하나님은 아브라함에게 '씨'와 '땅'을 약속하셨습니다. 22장은 아브라함이 약속의 씨, 곧 이삭을 하나님께 드림으로써 그 약속을 온전히 신뢰했음을 보여줍니다. 이어서 23장에서는 아브라함이 사라의 매장지를 구입함으로써 약속의 땅을 향한 믿음을 행동으로 나타냅니다. 아브라함은 이삭을 드리면서 '씨는 하나님께서 책임지실 것'임을 믿었고, 매장지를 돈 주고 사들이면서는 '이 땅은 반드시 우리 후손의 소유가 될 것'이라는 확신을 드러냈습니다.

매장지를 향한 아브라함의 의도

사라가 죽었습니다. 이제 장례를 치르려면 매장할 장소가 필요합니다. 그 지역에는 이미 무덤이 있었기에 장례 자체는 어렵지 않았을 것입니다. 그러나 아브라함은 아내를 아무 무덤에나 묻을 수 없다고 생각했습니다. 만약 사라가 가나안 사람들의 무덤에 묻힌다면, 그녀는 단순히 그 땅의 한 주민으로 취급될 것이기 때문입니다. 더 나아가 아브라함은 자신도, 아들 이삭도 언젠가 그 곁에 묻히게 될 날을 내다보았습니다. 마침내 그는 자기 가문만의 매장지가 반드시 필요하다는 결론에 도달했습니다.

사라가 죽은 곳은 헤브론이었습니다. 이전까지 아브라함은 브엘세바에 머물렀지만, 사라의 죽음을 계기로 다시 헤브론으로 거처를 옮긴 듯합니다. 헤브론은 아브라함에게 각별한 장소였습니다. 그는 롯과 갈라선 후 이곳을 선택하여 마므레의 상수리나무들 근처에 장막을 치고 하나님께 제단을 쌓았습니다(창 13:18). 하나님께서 세 천사를 보내어 아브라함의 장막을 방문하게 하신 곳도 바로 이곳이었습니다(창 18:1). 이후 이스라엘 역사 속에서 헤브론은 예루살렘 다음으로 중요한 성지로 여겨졌습니다. 민수기 13장 22절에 따르면, 애굽의 소안보다 7년 전에 먼저 세워진 유서 깊은 성읍이었습니다.

그러나 문제가 하나 있었습니다. 아브라함은 가나안 땅에서 땅을 소유할 수 없는 나그네였습니다. 그는 자신을 "나그네요 거류하는 자"(4절)라고 소개합니다. 당시에도 외국인이 현지인의 토지를 영구 소유하기는 매우 어려웠습니다. 잠시 빌려 쓸 수는 있어도, 법적으로 소유권을 확보하기가 사실상 불가능했습니다.

그러니 아브라함은 매우 불리한 처지에서 거래를 성사시켜야 했습니다. 그는 조심스럽고도 신중하게 협상하면서 최선을 다했습니다. 만일 서두르거나 경솔하게 행동했다면, 땅을 사지 못했을 뿐 아니라 현지인들에게 사기를 당했을지도 모릅니다.

기꺼이 큰 대가를 지불함

사라의 죽음 앞에서 깊이 통곡한 아브라함은 아내를 위한 매장지를 반드시 마련하겠다고 결단하고, 가나안 땅의 헷 족속에게 정중히 요청했습니다. "죽은 나의 아내를 묻을 무덤을 여러분에게서 살 수 있게 해주십시오"(4절, 새번역). 이에 헷 족속은 "당신은 우리 가운데 있는 하나님이 세우신 지도자이시니 우리 묘실 중에서 좋은 것을 택하여 장사하소서"라고 대답했습니다. 이 대답에서 우리는 두 가지 사실을 알 수 있습니다. 첫째, 아브라함이 그들 사이에서 존경받는 인물이었다는 것, 둘째, 헷 족속과 아브라함이 우호적인 관계를 맺고 있었다는 것입니다.

아브라함은 그 제안에 만족하지 않고 막벨라 굴, 곧 에브론이 소유한 밭에 딸린 동굴을 정당한 대가를 치르고 구매하겠다는 의사를 분명히 밝혔습니다. 그는 여러 차례 땅에 엎드려 절하며 겸손하게 요청했습니다. 창세기 23장은 아브라함이 이 협상 과정에서 얼마나 신중하고 겸손했는지를 거듭 강조합니다.

마침 그 자리에 있던 에브론은 뜻밖에도 땅을 그냥 주겠다고 말했습니다. 그러나 그것은 법적 소유권 이전이 아니라 단순히 사용만 허락하는 방식이었을 가능성이 큽니다. 아브라함은 이런 임시적 조치로는 만족할 수 없었습니다. 그의 목표는 단순히 아내를 장사하는 데 있지 않고, 약속의 땅에서 가족의 묘지를 영구히 확보하는 데 있었습니다.

그래서 그는 다시 은으로 값을 치르겠다는 뜻을 분명히 밝혔습니다. 그제야 에브론은 속내를 드러내며 '은 400세겔'이라는 거액을 요구했습니다(15절). 이는 다윗이 성전 터를 구입할 때 지불한 금액(50세겔, 삼하 24:24)에 비하면 엄청난 액수였습니다. 아마도 아브라함의 평생 재산에 가까웠을 것입니다. 그럼에도 아브라함은 주저하지 않았습니다. 그는 사람들 앞에서 은을 달아 주고, 막벨라 굴과 밭과 그 주변의 수목까지 함께 사들였습니다. 이로써 그 땅은 법적으로 온전히 아브라함의 소유가 되었습니다. 모든 절차를 마친 후, 아브라함은 아내 사라를 그곳에 장사했습니다.

이것이 아브라함이 막벨라 굴을 사게 된 전 과정입니다. 하나님은 여러 차례 그에게 가나안 땅을 주겠다고 말씀하셨습니다. 아브라함은 그 약속을 믿었고, 믿음을 실천하기 위해 아내를 위한 묘지를 구입했습니다. 많은 씨를 약속받았지만 겨우 아들 하나만 얻었고, 큰 가나안 땅을 약속받았지만 이제 겨우 묘지 하나를 구입했을 뿐입니다. 그러나 아브라함은 그 작은 소유를 통해 장차 이루어질 약속의 성취를 소망 가운데 바라보았습니다. 그는 깊은 슬픔 속에서도 막벨라 굴을 손에 넣은 후, 기쁨으로 아내의 장례를 치렀을 것입니다.

아브라함이 구입한 막벨라 굴은 단지 아내 사라만을 위한 무덤이 아니었습니다. 훗날 아브라함 자신을 비롯해 이삭과 리브가, 야곱과 레아도 모두 그곳에 묻혔습니다. 이 매장지는 이스라엘 조상들의 믿음의 뿌리요, 영적 유산의 상징이 되었습니다. 지금도 이곳은 이스라엘 사람들에게 영적 고향으로 여겨지고 있습니다.

이제 우리는 본문을 통해 스스로에게 물어야 합니다. "우리에게 약속된 땅은 무엇인가?" 그것은 가나안 땅이나 우리가 사는 한반도와 같은 물리적 장소가 아닙니다. 신자에게 약속된 땅은 바로 "새 하늘과 새 땅", 곧 하나님의 나라입니다. 사도 베드로는 이렇게 말합니다. "우리는 그의 약속대로 의가 있는 곳인 새 하늘과 새 땅을 바라보도다"(벧후 3:13).

하나님의 나라는 장차 완성될 미래의 나라입니다. 그렇다고 지금 이 땅에서 아무것도 하지 않아도 된다는 뜻은 아닙니다. 아브라함이 장차 이루어질 약속을 바라보며 믿음으로 아내를 위한 묘지를 마련했듯이, 우리도 믿음으로 가정과 일터, 공동체를 하나님의 나라로 세워가야 합니다. 그 나라를 위해서라면 우리의 시간과 자원과 삶을 기꺼이 드릴 수 있어야 합니다.

세상의 눈으로 보면 아브라함은 은 400세겔이라는 막대한 비용을 지불하며 손해 본 장사를 한 것 같습니다. 그러나 그 땅은 세상의 어떤 재산보다 귀한 약속의 땅이었습니다. 예수님은 하나님의 나라를 이렇게 비유하셨습니다. "천국은 마치 밭에 감추인 보화와 같으니 사람이 이를 발견한 후 숨겨두고 기뻐하며 돌아가서 자기의 소유를 다 팔아 그 밭을 사느니라"(마 13:44).

본문은 우리의 궁극적 가치를 어디에 두어야 할지를 분명히 가르쳐줍니다. 우리는 결국 이 세상을 떠날 존재들입니다. 사랑하는 이들과도 언젠가는 헤어지게 됩니다. 여기에만 집착하면 인생은 불안과 슬픔으로 가득 차게 됩니다. 그러므로 우리의 시선을 약속의 땅, 곧 하나님의 나라에 두어야 합니다. 그 나라를 위해 믿음으로 아낌없이 헌신하는 것이야말로 진정으로 복된 삶입니다.

||||||||||||||||||||||||

1. 본문에서 나홀과 아브라함의 삶을 대비시킨 이유는 무엇입니까?
2. 아브라함이 막벨라 굴을 반드시 사야 했던 믿음의 근거는 무엇이었습니까?
3. 우리에게 약속된 "새 하늘과 새 땅"을 위해 현재 어떤 헌신을 하고 있나요?

이삭과 야곱 이야기

창세기 24:1-36:43

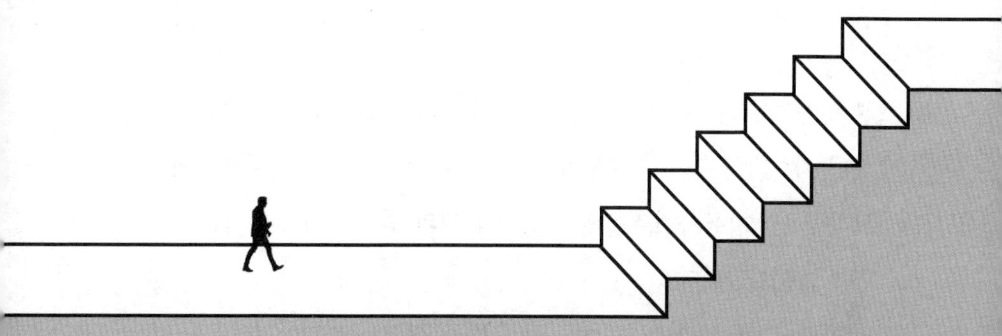

리브가: 하나님이 예비하신 신부
"그가 대답하되 가겠나이다"

창세기 24:1-67

본문은 "아브라함이 나이가 많아 늙었고"라는 말로 시작됩니다. 이삭이 리브가를 맞이한 나이가 40세였으니(창 25:20) 이 시점에서 아브라함은 약 140세가 되었을 것입니다. 그의 생애는 이제 마지막 국면에 들어섰습니다.

우리는 아브라함을 떠올릴 때 수많은 장면을 기억합니다. 그는 75세에 하나님의 부르심을 받고 하란을 떠나 가나안 땅으로 이주해 왔습니다. 이후로 하나님의 약속을 따라 나그네로 유랑하며 살았지요. 이삭을 번제물로 바치려 했던 일, 왕들 앞에서 아내를 누이라 속인 일, 롯을 구하기 위해 군사를 이끌고 출정한 일, 천사를 대접한 일 등이 떠오를 것입니다. 그러나 정작 그의 마지막 이야기를 기억하는 사람은 많지 않습니다.

신앙의 여정은 시작만큼 마침도 중요합니다. 어떻게 살아야 할지도 중요하지만 어떻게 마무리할지도 그에 못지않게 중요합니다. 특히 고령화 시대를 살아가는 성도들에게 아브라함의 마지막 삶은 깊은 교훈을 줍니다.

아브라함은 175세에 세상을 떠났습니다. 땅에서의 부르심을 받은 지 100년 만에 하늘의 부르심을 받아 생을 마감한 것입니다. 그는 남은 시간이 얼마 없음을 알았으나 하나님의 종으로서 마지막까지 사명을 잊지 않았습니다. 오늘 본문은 그가 사명을 신실하게 감당하는 모습을 보여줍니다.

종에게 임무를 맡기고 서로 맹세하게 함

아브라함은 노년에 하나님께 풍성한 복을 받았습니다. 약속의 아들을 얻었고, 많은 재산도 소유하게 되었습니다. 그러나 그는 그 복을 누리는 데 머물지 않고, 하나님께 받은 약속을 다음 세대로 이어가야 한다는 책임을 분명히 인식했습니다. 그 약속은 아들 이삭을 통해 자손이 태어나는 것이었습니다.

이삭에게는 아직 아내가 없었습니다. 그는 창세기에서 아브라함이나 야곱에 비해 비교적 조용하고 소극적인 인물로 그려집니다. 어머니 사라를 일찍 여의고(67절), 마흔 살이 되도록 결혼하지 못한 아들을 보며 아브라함은 결단할 때가 되었음을 깨달았습니다. 가장 쉬운 방법은 가나안 여인과 결혼시키는 것이었습니다. 그러면 가나안의 통치자들과 우호적 관계를 맺을 수 있고, 약속의 땅을 확보하는 데도 유리했을 것입니다. 그러나 아브라함은 그 길을 택하지 않았습니다. 대신 640킬로미터 떨어진 고향에서 아들의 아내를 찾기로 결심했습니다.

아브라함은 이 중대한 일을 아무에게나 맡기지 않았습니다. 그는 가장 신임하는 늙은 종을 불러 이 일을 맡겼습니다. 그 종은 오랫동안 주인을 모시며 누구보다 아브라함을 잘 알았을 것입니다. 어쩌면 모리아산으로 함께 따라갔던 두 종 가운데 한 사람이었을지도 모릅니다.

아브라함은 단순히 명령하지 않고 정중히 부탁했습니다. "청하건대 … 하도록 하라." 아무리 종이라도 일방적으로 일을 시키지 않았습니다. 그리고 종에게 맹세까지 시켰습니다. 무슨 일이 있어도 이삭의 아내는 자신의 족속 중에서 택해야 한다는 뜻이었습니다. 혼인 문제를 종에게 전적으로 위임한 것입니다.

혼인은 결코 간단한 일이 아닙니다. 만일 고향의 여인이 이 땅으로 오기를 거절한다면, 종은 주인의 명령을 끝까지 수행할 수 없게 됩니다. 결국 이삭을 고향으로 데려가는 수밖에 없을 것입니다. 그렇게 될 경우 종은 어떻게 해야 할지를 물었습니다. 이에 아브라함은 세 가지 원칙을 분명히 밝혔습니다.

첫째, 하나님께서 씨를 주겠다고 약속하셨으니 반드시 아들의 아내도 예비해두셨을 것이다.

둘째, 여인이 오기를 거절한다면 이 맹세는 무효가 된다.

셋째, 어떤 일이 있어도 이삭을 고향으로 데려가서는 안 된다.

이 모든 조건을 분명히 한 뒤, 아브라함과 종은 엄숙하게 맹세했습니다. 그 방식은 허벅지 밑에 손을 넣는 것이었습니다. 이는 오늘날로 치면 생식기에 해당하는 부위로, 다른 고대 근동 문헌에서는 유례를 찾아보기 어렵습니다. 이후 야곱이 요셉에게 유언을 남길 때도 같은 방식의 맹세가 사용됩니다.

종의 충성과 분별력 있는 기도

여호와의 이름으로 맹세한 종은 임무를 성실히 감당했습니다. 그는 열 마리의 낙타에 귀중한 예물을 싣고 메소포타미아로 향했고, 마침내 아브라함의 동생이 거주하는 "나홀의 성"에 도착했습니다(10절). 집을 떠난 아브라함은 여전히 땅 한 평도 소유하지 못한 반면, 동생은 성을 쌓고 부강한 가문을 이루었음을 알 수 있습니다.

그곳에서 물을 길으러 나오는 여인들을 바라보며 종은 마음속으로 기도했습니다. 기도의 핵심은 주인 아브라함에게 은혜를 베풀어 달라는 것이었습니다. 이삭의 배우자를 만나는 일은 아브라함에게 큰 은혜가 되는 사건이었기 때문입니다. 그러나 그는 "하나님께서 선택하신 여인의 머리 위에 광채가 비추어 알아볼 수 있게 하옵소서"라는 식의 기도를 하지 않았습니다. 대신 분별력을 가지고 하나님께서 정하신 여인을 알아보기를 원했습니다.

종이 제시한 기준은 '환대'였습니다. 물을 달라고 요청했을 때, 자신만이 아니라 낙타에게도 자발적으로 물을 주는 여인을 택하신 자로 알겠다는 것이었습니다. 대부분의 여인이 물을 한 그릇 떠서 주는 정도의 친절은 보일 수 있지만, 낙타 열 마리에게 물을 먹이는 일은 차원이 달랐습니다. 낙타 한 마리가 100리터 이상을 마시므로, 열 마리면 거의 1톤에 가까운 물을 퍼올려야 합니다. 이는 큰 수고가 따르는 일입니다.

종이 구한 표지는 힘들고 자발적이며 배려 깊은 '특별한 환대'였습니다. 그런 자질을 갖춘 여인이라야 믿음의 집안에 들어올 며느리로 합당하다고 판단한 것입니다.

리브가: 믿음의 어머니

왜 이삭의 아내가 될 사람에게 특별한 자격이 요구되었을까요? 그것은 믿음의 어머니, 사라의 자리를 이어받을 사람이기 때문입니다. 아브라함은 하나님의 복을 받은 자로서 그 복을 세상에 흘려보내야 했고, 그것은 배우자와 함께 감당해야 할 사명이었습니다.

아브라함은 평소에도 많은 사람을 장막으로 영접했습니다. 대표적인 사건이 부지중에 세 천사를 대접한 일입니다. 손님을 맞이한 이는 아브라함이었지만, 실제로 접대의 수고를 감당한 이는 사라였습니다. 그녀는 귀한 음식을 준비해 천사들을 대접했고, 그 결과 "내년 이맘때 아들이 있으리라"는 약속을 받게 되었습니다. 사라의 성품과 섬김은 장차 아브라함 집안의 며느리가 반드시 지녀야 할 덕목이었습니다.

종이 물을 청하자 리브가는 처음 보는 나그네를 극진히 대접했습니다. 본문은 그녀의 환대가 얼마나 신속하고 적극적이었는지 강조합니다. 리브가는 "급히" 물동이를 손에 내려 종에게 마시게 하고(18절), 곧바로 낙타에게도 물을 먹이겠다고 나섰습니다. 그녀는 항아리의 물을 "급히" 구유에 붓고, 다시 우물로 "달려가서" 낙타 열 마리에게 물을 길어 주었습니다(20절). 이 모습은 창세기 18장에서 아브라함이 나그네를 대접하며 분주히 움직이던 장면을 떠올리게 합니다. 낙타가 물을 다 마신 후, 종은 감사의 뜻으로 금고리와 금팔찌를 건네며 유숙할 곳을 물었습니다(22-23절). 리브가는 기꺼이 자기 집을 소개하며 안내합니다. 그녀의 행동 하나하나에는 아브라함 가문의 며느리로서 합당한 자질이 묻어났습니다.

이 모든 광경을 지켜본 종은 하나님께서 아브라함의 기도에 응답하셨음을 확신했습니다. 그는 머리를 숙여 찬송하며 고백합니다. "나의 주인 아브라함의 하나님 여호와를 찬송하나이다. 나의 주인에게 주의 사랑과 성실을 그치지 아니하셨사오며 여호와께서 길에서 나를 인도하사 내 주인의 동생 집에 이르게 하셨나이다"(26절). 이 만남은 우연이 아니라 하나님께서 친히 예비하신 일이었습니다.

종은 곧 리브가의 가족에게 지금까지의 경위를 상세히 설명했습니다. 이 신비한 만남과 기도 응답의 이야기를 듣지 못했다면, 라반과 브두엘은 결코 딸을 먼 이방 땅으로 시집보내지 않았을 것입니다. 리브가 역시 본토 친척과 아버지의 집을 떠나 낯선 땅으로 가겠다고 결단하지 못했을 것입니다. 처음 보는 남자와 결혼하기 위해 고향을 떠난다는 것은 얼마나 큰 용기가 필요한 일이겠습니까?

종의 이야기를 모두 들은 라반과 브두엘은 고백합니다. "이 일이 여호와께로 말미암았으니 우리는 가부를 말할 수 없노라"(50절). 그리고 리브가에게 묻습니다. "네가 이 사람과 함께 가려느냐?" 그때 리브가는 주저하지 않고 대답합니다. "가겠나이다." 그녀는 이 모든 여정이 하나님으로부터 왔음을 확신했기에 인생의 중대한 결단을 내릴 수 있었습니다.

오늘 본문에서 직접적인 적용점을 찾기는 쉽지 않습니다. 나이 많은 아버지가 직접 나서서 아들의 신부를 구해야 할까요? 불신자와 결혼하지 않기 위해 근친혼이라도 해야 할까요? 좋은 며느리를 찾기 위해 신실한 친구를 먼 곳으로 보내야 할까요? 믿음의 배우자감을 확인하기 위해 나그네를 얼마나 환대하는지 테스트해야 할까요? 그렇지 않습니다.

이 말씀은 단순한 혼인 이야기가 아닙니다. 하나님께서 약속의 자손을 위해 신부를 '친히' 예비하셨다는 선언입니다. 하나님께서 홀로 있는 아담을 위해 하와를 준비하셨듯이 아브라함의 아들을 위해 리브가를 예비하셨습니다. 그리고 아브라함의 참된 자손인 예수 그리스도를 위해서도 신부를 준비하셨습니다. 바로 하나님의 교회입니다. 이 교회를 통해 약속의 자손들이 계속 태어나고 번성할 것입니다.

아브라함의 종이 여러 표지를 통해 하나님의 은혜를 확신했다면, 우리는 그보다 더 확실한 표지인 성경을 통해 하나님께서 우리에게 은혜를 베푸셨음을 확신할 수 있습니다. 어떤 상황에서도 하나님은 메시아 왕국인 교회를 반드시 완성해가십니다.

아브라함과 그의 종, 그리고 리브가는 모두 하나님의 약속을 믿음으로 붙잡았습니다. 아브라함은 믿음으로 이 일을 추진하여 생애를 아름답게 마무리했고, 종은 믿음으로 맡겨진 사명을 감당했으며, 리브가는 믿음으로 이스라엘의 어머니가 되었습니다. 우리 또한 믿음으로 이 복을 누릴 수 있습니다.

||||||||||||||||||||||

1. 아브라함이 종에게 임무를 맡기며 제시한 세 가지 원칙은 무엇입니까? 이 원칙은 하나님의 약속을 끝까지 붙든 아브라함의 믿음을 어떻게 보여줍니까?
2. 종이 리브가를 하나님께서 예비하신 신부로 확신하게 된 '환대'의 표지는 구체적으로 어떤 행동이었습니까? 그것은 단순한 친절과 어떻게 달랐습니까?
3. 아브라함이 마지막까지 하나님의 약속을 다음 세대에 전하려 했던 것처럼, 오늘 나의 가족과 후배들에게 어떤 신앙의 가치나 삶의 원칙을 전하고 싶습니까? 그 일을 어떻게 실천할 수 있을까요?

선택을 받은 야곱
"큰 자가 어린 자를 섬기리라"

창세기 25:19-26

창세기의 가장 중요한 인물로 흔히 아브라함을 꼽습니다. 이는 충분히 타당합니다. 아브라함을 기준으로 하나님의 구속 역사가 크게 나뉘기 때문입니다. 아브라함 이전에는 구원의 역사가 인류 전체를 향했다면, 언약 이후에는 그의 후손, 곧 이스라엘을 통해 진행되었습니다. 마태복음 1장 1절도 예수님을 "아브라함과 다윗의 자손"으로 소개합니다.

그러나 창세기의 기록 비중으로 보자면, 야곱은 아브라함보다 더 많이 다루어집니다. 실제로 다윗을 제외하면 구약 전체에서 야곱만큼 인물의 내면과 사건이 풍성하게 기록된 인물도 드뭅니다. 그의 이름이 나중에 '이스라엘'로 바뀐 것을 보면, 야곱의 삶은 단순한 개인사가 아니라 이스라엘 민족의 상징이자 예표라 할 수 있습니다. 따라서 야곱 이야기는 곧 이스라엘의 역사이며, 동시에 구약 교회와 신약 교회를 향한 하나님의 구속 경륜을 보여주는 중요한 본보기입니다.

앞으로 몇 장에 걸쳐 야곱의 삶을 따라가며 하나님께서 교회를 어떻게 세워가시는지, 교회의 본질이 무엇인지를 살펴보겠습니다. 오늘은 그 출발점으로 야곱의 출생 이야기를 다루고자 합니다.

야곱의 출생

야곱의 출생은 하나님의 신실한 섭리를 잘 보여줍니다. 하나님께서 아브라함을 갈대아 우르에서 부르셨지만, 그 과정은 단순하지 않았습니다. 창세기 11장을 보면, 아브라함의 아버지 데라가 두 아들 나홀과 하란, 손자 롯, 그리고 아브라함을 데리고 하란으로 이주한 사실이 기록되어 있습니다. 그곳에서 아브라함은 다시 하나님의 부르심을 받아 가나안으로 향했고, 조카 롯을 데리고 출발했습니다. 반면 하란에 남은 나홀은 하란의 딸 밀가와 결혼했습니다. 이로써 데라의 가문은 아브라함과 나홀, 두 갈래로 나뉘었습니다.

세월이 흐른 뒤, 두 가문의 자손은 서로 다른 길을 걸었습니다. 하나님은 아브라함에게 많은 자손을 약속하셨지만, 그는 백 세가 되어서야 약속의 아들 이삭을 얻었습니다. 반면 하란에 남은 나홀은 여덟 명의 아들과 첩에게서 난 네 명의 아들을 포함해 열두 아들을 두었습니다(창 22:20 이하). 흥미롭게도 훗날 아브라함의 다른 자손 이스마엘도 열두 아들을 두게 됩니다.

사라가 127세에 세상을 떠났을 때, 이삭은 37세였습니다. 사라는 노년에 낳은 아들 이삭을 누구보다 아끼며 사랑했을 것입니다. 이삭을 괴롭히던 이스마엘을 내쫓게 할 만큼 그를 지켰습니다. 이제 그런 어머니를 더 이상 볼 수 없게 된 이삭의 마음은 얼마나 슬펐을까요? 이를 염려한 아브라함은 종을 보내어 며느리를 구했고, 하나님은 신비롭게도 브두엘의 딸 리브가를 예비하여 이삭과 결혼하게 하셨습니다. 이 모든 과정이 하나님의 인도하심이었습니다.

이삭은 40세에 리브가와 결혼하여 큰 위로를 얻었지만, 그 기쁨은 오래가지 않았습니다. 리브가가 잉태하지 못했기 때문입니다. 이는 단순히 부부의 문제가 아니라 언약 계승이라는 점에서 심각한 일이었습니다. 이삭에게는 여러 선택지가 있었을 것입니다. 다른 여인과 결혼하거나 첩을 둘 수도 있었습니다. 그러나 그는 달리 행동하지 않았습니다. 자신이 90세의 어머니에게서 태어났다는 사실을 기억하며, 언젠가 하나님께서 자녀를 허락하실 것이라는 믿음으로 크게 걱정하지 않았는지도 모릅니다.

하지만 리브가의 마음은 달랐습니다. 임신하지 못하는 현실은 그녀에게 깊은 근심이 되었고, 이삭은 그 아픔을 외면하지 않았습니다. 그는 아내를 위해 하나님께 간절히 기도했습니다. 하나님은 그 기도를 들으시고 마침내 리브가에게 새 생명을 허락하셨습니다. 이삭이 60세에 아들을 얻은 것을 보면, 적어도 10년 이상 아내를 위해 기도한 셈입니다. 아브라함이 백 세에 얻은 이삭이 하나님의 능력으로 태어난 것처럼, 야곱의 출생 역시 이삭의 끈질긴 기도에 응답하신 하나님의 은혜로 이루어진 사건이었습니다.

하나님의 주권적 선택

드디어 리브가는 잉태했지만, 그 기쁨도 잠시이고 뜻밖의 고통을 겪게 됩니다. 태중에서 두 아이가 격렬히 다투었기 때문입니다. 여기서 '다투다'라는 말은 히브리어 원어로 보면, 매우 격렬한 충돌을 의미합니다. 서로를 부수고 짓누르듯 다투었다는 뜻입니다. 아마도 엄마가 고통스러워할 정도로 두 태아가 싸웠던 것 같습니다.

이 아이들은 기도 응답으로 얻은 생명이었고, 하나님의 약속 가운데서 태어날 존재들이었습니다. 그런데도 태중에서부터 다투는 것을 보고 리브가는 깊은 혼란에 빠졌습니다. '하나님께서 주신 생명인데 왜 이런 일이 있을까?' 결국 그녀는 하나님께 나아가 물었습니다. "가서 여호와께 물었다"(22절)는 표현은 단순한 개인 기도를 넘어 하나님의 뜻을 구하는 진지한 물음을 의미합니다.

그때 하나님께서 말씀하셨습니다. "두 국민이 네 태중에 있구나. 두 민족이 네 복중에서부터 나누이리라. 이 족속이 저 족속보다 강하겠고 큰 자가 어린 자를 섬기리라"(23절).

이 말씀은 야곱의 정체성을 결정짓는 중요한 선언이었습니다. 리브가는 두 민족의 어머니가 되었고, 그 사이에는 하나님의 주권적 선택이 작용하고 있음을 직접 들었습니다. 하나님은 에서를 버리고 야곱을 선택하신 것입니다.

이 구절에 대한 자세한 주석이 로마서 9장에 나와 있습니다. 중심 메시지는 육체적으로 아브라함의 자손이라고 해서 모두 이스라엘이 되는 것은 아니라는 사실입니다. 아브라함에게는 여종 하갈에게서 난 이스마엘도 있었고, 말년에 후처 그두라에게서 낳은 여섯 아들도 있었습니다(창 25:1-4). 그러나 그들 모두는 언약의 자녀로 인정받지 못했습니다. 오직 이삭만이 약속의 자손이었습니다. 그 이유는 그가 단지 사라에게서 태어났기 때문이 아니라 하나님의 약속을 따라 선택되었기 때문입니다.

야곱의 경우는 이러한 선택이 더욱 분명하게 드러납니다. 그는 에서와 같은 부모에게서 거의 동시에 태어난 쌍둥이였습니다. 에서의 후손인 에돔 또한 아브라함과 이삭의 핏줄을 이어받은 민족이었습니다. 그러나 하나님은 에서가 아닌 야곱을 택하셨습니다. 바울은 이렇게 설명합니다.

> 그 자식들이 아직 나지도 아니하고 무슨 선이나 악을 행하지 아니한 때에 택하심을 따라 되는 하나님의 뜻이 행위로 말미암지 않고 오직 부르시는 이로 말미암아 서게 하려 하사(롬 9:11).

이 말씀은 신약 시대에만 적용되는 원리가 아닙니다. 구약 시대부터 하나님의 구원은 혈통이 아닌 하나님의 부르심과 선택에 달려 있었음을 보여줍니다. 바울은 이러한 근거를 들어, "내가 야곱은 사랑하고 에서는 미워하였다"는 하나님의 선언을 인용합니다.

흥미로운 점은 야곱의 열두 아들은 서로 다른 어머니에게서 태어났는데도 모두 이스라엘 백성으로 받아들여졌다는 사실입니다. 레아와 라헬뿐 아니라 그들의 여종 빌하와 실바의 자녀까지 포함되었습니다. 하나님께서 원하셨다면 리브가의 두 아들도 모두 언약의 자녀로 삼으실 수 있었습니다. 그러나 그렇게 하지 않으셨습니다. 그 이유는 단 하나, 구원이 인간의 조건이 아닌 오직 하나님의 주권적 선택과 은혜에 달려 있음을 드러내려 하신 것이었습니다. 하나님께서 먼저 우리를 부르지 않으시면 우리는 아무것도 아닙니다.

작은 자를 선택하심

야곱이 선택된 사건에서 또 하나 주목할 사실은, 하나님께서 큰 자가 아닌 작은 자를 택하셨다는 점입니다. 에서는 먼저 태어난 장자로서 당시 모든 권리가 그에게로 향해 있었지만, 하나님은 의도적으로 차자인 야곱을 선택하셨습니다. 이와 같은 원리는 성경 전체에 반복되는 하나님의 방식입니다.

하나님은 가인이 아닌 아벨을 기뻐하셨고, 아브라함에게서 먼저 태어난 이스마엘이 아닌 이삭을 택하셨습니다. 야곱의 열두 아들 중에서도 유다에게서 쌍둥이가 태어났을 때, 먼저 손을 내민 세라가 아닌 뒤따라 나온 베레스가 계승자가 되었고, 결국 예수 그리스도의 조상이 되었습니다. 요셉의 두 아들 에브라임과 므낫세의 경우도 마찬가지입니다. 요셉은 장자인 므낫세에게 오른손이 가도록 했으나, 야곱은 일부러 손을 교차시켜 에브라임을 축복했습니다. 그는 에브라임이 형보다 더 큰 자가 될 것이라고 예언했습니다(창 48장).

그 당시 풍습에 따르면 장자가 아버지의 모든 것을 이어받았습니다. 그러나 하나님은 장자가 아닌 차자를 택하여 믿음의 가문을 이어가게 하셨습니다. 이는 하나님의 복이 인간의 자격이나 지위에 달린 것이 아님을 보여줍니다. 신명기 7장 7절은 이렇게 말합니다. "여호와께서 너희를 기뻐하시고 너희를 택하심은 너희가 다른 민족보다 수효가 많기 때문이 아니니라. 너희는 오히려 모든 민족 중에 가장 적으니라."

이 원리는 예수님의 공생애에서도 분명히 드러납니다. 주님은 세상에서 낮고 비천한 자, 심지어 죄인이라 불리던 자들을 부르셨습니다. 그분의 열두 제자는 대부분 어부였고, 또 사회적으로 멸시받던 세리도 있었습니다. 세상의 눈으로 보기에는 부족한 사람들이었지만, 주님은 그들을 교회의 기둥으로 세우셨습니다. "나중 된 자로서 먼저 되고 먼저 된 자로서 나중 되리라"(마 20:16)는 말씀은 바로 교회를 이끄시는 하나님의 방식입니다.

지금까지 야곱의 출생 이야기를 통해 하나님께서 어떻게 교회를 이루어가시는지 살펴보았습니다. 야곱이 선택된 방식은 곧 우리가 부

름받은 방식과 놀라울 만큼 닮아 있습니다. 야곱은 태어나기 전에 이미 하나님께 선택받았습니다. 어머니 리브가는 하나님의 뜻 안에서 준비되었고, 아버지 이삭은 오랜 기도로 그의 출생을 기다렸습니다. 하나님은 야곱이 아직 아무 행위도 하지 않았을 때 일방적으로 그를 택하셨습니다.

이것이 바로 하나님의 주권적 선택입니다. 우리의 구원은 전적으로 하나님의 선택과 부르심에 달려 있습니다. 이 같은 선택 교리는 우리에게 큰 위로가 됩니다. 현재 상황이 어떠하든 하나님께서 우리를 택하셨다는 사실은 결코 변하지 않기 때문입니다. 야곱의 삶이 그 증거입니다. 그는 도망자처럼 살았고, 속이고 속으며 불안한 나날을 보냈습니다. 그러나 하나님은 그런 야곱을 끝까지 붙잡고 인도하셨습니다.

하나님의 선택 안에 있다는 확신은 위로가 될 뿐 아니라 우리를 겸손하게 합니다. 구원받는 일에서 우리가 자랑할 만한 공로는 전혀 없기 때문입니다. 자랑하는 마음이 있다면 구원을 잘못 이해한 것입니다. 하나님은 작고 연약한 우리를 택하여 높이고 복되게 하셨습니다. 이 은혜를 오직 믿음으로 받아들이시기 바랍니다. 하나님의 부르심을 받은 우리는 그분의 말씀에 날마다 순종하며 살아야 합니다. 믿음으로 순종하는 여러분에게 하나님의 은혜가 늘 함께하기를 바랍니다.

1. "큰 자가 어린 자를 섬기리라"는 말씀은 무엇을 의미하며, 로마서 9장의 '하나님의 주권적 선택'과 어떻게 연결됩니까?

2. 성경에서 하나님께서 장자가 아닌 차자를 택하신 사례들(아벨, 이삭, 베레스, 에브라임)을 통해 드러나는 구원의 원리는 무엇입니까?

3. 하나님의 선택을 받은 사람이라는 확신은 우리의 일상에 어떤 변화와 힘을 줍니까?

에서: 망령된 자의 표본
"장자의 명분이 무엇이 유익하리요"

창세기 25:27-34, 히브리서 12:16-17

오늘 본문은 야곱의 생애와 관련해 성경에 기록된 첫 번째 이야기입니다. 성경은 그의 어린 시절이나 성장 과정을 거의 전하지 않고, 갑자기 이 사건으로 이야기를 시작합니다. 그만큼 본문은 그의 삶을 이해하는 중요한 출발점이 됩니다.

어느 날 형 에서가 사냥을 마치고 지쳐서 돌아왔습니다. 마침 야곱이 끓인 팥죽*을 보고 몹시 먹고 싶어 했고, 결국 그는 장자권을 팔고 그 음식을 받았습니다. 얼핏 보면 사소하고 황당한 사건 같지만, 신약 성경은 이를 결코 가볍게 보지 않습니다. 히브리서 기자는

---

* 고대 근동 지역의 식문화를 고려할 때, 실제로는 붉은 렌틸콩으로 만든 죽으로 추정된다. 우리말 번역에는 친숙한 붉은색 죽 요리인 "팥죽"으로 의역되었다.

에서를 "한 그릇 음식을 위하여 장자의 명분을 판 망령된 자"라고 단정합니다(히 12:16).

사실 이보다 앞서 장자권과 관련해 두 형제에게 일어난 사건이 있었습니다. 하나님은 이삭의 기도에 응답하여 아이가 없던 리브가에게 쌍둥이를 허락하셨지요. 그런데 태중에서 두 아이가 다투자 리브가는 하나님께 그 이유를 물었습니다. 이에 하나님은 "큰 자가 어린 자를 섬기리라"고 말씀하셨습니다(창 25:23). 성경은 구체적으로 기록하지 않지만, 리브가는 이 말씀을 남편 이삭에게 전했을 것입니다. 약속의 자녀들에 관한 말씀을 어떻게 혼자만 간직했겠습니까?

그 시대에는 기록된 율법이 없었기에 하나님께서 주신 말씀은 삶의 규범이 되어야 했습니다. 그러나 안타깝게도 이삭의 가정은 그러지 못했습니다. 본문에 따르면 에서는 장자권을 가지고 있었고, 야곱 역시 그 점을 인정했습니다. 이것은 무엇을 의미합니까? 이삭이 하나님의 말씀을 알고도 가정 안에서 실천하지 않았음을 보여줍니다.

그 시대에 장자권을 누구에게 줄지는 아버지의 고유 권한이었습니다. 이삭은 하나님의 말씀에 따라 야곱에게 장자권을 주었어야 했습니다. 두 아들에게 출생과 관련된 하나님의 뜻을 설명해야 했습니다. 비록 에서가 먼저 태어났지만 야곱의 장자권을 인정하도록 하고, 야곱은 하나님의 은혜로 약속의 복을 받았으니 겸손히 하나님을 섬기며 에서를 포함한 모든 민족에게 복을 나누는 삶을 살도록 가르쳐야 했습니다.

하지만 어떤 이유에서인지 이삭은 그 말씀을 따르지 않았습니다. 그 결과 하나님의 백성 가운데 큰 갈등이 일어나 하나님의 약속 성취가 위기에 처하는 듯 보이기도 했습니다. 물론 하나님은 야곱을 통해 큰 민족을 이루셨지만, 그 시작은 매우 불안정했습니다.

이처럼 말씀 사역이 흔들릴 때 교회는 위기를 맞게 됩니다. 본문은 그런 위기의 본질을 드러내며, 오늘날 교회가 무엇을 경계해야 할지를 보여줍니다.

음식의 중요성

'팥죽 사건'은 에서와 야곱이 장성한 뒤 일어난 일입니다. 에서는 들 사람으로 사냥에 익숙했고, 야곱은 장막에 거하는 조용한 사람이었습니다. 에서는 사냥으로 아버지의 마음을 얻으려 했고, 이삭은 그 고기를 즐겼습니다. 반면 리브가는 야곱을 사랑했습니다. 성경은 그 이유를 직접 밝히지 않지만, 아마도 임신 중 들었던 "큰 자가 어린 자를 섬기리라"는 말씀을 마음에 새겼기 때문일 것입니다. 야곱은 어머니 곁에서 자라며 태중에서 받은 그 말씀의 교육을 받았을 가능성이 큽니다.

하나님의 말씀에 대한 분명한 인식과 실천이 부족했던 이삭의 가정은 결국 분열의 위기를 맞습니다. 이는 훗날 이스라엘이 남북으로 갈라져 대립하는 역사의 근원을 예고하는 장면이기도 합니다.

어릴 적부터 "큰 자가 어린 자를 섬기리라"는 말씀을 들었던 야곱은 형의 장자권을 빼앗을 기회를 엿보았습니다. 그는 에서가 들에서 돌아오면 늘 음식부터 찾는다는 사실을 알고 있었습니다. 단순한 우연이었는지, 아니면 치밀한 준비였는지는 알 수 없지만, 에서의 반응*을 보면 야곱이 오래전부터 이 일을 계획했음을 짐작할 수 있습니다.

야곱 이야기에는 음식이 중요한 요소로 자주 등장합니다. 이삭이 에서를 사랑한 이유도, 에서가 야곱의 팥죽을 탐낸 것도, 심지어 축복의 결정적인 순간에도 음식이 결정적 매개가 되었습니다. 결국 이삭은 음식 때문에 판단력을 잃어 야곱에게 단 하나의 축복도 남기지 않은 채 에서를 축복할 뻔했습니다. 그러나 하나님의 섭리로 상황은 뒤집어져 에서가 아닌 야곱이 모든 축복을 받았습니다.

성경은 이처럼 음식 문제를 매우 진지하게 다룹니다. 창세기는 처음부터 선악과 사건으로 시작합니다. 아담과 하와는 하나님의 말씀보다 보기 좋고 먹음직스러운 열매를 택하여 타락의 길로 들어섰습니다. 광야의 이스라엘 백성도 마찬가지였습니다. 그들은 먹을 것이 떨어지자 불평했고, 물이 없을 때마다 고기가 먹고 싶을 때마다 하나님을 원망했습니다. 그러다 가나안에 들어가 풍요를 누리자 오히려 우상 숭배에 빠졌습니다.

먹는 것을 절제하지 못하는 일이 하나님의 백성에게 얼마나 치명적인 결과를 가져올 수 있는지 본문은 경고하고 있습니다.

---

* "그의 이름을 야곱이라 함이 합당하지 아니하니이까? 그가 나를 속임이 이것이 두 번째니이다"(창 27:36).

어느 날 에서가 들에서 돌아왔습니다. 그는 극도로 지쳐 요리할 힘조차 없었고, 장막에 들어서자 야곱이 끓이고 있는 음식을 보았습니다. 평소 즐겨 먹던 음식이었기에 그는 급히 달라고 요청했습니다. 형제 사이에 한 끼 정도 나누는 것은 자연스러운 일입니다. 그러나 야곱은 이 순간을 놓치지 않았습니다. 그는 "형의 장자의 명분을 오늘 내게 팔라"고 거래를 제안했습니다. 형의 위급한 상황을 이용한 것이므로 야곱의 태도도 결코 의롭다고 할 수 없습니다.

이에 에서는 "내가 죽게 되었으니 이 장자의 명분이 내게 무엇이 유익하리요"(32절)라고 답했습니다. 이는 야곱을 향한 대답이 아니라 자기 자신에게 던진 반문이었습니다. 여기서 에서는 생명과 장자권을 저울질하고 있습니다. '죽게 되었다'는 에서의 말은 과장이 아닌 듯합니다. 아마도 그는 사냥을 나갔다가 한 마리도 잡지 못하고 빈손으로 돌아왔을 것입니다. 아무것도 먹지 못하고 기진맥진하여 집으로 돌아왔을 때는 거의 죽을 지경이었던 것 같습니다.

생명과 장자권 중에서 무엇이 더 귀할까요? 당연히 생명입니다. 살아 있어야 장자권도 의미가 있지 않겠습니까?

그렇다면 에서의 잘못은 무엇일까요? 자신의 생명이 먹는 것에 달려 있다고 생각한 것이 잘못이었습니다. 신자의 생명은 음식이 아니라 하나님의 약속과 말씀에 달려 있습니다. 에서가 장자권을 가지고 있는 한, 하나님은 그를 버리지 않고 어떤 상황에서도 지키실 분이셨습니다. 하지만 에서는 이를 망각했습니다. 자신이 언약의 자손이라는 사실도, 장자권의 의미도 전혀 깨닫지 못했습니다.

야곱은 "오늘 내게 맹세하라"고 요구했고, 에서는 깊이 생각하지 않고 장자권을 팔아버렸습니다. 이후 그의 행동은 더욱 놀랍습니다. 성경은 그가 "먹으며 마시고 일어나 갔다"(34절)고 간단히 기록합니다. 그가 장자권을 얼마나 가볍게 여겼는지 알 수 있는 대목입니다. 배가 고파 정신이 없을 때는 그렇다 쳐도 배를 채운 뒤에는 다시 생각할 여유가 있었을 텐데, 그 어떤 고민이나 후회도 없습니다. 그는 장자권에 대한 아무런 미련도 없이 일어나 가버렸습니다.

이렇게 행한 것은 그가 망령된 자였기 때문입니다. 히브리서 12장 16절은 "혹 한 그릇 음식을 위하여 장자의 명분을 판 에서와 같이 망령된 자가 없도록 살피라"고 성도들에게 권면합니다. 이는 오늘날 교회 안에도 여전히 이런 자들이 있을 수 있음을 뜻합니다.

'망령되다'라는 말은 본래 안식일이나 성전처럼 거룩한 것을 경홀히 여길 때 쓰였습니다. 곧 신령한 가치와 세속적인 것을 분별하지 못하는 상태를 뜻합니다. 에서는 보이지 않는 장자권보다 눈앞의 음식을 선택했습니다. 신령한 것을 구별하지 못하면 결국 눈에 보이는 것을 좇게 되고, 이것이 바로 망령된 자의 모습입니다.

하나님의 자녀됨: 무엇과도 바꿀 수 없음

에서와 야곱 이야기는 단순히 4천 년 전에 일어난 고대의 가족사가 아닙니다. 이삭의 가정은 당시 하나님의 교회였고, 그 안에서 일어난 일은 오늘날 교회의 문제와 직결됩니다. 말씀 교육이 무너지고, 다음 세대에 신앙이 제대로 전해지지 않을 때 교회는 분열과 혼란에 빠집니다.

신자들이 말씀을 바로 이해하지 못하면 눈에 보이는 것을 추구하게 됩니다. 장자권보다 팥죽 한 그릇을 더 귀하게 여기고, 거룩한 것을 가볍게 대하게 됩니다. 결국 망령된 신자가 늘어나고, 교회는 내부에서부터 무너지게 됩니다. 실제로 한국 교회 안에서도 비슷한 일이 벌어지고 있습니다. 어떤 교단은 분열 과정에서 세력을 불리기 위해 회의 참석 교회에 차량이나 음향기기, 노트북을 제공하겠다는 광고까지 냈습니다. 개척교회에 차량 한 대가 얼마나 절실하겠습니까? 그들은 그 절박한 심정을 이용하려 한 것입니다.

일반 신자들도 다르지 않습니다. 오늘날 많은 이들이 하나님의 자녀라는 자부심 없이 살아갑니다. 우리가 하나님의 자녀가 된 것은 예수 그리스도께서 십자가에서 피 흘려주신 덕분입니다. 그러나 이 놀라운 구속의 은혜를 값싸게 여기는 경우가 많습니다.

복권을 예로 들어보겠습니다. 당첨된다는 확실한 보장이 있더라도 그것은 결국 합법적인 도박일 뿐입니다. 법적으로 문제는 없을지 몰라도, 복권을 산다는 행위 자체가 하나님의 자녀됨을 세상 앞에서 포기하는 선택입니다. 오늘날 많은 성도들이 재테크와 부동산 투자에 몰두해 돈을 벌어 헌금하면, 하나님께 영광 돌리는 것이라 말합니다. 그러나 그것은 하나님의 방법이 아닙니다. 그것은 눈에 보이는 것을 따라가는 세상 사람들의 삶입니다.

이스라엘 백성도 광야에서 하늘의 만나로 살면서도 애굽의 고기를 그리워했습니다. 그 결과는 어떠했습니까? 여호수아와 갈렙을 제외한 출애굽 1세대는 단 한 명도 약속의 땅에 들어가지 못했습니다. 하나님의 자녀라는 신분은 가졌지만 노예의 마음가짐에서 벗어나지 못했기 때문입니다.

우리도 마찬가지입니다. 하나님의 자녀로 살아가려면 눈에 보이는 것에 마음을 빼앗기지 말아야 합니다. 하나님의 자녀됨은 세상의 어떤 것과도 바꿀 수 없는 가치입니다. 그 신분을 끝까지 붙들 때, 우리는 하나님의 나라를 유업으로 받을 수 있습니다.

에서와 야곱 이야기는 신자가 세상 속에서 어떤 존재로 살아야 하는지를 보여줍니다. 우리는 눈에 보이는 '빵'으로 사는 자들이 아니라, 하나님께서 그리스도 안에서 주신 언약과 약속의 '말씀'으로 살아가는 자들입니다. 이 권한을 결코 가볍게 여겨서는 안 됩니다. 그러자면 거룩함을 추구해야 하고, 거룩함을 추구하기 위해서는 보이지 않는 것을 분별할 수 있는 눈이 필요합니다. 그럴 때 교회는 다툼을 그치고 평화를 이루게 될 것입니다.

에서는 팥죽 한 그릇에 장자권을 팔고 아무런 미련 없이 돌아섰습니다. 신령한 것을 귀히 여기지 못한 자의 말로가 어떠한지 보여주는 경고입니다. 히브리서 기자가 "에서는 망령된 자"라고 언급한 이유도 여기에 있습니다. 그의 선택은 우리에게 질문을 던집니다. "나는 지금 무엇을 소중히 여기며 살고 있는가?" "눈에 보이는 것과 보이지 않는 것 중 무엇에 더 큰 가치를 두고 있는가?"

오늘 본문은 특히 믿음의 부모들에게 중요한 교훈을 줍니다. 부모가 먼저 신령한 것을 귀히 여기지 않으면, 자녀들도 눈앞의 성공과 안락을 좇게 됩니다. 주일예배보다 학원을 우선시한다면, 대학에 가거나 사회에 나가서 신앙을 지켜내기는 더욱 어려울 것입니다. 그러므로 늘 두려움과 경외 속에서 하나님의 언약을 붙들고, 그 안에서 참된 복을 누릴 수 있다는 확신을 가지고 살아야 합니다. 그런 믿음의 용사가 되시기를 주님의 이름으로 축원합니다.

||||||||||||||||||||||

1. 하나님께서 "큰 자가 어린 자를 섬기리라"고 말씀하신 것을 알면서도, 왜 이삭은 에서의 장자권을 그대로 두었을까요? 그 결과 가정에 어떤 문제가 생겼습니까?
2. 히브리서가 에서를 "망령된 자"라 부른 이유는 무엇이며, '망령됨'은 구체적으로 어떤 상태를 가리킵니까?
3. 눈에 보이는 것과 보이지 않는 것 가운데 어느 것에 더 큰 가치를 두고 살아가고 있습니까?

이삭의 거짓말과 하나님의 돌보심
"어찌 … 이렇게 행하였느냐"

창세기 26:1-11

아브라함, 이삭, 야곱 중에서 이삭은 상대적으로 존재감이 미미하게 느껴집니다. 창세기는 아브라함과 야곱에 대해서는 비교적 상세히 기록하지만, 이삭에 대해서는 간단히 지나가기 때문입니다. 이삭은 아브라함보다 5년 더 오래 살아 180세에 삶을 마쳤지만, 그의 생애는 거의 드러나지 않습니다. 그나마 창세기 26장이 없었더라면 이삭에 대해 거의 알지 못했을 것입니다. 창세기 26장은 아브라함의 아들 이삭을 이해하는 데 중요한 본문입니다.

26장의 배경은 블레셋 땅의 그랄입니다. 당시 흉년이 들자 이삭은 애굽으로 내려가려 했지만, 하나님은 그를 막으시고 그랄에 머물라고 명하셨습니다. 이삭은 순종했으나, 그곳에서 아내 리브가를 누이라고 속이는 거짓말을 했습니다. 목숨을 부지하기 위한 방편이었지요. 그런데 놀랍게도 하나님은 그를 책망하지 않으시고, 오히려 아비멜렉을 통해 안전을 보장해주셨습니다.

이러한 이야기는 자칫 "필요할 경우 신자도 거짓말을 할 수 있다. 그래도 하나님께서 지켜주신다"는 식으로 잘못 이해될 수 있습니다. 그러나 성경은 거짓말을 엄격히 금하고 있으며, 본문의 초점 역시 이삭의 거짓말에 있지 않습니다.

본문은 "아브라함 때에"라는 표현으로 시작됩니다. 이는 사건이 아브라함의 삶과 밀접한 연관이 있음을 의도적으로 드러냅니다. 실제로 아브라함의 거짓말 사건을 모른다면 오늘 본문을 온전히 이해할 수 없습니다. 아브라함은 두 차례에 걸쳐 아내를 누이라고 속였으며, 창세기에는 동일한 유형의 이야기가 세 번 나타납니다. 이 세 사건은 공통점을 지니고 있지만, 각각의 배경과 맥락이 다르기 때문에 교훈도 각기 다릅니다. 이러한 차이점을 분별할 때 비로소 오늘 본문이 전하는 고유의 메시지를 정확히 파악할 수 있습니다.

오늘은 이삭의 거짓말 사건을 통해 하나님께서 성도를 어떻게 인도하시는지, 그리고 하나님의 백성은 어떤 자세로 살아가야 하는지를 함께 묵상하고자 합니다.

아브라함이 했던 두 번의 거짓말

창세기에는 아내를 누이라고 속인 사건이 세 차례 나옵니다. 두 번은 아브라함에게서, 한 번은 이삭에게서 일어난 일입니다. 먼저 창세기 12장과 20장에 나오는 아브라함의 사례를 살펴보겠습니다.

하나님은 하란에 있던 아브라함을 가나안으로 부르셨고, 그는 그 부르심에 순종하여 이주했습니다. 처음 장막을 친 곳은 벧엘이었고, 그곳에서 하나님의 이름을 부르며 지내다가 점점 남쪽으로 이동했습니다. 그러던 중 그 땅에 심한 기근이 들었고, 하나님의 특별한 말씀이 없자 아브라함은 애굽으로 이주하기로 결정했습니다. 이 점에서 이삭과 차이가 납니다. 하나님은 아브라함이 애굽으로 가는 것을 막지 않으셨습니다.

애굽으로 향하던 아브라함은 큰 걱정에 휩싸였습니다. 아내 사라의 아름다움 때문에 자신이 살해당할 수도 있다는 생각이 든 것입니다. 그래서 사라에게 오누이 사이라고 속이자는 제안을 했고, 사라도 그의 말에 동의했습니다. 오늘날의 관점에서는 이해하기 어렵지만, 당시 아내를 남편의 소유물처럼 여기던 시대적 배경을 고려하면 그런 결정을 어느 정도 이해할 만도 합니다.

우려했던 대로 사라의 아름다움이 곧바로 애굽 왕 바로의 귀에 들어갔고, 바로는 사라를 궁으로 불러 들였습니다. 그러나 하나님께서 그날 밤 바로의 집에 큰 재앙을 내리셨고, 바로는 아브라함을 불러 거짓말한 이유를 추궁하며 그들을 애굽에서 내보냈습니다.

이 사건의 초점은 아브라함의 거짓말 그 자체가 아니라, 그로 인해 하나님의 약속이 심각한 위기에 처했다는 사실입니다. 만일 사라가 애굽의 왕비가 되었다면, 아브라함은 그 나라에 눌러앉았을 것이고, 하나님께서 사라를 통해 주겠다고 하신 약속의 씨 계획도 틀어지고 말았을 것입니다. 그래서 하나님은 아브라함이 아닌 바로를 징벌하셨습니다. 하나님의 관점에서는 아브라함의 실수보다 언약의 성취가 중요하기 때문이었습니다.

아브라함의 두 번째 거짓말은 창세기 20장에 나옵니다. 소돔과 고모라가 멸망한 직후, 사라가 이삭을 잉태하기 직전에 일어난 일입니다. 아브라함은 남쪽으로 이동하다가 블레셋 족속이 지배하던 그랄에 머물게 되었고, 거기서 또다시 사라를 누이라고 속였습니다. 그랄 왕 아비멜렉이 사라를 데려가자, 그날 밤 하나님께서 꿈에 나타나 사라를 취하면 죽을 것이라고 그에게 경고하셨습니다. 아비멜렉이 자신은 아무것도 몰랐다고 억울함을 호소했고, 하나님은 그의 무지함을 인정하며 사라가 아브라함의 아내라는 사실을 알려주셨습니다. 결국 아비멜렉은 사라를 돌려보냈고, 오히려 아브라함에게 양과 소, 노비, 거주할 땅까지 주었습니다. 아브라함이 그를 위해 중보기도를 드리자 아비멜렉 집안의 닫혔던 태가 열렸고, 이어서 사라도 이삭을 잉태하게 되었습니다.

왜 아브라함은 똑같은 거짓말을 반복했을까요? 그때 그는 이미 하나님의 계시를 여러 번 받은 상태였습니다. 애굽에서 나올 때 큰 부자가 되었고, 조카 롯과 분가도 했으며, 전쟁에서 승리하여 멜기세덱의 축복도 받았습니다. 하나님과 언약을 맺었고, 소돔을 위해 중보기도를 했으며, 멸망의 심판도 목격했습니다. 그런데도 그는 여전히 두려움 속에서 과거와 같은 실수를 되풀이했습니다.

그러나 하나님은 아브라함을 징벌하지 않으셨습니다. 오히려 잘못이 없던 바로와 아비멜렉에게 재앙을 내리셨습니다. 왜 그랬을까요? 이유는 단 하나였습니다. 사라를 통해 아브라함에게 자손을 주시겠다는 언약을 반드시 이루시려 했기 때문입니다. 아브라함이 애굽과 그랄에서 무사할 수 있었던 것은 그의 기지나 지혜가 아니라, 사라를 향한 하나님의 변함없는 계획 때문이었습니다.

이삭의 거짓말

이삭은 아버지 아브라함이 애굽과 그랄에서 겪었던 일을 분명히 알고 있었을 것입니다. 그러나 그는 그 사건들에서 깊은 교훈을 얻지 못한 듯합니다. 아브라함 때와 마찬가지로 땅에 흉년이 들자(1절) 애굽으로 내려가려 한 것을 보면 말입니다. 나일강 덕분에 늘 풍요로운 애굽은 자연스러운 선택지처럼 보였습니다. 그러나 하나님은 그 길을 막으셨습니다. "애굽으로 내려가지 말고 내가 네게 지시하는 땅에 거주하라"고 말씀하신 것입니다(2절).

하나님은 아브라함에게 주셨던 언약을 다시 이삭에게 상기시키셨습니다. 그것은 세 가지 약속이었습니다.

첫째, 이 땅을 너와 네 자손에게 주겠다.

둘째, 네 자손을 하늘의 별과 같이 번성하게 하겠다.

셋째, 네 자손으로 말미암아 모든 민족이 복을 받게 하겠다.

이 약속의 근거는 아브라함의 순종에 있었습니다. "아브라함이 내 말을 순종하고 내 명령과 내 계명과 내 율례와 내 법도를 지켰음이라"(5절)는 반복된 표현은 그가 하나님의 말씀에 철저히 순종했음을 강조합니다. 비록 거짓말로 실수한 적은 있었으나, 결정적인 순간에는 하나님의 말씀에 온전히 순종했습니다. 아들 이삭을 제물로 바치려 했던 사건이 대표적인 예입니다.

이삭은 하나님의 말씀에 순종하여 그랄에 남았습니다. 그곳은 아버지 아브라함이 예전에 우물을 팠던 지역이었습니다(18절). 하지만 그것은 적어도 70년 전의 일이었습니다. 본문에 나오는 아비멜렉도 당시 아브라함과 만났던 인물과는 다른 사람이었습니다.* 이삭은 지금의 아비멜렉이 과거의 사건을 알지 못할 것이라고 여겼던 것 같습니다. 그러나 본문의 정황을 보면, 아비멜렉은 선대 아비멜렉에게서 전해 들어 그 사건을 충분히 알고 있었던 것으로 보입니다.

그랄에 머물기로 한 이삭에게는 또 하나의 걱정이 있었습니다. 아내 리브가가 매우 아름다웠기 때문입니다. 그는 아내 때문에 목숨이 위태로워질까 두려운 나머지 아내를 누이라고 속였습니다(7절). 아브라함의 경우 사라는 이복누이였기에 어느 정도 사실에 근거했지만, 이삭의 말은 명백한 거짓이었습니다.

그러나 그의 우려와 달리 그랄 왕 아비멜렉이나 백성 누구도 리브가에게 이성적으로 관심을 보이지 않았습니다. 그들은 오랫동안 그곳에 거주했지만(8절) 아무 문제도 없었습니다. 그러던 중 이삭이 리브가를 껴안는 모습을 아비멜렉이 목격하면서 진실이 드러났습

---

* '바로'가 애굽 왕을 지칭하는 용어라면, '아비멜렉'은 블레셋 족속의 왕을 지칭한다.

니다. 아비멜렉은 이삭을 꾸짖었습니다. "네가 어찌 우리에게 이렇게 행하였느냐? 백성 중 하나가 네 아내와 동침할 뻔하였도다. 네가 죄를 우리에게 입혔으리라"(10절). 이 말은 곧 이삭이 진실을 말했다면 오히려 더 안전했을 것임을 시사합니다.

이삭은 그랄 사람들이 하나님을 두려워하지 않을 것이라고 오해했지만, 실제로는 그렇지 않았습니다. 세월이 흐르면서 사회가 변했고, 특히 아브라함 시대의 사건이 그들에게 큰 교훈을 남긴 것입니다. 그들은 그때 여호와의 선지자를 함부로 건드리면 큰 화를 입는다는 교훈을 얻었습니다. 이후 아예 남편을 죽이고 그 아내와 결혼하는 범죄를 막는 법까지 제정했을 가능성도 있습니다. 결국 이것은 아브라함으로 인해 그랄 사람들이 받은 큰 복이라고 할 수 있습니다.

아브라함 때는 약속의 자손이 반드시 사라로부터 나와야 했기 때문에 하나님께서 직접 개입하여 그녀를 지키셨습니다. 그러나 이삭의 경우는 달랐습니다. 이미 리브가는 야곱과 에서를 낳았기에 언약 계승 자체에는 문제가 없었습니다. 그래서 이번에는 초자연적으로 개입하는 대신 아비멜렉이 이 상황을 목격하여 깨닫도록 섭리하셨습니다.

결국 이삭이 거짓말을 했음에도 불구하고 하나님은 그를 지켜주셨습니다. 이유는 단 하나, 이삭이 "그 땅에 거류하라"는 하나님의 말씀에 순종했기 때문입니다. 이삭이 불완전했음에도 하나님은 그와 함께하셨습니다. 다만 지키시는 방식은 달랐습니다. 아브라함 때는 직접 개입하셨다면, 이삭 때는 자연스러운 섭리를 통해 보호하셨습니다. 이제는 더 이상 아내를 누이라고 속일 필요가 없는 사회가 되었던 것입니다.

❦

앞뒤로 에서와 야곱이 장자권을 두고 다투는 장면 사이에, 이삭 이야기가 한 장을 온전히 차지합니다. 25장에서는 팥죽 한 그릇에 장자권을 맞바꾸는 사건이 있었고, 27장에는 축복을 차지하려는 또 다른 갈등이 이어집니다. 그런데 왜 26장이 이 둘 사이에 덩그러니 놓인 것일까요?

26장은 앞뒤 장과 극적인 대조를 이룹니다. 에서와 야곱이 장자권을 두고 심하게 대립하고 있고, 나중에는 에서가 야곱을 죽이려까지 합니다. 그러나 서로 다른 족속인 이삭과 아비멜렉은 갈등을 언약으로 풀고 공존의 길을 엽니다. 하나님의 백성들 사이에서는 갈등이 벌어지는데, 오히려 이방인과는 화해가 이루어지는 역설적인 장면입니다. 이는 하나님의 구원 계획이 이스라엘만이 아니라 열방을 향하고 있음을 보여줍니다.

이삭은 하나님의 명령에 따라 그랄에 머물렀습니다. 비록 거짓말을 하는 연약함을 드러냈지만, 하나님은 그를 버리지 않으셨습니다. 오히려 그의 순종을 통해 복을 베푸셨고, 아비멜렉은 이삭을 통해 역사하시는 하나님을 목격했습니다. 마침내 아비멜렉이 먼저 이삭에게 언약을 제안했고, 이방인도 하나님의 복에 동참하게 되었습니다.

오늘날 우리도 이 땅에서 나그네로 살아갑니다. 때로는 세상의 권세 아래 놓이고, 현실의 두려움 앞에서 비겁한 방법에 의지하고 싶을 때가 있습니다. 그러나 하나님은 우리의 부족함을 기준으로 삼지 않으시고, 언약에 신실하심으로써 우리를 돌보고 인도하십니다.

그렇다면 우리는 어떻게 살아야 할까요? 이삭도 거짓말을 했으니 우리도 필요하다면 거짓말을 해도 되는 것일까요? 결코 그렇지 않습니다. 오히려 본문은 거짓말이 더 큰 위험을 불러올 수 있음을 보여줍니다. 하나님의 보호가 아니었다면 언약 계승 자체가 위태로워졌을 것입니다. 그러므로 신자가 걸어가야 할 길은 분명합니다. 하나님을 신뢰하고 그 말씀에 순종하는 삶, 바로 그 길에 참된 복이 있습니다.

|||||||||||||||||||||

1. 아브라함과 이삭의 거짓말 사건에서 하나님께서 개입하신 방식은 각각 어떻게 달랐으며, 그 차이는 무엇을 보여줍니까?

2. 창세기 26장이 에서와 야곱의 갈등 이야기(25장, 27장) 사이에 놓인 이유는 무엇입니까? 이는 하나님의 구원 계획에 대해 어떤 메시지를 전해줍니까?

3. 두려운 현실 앞에서 '이삭의 거짓말'과 같은 인간적인 방법에 기대고 싶은 유혹을 받을 때, 어떻게 하나님을 신뢰하고 말씀에 순종하는 삶을 실천할 수 있을까요?

그랄에서 축복받은 이삭
"거기서도 우물을 팠더라"

창세기 26:12-33

이삭이 흉년을 피해 애굽으로 내려가려 할 때, 하나님께서 그에게 나타나 "애굽으로 내려가지 말고 내가 네게 지시하는 땅에 거주하라"고 명하셨습니다. 그 땅에서 이삭과 함께하며 복을 주시고, 그 땅을 그의 자손에게 주시며, 그 자손을 하늘의 별처럼 번성하게 하시겠다고 약속하셨습니다. 이삭은 그 말씀에 순종하여 그 땅에 머물렀습니다. 비록 아내 리브가를 누이라고 속이는 실수를 저질렀으나 하나님은 여전히 그들을 지키셨고, 아비멜렉은 백성들에게 이삭과 그의 아내를 해치지 말라는 명령까지 내렸습니다. 하나님께서 그와 함께하심을 보여주신 것입니다.

오늘 본문은 그 사건 이후의 일을 다룹니다. 하나님께서 약속하신 대로 이삭이 그 땅에서 복을 받아 형통하게 되었는지, 아니면 외국인으로서 적응하지 못하고 쫓겨나게 되었는지를 보여줍니다. 거짓말 사건 이후 이삭은 신분 보장을 받았지만, 여전히 불안정한 외국인 신분에 머물러 있었습니다. 아무리 재산을 모아도 언제든 추방당할 수 있는 처지였던 것입니다. 본문은 바로 그런 상황 속에서 이삭이 어떻게 하나님의 복을 누렸는지, 그 복이 어떤 위협을 받았는지, 또 어떻게 지속될 수 있었는지를 보여줍니다. 다시 말해 하나님의 언약이 어떻게 성취되어가는지 설명합니다.

신자인 우리 역시 이 땅에서 나그네이자 외국인으로 살아갑니다. 오늘 본문을 통해 이 세상에서 우리가 어떻게 하나님의 복을 누리며 살아가야 하는지 함께 살펴보겠습니다.

이삭이 받은 복

본문은 "이삭이 그 땅에서 농사하여"라는 말로 시작됩니다. 언뜻 평범해 보이지만, 이는 결코 흔한 일이 아닙니다. 이삭은 본래 목축업자였지 농부가 아니었기 때문입니다. 양과 염소를 기르는 데는 전문가였지만 농사에는 거의 문외한이었습니다. 오늘날로 치면 직업을 바꾸거나 생전 처음 하는 사업에 뛰어든 셈입니다.

그렇다면 왜 이삭은 농사를 시작했을까요? 성경은 직접적인 이유를 밝히지 않지만, 몇 가지 추정을 해볼 수 있습니다. 땅을 매입했거나 임대했을 수도 있습니다. 그러나 가장 가능성 높은 설명은 버려진 땅을 직접 개간하여 농사를 지었을 것이라는 점입니다. 그는 그 지역 사람들의 농법을 참고하며 낯선 환경에서 농사를 시작했을 것입니다.

낯선 땅, 낯선 농법, 낯선 환경 속에서 농사를 짓는다는 것은 결코 쉬운 일이 아닙니다. 그런데 놀랍게도 그는 그해에 백 배의 수확을 거두었습니다. 이는 문자적으로 씨앗 하나가 백 개를 맺었다는 의미일 수도 있지만, 성경적 맥락에서 '백 배'는 최고의 결실을 뜻합니다. 예수님의 씨 뿌리는 비유에서도 좋은 땅에 떨어진 씨가 삼십 배, 육십 배, 백 배의 열매를 맺는데, 그중 백 배가 최상의 결실입니다. 이삭의 수확은 누구도 부인할 수 없는 '비정상적으로 풍성한' 결과였습니다.

여기서 눈여겨볼 표현은 "농사하여", 즉 '씨를 심었다'는 구절입니다. 하나님은 앞서 이삭에게 "네 자손[씨]을 하늘의 별과 같이 번성하게 하겠다"고 약속하셨습니다. 이삭이 땅에 심은 씨와 하나님께서 약속하신 자손의 씨가 언어적으로 연결되며 약속의 성취를 미리 보여줍니다. 지금은 쌍둥이 아들뿐이지만, 하나님은 농사의 결실을 통해 장차 자손의 번성을 예시하신 것입니다.

이삭의 복은 농사 수확에만 그치지 않았습니다. 13절은 "그 사람이 창대하고 왕성하여 마침내 거부가 되었다"고 말합니다. '창대', '왕성', '거부'라는 단어는 모두 히브리어에서 '크다'는 뜻을 가진 동일한 뿌리에서 나왔습니다. 하나님께서 복을 주시니 이삭은 점점 커져 마침내 큰 부자가 되었고, 양 떼와 소 떼, 종들까지 크게 늘었습니다.

이 구절을 읽으며 "나도 이런 복을 받고 싶다"라는 생각이 들지 모르겠습니다. 그러나 더 중요한 것은 왜 이삭이 이 복을 받았는가 하는 점입니다. 그 이유는 분명합니다. 하나님의 말씀에 순종했기 때문입니다. 흉년이 들었을 때 누구나 애굽으로 내려가 사는 것이 합리적인 선택으로 보였지만, 그는 말씀에 순종하여 그 땅에 머물며 수고했습니다. 신자에게 주어지는 복도 이와 같습니다. 예수 그리스도를 믿는 것은 세상의 지혜와 계산보다 하나님의 말씀을 따라 사는 길을 택하는 것입니다. 그 길이 때로는 좁고 험하게 보여도 그 안에 진정한 복이 있습니다.

복을 시기한 사람들

이삭이 받은 복은 너무나 분명해 이방인조차 하나님의 손길을 느낄 정도였습니다. 그러나 그들은 이를 기뻐하지 않고 시기하며 견제하기 시작했습니다. 대표적인 행동은 아브라함이 팠던 우물들을 흙으로 메워버린 것이었습니다(14-15절). 이 땅에서 우물은 생명의 근원이었기에 우물을 막는 일은 곧 이삭의 생존과 하나님의 복을 직접적으로 위협하는 행위였습니다.

그런데 문제의 우물들은 이삭이 새로 판 것이 아니라 아버지 아브라함이 이미 파두었던 것이었습니다. 아브라함도 그랄에서 큰 부자가 되었지만, 당시 아비멜렉의 종들에게 우물을 빼앗긴 적이 있었습니다. 아브라함은 이에 항의했고, 결국 아비멜렉과 언약을 맺음으로써 갈등을 풀었습니다. 그 언약의 증거로 아브라함은 암양 일곱 마리를 바쳤고, 그 우물이 자신이 판 것임을 공식적으로 인정받았습니다. 이 일을 기념하여 그곳은 '브엘세바'(맹세의 우물)라 불렸습니다(창 21:22-34). 따라서 이번에 아비멜렉의 종들이 우물을 메운 것은 단순한 장난이 아니라 언약을 파기한 행위였으며, 사실상 전쟁의 전 단계에 해당했습니다.

갈등이 감당할 수 없을 만큼 커지자, 아비멜렉은 이삭에게 "네가 우리보다 크게 강성한즉 우리를 떠나라"(16절)고 요구했습니다. 이삭은 그의 말을 받아들여 그랄 골짜기로 옮겼습니다. 그러나 거기서도 상황은 같았습니다. 아브라함이 파두었던 우물들이 메워져 있었고, 이삭이 다시 우물을 파면 그랄 목자들이 와서 자기 것이라 주장했습니다. 이삭은 다투지 않고 또 다른 우물을 팠습니다. 그렇게 끝내 다툼이 없는 우물을 얻었을 때, 그는 그곳을 '르호봇'이라 부르며 고백했습니다. "이제는 여호와께서 우리를 위하여 넓게 하셨으니 이 땅에서 우리가 번성하리로다"(22절).

그렇다면 왜 르호봇에서는 다툼이 없었을까요? 본문은 직접 설명하지 않지만, 분명한 것은 이삭이 다툼이 끝날 때까지 계속 양보했다는 사실입니다. 힘이 없어서 그런 것은 아니었습니다. 본문에 따르면 이삭은 아비멜렉이 인정할 정도로 이미 크게 번성하고 있었습니다. 충분히 맞서 싸울 힘이 있었지만, 그는 하나님의 말씀을 의지하며 평화의 길을 택했습니다. 이삭은 계속해서 애굽으로 떠날 기회가 있었지만, 그 길을 택하지 않았습니다. 그는 하나님의 말씀에 순종하여 그 땅 근처에 머물며 양보하면서 우물을 파고 또 팠습니다.

그 온유함과 순종을 통해 하나님의 복이 다툼 없이 지속되기를 기다렸습니다.

르호봇은 '넓게 하셨다'는 뜻입니다. 이삭은 다툼이 끝나 평화를 누릴 수 있었고, 하나님께서 친히 주신 공간임을 고백했습니다. 그러나 거기에 안주하지 않고 브엘세바로 올라갔습니다. 그날 밤 하나님께서 나타나 말씀하셨습니다. "나는 네 아버지 아브라함의 하나님이니 두려워하지 말라. 내 종 아브라함을 위하여 내가 너와 함께 있어 네게 복을 주어 네 자손이 번성하게 하리라"(24절). 이삭은 그 말씀에 응답하여 제단을 쌓고 여호와의 이름을 부르며 장막을 쳤고, 그의 종들은 그곳에서 우물을 팠습니다.

브엘세바에 거주하던 이삭에게 시간이 흐른 뒤 아비멜렉이 다시 찾아왔습니다. 이삭이 하나님의 복을 받아 점점 번성한다는 소식을 들었기 때문입니다. 그들은 두려워했습니다. 만일 이삭이 과거 자신들을 쫓아냈던 일을 기억하고 보복하려 들면 나라 전체가 위협받을 수 있었기 때문입니다.

이삭은 먼저 그들에게 의문을 제기했습니다. "너희가 나를 미워하여 나에게 너희를 떠나게 하였거늘 어찌하여 내게 왔느냐?" 그러자 아비멜렉은 이렇게 고백했습니다. "여호와께서 너와 함께 계심을 우리가 분명히 보았으므로 우리의 사이 곧 우리와 너 사이에 맹세하여 너와 계약을 맺으리라. 이제 너는 여호와께 복을 받은 자니라"(28-29절). 이 말은 하나님께서 이삭에게 주신 약속이 이미 성취되었음을 보여줍니다. 자손이 하늘의 별처럼 많아질 것이라는 약속만 제외하고 다른 복은 모두 이루어진 것입니다.

이 말을 들은 이삭은 분노할 이유가 없었습니다. 모든 과정이 하나님의 섭리 가운데 진행되었음을 알았기 때문입니다. 그는 아비멜렉과 그 일행을 위해 잔치를 열었고, 함께 먹고 마시며 화해의 표시로 언약을 맺었습니다(30-31절).

이 사건을 통해 하나님의 복은 더욱 확장되어 성취되었습니다. 하나님의 복은 결코 아브라함과 이삭 개인에게만 제한된 것이 아닙니다. 하나님은 그들을 복의 통로로 삼아 이방인들까지 그 복에 동참하게 하셨습니다. 언약 체결로 이삭과 아비멜렉 사이의 갈등은 완전히 해소되었고, 하나님의 백성은 위협에서 벗어나 더욱 견고한 평화를 누리게 되었습니다.

||||||||||||||||||||

1. 이삭이 목축업에서 농업으로 전환해 "백 배의 수확"을 거둔 사건은 하나님의 언약과 어떻게 연결되며, 어떤 상징적 의미를 가집니까?
2. 이삭이 우물을 양보하다가 '르호봇'에 이른 과정과 아비멜렉의 언약 제안 속에서 우리는 하나님의 어떤 섭리를 볼 수 있습니까?
3. 오늘날 경쟁과 갈등 상황에서 이삭처럼 말씀에 순종하며 평화를 추구하기 위해, 구체적으로 어떤 실천을 할 수 있을까요?

영적 분별력을 상실한 이삭
"이삭이 나이가 많아"

창세기 27:1-46

창세기 26장에서 그랄 땅에 거주하는 인물로 등장했던 이삭은 27 장에서 자녀들에게 축복을 베풉니다. 그런데 본문을 읽으면 당혹감을 느낄 수 있습니다. 거짓과 속임수가 가득한 가운데 오히려 복을 받는 장면이 나오기 때문입니다. 한마디로 야곱이 아버지를 속여 형이 받을 복을 가로채는 이야기입니다. 본문을 읽고 혹시라도 "하나님의 복을 받기 위해서라면 어떤 수단과 방법도 괜찮다"라는 식으로 오해해서는 안 됩니다.

또한 이 사건을 단순히 한 가정의 문제로 축소시켜 "아버지는 노년에 깨어 있어야 하고, 아내 말을 잘 들어야 한다"는 교훈으로만 이해해서도 안 됩니다. 아브라함과 이삭, 야곱의 가정은 단순한 혈연 집단이 아니라 당시 하나님의 언약 백성, 곧 '교회'의 역할을 담당한 공동체였습니다. 따라서 이들의 이야기는 후일 이스라엘 공동체를 가르쳤으며, 오늘날 우리 교회에도 깊은 메시지를 전해줍니다.

본문은 이렇게 시작됩니다. "이삭이 나이가 많아 눈이 어두워 잘 보지 못하더니"(1절). 이는 단순한 노화 현상처럼 보일 수 있습니다. 실제로 야곱도 노년에 시력이 약해졌습니다(창 48:10). 그러나 이삭의 문제는 단순히 시력이 아니라 눈이 어두워지면서 영적 분별력도 흐려졌다는 점입니다.

같은 노년이지만 야곱은 달랐습니다. 요셉이 두 아들 므낫세와 에브라임을 축복받게 하려고 데려왔을 때, 장자인 므낫세를 야곱의 오른손에, 차자 에브라임을 왼손에 두려 했습니다. 그러나 야곱은 의도적으로 손을 엇바꾸어 차자인 에브라임에게 오른손의 축복을 받게 했습니다. 요셉이 만류했을 때 야곱은 "나도 안다, 내 아들아. 나도 안다"(창 48:19)라고 말하며 뜻을 굽히지 않았습니다. 육신의 눈은 어두웠지만 영적 분별력은 전혀 쇠하지 않았음을 보여주는 대목입니다.

영적 안목이 흐려진 결과

26장까지의 이삭은 하나님의 말씀에 순종하며 영적 분별력을 지킨 인물이었습니다. 애굽으로 내려가지 말라는 명령에 순종했고, 가나안에 머물며 풍성한 복을 누렸습니다. 아비멜렉과 갈등도 겪었지만 언약을 맺고 평화롭게 지냈습니다. 그러나 삶이 평안해지자 그의 가정은 점차 영적으로 나태해진 듯합니다.

그 대표적 징후가 큰아들 에서의 결혼 문제에서 나타났습니다. 에서는 마흔 살에 헷 족속 여인 유딧과 엘론의 딸 바스맛을 아내로 맞이했는데, 그때 이삭은 백 세쯤 되었을 것입니다. 성경은 이 여인들이 이삭과 리브가의 마음에 큰 근심이 되었다고 기록합니다(창 26:35).

이삭은 이 문제에서 아버지 아브라함을 본받지 못했습니다. 아브라함은 아들 이삭이 장성했을 때 종을 하란까지 보내어 신실한 리브가를 아내로 맞이하게 했습니다. 그러나 이삭은 아들 에서가 이방 여인과 결혼하는 것을 방치했습니다. 오늘날 교회도 결혼을 개인 문제로만 여기기 쉽습니다. 그러나 믿음의 부모라면 자녀의 결혼에 신앙적 책임을 져야 합니다. 결혼은 가정과 교회의 거룩함을 지키는 중요한 제도입니다.

에서는 왜 헷 족속 여인을 아내로 삼았을까요? 단순합니다. 자기 눈에 좋게 보였기 때문입니다. 교회도 마찬가지입니다. '좋게 보인다'는 이유로 세상의 문화나 프로그램을 무분별하게 들여올 때가 있습니다. 처음에는 그럴듯해 보이지만 일단 교회 안에 뿌리내리면 제거하기 어렵고, 세대를 거듭할수록 신앙의 기준은 무너져 갈 수밖에 없습니다.

당시 이삭의 지위로 볼 때, 그는 에서의 결혼을 막을 수 있었습니다. 그는 언약 공동체의 대표였고, 왕이자 선지자이며 제사장의 위치에 있었습니다. 따라서 에서가 이방 여인과 결혼하려 할 때, 그 결정을 막을 책임과 권한이 분명히 있었습니다. 아브라함처럼 믿음의 여인을 미리 정해주거나, 최소한 경건한 방식으로 결혼을 인도했어야 했습니다. 아니면 이렇게 선언했을 수도 있습니다. "네가 끝내 헷 족속 여인과 결혼한다면, 장자의 복은 네 것이 될 수 없다." 그랬다면 에서도 그 결혼을 쉽게 강행하지 못했을 것입니다.

에서를 사랑한 이삭

에서는 헷 족속 여인들과 결혼하여 부모의 큰 근심거리가 되었지만, 이삭은 여전히 그를 편애했습니다. 에서의 신앙 상태나 결혼 생활이 가정과 공동체에 끼칠 영향을 고려하지 않은 채 끝내 모든 축복을 그에게 주려 했습니다.

특히 이삭이 에서에게 복을 주는 장면은 그의 영적 분별력이 얼마나 흐려졌는지를 잘 보여줍니다. 그는 복을 빌어주기 전에 자신이 좋아하는 별미를 만들어 오라고 지시했습니다. 복이 마치 인간의 행위에 따라 주어지는 보상인 양 말입니다. 하나님의 복은 인간이 노력으로 쟁취하는 보상이 아니라 오직 은혜로 주어지는 선물입니다. 야곱이 에서인 척하고 염소 고기로 만든 음식을 가져왔을 때, 이삭은 "어떻게 이같이 속히 잡았느냐?"라고 물었습니다. 그는 사냥에는 시간이 걸린다고 생각했던 것입니다. 이는 사냥이라는 행위가 본질적으로 복과 무관함을 보여줄 뿐 아니라 이삭의 영적 둔함도 드러냅니다.

더 심각한 문제는 이삭이 하나님의 말씀을 간과했다는 점입니다. 하나님은 이미 태중에서 "큰 자가 작은 자를 섬길 것이라"고 말씀하시며 야곱을 선택하셨습니다. 그런데 이삭은 그 말씀을 외면하고 자기 감정과 취향에 따라 후계자를 결정하려 했습니다.

에서는 이미 신앙적으로 많은 결격 사유를 드러냈습니다. 그는 장자의 권리를 가볍게 여겨 팥죽 한 그릇에 팔았고, 이방 여인과 결혼하여 부모에게 근심을 끼쳤습니다. 그런 그가 하나님의 복을 이어간다는 것은 말이 되지 않습니다. 오늘날 교회 안에도 이와 같은 모습들이 있습니다. 하나님의 약속과 의무에는 무관심하면서 복만 받기를 원하는 신자들입니다. 그러나 하나님의 자녀는 세상과 구별된 거룩한 삶을 살아야 합니다. 그렇지 않다면 무슨 이유로 예수를 믿고 교회에 다닌다는 말입니까?

이삭은 아버지로부터 '복의 근원이 될 것'이라는 약속을 이어받았습니다. 비록 영적 안목이 흐려졌더라도, 이삭의 축복은 실제 효력을 가지고 있었습니다. 그래서 야곱도 혹시 저주를 받을까 두려워했고(창 27:12), 에서도 아버지가 지닌 축복의 힘을 알았기에 복을 빼앗긴 뒤에도 함부로 야곱을 해치지 못했습니다

이삭이 하려던 일은 단순한 기도가 아니라 하나님의 나라를 이어갈 후계자를 공식적으로 지정하는 예식이었습니다. 그러나 그는 단지 장자라는 이유만으로 모든 자격을 잃은 에서를 후계자로 삼으려 했습니다. 이는 하나님의 구속사에서 결정적 갈림길이었습니다. 만약 하나님께서 개입하지 않으셨다면, 언약의 계보가 에서를 통해

이어졌을지도 모릅니다.

놀라운 점은 창세기 27장에서 하나님께서 직접 개입하지 않으신다는 사실입니다. 이전에는 족장들에게 중요한 일이 생기면 직접 나타나 말씀하셨지만, 이삭의 중대한 실수 앞에서는 침묵하셨습니다.

가만히 계심으로 일하시는 하나님

여기서 우리는 하나님의 섭리를 깊이 이해해야 합니다. 하나님은 분명 가만히 계셨습니다. 그러나 그것은 아무 일도 하지 않으셨다는 뜻이 아닙니다. 하나님은 의도적으로 침묵하셨고, 침묵 속에서 자신의 일을 이루고 계셨습니다.

하나님께서 침묵하실 때 인간이 할 수 있는 일은 죄뿐입니다. 본문에서는 그것이 거짓으로 드러났습니다. 아버지를 속이기로 마음먹자 얼마나 많은 거짓말이 연달아 이어지는지 모릅니다.

"네가 누구냐?"

"에서입니다."

"어떻게 이같이 속히 사냥했느냐?"

"여호와께서 나로 순조롭게 만나게 하셨습니다."

"음성은 야곱의 음성이나 손은 에서의 손이로다."

"참으로 내 아들 에서냐?"

"그렇습니다."

야곱은 번번이 아버지의 의심을 넘어섰고, 이 과정에서 이삭은 영적 분별력을 잃고 아버지로서, 하나님의 종으로서 권위를 상실했습니다. 그 이유는 약속의 말씀을 무시했기 때문입니다. 이 장면은 오늘날 교회가 하나님의 말씀을 떠날 때 어떤 일이 일어날 수 있는지를 단적으로 보여줍니다.

그럼에도 불구하고 하나님의 뜻은 여전히 이루어집니다. 이삭이 분별력을 잃고, 가족이 거짓으로 얽혀 있었지만, 하나님은 여전히 자신의 뜻을 이루셨습니다. 하나님은 직접 개입하실 수도 있었으나 침묵하심으로 오히려 야곱이 어떤 존재인지 분명히 드러내셨습니다.

사실 야곱 역시 복을 받을 만한 그릇은 아니었습니다. 경건한 사람이었다면 하나님께서 인도하실 때까지 신뢰하며 기다렸어야 합니다. 어머니 리브가도 마찬가지였습니다. 그러나 이 실패 속에서 우리는 하나님의 놀라운 자비와 섭리를 봅니다. 야곱은 거짓으로 축복을 받았지만, 하나님의 약속 안에서 결국 변화되어 하나님의 사람으로 다듬어졌습니다.

이삭은 나이가 들며 영적 분별력을 잃고, 하나님께서 택하신 야곱이 아닌 에서를 후계자로 세우려 했습니다. 그러나 이 일이 하나님의 섭리 안에 있지 않았다면, 언약의 계보는 에서를 통해 이어졌을 것입니다. 인간의 계획이 아무리 치밀하더라도 하나님의 허락 없이는 이루어지지 않습니다. 반대로 하나님의 뜻은 어떤 방해가 있더라도 반드시 성취됩니다.

그 결정적인 순간에 리브가가 등장합니다. 그녀는 임신 중에 하나님께서 주신 약속을 기억하고 있었습니다. "이 족속이 저 족속보다 강하겠고 큰 자가 어린 자를 섬기리라"(창 25:23). 리브가는 이 말씀을 붙들었고, 경우에 따라 저주를 받을 각오까지 하며 행동했습니다. 그렇게 해서 야곱은 마침내 축복을 받았습니다.

야곱이 축복을 받은 이유는 오직 하나, 하나님께서 그를 택하셨기 때문입니다. 이 선택은 인간의 조건이나 공로가 아니라 전적인 하나님의 뜻에 따른 것입니다. 사도 바울은 로마서에서 이렇게 설명합니다.

> 그 자식들이 아직 나지도 아니하고 무슨 선이나 악을 행하지 아니한 때에 택하심을 따라 되는 하나님의 뜻이 행위로 말미암지 않고 오직 부르시는 이로 말미암아 서게 하려 하사 … 기록된 바 내가 야곱은 사랑하고 에서는 미워하였다 하심과 같으니라(롬 9:11-13).

선택 교리 앞에서 사람들은 "어차피 선택받았다면 어떻게 살아도 되지 않겠느냐"는 잘못된 생각을 하기도 합니다. 그러나 리브가와 야곱이 거짓으로 행동한 이유는 자기 유익을 위해서가 아니라 하나님의 약속을 신뢰했기 때문이었습니다. 더욱이 오늘 우리에게는 그들처럼 직접적인 계시가 주어지지 않았기에 그들의 방식을 본받아서는 안 됩니다.

야곱이 축복을 받았다고 해서 그의 삶이 순탄했던 것은 아닙니다. 그는 에서를 피해 라반의 집으로 도망친 뒤 20년이 넘도록 종처럼 살았고, 교활한 라반에게 여러 차례 속임을 당하기도 했습니다. 그러나 그는 끝까지 견딜 수 있었습니다. 아버지를 통해 받은 하나님의 복이 그의 삶을 붙들고 있었기 때문입니다.

우리도 예수 그리스도 안에서 선택의 복을 받았습니다. 그 선택은 결코 취소되지 않습니다. 이 확신은 우리를 방종하게 만드는 것이 아니라, 고난 속에서도 믿음을 끝까지 지키게 하는 힘이 됩니다. 하나님의 선택을 믿고 담대히 믿음을 지켜가는 성도들이 되시기를 주님의 이름으로 축원합니다.

IIIIIIIIIIIIIIIIIIIIII

1. 하나님께서 "큰 자가 어린 자를 섬기리라"(창 25:23)고 말씀하셨는데도, 이삭이 에서를 축복하려 했던 모습은 그의 영적 상태가 어떠했음을 드러냅니까?
2. 하나님께서 침묵하시는 가운데, 리브가와 야곱의 행동을 통해 드러난 그분의 섭리를 우리는 어떻게 이해할 수 있을까요?
3. 우리도 종종 하나님의 말씀보다 당장 눈앞에 보이는 이익에 더 의지할 때가 있습니다. 그런 상황 속에서 어떻게 하나님의 선택과 약속을 붙잡을 수 있을까요?

벧엘에서 언약을 맺으신 하나님
"나의 하나님이 되실 것이요"

창세기 28:10-22

야곱에게 축복을 빼앗긴 에서는 분노에 사로잡혀 그를 죽이려 했습니다. 복을 되찾을 수 없다는 사실을 알면서도 복수심에 눈이 멀어 주위에 그 뜻을 드러냈습니다. 사냥꾼이었던 에서가 온순한 야곱을 해치기란 어려운 일이 아니었습니다. 하나님의 언약 가정에 심각한 위기가 닥친 것입니다.

이 소식을 들은 리브가는 야곱을 오빠 라반의 집으로 피신시키기로 결심합니다. 단순히 목숨을 보존하는 데서 그치지 않고, 그곳 여인과 결혼시키려는 계획까지 세워 이삭에게 제안했습니다. 에서로부터 축복을 지켜낸 리브가는 이번에는 야곱의 생명까지 지키고자 나섰습니다.

이삭은 리브가의 제안을 받아들였습니다. 가장 큰 이유는 에서가 취한 가나안 여인들이 마음에 들지 않았기 때문일 것입니다. 이삭은 야곱 역시 가나안 여인과 결혼하는 것을 원치 않았습니다. 그래서 아브라함이 그랬던 것처럼 고향 여인과 결혼시키기 위해 하란으로 보내기로 하고, 하나님의 이름으로 야곱을 축복하며 내보냅니다. 야곱이 참된 후계자임을 분명히 한 것입니다. 이로써 이삭은 맡은 사명을 마쳤습니다. 이후 성경에서 이삭은 거의 등장하지 않으며, 마지막 기록은 35장 27절 이하에서 두 아들이 함께 장사한 장면입니다. 이제 이삭의 시대에서 야곱의 시대로 넘어가고 있습니다.

　　이 전환의 순간은 하나님의 가정이 가장 위태로운 때이기도 했습니다. 이삭은 늙고 쇠약했고, 에서는 복의 계보에서 제외되었습니다. 유일한 후계자 야곱은 아직 결혼하지 않은 채 홀로 먼 길을 떠나야 했습니다. 당시 혼자 여행하는 것은 큰 위험을 감수해야 하는 일이었습니다. 과연 하나님의 복을 받은 야곱이 무사히 여정을 마칠 수 있을까요? 사실 야곱 자신도 확신하지 못했던 것 같습니다. 하나님은 이미 여러 차례 이삭에게 말씀하셨고, 이삭은 야곱을 축복했지만, 정작 하나님께서 야곱에게 직접 나타나신 적은 아직 한 번도 없었습니다.

야곱의 꿈

야곱은 아무런 준비 없이 홀로 집을 떠났습니다. 그의 마음속에는 한 가지 질문만 가득했을 것입니다. "내가 무사히 집으로 돌아올 수 있을까?”

저 역시 미국으로 유학을 떠날 때 비슷한 경험을 했습니다. 학위를 끝까지 마칠 수 있을지, 돌아와서 학교나 교회에서 사역의 기회를 얻을 수 있을지 확신하지 못했습니다. 당시에도 유학길에 오르는 이들은 많았지만, 끝까지 학업을 마치기는 쉽지 않았고, 마친다 해도 사역의 기회를 얻기는 훨씬 더 어려웠기 때문입니다.

결국 야곱은 외삼촌 라반의 집에서 20년이나 머물게 됩니다. 처음부터 그토록 긴 세월을 예상했을 리는 없습니다. 만약 하나님의 도우심이 없었다면, 그는 그곳에서 생을 마쳤을지도 모릅니다.

야곱은 브엘세바에서 하란으로 가던 도중 어느 한 곳에 이르렀습니다. 본래 루스라 불렸으나 후에 벧엘이라 불린 곳입니다(19절). 루스는 ‘편도나무’라는 뜻인데, 아마 그 나무가 많은 지역이었던 것 같습니다. 그곳에 도착했을 때는 이미 해가 진 뒤였고, 야곱은 돌 하나를 베개 삼고 누워 잠이 들었습니다.

그때 그는 매우 특별한 꿈을 꾸었습니다. 사다리 하나가 땅에 세워져 꼭대기가 하늘에 닿았고, 천사들이 그 위를 오르내리는 꿈이었습니다. 그 가운데 하나님께서 나타나 말씀하셨습니다. 그것은 야곱을 향한 축복의 선언이었습니다. 하나님은 먼저 자신을 밝히셨습니다.

나는 여호와니 너의 조부 아브라함의 하나님이요 이삭의 하나님이라(13절).

즉 언약의 하나님, 아브라함과 이삭과 언약을 맺으신 그 하나님이심을 선포하셨습니다. 그리고 그들에게 주셨던 동일한 복을 야곱에게도 약속하십니다.

첫째, 땅의 약속입니다. "네가 누워 있는 땅을 내가 너와 네 자손에게 주겠다."

둘째, 자손의 약속입니다. "네 자손이 땅의 티끌같이 되어 네가 서쪽과 동쪽과 북쪽과 남쪽으로 퍼져나갈 것이다."

셋째, 열방의 약속입니다. "땅의 모든 족속이 너와 네 자손으로 말미암아 복을 받을 것이다."

이는 아브라함과 이삭에게 주셨던 것과 동일한 약속입니다. 그런데 여기에 야곱에게만 주시는 특별한 약속을 덧붙이셨습니다. "내가 너와 함께 있어 네가 어디로 가든지 너를 지키며 너를 이끌어 이 땅으로 돌아오게 할지라. 내가 네게 허락한 것을 다 이루기까지 너를 떠나지 아니하리라"(15절).

야곱의 반응

야곱처럼 그런 꿈을 꾸었다면 어떤 느낌이 들었을 것 같습니까? 아마 안도의 한숨부터 내쉬었을 것입니다. 야곱은 아버지 이삭과 할아버지 아브라함으로부터 하나님에 대한 이야기를 수없이 들었지만, 직접 만난 적은 없었습니다. 그런데 바로 그 하나님께서 꿈에 나타나 말씀하신 것입니다. 그것은 단순한 꿈이 아니라 계시였습니다. 오늘날 우리가 꾸는 무의식적이거나 상징적인 꿈과는 전혀 다른 차원이었습니다.

그 꿈에서 하나님은 아브라함과 이삭에게 주셨던 복을 야곱에게도 약속하셨습니다. 반드시 가나안으로 돌아오게 하시고, 여정 가운데 언제나 함께하겠다고 말씀하셨습니다. 외로운 도피길에 오른 야곱에게 이보다 더 위안이 되는 말이 또 있을까요?

그러나 야곱의 반응은 의외였습니다. 그는 잠에서 깨어 "여호와께서 과연 여기 계시거늘 내가 알지 못하였도다"라고 고백합니다. 그리고 두려움에 휩싸여 "두렵도다, 이곳이여! 이것은 다름 아닌 하나님의 집이요 이는 하늘의 문이로다"라고 외쳤습니다(17절).

마치 영화 속의 한 장면 같지 않습니까? 평범한 장소에 있던 주인공이 갑자기 다른 세계로 빨려 들어가 전혀 새로운 차원을 경험하고 돌아오는 것입니다. 다시 일상으로 돌아오지만, 그곳은 더 이상 평범한 장소가 아닙니다. 그곳은 '다른 세계로 통하는 문'이었기 때문입니다. 야곱도 마찬가지였습니다. 아마 이런 생각이 들었을 것입니다. '이곳은 평범한 곳이 아니구나. 하나님이 계신 곳에 내가 들어온 것이구나. 하마터면 큰일날 뻔했다.'

그래서 그는 베고 자던 돌을 기둥처럼 세우고 그 위에 기름을 부었습니다. 이는 일종의 기념식, 곧 하나님을 예배하는 행위였습니다. 돌은 그가 꿈에서 받은 말씀을 상징했고, 기름을 붓는 행위는 그 자리와 돌을 거룩하게 구별하는 뜻이었습니다.

모든 일이 끝난 후, 야곱은 하나님께 서약을 드렸습니다.

> 하나님이 나와 함께 계셔서 내가 가는 이 길에서 나를 지키시고 먹을 떡과 입을 옷을 주시어 내가 평안히 아버지 집으로 돌아가게 하시오면, 여호와께서 나의 하나님이 되실 것이요, 내가 기둥으로 세운 이 돌이 하나님의 집이 될 것이요, 하나님께서 내게 주신 모든 것에서 십분의 일을 반드시 하나님께 드리겠나이다(20-22절).

이 서약은 하나님의 약속에 대한 야곱의 응답이자 하나님과 야곱 사이에 언약이 체결되었음을 의미합니다. 이제 그는 다른 신을 섬기지 않고, 아브라함과 이삭의 하나님을 '나의 하나님'으로 고백합니다. 이 서약에는 두 가지 외적 표지가 등장합니다. 하나는 성전, 다른 하나는 십일조입니다.

야곱은 자신이 세워 기름 부은 돌을 "하나님의 집"이라고 선언했습니다. 얼핏 보기에 돌 하나에 기름을 부은 행위가 무슨 의미가 있을까요? 하지만 앞서 언급했듯이, 성전이란 단순히 겉모습이 웅장한 건물이 아니라 하나님이 거하시는 곳을 의미합니다. 그 돌은 하나님의 말씀을 상징하며, 그 위에 부은 기름은 말씀을 거룩하게 하시는 성령을 의미합니다. 비록 외형은 초라하더라도 말씀과 성령이 함께하는 곳에 하나님이 실제로 임재하십니다. 야곱은 그곳을 '벧엘', 곧

'하나님의 집'이라 불렀습니다.

또한 십일조 서약은 하나님을 왕으로 고백하는 것입니다. 십일조는 창세기 14장에서 아브라함이 멜기세덱에게 예물을 드리는 장면에서 이미 등장했습니다. 고대 사회에서 십일조는 단지 재정 수단이 아니라 왕이 백성의 재산 전체에 대해 소유권을 갖고 있다는 상징이었습니다(삼상 8:15). 따라서 야곱이 십일조를 바치겠다고 한 것은 하나님을 단순한 신이 아니라 그의 삶의 주권자, 곧 왕으로 인정한 것입니다.

말라기 3장에서도 십일조가 언급됩니다. 하나님은 십일조에 무관심한 이스라엘을 책망하시지만, 본질은 돈이 아니라 순종에 있었습니다. 세상의 왕들은 세금으로 나라를 운영하지만, 하나님은 만물의 주인이시기에 어떤 자원도 필요치 않으십니다. 그럼에도 십일조를 요구하신 것은, 그것이 단지 헌금이 아니라 언약 백성이 왕이신 하나님께 순종하고 있음을 보여주는 증거이기 때문입니다.

야곱의 꿈 이야기를 들으며 어떤 생각이 드십니까? "나도 꿈에서 하나님을 한번 만나면 좋겠다"는 마음이 들지는 않았습니까? 그러나 꿈은 원한다고 해서 그대로 꾸어지는 것이 아닙니다. 하나님은 야곱에게 꿈으로 말씀하셨지만, 그것이 본질은 아니었습니다. 중요한 것은 꿈 이후의 삶이었습니다. 야곱은 단순히 꿈만 꾸고 말지 않았습니다. 그는 돌기둥을 세우고 기름을 부으며 하나님께 서약했습니다. 하나님을 왕으로 모시고, 하나님의 집을 세우며, 소유한 것의 십일 조를 드리겠다고 결단했습니다.

야곱이 꿈에서 본 것은 하늘에 닿은 사다리였습니다. 그런데 요한복음 1장에서 예수님은 나다나엘에게 이렇게 말씀하셨습니다. "하늘이 열리고, 하나님의 사자들이 인자 위에 오르락내리락하는 것을 보리라"(요 1:51). 즉 야곱의 꿈에 나타난 사다리는 예수 그리스도를 가리킵니다. 이제 우리에게는 더 이상 사다리 꿈이 필요하지 않습니다. 예수님께서 친히 오셔서 하늘의 문을 여셨고, 하나님과 인간 사이의 교제를 완전히 회복시키셨기 때문입니다. 그러므로 성경을 통해 예수 그리스도를 알고, 그분 안에서 하나님의 뜻을 깨닫는 것이 가장 확실하고 온전한 계시입니다.

누군가가 "나는 꿈속에서 사다리와 천사를 보았고, 하나님의 음성을 들었다"고 말한다고 합시다. 또 누군가는 성경 말씀을 통해 예수 그리스도를 알고, 그분 안에서 하나님의 뜻과 구속을 깨달았다고 합시다. 어느 쪽이 더 확실하고 온전한 계시일까요? 오늘날에도 꿈을 통해 계시를 받기 원하는 사람은 마치 수천 년 전 야곱 시대의 방식으로 돌아가고자 하는 것과 같습니다.

야곱이 세운 돌기둥은 성전의 본질을 보여줍니다. 하나님의 말씀과 성령이 임하는 곳, 그곳이 바로 하나님의 집입니다. 외적으로는 작고 미약해 보일지라도, 말씀이 신실하게 선포되고 성찬이 올바르게 시행되는 교회에 하나님께서 임재하십니다. 성찬은 외형상 단순해 보일 수 있습니다. 그러나 야곱이 돌 위에 기름을 부으며 하나님의 전으로 삼았듯이 우리가 나누는 말씀과 성찬은 하나님의 임재와 언약을 보여주는 표지입니다. 만일 이외의 곳에서 하나님을 찾는 자가 있다면, 그는 더 이상 주님의 백성이라 할 수 없습니다.

우리는 이미 하나님의 축복을 받은 사람들입니다. 그렇다면 축복에 합당한 충성이 뒤따라야 합니다. 성부, 성자, 성령, 삼위 하나님만을 우리의 하나님으로 고백하십시오. 하나님의 집에서 말씀과 성령으로 교제하십시오. 그리고 십일조를 비롯한 계명에 순종함으로써 여러분이 하나님의 백성임을 세상 앞에 드러내십시오.

이 모든 것을 통해 세상의 빛과 소금으로 살아가며 하나님을 영화롭게 하는 복된 성도들이 되시기를 주님의 이름으로 축원합니다.

|||||||||||||||||||||

1. 야곱이 벧엘에서 본 '하늘에 닿은 사다리' 꿈은 어떤 의미를 지니고 있습니까?
2. 야곱이 돌기둥을 세우고 기름을 부은 행동은 기념 행위를 넘어 어떤 의미와 고백을 담고 있습니까?
3. 오늘 우리의 삶 속에서 하나님에 대한 신실한 서약과 순종은 구체적으로 어떤 모습으로 드러나야 할까요?

라반에게 속임을 당했으나
"다시 칠 년 동안"

창세기 29:21-30

야곱은 하나님께서 약속하신 가나안 땅을 떠났습니다. 그러나 떠나기 전, 벧엘에서 하나님께서 꿈에 나타나 반드시 그를 다시 가나안 땅으로 돌아오게 하시겠다고 약속하셨습니다. 이에 야곱은 하나님을 자신의 왕으로 섬기겠다고 서원했습니다. 이 약속과 서원이 있었기에 그는 두려움 대신 담대함으로 낯선 땅을 향해 나아갈 수 있었을 것입니다.

하나님께서 야곱에게 주신 그 약속은 어떻게 성취될까요? 야곱은 이방 땅에서 평안과 복을 누릴 수 있을까요, 아니면 고난과 시련을 먼저 지나야 할까요?

마침내 야곱은 어머니 리브가의 고향에 도착했습니다. 그러나 외삼촌 라반의 집을 어떻게 찾을 수 있을까요? 오늘날처럼 주소나 지도 앱이 있는 것도 아니고, 수십 년 전 그곳을 떠난 어머니의 말에만 의지해야 했습니다. 게다가 라반의 가족은 유목민으로 양 떼를 몰며 계속 이동하는 사람들이었습니다. 외삼촌이 아직 살아 있는지조차 알 수 없었습니다. 그런 상황에서 야곱이 홀로 라반을 찾는다는 것은 사실상 불가능에 가까운 일이었습니다.

라반과의 상봉

야곱은 동방 땅에 도착하자마자 하나님의 섭리 가운데 뜻밖에도 쉽게 외삼촌 라반을 만나게 됩니다. 길을 가던 중 우물을 발견했는데, 그곳에는 양 떼를 몰고 온 목자들이 있었습니다. 야곱이 그들에게 라반을 아느냐고 묻자 "안다"고 대답했고, 그의 안부를 묻자 "평안하다"라고 답하며 라반의 딸 라헬이 양 떼를 몰고 오는 중이라고 말해주었습니다.

그 순간 라헬이 등장했습니다. 마치 아브라함의 종이 리브가를 우물가에서 만난 것처럼(창 24장) 야곱도 같은 자리에서 장차 아내가 될 여인을 맞이하게 된 것입니다.

라헬을 만났을 때 그의 심정이 어땠을까요? 틀림없이 너무나 기뻤을 것입니다. 그는 지친 라헬과 양 떼를 위해 우물을 막고 있던 큰 돌을 홀로 옮겨 물을 먹게 했고, 자신이 누구인지 밝힌 뒤 그녀에게 입을 맞추며 소리 내어 울었습니다. 야곱은 이 만남을 통해 자신이 라반을 찾은 것이 아니라 하나님께서 자신을 라반에게로 인도하셨음을 확신했을 것입니다.

라헬은 곧 이 소식을 아버지에게 전했고, 라반은 급히 달려나와 야곱을 반갑게 맞이했습니다. 그를 끌어안고 입을 맞춘 후 집으로 데려가 식사를 나누며 그동안의 여정에 대해 들었습니다. 그때 라반은 "너는 참으로 내 혈육이로다"라고 말했습니다(14절). 그러나 그뿐이었습니다. 정작 야곱이 이곳까지 오게 된 가장 중요한 이유, 곧 결혼 문제에 대해서는 아무런 언급을 하지 않았습니다.

그리하여 야곱은 라반의 집에 한 달간 머물게 됩니다. 그동안 야곱은 라반을 위해 열심히 일했습니다. 한 달 정도 같이 살면 서로에 대해 충분히 알게 됩니다. 야곱은 라반이 탐욕스럽고 신실하지 않은 사람이라는 사실을 눈치챘을 것이고, 라반 역시 야곱이 어떤 사람인지 정확히 파악했을 것입니다.

야곱은 우리가 흔히 생각하듯 연약한 인물만은 아니었습니다. 그는 우물 어귀의 큰 돌을 혼자 옮길 만큼 힘이 있었고, 양 떼를 잘 돌보는 유능한 목자였습니다. 무엇보다 라반은 야곱이 라헬을 깊이 사랑한다는 사실을 알아차렸고, 마침내 그 사랑을 자신의 이익을 챙기는 데 이용하기로 마음먹었습니다.

라반에게 속임을 당함

한 달이 지나자 라반이 야곱에게 물었습니다. "네가 비록 내 생질이나 어찌 그저 내 일을 하겠느냐? 네 품삯을 어떻게 할지 내게 말하라." 그러자 야곱은 주저하지 않고 라헬을 지목하며, 그녀를 아내로 맞이하기 위해 7년 동안 봉사하겠다고 말했습니다. 이 대목에서 우리는 뚜렷한 문화적 차이를 느낍니다. 라반은 딸들을 마치 거래 대상처럼 다루었고, 외삼촌임에도 단순히 결혼을 허락하지 않았습니다. 야곱은 이미 라반의 성품을 짐작하고 있었기에 스스로 조건을 내세운 것입니다.

이 장면은 창세기 2장의 결혼과 뚜렷한 대조를 이룹니다. 아담은 하와를 위해 어떤 대가도 치르지 않았습니다. 하와는 하나님께서 주신 선물이었습니다. 이삭의 경우도 마찬가지였습니다. 아브라함의 종이 리브가를 데려왔고, 이삭은 그저 받아들이기만 했습니다. 그러나 야곱에게 아내는 수고해서 얻어내야 하는 대상이 되었습니다. 결국 그는 라헬을 얻기 위해 무려 14년간 일해야 했습니다. 그의 고백대로 그 시간은 종처럼 살아온 세월이었습니다.

그러나 야곱은 그 모든 시간을 기쁨으로 감내했습니다. 라헬을 사랑했기에 7년을 마치 7일처럼 여겼습니다. 그가 성실히 일하는 동안 하나님은 그의 손길에 복을 주셨고, 그 복은 고스란히 라반에게로 돌아갔습니다. 라반은 시간이 지나면서, 아니 어쩌면 처음부터 라헬 대신 레아를 주기로 작정했을 것입니다. 야곱이 라헬과 함께 고향으로 돌아갈 것을 염려했기 때문입니다.

드디어 약속한 7년이 차자 야곱은 정식으로 요구합니다. "내 기한이 찼으니 내 아내를 내게 주소서. 내가 그에게 들어가겠나이다"(21절). 라반은 사람들을 불러 잔치를 베풀고, 그날 밤 야곱을 혼인 방으로 들여보냈습니다. 아마도 야곱은 술에 취해 있었던 듯합니다. 그는 곁에 있는 여인이 라헬이 아니라 레아라는 사실을 알지 못한 채 밤을 보냈습니다. 라반은 레아에게도 적절히 지시했을 것이고, 레아 역시 야곱을 좋아했던 것 같습니다. 아니면 아버지의 명령을 어길 수 없다고 생각했을지도 모릅니다.

이튿날 아침, 야곱은 라헬이 아닌 레아가 곁에 있음을 깨닫고 경악했습니다. 그는 곧 라반을 찾아가 따졌습니다. "내가 라헬을 위해 7년을 봉사하지 않았습니까? 그런데 어찌하여 저를 속이셨습니까?" 그러자 라반은 태연히 대답했습니다. "우리 지방에서는 언니보다 아우를 먼저 주는 법이 없다. 라헬을 원한다면 7년을 더 섬겨라. 그러면 라헬도 주겠다."

야곱은 크게 분개했을 것입니다. 동시에 자신도 돌아보았을 것입니다. 자신이 아버지를 속이고 형의 복을 가로챘듯이 이제는 자신이 속임을 당한 것입니다. 아버지가 느꼈을 충격과 배신감을 야곱은 이방 땅에서 그대로 경험하게 되었습니다.

라반의 제안 앞에서 야곱은 선택의 기로에 섰습니다. 레아만 데리고 살며 라헬은 포기할 수도 있었고, 어느 정도 재산을 모은 뒤 고향으로 돌아갈 수도 있었습니다. 사실 하란에서 14년을 머무는 것은 약속의 땅을 생각할 때 결코 가볍지 않은 선택이었습니다. 한 곳에 정착해 오래 살다보면 돌아가기가 어렵기 때문입니다. '잠시만'이라는 생각으로 외국에 나갔다가 가정과 일터가 자리 잡히면 발이 묶이는 경우가 많습니다.

그러나 야곱은 7년을 더 일하기로 결심했습니다. 라반에게 딸이 둘뿐이었기에 망정이지, 그렇지 않았다면 또다시 7년을 더 일해야 했을지도 모릅니다. 그럼에도 야곱은 라헬을 위해 기꺼이 7년을 더 수고했습니다. "라헬을 위해서라면 70년이라도 감당할 수 있다"는 마음이었습니다. 성경은 야곱이 라헬을 사랑한 이유가 단순히 그녀가 매우 아름다웠기 때문이라고 기록합니다. 우물가에서 첫눈에 반한 사랑이었지만, 그 사랑은 14년을 기다려도 변치 않을 만큼 깊었습니다.

마침내 14년이 지나 야곱은 라헬을 아내로 맞이했습니다. 그러나 기쁨은 오래가지 않았습니다. 오랜 세월 봉사했음에도 모든 복은 라반이 차지했고, 야곱은 여전히 독립된 가정을 이루지 못했습니다. 독립을 이루려면 앞으로도 6년을 더 일해야 했습니다.

라반을 통해 뜻을 이루시는 하나님

창세기 29장을 자세히 살펴보면 라반의 역할이 두드러집니다. 그는 야곱보다 훨씬 더 교활하고 계산에 밝은 사람이었습니다. 야곱의 약점을 정확히 파악하고 이를 이용해 속였으며, 그 결과 막대한 이익을 챙겼습니다. 이어지는 장에서는 야곱에게 재산을 주지 않으려고 무려 열 번이나 품삯을 바꾸는 집요함까지 보입니다.

이처럼 라반은 객관적으로 악한 사람입니다. 그런데 하나님은 그를 벌하거나 망하게 하지 않으셨습니다. 오히려 그를 도구로 삼아 자신의 뜻을 이루어가셨습니다.

본문을 보면 라반은 레아와 라헬을 시집보내며 각각의 여종 실바와 빌하를 함께 보냈습니다. 다음 장에서 확인할 수 있듯이, 이 여인들까지 모두 야곱의 아내가 되어 자녀를 낳습니다. 이들이 바로 이스라엘 12지파의 어머니들입니다. 결국 창세기 29장은 이스라엘 12지파의 기초가 어떻게 마련되었는지를 보여줍니다. 그 기초를 준비한 인물이 라반이었습니다. 물론 그는 자신이 무슨 일을 하고 있는지 알지 못했습니다. 단지 욕심을 따라 야곱을 이용했을 뿐이지만, 하나님은 그의 이기심까지 구속사의 도구로 사용하셨습니다.

만약 라반이 선한 사람이었다면 어떻게 되었을까요? 아마 야곱은 라헬만 아내로 맞이했을 것입니다. 그러나 라헬은 몸이 약해 하나님의 은혜 없이는 자녀를 낳을 수 없었습니다. 실제로 그녀는 둘째 아들 베냐민을 낳다가 세상을 떠났습니다. 따라서 야곱이 라헬과만 결혼했다면 두 아들 외에는 얻지 못했을 것입니다.

오늘 본문은 하나님의 백성들에게 깊은 위로와 분명한 교훈을 줍니다. 무엇보다 세상 속에서 억압받고 살아가는 하나님의 백성들, 곧 '포로된 자들'에게 특별한 위로가 됩니다.

이스라엘의 역사를 돌아보면, 하나님의 백성들은 자주 포로가 되고 침략을 당하며 고난 속에 살아야 했습니다. 애굽에서 400여 년 동안 노예 생활을 했고, 가나안 땅에 들어간 뒤에도 이방 민족의 끊임없는 침입에 시달렸습니다. 사사 시대가 대표적인 예입니다. 결국 이스라엘은 하나님께 불순종한 결과, 야곱처럼 약속의 땅에서 쫓겨나 바벨론 포로로 끌려갔고, 그곳에서 종처럼 억압과 착취를 견뎌야 했습니다.

이것은 단지 과거 이스라엘의 이야기만이 아닙니다. 오늘날 그리스도인들 역시 이 세상에서 나그네이자 외국인처럼 살아갑니다. 신분은 늘 불안정하고, 세상의 법을 따라야 하며, 그 법을 잘 알지 못하면 야곱처럼 당할 수밖에 없습니다.

게다가 그리스도인은 세상 사람들과는 전혀 다른 이유로 이 땅에 존재합니다. 야곱이 왜 라반의 집에 있어야 했습니까? 아내를 얻어 약속의 자손을 낳아야 했기 때문이었습니다. 마찬가지로 그리스도인은 이미 오신 약속의 자손, 곧 예수 그리스도를 믿고, 그분을 영화롭게 하기 위해 살아갑니다. 세상은 이 사실을 알고 있으며, 때로는 그 약점을 이용해 그리스도인을 착취하거나 자신의 이익을 챙기려 합니다.

그러나 야곱의 삶은 우리에게 분명한 사실을 일깨워줍니다. 억울한 일을 겪어도, 속임을 당해도 하나님 앞에서 성실함을 잃지 말아야 한다는 것입니다. 야곱은 속임을 당했지만 일을 대충하지 않았습니다. 그것이 자신의 일이 아니었고 당장 돌아오는 이익도 없었지만, 기꺼이 성실하게 일했습니다. 그리고 그 모든 과정에서 하나님은 그를 복되게 하셨고, 라반을 통해 이스라엘 12지파의 조상이 되게 하셨습니다. 그리스도를 믿고 따르는 우리 모두가 야곱처럼 인내하며 충성으로 살아가기를 바랍니다.

1. 라반의 교활한 속임수와 억압 속에서도 하나님은 그를 사용해 이스라엘 12지파의 기초를 마련하십니다. 이 사실은 하나님의 섭리와 주권을 어떻게 보여줍니까?
2. 야곱이 속임을 당한 뒤에도 성실히 일한 모습은 예전에 아버지와 형을 속였던 모습과 어떻게 다릅니까?
3. 우리도 살다보면 억울한 일을 당할 때가 있습니다. 그때 야곱처럼 하나님 앞에서 성실함을 지키는 것은 삶에서 어떤 모습으로 나타날 수 있을까요?

야곱을 12지파의 아버지로 세우심
"그의 태를 여셨으므로"

창세기 29:31-30:24

이스라엘이 12지파로 이루어졌다는 사실은 잘 알려져 있습니다. 오늘 본문은 그중 막내 베냐민을 제외한 열한 명의 출생 배경을 전하는 중요한 기록입니다. 따라서 오늘 본문은 이스라엘 12지파의 기원을 이해하는 핵심 단락이라 할 수 있습니다. 이스라엘의 12지파는 단순한 민족 구성이 아니었습니다. 그것은 구약 시대의 교회였으며, 신약 교회의 그림자라 할 수 있습니다. 예수님께서 열두 사도를 세우신 것도 바로 이 전통을 계승하기 위함이었습니다.

하나님께서 아브라함을 부르셨을 때, 그에게 많은 자손을 주겠다고 약속하셨습니다. 그러나 실제로 약속의 자손으로 인정받은 이는 오직 사라에게서 태어난 이삭뿐이었습니다. 이삭도 에서와 야곱을 낳았지만, 하나님은 야곱만 선택하셨습니다. 이처럼 아브라함과 이삭 때에는 단 한 사람만이 언약의 계보를 이어받았습니다.

만약 이런 방식이 계속되었다면, 하나님께서 "자손을 땅의 티끌 같이 많게 하겠다"고 하신 약속은 결코 이루어질 수 없었을 것입니다. 그러나 야곱에 이르러 방법이 달라집니다. 이제는 한 아들이 아니라 여러 아들이 함께 언약 백성으로 인정받습니다. 놀랍게도 여종이 낳은 아들들까지 약속의 계승자 안에 포함되었습니다. 아브라함 시대에는 여종 하갈의 아들 이스마엘이 제외되었지만, 야곱의 경우에는 레아의 여종 실바와 라헬의 여종 빌하가 낳은 아들들까지 12지파에 포함되었습니다.

오늘 본문을 통해 하나님께서 야곱을 통해 어떻게 12지파를 세우셨는지, 이 사실이 오늘날 교회에 어떤 메시지를 주는지 함께 살펴보고자 합니다.

구원의 패턴

본문의 이야기는 우리의 현실과는 동떨어진 것처럼 보입니다. 등장하는 여인들이 아들을 하나라도 더 낳기 위해 치열하게 경쟁하니 말입니다. 사실 이런 모습은 과거 우리 사회에서도 흔히 볼 수 있었습니다. 아들을 낳지 못하면 큰 수치로 여겼고, 여성의 존재가치는 자녀, 특히 아들을 출산하는 것으로 평가되곤 했습니다.

그러나 오늘날은 상황이 크게 달라졌습니다. 결혼하지 않고 직업을 가지며 당당하게 살아가는 여성이 존중받는 시대가 되었습니다.

결혼을 하더라도 자녀는 선택 사항일 뿐 더 이상 필수가 아닙니다. 오히려 경력과 삶의 계획을 위해 자녀를 낳지 않겠다는 선택조차 존중받습니다.

이처럼 우리의 현실은 야곱 시대와는 근본적으로 다릅니다. 당시 사회는 농경 사회였기에 생존을 위해 많은 노동력이 필요했습니다. 아들, 곧 남자 자녀는 가정의 경제적 안정과 노동력 확보에 반드시 필요했으며, 재산과 가문 역시 남자를 통해 이어졌습니다. 따라서 아들이 없다는 것은 곧 가문이 끊긴다는 의미였습니다. 이러한 배경 속에서 본문에 나오는 여인들이 왜 아들에 집착했는지 이해할 수 있습니다.

또 한 가지 주목할 점은 12지파가 태어난 장소입니다. 그것은 약속의 땅 가나안이 아니라 외삼촌 라반의 집이었습니다. 라반은 야곱을 환대한 사람이 아니었습니다. 오히려 그를 철저히 이용했고, 무려 20년이나 종처럼 부렸습니다. 라반은 품삯을 열 번이나 바꾸며 야곱을 속이기까지 했습니다. 그러나 야곱은 맞서 싸우지 않고 묵묵히 일했습니다. 그런 고된 환경에서 자녀들이 태어났고, 결국 야곱은 자녀들과 가축 떼를 얻게 되었습니다. 그 모든 과정은 하나님의 은혜와 축복의 결과였습니다.

이처럼 약속의 땅 밖, 이방인의 땅에서 핍박을 받으면서도 하나님의 복이 임하는 것은 구약에 반복적으로 나타나는 중요한 구원의 패턴입니다. 아브라함은 흉년을 피해 애굽에 내려갔다가 하나님의 보호로 재물을 얻어 돌아왔습니다. 이스라엘은 애굽에서 400여

년간 종살이를 했지만, 출애굽할 때는 금은보화와 가축을 가지고 나왔습니다. 바벨론 포로로 끌려간 이스라엘도 70년 뒤 귀환하면서 성전과 성벽을 재건할 자원을 가지고 돌아왔습니다. 이 패턴은 구약에서 반복됩니다.

불순종 → 심판 → 추방 → 은혜 → 회복 →
번성 → 귀환 → 하나님께 영광 돌림

우리 그리스도인들도 마찬가지입니다. 이 세상에서 나그네와 포로처럼 살아갑니다. 이 세상은 하나님의 백성에게 호의적이지 않습니다. 우리가 속해 있는 법과 세상의 법은 다릅니다. 야곱이 속임과 착취 가운데서도 자녀를 낳아 번성했듯이, 우리 역시 믿음으로 이 세상에서 하나님의 백성으로 살아가야 합니다. 이것이 바로 오늘 본문이 우리에게 전하는 메시지입니다.

너무나 다른 출생의 기원

이스라엘의 12지파는 한 어머니에게서 태어나지 않았습니다. 하나님께서 원하셨다면, 단 한 사람을 통해 열두 아들을 주실 수도 있었을 것입니다. 그러나 하나님은 네 명의 여성을 통해 12지파를 이루셨습니다. 그중 라헬과 레아는 친자매였지만 사이가 좋지 않았고, 빌하와 실바는 원래 여종이었습니다. 종의 신분으로 있다가 주인의 아내가 된 두 여인까지 포함해 복잡한 관계 속에서 아들들이 모두 태어났습니다. 그러니 그들 사이에 늘 미묘한 긴장과 경쟁이 자리할 수밖에 없었습니다.

오늘날 교회도 이와 다르지 않습니다. 우리는 각기 다른 배경을 가진 사람들의 공동체입니다. 출생지, 경제적 조건, 사회적 지위가 다르고, 따라서 생각과 가치관도 다릅니다. 이런 다양성은 때로 긴장과 갈등을 낳습니다. 실제로 야곱의 아들들도 시기와 다툼 끝에 요셉을 이방 상인에게 팔아넘겼습니다.

이처럼 12지파의 기원은 우리에게 중요한 질문을 던집니다. "과연 이렇게 태어난 지파들이 하나로 연합해 하나님의 나라를 세울 수 있을까?" 인류 역사를 돌아보면 이러한 연합은 거의 불가능해 보입니다. 유럽의 왕가에서도 형제들 간의 다툼으로 인해 한 사람이 권력을 독차지하거나 나라가 여러 왕국으로 갈라지는 일이 흔했습니다. 만약 같은 문제가 이스라엘에게도 일어난다면, 하나님의 나라는 시작부터 흔들리거나 끊임없는 분열 속에서 큰 어려움을 겪을 수밖에 없었을 것입니다.

하나님이 원하시는 대로

본문이 강조하는 핵심은 자녀를 주시는 일이 전적으로 하나님께 달려 있다는 사실입니다. 레아는 남편 야곱에게 사랑받지 못한 여인이었습니다. 성경은 단순히 사랑받지 못했다는 정도가 아니라 "미움을 받았다"고 기록합니다(창 29:31, 33). 그러나 하나님은 바로 그 여인의 태를 열어 무려 여섯 명의 아들을 주셨습니다. 12지파 가운데 절반에 해당하는 이들 가운데는 제사장 지파 레위, 다윗 왕가와 예수 그리스도의 계보가 이어지는 유다까지 포함되어 있습니다.

반면 라헬은 야곱의 사랑을 독차지했지만 오랫동안 자녀를 얻지 못했습니다. 어렵사리 첫 아들 요셉을 낳았고, 둘째 아들 베냐민을 낳다가 산고로 생을 마쳤습니다. 인간적인 시각으로 보면 사랑받는 아내가 더 많은 자녀를 낳는 것이 자연스럽습니다. 그러나 성경은 하나님의 선택과 섭리가 인간의 기대와는 전혀 다르게 이루어진다는 사실을 보여줍니다. 자녀를 주시는 일은 아내가 얼마나 사랑받는지나 인간의 능력에 달린 것이 아니라, 태를 열고 닫으시는 하나님의 주권에 달려 있습니다.

야곱의 아들들이 출생한 과정을 보면, 이스라엘 민족의 기원은 결코 자랑할 만한 것이 아님을 알 수 있습니다. 오늘날 이스라엘은 혈통과 육체를 자랑하지만(빌 3:4), 성경은 그들의 시작이 얼마나 불완전하고 복잡했는지 여실히 보여줍니다. 이는 그들의 자랑을 꺾고 오직 하나님의 은혜만 드러내려는 의도였습니다.

아브라함과 이삭 시대에는 하나님의 절대적 선택이 중심이었지만, 야곱의 아들들에 이르러서는 여인들의 경쟁이 크게 작용합니다. 라헬과 레아의 다툼은 훗날 북이스라엘과 남유다의 분열로 이어지는 씨앗이 되기도 했습니다.

라헬은 네 명의 아들을 얻은 레아를 보며 야곱에게 간절히 호소했습니다. "내게 자식을 낳게 하라. 그렇지 아니하면 내가 죽겠노라"(창 30:1). 이는 자살 위협이라기보다 자녀가 없으면 살아도 사는 게 아니라는 절망의 표현이었습니다. 반복되는 아내의 호소에 야곱은 결국 참지 못하고 성내며 말했습니다. "그대를 임신하지 못하게 하시는 이는 하나님이시니 내가 하나님을 대신하겠느냐?"(창 30:2)

이 말은 신앙적으로 옳게 들리지만, 상황에 따라서는 무책임하게 들릴 수 있습니다. 적어도 야곱은 자신이 어떻게 태어났는지 잊어버린 양 말하고 있습니다. 이삭도 자녀가 없었지만 아내 리브가를 위해 기도했고, 하나님은 그에 대한 응답으로 쌍둥이 에서와 야곱을 주셨습니다.

라헬은 결국 여종 빌하를 통해 단과 납달리를 얻었고, 레아도 여종 실바를 통해 갓과 아셀을 낳았습니다. 하지만 라헬은 직접 아들을 낳고 싶은 마음을 버릴 수 없었습니다. 그러던 중 레아의 장자 르우벤이 들에서 합환채를 가져왔습니다. 임신에 좋다고 여겨지는 식물이었기에 라헬은 그것을 원했고, 야곱과의 잠자리를 레아에게 양도하면서까지 얻었습니다. 그러나 아이러니하게도 임신한 이는 라헬이 아니라 레아였습니다. 레아는 그 후 두 아들과 딸 디나를 더 낳게 됩니다.

라헬은 계속 아들을 얻지 못한 채 답답한 시간을 보내야 했습니다. 그러나 마침내 하나님께서 그녀를 "생각하셨습니다"(창 30:22). 이는 히브리어로 '기억하셨다'는 뜻으로, 하나님께서 라헬의 기도를 들으시고 태를 여셨다는 의미입니다. 그녀가 언제부터 기도했는지는 알 수 없지만, 분명한 것은 수많은 인간적 시도를 다한 후에야 하나님께서 응답하셨다는 사실입니다. 이렇게 태어난 아이가 바로 요셉입니다. 그의 이름은 '더하다'라는 뜻을 지녔습니다. 라헬은 요셉을 통해 하나님께서 더 많은 자녀를 주시기를 소망했습니다.

이 모든 과정을 통해 하나님은 레아와 라헬, 그리고 여종들의 자녀들까지 하나로 묶어 야곱을 12지파의 아버지로 세우셨습니다.

지금까지 이스라엘 12지파가 어떻게 형성되었는지를 살펴보았습니다. 그 과정에서 수많은 인간의 연약함과 흠이 드러났지만, 하나님은 그들 모두를 가족으로 받아들이셨습니다. 이 모든 여정을 통해 우리는 하나님께서 자신의 나라를 이루실 때 철저히 주권적으로 역사하신다는 사실을 확인할 수 있습니다. 하나님은 원하시는 자에게, 원하시는 방식대로 자녀를 주셨습니다. 하나님의 나라는 인간의 노력이나 자격이 아니라 전적인 하나님의 은혜와 섭리로 번성합니다.

그러나 번성은 동시에 갈등의 뿌리가 될 수 있습니다. 이스라엘의 역사는 번성과 함께 갈등과 분열, 심지어 전쟁으로 얼룩졌습니다. 사람이 많아지고 세력이 커질수록 차이는 더 드러나고 다툼의 여지는 커졌습니다. 따라서 복음이 아니고서는 진정한 평화의 공동체를 이룰 수 없습니다. 오늘날 교회의 상황도 크게 다르지 않습니다. 한국교회가 경험한 놀라운 부흥과 성장은 분명 하나님의 복이었지만, 그 과정에서 수많은 분열과 대립도 일어났습니다. 그래서 교회가 한 몸을 이룬 공동체라기보다 경쟁하는 기업처럼 보일 때가 많습니다.

번성 자체가 복이 아닙니다. 번성은 하나님께서 주시는 선물이지만, 동시에 우리가 책임 있게 지켜내야 할 과제입니다. 번성이 참된 복이 되기 위해서는 교회는 하나가 되어야 합니다. 서로 다른 출신과 배경, 환경을 넘어 하나님의 부르심 안에서 한 몸을 이루어야 합니다. 우리 안에 있는 죄악과 그 비참함을 인정하고, 하나님께서 주신 '한 소망의 부르심'을 붙잡으며 하나님의 영광을 드러내는 성도들이 되시기를 주 예수 그리스도의 이름으로 축원합니다.

||||||||||||||||||||

1. 하나님께서 여러 여인을 통해 이스라엘 12지파를 이루신 사실은, 인간의 연약함 속에서도 하나님의 주권이 어떻게 드러나는지를 보여줍니까?
2. 이스라엘의 번성이 곧 분열과 갈등으로 이어졌던 역사는 공동체 안에서 무엇을 경계하라는 교훈을 줍니까?
3. 오늘날 교회와 우리의 삶 속에서 '번성'을 참된 복으로 만들기 위해 구체적으로 지켜야 할 태도는 무엇일까요?

품삯을 챙겨주신 하나님
"염소 중에 점 있는 것과 아롱진 것"

창세기 30:25-43

임금은 오늘날 사회에서 가장 민감한 갈등 요소 가운데 하나입니다. 해마다 임금 협상 시기가 되면 사용자와 노동자 사이에 팽팽한 긴장이 형성되고, 때로는 대규모 파업이나 직장폐쇄가 일어나기도 합니다. 임금은 생계와 직결되기에 노동자 입장에서는 많을수록 좋다고 느끼는 것이 당연합니다. 그러나 사용자의 입장은 다릅니다. 기준 없이 요구받는 대로 임금을 지급한다면, 그 회사가 어떻게 되겠습니까? 처음에는 좋은 결정처럼 보일 수 있지만, 결국 회사가 망하면 그 피해는 고스란히 노동자에게 돌아오게 됩니다. 따라서 임금은 일방적 감정이나 편의가 아니라 공정한 기준과 균형 속에서 결정되어야 합니다.

그렇다면 과연 '공정한 기준'이란 무엇일까요? 일의 양이나 난이도, 생산성에 따라 임금을 정해야 한다는 주장은 일면 타당하게 들립니다. 그러나 그 일을 하는 사람의 상황은 고려 대상이 아닐까요? 부양가족이 있는지, 학생 자녀가 있는지, 가족 중에 환자가 있는지… 이런 조건은 무시해도 되는 것일까요? 한편, 연예인이나 스포츠 선수들의 수입은 또 다른 기준으로 결정됩니다. 단순한 노동 양이 아니라 대중에게 미치는 영향력과 가치에 비례하지요. 타자가 야구공 하나를 담장 너머로 넘겼을 때 생기는 가치는 단순히 시간이나 노력만으로는 설명할 수 없습니다.

사람들이 임금 문제에 민감한 이유는 단순히 돈 때문만이 아닙니다. 임금은 자기 존재의 가치를 드러내고, 무엇보다 정의의 문제와 연결되기 때문입니다. 임금 협상에서 사람들이 격렬히 다투는 이유도 "부당하다, 정당하지 않다"라는 정의감 때문입니다. 문제는 정의에 대한 기준이 서로 다르다는 것입니다.

오늘 본문에도 임금 협상이라는 매우 현실적인 갈등이 등장합니다. 당사자는 야곱과 라반입니다. 과거에는 조카와 외삼촌의 관계였지만, 이제는 사위와 장인이 되었습니다. 라반은 절대적 강자였고, 야곱은 절대적 약자였습니다. 이런 관계에서는 공평한 품삯이 정해지기 어렵습니다. 약자가 손해를 보는 경우가 대부분입니다. 그러나 하나님은 야곱을 무일푼으로 쫓겨나게 내버려두지 않으셨습니다.

성경이 이 장면을 기록한 중요한 이유가 여기에 있습니다. 하나님의 백성이 세상에서 불의와 착취를 당할 때, 하나님께서 어떻게 공의로 개입하시고 자신의 백성을 지키시는지를 보여줍니다.

야곱은 어느 순간 라반의 집을 떠나기로 결심합니다. 성경은 그 시점을 분명히 밝히는데, 바로 라헬이 요셉을 낳았을 때였습니다.

왜 하필 그때였을까요? 성경은 직접적인 이유를 설명하지 않지만, 야곱이 요셉의 출생을 예사롭게 여기지 않았다는 것은 분명합니다. 라헬은 오랫동안 자녀가 없었지만, 하나님께서 그녀를 '생각하심'으로 태의 문이 열렸고(22절), 마침내 요셉을 낳게 되었습니다. 야곱은 이 사건을 보며 벧엘에서 드렸던 자신의 기도와 하나님의 약속을 떠올렸을 것입니다.

> 하나님이 나와 함께 계셔서 내가 가는 이 길에서 나를 지키시고…
> 내가 평안히 아버지 집으로 돌아가게 하시오면 여호와께서 나의
> 하나님이 되실 것이요(창 28:20-21).

야곱은 이제 더 이상 떠나는 일을 미룰 수 없다고 판단했고, 귀향을 결심하게 되었습니다. 사실 라반의 집에 머무는 내내 고향을 그리워했을 것입니다. 그 마음은 세월이 흐르며 점점 무뎌졌을 수도 있습니다. 처음 7년은 레아를 위해, 그다음 7년은 라헬을 위해 일했습니다. 그렇게 14년이 지나면서 하란의 삶에 익숙해졌고, '조금만 더 있으면 나아지겠지'라는 생각으로 시간을 흘려보냈을지도 모릅니다. 그러나 현실은 달라지지 않았습니다. 아무런 진전이 없었고,

미래에 대한 확신도 없었습니다. 바로 그때 요셉이 태어났고, 야곱은 그 사건을 하나님의 응답으로 받아들여 마침내 하란을 떠날 결심을 굳힌 것입니다.

그런데 실제로 떠나기로 결심한 결정적인 이유는 따로 있었습니다. 하나님께서 꿈을 통해 직접 나타나셨기 때문입니다. 그 내용이 31장에 자세히 기록되어 있습니다(창 31:10-12). 이는 창세기가 반드시 연대기적 순서로만 기록된 책이 아님을 보여줍니다. 야곱은 라반을 떠나기 직전, 그 꿈 이야기를 라헬과 레아에게 전하며 자신의 결정을 설명하고 동의를 구했습니다.

그 꿈은 매우 이상했습니다. 하나님께서 말씀하시기를 "점 있는 것이 네 삯이 되리라" 하면 온 양 떼가 점 있는 것을 낳았고, "얼룩무늬 있는 것이 네 삯이 되리라" 하면 온 양 떼가 얼룩무늬를 낳았습니다. 이렇듯 꿈에서 이미 보았기에 야곱은 라반에게 당당히 얼룩무늬와 점 있는 짐승을 품삯으로 요구할 수 있었습니다.

라반과 협상하는 야곱

하나님의 말씀을 받고 하란을 떠날 결심을 한 야곱은 장인 라반과 본격적인 협상에 나섭니다. 야곱은 이미 라반에게 두 번이나 속았습니다. 레아를 얻기 위해 7년, 라헬을 위해 다시 7년을 종처럼 일했지만, 그 대가로 아무것도 얻지 못했습니다. 라반은 무려 14년치 품삯을 착취했습니다. 라헬과 레아조차 "아버지가 우리를 팔고 우리의 돈을 다 먹어버렸다"(창 31:14)고 말할 정도였습니다. 아버지의 눈에 출가한 딸들은 외국인에 불과했습니다.

야곱은 그 집에서 열한 명의 아들과 최소 한 명의 딸을 두었습니다. 성실하게 일했고, 하나님께서 함께하셨기에 라반의 재산은 크게 불어났습니다. 그러나 정작 야곱 자신은 아무것도 얻지 못했습니다. 그는 훗날 "외삼촌께서 내 품삯을 열 번이나 바꾸셨다"(창 31:41)고 고백합니다. 말 그대로 계속 속은 것입니다. 더는 희망이 없다고 판단한 야곱은 이제 자기 집을 세우려면 공정한 계약이 필요하다는 결론에 도달했습니다.

그래서 그는 라반에게 요청했습니다. "나를 보내어 내 고향 나의 땅으로 가게 하시되 내가 외삼촌에게서 일하고 얻은 처자를 내게 주시어 나로 가게 하소서"(25-26절). 그의 태도는 사위가 장인에게 부탁하는 것이 아니라, 마치 종이 주인에게 허락을 구하는 것처럼 보입니다. 실제로 그는 무일푼이었습니다. 그런데도 떠나겠다고 한 것은 더 이상 라반에게 기대할 것이 없었기 때문입니다.

그러나 라반은 곧바로 거절했습니다. "네가 나를 사랑스럽게 여기거든 그대로 있으라." 이는 결코 진심에서 나온 말이 아니었습니다. 그는 야곱을 통해 엄청난 이익을 얻었기에 그를 놓치고 싶지 않았을 뿐입니다. 탐욕스러운 그가 스스로 기회를 포기할 리 없습니다. 그는 야곱이 가진 약점, 곧 아무것도 가진 것이 없다는 사실을 이용해 다시 협상을 시도했습니다. 그는 인심을 쓰는 척하며 말했습니다. "네 품삯을 정하라. 내가 그것을 주리라."

언뜻 보면 좋은 조건 같습니다. 마치 직원에게 "당신이 받고 싶은 봉급을 직접 정하세요"라고 말하는 것과 같습니다. 그러나 야곱은 이미 14년 동안 라반을 겪으면서 그가 어떤 사람인지 잘 알고 있었습니다. 그동안에도 품삯을 정해주었지만, 실제로 약속을 지킨 적은 거의 없었습니다. 당시에는 화폐가 발달하지 않았기 때문에 품삯은 양이나 염소로 지급되었습니다. 그러나 가축을 구분하기가 쉽지 않아 라반이 억지를 부리면 속수무책으로 빼앗길 수밖에 없었습니다.

그래서 야곱은 이번에는 확실히 구분할 수 있는 방식으로 품삯을 요구했습니다. "점이 있거나 아롱진 양과 염소는 제 몫이 되게 해주십시오." 이 제안은 야곱에게 불리해 보였습니다. 보통 가축은 흠 없는 순종이 많고, 아롱지거나 점이 있는 것은 드물며 상품 가치도 낮았기 때문입니다. 그러나 그는 믿음으로 이 조건을 선택했습니다. 이미 꿈에서 하나님께 약속을 받았기 때문입니다.

라반 입장에서도 이 제안은 나쁘지 않았기에 그는 흔쾌히 계약에 응했습니다. 그러나 곧바로 아들들을 시켜 점이 있는 것과 아롱진 양과 염소를 모두 분리시켜 사흘 길이나 떨어진 곳에 옮겨놓았습니다. 계약을 지킨 것처럼 보이지만, 실상은 야곱의 기대를 교묘히 무너뜨린 처사였습니다. 야곱은 아마도 라반의 양을 치면서 틈틈이 자기 양을 돌볼 생각이었을 것입니다. 그러나 그 양들은 이제 라반의 아들들에게 넘겨졌고, 야곱은 점 하나 없는 양만 치게 되었습니다. 또다시 라반에게 속은 셈이 되었습니다.

본문의 37절 이하에 기록된 야곱의 행동은 다소 황당해 보입니다. 그는 버드나무, 살구나무, 신풍나무 가지의 껍질을 벗겨 흰 무늬를 내고, 그것을 양들이 물을 먹는 개천에 두었습니다. 그러자 그 가지 앞에서 교미한 양들이 아롱지거나 점이 있는 새끼를 낳았습니다. 야곱은 라반의 양과 자기 양이 섞이지 않게 구분했고, 더 나아가 튼튼한 양이 교미할 때만 가지를 두었고, 약한 양일 때는 가지를 두지 않았습니다. 결과적으로 튼튼한 양은 야곱의 것이 되었고, 약한 양은 라반의 몫이 되었습니다.

이 행동은 어떻게 이해할 수 있을까요? 어떤 학자들은 야곱이 오랜 목양 경험 끝에 비법을 터득했거나, 당시 목자들 사이에 전해지던 미신적 방식을 사용했다고 해석합니다. 그러나 야곱이 미신을 믿었다고 보기는 어렵습니다. 만약 그렇다면 미신임에도 불구하고 하나님께서 그에게 복을 주셨다는 이상한 결론이 되기 때문입니다.

다른 가능성은 하나님께서 직접 이렇게 하도록 지시하셨다는 해석입니다. 충분히 가능한 설명입니다. 실제로 다음 장에서 하나님은 꿈에 나타나 얼룩무늬 있는 것, 점 있는 것, 아롱진 것이 그의 몫이 될 것이라고 말씀하십니다(창 31:10-12). 하나님께서 그런 말씀만 하시고 방법은 알려주지 않으셨을까요? 성경이 명시하지 않으므로 단정지을 수는 없지만, 적어도 그렇게 추정해 볼 수는 있습니다.

또 다른 해석은 이렇습니다. 하나님께서 구체적인 방법까지 알려

주신 것은 아니지만, 야곱이 하나님의 약속을 믿고 스스로 시도했다는 것입니다. 그렇다면 나뭇가지는 과연 점 있고 얼룩진 양이 태어나는지 확인하는 수단으로 사용된 것입니다. 그는 이 수단을 사용해 튼튼한 양을 자신의 소유로 만들 수 있었습니다.

하나님은 그동안 제대로 받지 못한 품삯을 야곱에게 되돌려 주셨습니다. 이것은 단순히 하나님께서 야곱을 부자로 만드셨다는 이야기가 아닙니다. 임금은 정의의 문제이기 때문입니다. 야곱은 33절에서 자신의 '의'를 강조했고, 하나님은 그의 억울함을 외면하지 않으셨습니다.

라반의 입장에서 말하자면, 그는 '관습대로', '계약대로' 했다고 주장할 수 있습니다. "라헬을 얻기 위해 7년을 봉사하기로 하지 않았느냐? 우리 지방의 풍습상 언니를 먼저 시집보내야 한다." 그러나 관습과 계약대로 했다고 해서 반드시 정의로운 것은 아닙니다.

하나님은 야곱이 이방 땅에서 오랫동안 불의를 당하는 것을 지켜보셨습니다. 그것은 어쩌면 과거 야곱이 형 에서를 속인 일에 대한 징계였는지도 모릅니다. 그러나 때가 이르자 하나님은 그런 불의를 바로잡으시고, 야곱에게 정당한 몫을 되찾아 주셨습니다. 라반이 야곱을 통해 얻은 부가 다시 야곱에게로 돌아가도록 하신 것입니다.

세상은 계약대로 실행되는 것을 정의라 여깁니다. 인간 사회에서 공

정함을 보장하는 가장 손쉬운 기준은 계약일 수밖에 없기 때문입니다. 그러나 계약 자체에 불의가 숨어 있을 수 있습니다. 특히 강자와 약자 사이에서 맺어진 계약이 그렇습니다. 죄로 가득한 세상에서 약하고 가난한 신자들은 불공정한 계약과 제도 가운데서 살아갈 수밖에 없습니다. 이는 세상이 하나님의 의를 알지 못하기 때문입니다.

결국 경건한 신자들은 손해를 감수하며 살아야 할 때가 많습니다. 그러나 우리에게는 믿음이 있습니다. 그 모든 손실을 하나님께서 반드시 갚아주신다는 믿음입니다. 물론 하나님께서 야곱에게 하신 방식 그대로 우리에게 갚아주시지는 않습니다. 오늘날 우리 가운데 양을 치는 사람은 없지 않습니까? 그러나 하나님은 각 사람에게 가장 합당한 방법으로 공의롭게 갚아주십니다.

이와 관련해 에베소서 6장의 말씀을 함께 붙잡고자 합니다.

> 종들아, 두려워하고 떨며 성실한 마음으로 육체의 상전에게 순종하기를 그리스도께 하듯 하라. 눈가림만 하여 사람을 기쁘게 하는 자처럼 하지 말고, 그리스도의 종들처럼 마음으로 하나님의 뜻을 행하고, 기쁜 마음으로 섬기기를 주께 하듯 하고 사람들에게 하듯 하지 말라. 이는 각 사람이 무슨 선을 행하든지 종이나 자유인이나 주께로부터 그대로 받을 줄을 앎이라. 상전들아, 너희도 그들에게 이와 같이 하고 위협을 그치라. 이는 그들과 너희의 상전이 하늘에 계시고 그에게는 사람을 외모로 취하는 일이 없는 줄 너희가 앎이라(엡 6:5-9).

오늘 현실은 노동자와 사용자의 갈등으로 가득합니다. 노동자는 더 받아야 산다고 생각하고, 사용자는 줄여야 버틸 수 있다고 여깁니다. 그 사이에서 갈등이 일어나고 불신이 깊어집니다. 그러나 성경은 말합니다. 하늘에 계신 하나님이 모든 사람의 주인이시며, 외모나 지위가 아니라 오직 의로 심판하신다고. 그러므로 우리는 불의한 세상 속에서도 하나님의 공의를 바라보며 살아야 합니다. 이 믿음으로 성실하게 일하고, 정직하게 섬기며, 삶으로 하나님의 의를 드러내는 성도들이 되시기를 주님의 이름으로 축원합니다.

IIIIIIIIIIIIIIIIIIIIII

1. 야곱이 요셉의 출생 이후 하란을 떠나기로 결심한 이유는 무엇입니까? 이것은 하나님의 약속과 어떻게 연결됩니까?
2. 야곱이 '점이 있거나 아롱진 양과 염소'를 품삯으로 요구한 것은 왜 믿음의 선택이었습니까? 라반이 그 제안을 받아들인 이유는 무엇입니까?
3. 불공정한 현실 속에서도 하나님의 공의를 바라보며 성실하고 정직하게 살아간다는 것은, 오늘 우리의 삶에서 구체적으로 어떻게 드러날 수 있습니까?

야곱을 탈출시키신 하나님
"네 조상의 땅으로 돌아가라"

창세기 31:17-42

앞서 30장에서 우리는 하란이라는 이방 땅에서 야곱이 어떻게 번영하게 되었는지를 살펴보았습니다. 그는 하나님의 섭리 가운데 네 아내를 통해 열한 명의 자녀를 얻었고, 라반과의 협상 이후에는 큰 부자가 되었습니다. 라반의 수차례 속임수에도 불구하고, 야곱은 자녀와 재산을 모두 얻었습니다. 만약 하나님께서 그대로 두셨다면, 그는 하란에 눌러앉아 더 큰 세력을 이루었을지도 모릅니다. 그러나 하란은 종착지가 아니라, 하나님께서 약속하신 가나안으로 가는 여정 중 하나였습니다.

오늘 본문은 야곱이 어떻게 하란을 떠나 가나안으로 향하게 되었는지를 보여줍니다. 이는 할아버지 아브라함이 하란을 떠나 가나안으로 갔던 여정, 그리고 어머니 리브가가 하란을 떠났던 일을 떠올리게 합니다. 그러나 이번에는 상황이 전혀 달랐습니다. 아브라함과 리브가는 평화롭게 떠났지만, 야곱은 긴박하고 위태로운 상황 속에서 하란을 떠나야 했습니다. 잘못하면 가족 모두의 생명까지 위태로울 수 있었습니다. 야곱에게 '출하란'은 단순한 이주가 아니라 목숨을 건 탈출이었습니다.

이 점에서 야곱의 탈출은 훗날 이스라엘 백성이 경험하게 될 출애굽 사건을 예표한다고 볼 수 있습니다. 야곱이 훗날 '이스라엘'이라는 이름을 갖게 된다는 사실을 기억하십시오. 야곱의 인생 자체가 훗날 이스라엘 민족이 걸어갈 여정의 축소판이었습니다.

그러나 문제는 현실이었습니다. 야곱이 큰 부자가 되고 라반의 재산이 줄어들자, 라반과 그의 아들들은 더 이상 그를 호의적으로 대할 수 없었습니다. 특히 라반의 아들들은 "야곱이 우리 아버지의 소유를 다 빼앗고 … 이 모든 재물을 모았다"(창 31:1)며 불평하기 시작했습니다. 눈앞에서 야곱이 점점 더 많은 양 떼를 거느리는 모습을 차마 두고 볼 수 없었던 것입니다. 계약상 얼룩무늬나 점이 있는 가축은 야곱의 몫이었지만 불만은 점점 커졌고, 이 일은 결국 야곱의 귀에도 들어갔습니다. 야곱을 바라보는 라반의 얼굴에도 이전과는 달리 냉랭함이 드러났습니다(2절). 야곱은 점점 위협을 느낄 수밖에 없었습니다.

하란에서 야곱은 홀로였습니다. 외삼촌 라반은 가족이라는 이름을 가지고 있었지만, 실제로는 종과 주인의 관계에 가까웠습니다. 자신과 가족의 생명을 지키기 위해 야곱이 선택할 수 있는 길은 오직 하나, 하란을 떠나는 것이었습니다.

그 절박한 순간에 하나님께서 다시 야곱에게 나타나셨습니다. "네 조상의 땅 네 족속에게로 돌아가라. 내가 너와 함께 있으리라"(3절). 야곱의 인생에서 하나님은 늘 결정적인 순간마다 나타나셨습니다. 하란으로 향하던 그에게 벧엘에서 말씀하셨고, 지금 떠나려는 순간에도 다시 말씀하셨습니다. 그리고 곧 형 에서를 만나기 전 얍복강에서도 그에게 임하실 것입니다.

3절 말씀은 두 부분으로 나뉩니다. 하나는 "돌아가라"는 명령, 다른 하나는 "내가 너와 함께 있으리라", 곧 하나님이 함께하신다는 임마누엘의 약속입니다. 야곱이 하란을 떠날 수 있었던 결정적 이유는 그의 판단이나 환경이 아니라 하나님의 말씀에 있었습니다.

탈출을 실행에 옮기는 야곱

하나님의 약속을 받았다 해도 야곱이 실제로 라반을 떠나기는 결코 쉽지 않았습니다. 만일 옛날처럼 형 에서를 피해 혼자 달아나는 상황이었다면, 언제든 라반의 눈을 피해 도망칠 수 있었을 것입니다. 그러나 지금은 상황이 다릅니다. 두 아내와 두 여종, 열한 명의 자녀, 그리고 수많은 가축 떼가 함께 있습니다. 이렇게 많은 식솔과 재산을 이끌고 유프라테스강을 건너 가나안으로 향한다는 것은 큰 위험을 감수하는 일이었습니다. 그러자면 아내들의 협력이 절대적으로 필요했습니다. 하지만 라헬과 레아는 사이가 좋지 않았습니다. 탈출

이 성공하리라는 보장은 없었습니다.

그럼에도 하나님의 말씀을 들은 야곱은 결단을 내렸습니다. 그는 아내들을 자기 양 떼가 있는 들판으로 불러내어 하란을 떠나야 할 이유를 자세히 설명했습니다(4절). 그 핵심은 이렇습니다. "그대들의 아버지는 여러 번 나를 속이고 억압했지만, 하나님께서 나와 함께하셨고 늘 지켜주셨소. 내가 온 힘을 다해 섬겼지만, 그는 품삯을 열 번이나 바꾸며 나를 부당하게 대우했소. 그러나 하나님은 내가 해를 입지 않도록 막아주셨고, 오히려 그 짐승들을 내게 주셨소. 점 있는 것이 내 품삯이라 하면 양들이 점 있는 것을 낳았고, 얼룩무늬가 내 몫이라 하면 양들이 그렇게 낳았소. 하나님께서 그 짐승들을 그대들의 아버지에게서 빼앗아 내게 주신 것이오."

이 말을 곱씹어 보면, "야곱이 아버지의 재산을 빼앗았다"는 라반의 아들들의 불평이 전혀 근거가 없지는 않았습니다. 실제로 재산의 이동이 있었습니다. 그러나 그것은 야곱의 꾀가 아니라 하나님의 주권적인 간섭이었습니다. 하나님께서 라반의 탐욕과 불의를 심판하신 것입니다. "라반이 네게 행한 모든 것을 내가 보았노라"(12절)는 말씀은 바로 그 선언이었습니다.

여기서 우리는 중요한 교리를 발견할 수 있습니다. 하나님은 자신의 백성이 악인에게 고통당하는 것을 다 보고 계신다는 사실입니다. 그러나 즉시 개입하지는 않으십니다. 때로는 지켜보기만 하시는 것 같을 때도 있습니다. 왜일까요? 하나님께서 처음부터 라반의 모든 양 떼를 야곱에게 넘겨주셨다면, 야곱은 고생 없이 복을 얻었을 텐데 말입니다. 그러나 그렇게 되면 라반을 향한 의로운 심판이라는 맥락은 사라지고, 하나님이 마치 도둑처럼 재산을 빼앗아 주시는 분으로 비칠 수 있습니다. 하나님은 모든 것을 알고 계시며 때를 따라 의롭게 판단하십니다. 야곱이 성실히 섬겼으나 정당한 대가를 받지 못했을 때, 하나님은 그러한 불의를 보시고 결국 모든 것을 돌려주신 것입니다.

야곱의 설명을 들은 라헬과 레아는 한 목소리로 말했습니다. "아버지가 우리를 팔고 우리의 돈을 다 먹어버렸습니다. 하나님이 우리 아버지에게서 취하여 가신 재물은 우리와 우리 자식의 것입니다."

여기서 흥미로운 대조가 드러납니다. 같은 아버지를 둔 아들과 딸의 시선은 전혀 달랐습니다. 라반의 아들들은 야곱이 아버지의 재산을 빼앗아 갔다고 여겼지만, 그의 딸들은 오히려 아버지가 자신들의 몫을 빼앗았다고 보았습니다. 그래서 라헬과 레아는 이렇게 말했습니다. "이제 하나님이 당신에게 이르신 일을 다 준행하라"(16절). 그들은 모든 일을 남편 야곱에게 위임했습니다.

붙잡힌 야곱

라반이 양털을 깎으러 멀리 떠난 틈을 타(19절), 야곱은 가족과 함께 탈출을 감행했습니다. 그들은 유프라테스강을 건너 가나안으로 향했고 길르앗 산지에 이르렀습니다. 그러나 사흘 뒤 이 사실을 알게 된 라반은 즉시 추격에 나섰습니다. 그는 7일간의 추격 끝에 길르앗

산에서 야곱을 따라잡습니다(23절). 지도를 살펴보면 야곱의 일행이 얼마나 전력을 다해 도망쳤는지, 라반 또한 얼마나 필사적으로 뒤쫓았는지를 짐작할 수 있습니다. 길르앗산만 넘으면 가나안 땅이었습니다. 야곱은 목적지에 거의 다다른 순간 붙잡히고 만 것입니다. 모든 계획이 물거품이 될 수 있는 절체절명의 위기였습니다.

그러나 그 전날 밤, 하나님께서 라반에게 나타나셨습니다. "너는 삼가 야곱에게 선악간에 말하지 말라"(24절). 이 경고가 없었다면, 라반은 분명 야곱을 해쳤을 것입니다. 이처럼 하나님은 늘 야곱의 인생에서 가장 절박한 순간마다 개입하여 보호하셨습니다.

다음날 라반은 야곱을 붙잡고 두 가지를 따져 물었습니다. 첫째는 딸들과 손자들을 몰래 데려간 일에 대한 항의였습니다. 그는 이렇게 말했습니다. "네가 나를 속이고 딸들을 납치하듯 데려갔구나. 내가 즐겁게 환송했을 수도 있었는데 작별 인사도 못 하게 하다니! 참 어리석은 짓을 했다." 겉으로는 유순하게 말하는 듯 보여도 이 말은 결코 진심이 아니었습니다. 만일 하나님께서 전날 밤 나타나지 않으셨다면, 그는 절대 이렇게 말하지 않았을 것입니다. 이에 야곱은 "외삼촌이 외삼촌의 딸들을 내게서 억지로 빼앗으리라 하여 두려웠습니다"라고 솔직하게 대답했습니다.

라반은 두 번째로 드라빔(가정의 우상)에 대해 질문했습니다. 그는 야곱이 드라빔을 훔쳐 갔다고 의심했습니다. "네가 아버지 집을 그리워하여 떠난 것은 이해하겠다. 그러나 어찌하여 내 신까지 훔쳐 갔느냐?" 이에 야곱은 결백을 단언하며 이렇게 대답했습니다. "당신의 신상이 누구에게서 발견되든 그 사람은 생명을 잃을 것입니다.
또한 외삼촌의 소유로 확인되면 모두 돌려드리겠습니다.” 그만큼 그
는 자신의 결백을 확신했습니다.

그리하여 야곱이 머물던 천막까지 샅샅이 뒤졌지만 드라빔은 끝
내 찾지 못했습니다. 그러나 라반은 “야곱에게 선악간에 말하지 말
라”는 하나님의 명령을 무시한 셈이었습니다.

드라빔

드라빔 사건은 야곱의 하란 탈출 이야기에서 매우 기이하고 불편한
대목입니다. 야곱은 전혀 알지 못했지만, 사실은 아내 라헬이 아버
지 라반의 드라빔을 몰래 훔쳐 나왔습니다. 성경은 드라빔이 무엇인
지 구체적으로 설명하지 않지만, 일반적으로 가정의 수호신이나 상
속권과 관련된 상징물이었을 것입니다. 그것은 분명 매우 가치 있는
물건이며, 다른 사람이 함부로 손대서는 안 되는 신성한 대상이었습
니다. 라반이 분노한 것도 이 때문입니다.

라헬이 왜 드라빔을 훔쳤는지는 성경에 기록되어 있지 않습니다.
다만 그녀가 어려서부터 여호와를 섬기며 자란 인물은 아니었기에,
옛 신앙에 미련이 남아 있었을 가능성이 큽니다. 라헬은 드라빔이
자신을 보호해줄 것이라고 기대했는지도 모릅니다. 당시에는 기본적
으로 다신교적 신관(神觀)을 가졌기에 신이 많을수록 좋다고 여겼습
니다. 이런 점에서 드라빔 사건은 훗날 출애굽 이후 이스라엘이 금

송아지를 만들어 섬긴 사건과도 유사합니다.

이후 창세기 35장에서 야곱은 가족에게 모든 이방 신들을 버리고 옷까지 새롭게 하라고 명령합니다. 이는 그 가정이 오랫동안 이방 신앙에서 완전히 벗어나지 못했음을 보여줍니다.

드라빔 사건은 성경을 읽는 이들에게 혼란을 줄 수 있습니다. 라헬은 아버지의 소유물을 훔쳤고, 들킬 위기에서는 몸이 아프다며 거짓말까지 했습니다. 그리고 그 거짓말은 통했습니다. 그러나 이 장면을 곧, 하나님의 자녀라면 필요할 때 도둑질이나 거짓말을 해도 보호받을 수 있다는 뜻으로 이해해서는 안 됩니다.

창세기에는 이와 비슷한 장면이 반복됩니다. 아브라함은 애굽과 그랄에서 아내 사라를 누이라 속였고, 그의 아들 이삭도 리브가를 두고 똑같이 거짓말을 했습니다. 그런데 하나님은 아브라함이나 이삭을 직접 책망하지 않으시고, 오히려 애굽 왕이나 그랄 왕을 치셨습니다. 이는 하나님께서 도덕적 규범을 무시하신 것이 아니라 더 크고 중요한 목적을 이루기 위해 개입하신 것입니다. 그 목적은 약속의 씨를 보호하는 일이었습니다. 사라와 리브가는 하나님께서 택하신 후손을 낳아야 했기에 이방 왕에게 빼앗겨서는 안 되었습니다.

드라빔 사건에서도 남편 야곱이 아니라 아내 라헬이 거짓말을 했습니다. 만약 들켰더라면 그녀는 생명을 잃었을지도 모릅니다. 그러나 거짓말은 통했고, 드라빔은 발견되지 않았습니다. 라반은 자신이 속았음을 깨닫지 못한 채 오히려 야곱에게 책망을 듣고 체면을 구겼습니다. 라헬이 지혜로 위기를 넘긴 것처럼 보이지만, 실상은 하나님께서 보이지 않는 손길로 보호하신 것이었습니다.

그렇다면 왜 하나님은 라헬이 제8계명("도둑질하지 말라")과 제9계명("거짓 증언하지 말라")을 어겼음에도 그녀를 보호하셨을까요? 그것은 라헬을 통해 아직 완성되지 않은 하나님의 계획이 있었기 때문입니다. 야곱에게는 여전히 한 아들이 더 필요했는데, 그 마지막 아들이 바로 라헬의 둘째 아들 베냐민이었습니다. 라헬은 베냐민을 낳은 후 곧 세상을 떠났습니다. 자신에게 맡겨진 사명을 다한 뒤 생을 마친 것입니다.

❧

하나님은 결정적인 순간마다 개입하여 야곱과 그의 가족, 그리고 재산을 지켜주셨습니다. 하나님의 도우심이 없었다면, 야곱은 도망 중 라반에게 붙잡혀 죽음을 면치 못했을 것입니다. 그가 살아남을 수 있었던 것은 그의 지혜나 능력 때문이 아니라, 하나님께서 그를 사랑하시고 무엇보다 스스로 하신 약속을 반드시 지키시는 분이기 때문이었습니다.

드라빔 사건 역시 하나님의 약속이라는 큰 틀에서 이해해야 합니다. 이 장면에서 라반만큼 억울한 사람도 없어 보입니다. 신상을 도둑맞은 것도 모자라 그것을 훔친 딸의 남편에게 책망까지 들었으니 말입니다. 그러나 하나님은 야곱이 하란을 떠날 때 라반뿐만 아니라 라반이 의지하던 거짓 신까지 심판하신 것입니다. 당시 문화에서 신상을 도둑맞는 것은 단순히 물건 하나를 잃어버리는 일이 아니라, 나라와 가문의 정신이 무너지는 일이었습니다. 하나님은 드라빔을 통해 거짓 신앙의 허망함을 드러내셨습니다.

야곱의 하란 탈출은 훗날 출애굽 사건의 모형이며, 나아가 오늘 우리의 구원과도 직결됩니다. 하나님은 죄와 사망의 종이었던 우리를 예수 그리스도의 십자가와 부활을 통해 해방시키셨습니다. 우리가 아무런 자격이 없고 의도하지 않았을 때, 하나님께서 우리를 자신의 백성으로 삼으시고 의롭다고 하셨습니다.

이제 우리가 해야 할 일은 분명합니다. 우리 안에 여전히 남아 있는 '드라빔'을 버리고, 오직 참되신 하나님만을 섬기며 그분을 영화롭게 하는 삶을 사는 것입니다. 그 길을 따라 살아갈 때 성부, 성자, 성령, 삼위 하나님께서 늘 우리의 삶에 함께하시기를 주님의 이름으로 축원합니다.

||||||||||||||||||||||

1. 라반의 추격 가운데 하나님께서 야곱과 그의 가족을 지켜주신 사건은, 하나님의 어떤 성품을 드러냅니까?
2. 라헬이 아버지의 드라빔을 훔친 사건을 통해 성경은 어떤 메시지를 전하고자 합니까? 이것은 출애굽 사건이나 오늘 우리의 구원과 어떻게 연결됩니까?
3. 우리 삶 속에서 여전히 버리지 못한 '드라빔' 같은 우상은 무엇입니까?

야곱에서 이스라엘로
"날이 새도록 씨름하다가"

창세기 32:21-32, 호세아 12:1-3

오늘날 유대 국가의 이름인 '이스라엘'의 기원이 바로 오늘 본문에 기록되어 있습니다. '이스라엘'은 문자적으로 '하나님과 겨루어 이겼다'는 뜻입니다. 단어만 보면 유대인들이 "우리는 하나님도 이긴 위대한 민족이다"라는 교만에 빠질 수 있지만, 성경의 모든 단어는 반드시 문맥 속에서 이해해야 합니다. '이스라엘'의 올바른 의미를 아는 것은 오늘 우리에게도 중요합니다. 구약의 이스라엘은 신약의 교회를 예표하기 때문입니다.

본문에는 야곱이 '이스라엘'이라는 새 이름을 받는 장면이 나옵니다. 성경에서 이름이 바뀐다는 것은 인생의 중대한 전환점을 의미합니다. 대부분의 사람은 태어났을 때 지은 이름으로 평생을 살아가지만, 간혹 삶의 방향을 완전히 바꾸려는 결심 속에서 개명을 하기도 합니다. 제가 아는 한 목사님은 예수님을 믿고 구원의 기쁨이 너무 커서 이전의 이름을 버리고 '요한'으로 개명했습니다. 이처럼 이름의 변화는 존재의 변화, 삶의 전환을 상징합니다.

얍복강에서 일어난 이 특별한 사건은 야곱의 인생에서 결정적인 전환점이 되었습니다. 두려움 속에서 형 에서를 맞이하기 직전, 하나님께서 나타나 야곱의 이름을 바꾸셨습니다. 창세기 32장은 언뜻 야곱 개인의 이야기처럼 보이지만, 그 중심에는 언제나 하나님이 계십니다. 하나님께서 개입하지 않으셨다면, 야곱은 얍복강을 건너지 못하고 두려움에 사로잡힌 채 생을 마감했을지도 모릅니다.

오늘 본문을 통해 야곱이 '이스라엘'로 바뀌는 과정을 묵상하며, 그를 약속의 땅으로 이끄신 하나님의 신실하심이 오늘 우리에게 주는 교훈을 얻고자 합니다.

큰 두려움에 빠진 야곱

창세기 31장에서 야곱이 외삼촌 라반에게서 어떻게 도망쳤는지 보았습니다. 그가 목숨을 건질 수 있었던 것은 군사력이나 지혜 덕분이 아니었습니다. 꾀를 부려 몰래 빠져나왔지만 결국 라반에게 붙잡혔고, 그럼에도 불구하고 하나님의 도우심으로 살아남아 오히려 라반을 하나님의 이름으로 꾸짖을 수 있었습니다.

그러나 32장에 들어서면, 전혀 다른 야곱의 모습이 나타납니다. 라반의 손에서 벗어나 고향으로 돌아가는 길에 그는 두려움에 휩싸입니다. 하란을 떠나고 20년이 지나는 동안, 야곱과 형 에서는 모두 큰 변화를 겪었습니다. 에서는 아버지의 축복을 받지 못한 뒤 스스로 복을 쟁취하기 위해 집을 떠났습니다. 그는 가나안 족속, 곧 헷 사람들 가운데서 아내를 맞았고, 이스마엘 자손에게서도 아내를 얻었습니다. 에돔 땅 세일산에 정착한 그는 군사 400명을 거느릴 만큼 강력한 세력을 이루었습니다.

가나안에 가까워질수록 야곱은 두려움에 사로잡혔습니다. 특히 형 에서가 두려웠습니다. 하나님은 야곱의 두려움을 아시고 그에게 용기를 주기 위해 천사들을 보내셨습니다(창 32:1). 야곱은 그들을 '하나님의 군대'라 부르며, 그 땅의 이름을 '마하나임'이라 했습니다(창 32:2). '마하나임'은 '두 부대'라는 뜻인데, 32장에서 "두 떼"라는 말로도 사용되었습니다(7, 10절). 이처럼 하나님은 천군을 보내 야곱을 위로하셨지만, 야곱은 여전히 에서를 라반보다 더 큰 위협으로 느꼈습니다.

지레 겁을 먹은 야곱은 남쪽에 있던 에서에게 사신을 보냅니다. 직접 만나서 대화해도 될 일이었지만, 먼저 형의 반응을 떠보고 싶었던 것입니다. 사신은 이렇게 전했습니다. "주의 종 야곱이 이같이 말하기를 … 내 주께 은혜 받기를 원하나이다"(창 32:4-5). 요약하면, 야곱 자신이 종이 되어 형을 섬기겠다는 뜻이었습니다.

그러나 에서는 아무 답도 하지 않고 군사 400명을 이끌고 야곱을 향해 출발했습니다. 이 소식을 들은 야곱은 더욱 두려워졌습니다. 그는 에서가 자신을 치러 오는 것이라 생각했습니다. 이에 두 가지로 대응했습니다. 첫째, 가족과 소유를 둘로 나누어 한쪽이 공격당해도 나머지는 피할 수 있게 했습니다. 이는 '마하나임'에서 얻은 발상일 수도 있습니다. 그러나 이것만으로는 부족했습니다.

둘째, 그는 하나님께 간절히 기도했습니다. 이것은 야곱의 인생에서 가장 길고 절실한 기도였습니다. "내 조부 아브라함의 하나님, 내 아버지 이삭의 하나님 여호와여, 주께서 전에 내게 명하시기를 '네 고향, 네 족속에게로 돌아가라. 내가 네게 은혜를 베풀리라' 하셨습니다. 실제로 저는 감당할 수 없는 은혜를 입어 지금은 두 떼나 거느리게 되었습니다. 그러나 저는 형 에서가 두렵습니다. 제 생명과 가족을 지켜주십시오. 주께서 '네 씨로 바다의 셀 수 없는 모래와 같이 많게 하리라'고 말씀하지 않으셨습니까?"

야곱의 기도 속에는 하나님의 약속에 대한 신뢰와 형에 대한 두려움이 동시에 담겨 있었습니다. 이것이 신자의 진정한 모습입니다. 하나님을 믿는다고 해서 염려와 근심이 완전히 사라지는 것은 아닙니다. 우리는 기도하고 나서도 다시 걱정에 빠지곤 합니다. 누군가는 "하나님께 맡겼으면 됐지 왜 걱정하느냐"고 하지만, 믿음의 사람도 순종의 길에서 큰 두려움과 긴장에 직면하게 됩니다.

야곱은 지금 하나님의 명령에 순종하여 고향으로 돌아가는 길에 있습니다. 그러나 그 길은 가족의 생명이 위협받는 길이기도 했습니다. 우리 역시 하나님의 뜻에 순종하려 할 때, 사탄이 가만히 있지 않습니다. 신자의 순종은 언제나 영적 긴장과 맞부딪히는 길입니다.

야곱은 앞서 하나님께 간절히 기도했지만, 하나님은 즉각 응답하지 않으셨습니다. 평소에는 자주 나타나시던 하나님께서 정작 절실할 때에는 침묵하시는 듯 보였습니다.

다음날, 야곱은 다시 자신의 꾀를 의지합니다. 그는 형 에서가 물질에 약하다는 것을 알고 있었기에 정성껏 예물을 준비해 형의 마음을 누그러뜨리려 했습니다. 암염소, 숫염소, 암양, 수양, 낙타, 암소, 황소, 암나귀 등 무려 550마리에 달하는 가축을 예물로 보냈습니다. 이는 단순한 인사를 넘어서는 막대한 선물이었습니다.

또한 야곱은 이 예물을 한번에 보내지 않고 여러 차례 나누어 보냈습니다. 여기에는 심리적 계산이 담겨 있었습니다. 아무리 복수심에 가득 차 있더라도 연거푸 귀한 선물을 받으면 마음이 누그러지지 않을까 기대한 것입니다. 성경은 그의 의도를 이렇게 전합니다. "내 앞에 보내는 예물로 형의 감정을 푼 후에 대면하면 형이 혹시 나를 받아주리라"(창 32:20).

예물을 보낸 뒤, 야곱은 가족과 모든 소유를 밤중에 얍복강 건너편으로 보냈습니다. 성경은 그의 의도를 구체적으로 설명하지 않지만, 예물만으로는 형의 분노가 풀리지 않을 것을 예감했기 때문일 테지요. 그는 아내들과 자녀들까지 형에게 '보상물'처럼 보냈습니다. 이 장면은 야곱의 깊은 불안과 자기보호 본능을 잘 보여줍니다. 그는 얍복강을 건너지 않고 홀로 남았습니다. 20년의 수고로 얻은 모든 것을 형에게 넘긴 채 다시 도망칠 길을 염두에 둔 듯합니다. 만약 하나님께서 개입하지 않으셨다면, 그는 다시 혼자 도망쳤을지도 모릅니다. 그러면 하나님께서 야곱을 통해 이루려던 언약은 좌절될 위기에 처했을 것입니다.

바로 그때 하나님께서 한 사람을 보내십니다. 사람의 형상으로 나타난 천사가 야곱과 씨름했습니다. 주목할 점은 야곱이 먼저 공격한 것이 아니라 천사가 먼저 다가와 씨름을 시작했다는 사실입니다. 성경에서 '씨름'이라는 단어는 매우 드물게 등장하는데, 여기서는 도망치려는 야곱을 붙잡기 위한 하나님의 개입을 뜻합니다.

천사는 야곱을 이기지 못하자 그의 허벅지 관절을 쳐서 어긋나게 했습니다. 그로 인해 야곱은 다리를 절게 되었고, 평생 장애를 안고 살아야 했습니다. 이것은 불신앙에 대한 하나님의 심판이었습니다.* 처음에 야곱은 자신을 공격한 이가 형 에서가 보낸 자객이라 여겼을지 모릅니다. 그래서 죽기를 각오하고 싸웠을 것입니다.

그러나 싸우는 도중 상대가 하나님의 사자임을 깨달았습니다. 그렇다면 당연히 순종해야 했지만, 야곱은 여전히 이기려 들었습니다. 호세아서는 야곱은 태에서부터 자신의 힘으로 형을 이기려 했듯이 하나님과도 싸워서 이기려 했다고 설명합니다(호 12:3). 하나님은 결

---

* 호세아 12장은 이 본문을 이해하는 데 결정적 열쇠로, 야곱의 행동을 심판의 관점에서 서술한다. "유다와 논쟁하시고 야곱을 그 행실대로 벌하시며 그의 행위대로 그에게 보응하시리라. 야곱은 모태에서 그의 형의 발뒤꿈치를 잡았고 또 힘으로는 하나님과 겨루되"(12:2-3).

국 그의 다리를 치셨고, 야곱은 도망칠 수도 싸울 수도 없는 존재가 되었습니다. 이제 그가 할 수 있는 일은 오직 하나, 하나님께 매달리는 것뿐이었습니다.

믿음의 기도로 이김

많은 이들이 야곱이 하나님과 씨름해서 이겼다고 생각합니다. 그러나 실제로는 그렇지 않았습니다. 하나님의 사자가 그의 허벅지 관절을 쳤고, 야곱은 평생 다리를 절며 살아야 했습니다. 하나님께서 그를 회복시켜주신 것도 아니었습니다. 그러니 어떻게 야곱이 이겼다고 할 수 있을까요?

씨름이 끝난 뒤 하나님의 사자는 떠나려 했습니다. 그 순간 야곱은 홀로 남았고, 장애를 지닌 채 아무것도 할 수 없는 처지에 놓였습니다. 그제야 그는 자신의 힘으로 하나님과 맞서려 한 것이 얼마나 어리석은 일이었는지 깨달았습니다. 그래서 그는 사자를 붙잡습니다. 태어날 때부터 붙잡는 데 능했던 사람이 아닙니까? 그런데 이번에는 태도가 달랐습니다. 그는 이렇게 말합니다. "당신이 내게 축복하지 아니하면 가게 하지 아니하겠나이다"(26절). 이 말에는 절박한 믿음이 담겨 있습니다.

호세아 12장 4절은 이 장면을 이렇게 해석합니다. "[그가] 천사와 겨루어 이기고 울며 그에게 간구하였으며." 야곱은 울며 매달렸고, 꾀나 힘이 아니라 믿음의 기도로 하나님의 복을 구했습니다. 그동안 야곱이 추구한 것은 주로 물질적인 복이었습니다. 그는 장자의 복을 얻기 위해 형과 아버지를 속였고, 라반의 집에서도 꾀를 부려 부를 늘렸습니다. 그러나 그 모든 복을 한순간에 에서에게 빼앗길 위기에 처했고, 그제야 그는 깨달았습니다. 진정한 복은 자기 힘으로 얻을 수 없다는 사실을….

야곱은 이제 복의 주권이 하나님께 있음을 분명히 인식합니다. 하나님만이 참된 복의 근원이시며, 그 복은 인간의 수단이나 지혜로는 얻을 수 없음을 알게 된 것입니다. 그래서 그는 하나님 앞에서 울며 복을 구했습니다. 그때 하나님은 떠나지 않으셨고, 그의 이름을 '이스라엘'로 바꿔주셨습니다.

엄밀히 말해 야곱이 하나님을 이긴 것이 아니라 하나님께서 야곱에게 지신 것입니다. 어떤 이는 '져주셨다'는 표현을 쓰지만, 성경은 하나님이 실제로 '지셨다'고 기록합니다. 중요한 것은 '야곱이 어떻게 이겼는가'입니다. 그는 씨름으로 이긴 것이 아니라 간절한 기도로 하나님을 움직였습니다. 하나님은 그의 간구를 거절하지 않으셨습니다.

하나님은 복을 구하는 야곱의 기도를 들으셨고, 복을 주시기 전에 그의 이름부터 바꾸셨습니다. 더 이상 '야곱'이 아니라 '이스라엘'로 불리게 하셨습니다. 야곱이 꾀로 복을 얻었다면, 이스라엘은 기도로 복을 얻은 사람입니다. 이것이 성도가 복을 받는 방식이며, 오늘 우리 모두가 본받아야 할 믿음의 길입니다.

하나님께서 야곱의 이름을 '이스라엘'로 바꾸신 뒤, 마침내 그에게 복을 주셨습니다. 그제야 야곱은 자신이 씨름한 이가 하나님이었음을 깨달았습니다. 그래서 그곳의 이름을 '브니엘'이라 불렀습니다. "내가 하나님과 대면하여 보았으나 내 생명이 보전되었다"는 뜻입니다(30절). 하나님께서 야곱의 이름을 바꾸신 것처럼 야곱도 그곳의 지명을 바꾸었습니다.

날이 밝자 그는 다리를 절고 있었습니다. 이는 밤의 사건이 환상이 아니라 실제였음을 보여줍니다. 육체는 약해졌지만 믿음은 더욱 강해졌습니다. 하나님의 얼굴을 대면하고도 살았으니 형 에서 앞에서도 살 수 있을 것이라 확신했습니다.

야곱은 태어날 때 형의 발뒤꿈치를 붙들었지만, 이제는 하나님의 발을 붙들었습니다. 이것이 바로 예수 그리스도를 붙잡는 믿음의 본보기입니다. 인간의 모습으로 오신 하나님, 곧 예수 그리스도를 붙드는 것, 곧 그것이 믿음입니다. 복은 이런 믿음을 통해서만 임합니다.

호세아 선지자는 야곱이 울며 간구했다고 증언합니다(호 12:4). 그것은 절박한 심령의 부르짖음이었습니다. 그러나 우리는 종종 체면을 차리며 기도하고, 기도한 뒤에도 여전히 잔꾀를 의지합니다. 물론 지혜로운 계획도 필요하지만, 구원의 복은 오직 하나님으로부터 온다는 사실을 잊지 말아야 합니다.

우리가 살아가는 세상은 원수로 가득한 영적 전쟁터입니다. 그렇기에 우리에게 필요한 것은 야곱이 받은 복, 곧 하나님의 얼굴을 대면하고도 살아남은 자의 복입니다. 이 복은 간절한 믿음을 통해서만 얻을 수 있습니다. 이것이 바로 '이스라엘'이라는 이름의 의미이며, 오늘날 하나님의 백성인 교회가 붙잡아야 할 삶의 방식입니다.

IIIIIIIIIIIIIIIIIIIII

1. 야곱이 하나님과 씨름한 뒤 다리를 절게 되었는데도 '이겼다'고 한 이유는 무엇입니까?
2. 야곱이 '이스라엘'이라는 새 이름을 받은 사건은 그의 인생과 신앙에 어떤 전환점이 되었습니까?
3. 우리 삶 속에서 예수 그리스도를 붙잡는 믿음은 구체적으로 어떤 모습으로 드러나야 할까요?

하나님의 은혜로 화해한 두 형제
"달려와서 그를 맞이하여"

창세기 33:1-11

오늘 본문은 참으로 감동적인 장면을 전합니다. 원수가 되었던 두 형제 야곱과 에서가 마침내 화해하는 이야기입니다. 이는 훗날 요셉이 자신을 팔았던 형들을 만나 화해하며 함께 울던 장면(창 45장)의 예표라 할 수 있습니다.

창세기는 죄로 인해 인간이 얼마나 비참한 상태에 이르게 되었는지를 보여줍니다. 그중에서도 가장 아픈 결과는 가정의 파괴입니다. 아담과 하와가 선악과를 먹은 후 부부 관계는 크게 손상되었습니다. 둘 사이가 완전히 끊어지지는 않았지만(이것도 하나님의 은혜입니다) 신뢰는 깊이 흔들렸습니다. 낙원에서 쫓겨난 이후에는 형제 간에도 불화가 생겼습니다. 하나님의 은혜를 떠난 가인은 시기심에 사로잡혀 동생 아벨을 죽였습니다.

이러한 이야기는 단지 먼 과거의 일이 아닙니다. 오늘날에도 많은 가정에서 부부의 갈등과 형제 간의 다툼이 반복되고 있습니다. 심지어 형제가 형제를 죽이는 비극적 사건 소식도 심심치 않게 듣게 됩니다. 부모의 입장에서 자녀들이 서로 다투는 것만큼 마음 아픈 일도 없습니다. 제 부모님도 늘 "무슨 일이 있어도 형제끼리 화목하게 지내라"고 말씀하시곤 했습니다. 이는 부모의 가장 큰 소망 가운데 하나입니다.

이 원리는 교회 공동체에도 적용됩니다. 교회의 자녀들이 서로 우애 있게 지내는 것보다 더 기쁜 일이 있을까요? 그러나 현실은 그렇지 않을 때가 많습니다. 우리는 모두 화목하게 살고 싶어 하면서도 그 길을 쉽게 걷지 못합니다. 그 이유는 우리 안에 깊이 자리한 죄 때문입니다. 그렇다면 특히 어떤 죄가 형제 관계를 깨뜨리고, 화해를 가로막을까요?

시기의 위험성

형제 사이를 무너뜨리는 가장 큰 악은 시기심입니다. 가인은 하나님께서 아벨의 제사만 받으신 것을 시기하다가 결국 동생을 죽였습니다. 에서가 야곱을 죽이려 한 이유도 자신이 받을 복을 빼앗겼다고 여겼기 때문입니다. 이와 같은 일은 오늘날에도 반복됩니다. 부모가 돌아가신 후 유산을 나누는 과정에서 형제들 사이에 큰 다툼이 벌어지곤 합니다. 한 형제가 몰래 더 유산을 챙기거나 이미 넉넉한데도 더 가지려 하면 다른 형제들이 어떻게 생각할까요? "그래, 욕심 많은 사람이 더 가지는 거지" 하고 넘어갈까요? 그렇지 않습니다. 대부분의 경우 조금이라도 더 가지기 위해 심한 갈등을 겪습니다.

자녀들도 마찬가지입니다. 죄의 본성을 지닌 아이들은 어릴 때부터 형제보다 더 많이 가지려 하고, 부모의 차별에 민감하게 반응합니다. "왜 형만 새 옷을 사줘?", "왜 동생은 나보다 더 일찍 휴대폰을 가져?" 하는 불만은 부모가 설명한다고 해서 쉽게 풀리지 않습니다.

이 문제는 가정만의 이야기가 아닙니다. 사회 전체에도 동일하게 적용됩니다. "왜 같은 나라에 살면서 어떤 사람은 부유하게, 어떤 사람은 가난하게 살아야 하나?"라는 불만은 불화와 분노로 이어집니다. 교회는 이런 상황에서 단순히 "폭력은 나쁘다"라고 말하는 데서 그쳐서는 안 됩니다. 그 폭력과 분열이 어디에서 비롯되었는지 진지하게 고민하고, 복음이 제시하는 해결책을 전해야 합니다.

변화된 야곱

브니엘에서 하나님을 만난 후, 야곱은 완전히 달라졌습니다. 창세기 32장 초반부에서 야곱은 두려움으로 가득 차 있었습니다. 에서가 400명을 거느리고 온다는 소식을 듣고 두려워하며 속을 태웠습니다. 그래서 소유를 둘로 나누어 에서가 한쪽을 치면 다른 한쪽은 피하도록 조치했습니다. 그는 "내 형 에서가 와서 나와 내 처자들을 칠까 겁이 납니다"(창 32:11)라고 기도할 만큼 불안에 사로잡혀 있었습니다. 그가 준비한 여러 조치를 보면, 그 두려움이 얼마나 컸는지 알 수 있습니다.

그러나 33장에서는 전혀 다른 모습의 야곱을 보게 됩니다. 실제로 400명을 거느린 에서를 눈앞에서 보았지만, 이번에는 두려워하지 않고 담대히 형을 향해 걸어갑니다. 전날 밤 가족을 얍복강 건너로 먼저 보내고 혼자 남아 목숨을 보존하려 했던 그가 이제는 앞장서서 에서를 맞이합니다. 책임 있는 가장으로서 자리를 지킨 것입니다. 만일 에서가 공격한다면 야곱이 제일 먼저 죽었을 것입니다. 더구나 그는 허벅지 관절이 어긋나 다리를 절고 있었기에 도망칠 수도 없었습니다.

야곱이 이렇게 바뀐 이유는 무엇입니까? 군사적 지원을 얻었기 때문일까요? 아니면 하나님께서 천군천사를 직접 보내셨기 때문일까요? 그렇지 않습니다. 야곱은 여전히 연약했고, 오히려 장애를 갖게 되었습니다. 그러나 그는 하나님과 씨름한 뒤 '이스라엘'이라는 새 이름을 얻었고, 하나님의 복을 받았으며, 하나님의 얼굴을 대면하고도 생명을 보존한 사람이라는 확신을 갖게 되었습니다. 바로 그 은혜로 야곱이 변화되었습니다.

이제 야곱은 땅에 일곱 번 엎드려 절하며 에서를 맞이합니다(3절). 이는 형을 진심으로 주인으로 섬기겠다는 표시입니다. 화해한 후에도 에서는 여전히 그를 동생이라 불렀지만, 야곱은 에서를 '주'라 부르고 자신을 '종'이라 낮추었습니다. 다리를 절며 형에게 절하는 그의 모습을 떠올려보십시오. 그 모습에 에서의 마음이 움직여,

그는 마침내 달려와 야곱을 끌어안았습니다. 그 순간 야곱의 마음은 이렇게 외치지 않았을까요? "이제 모든 것을 하나님께 맡깁니다." 그는 모든 두려움과 계산을 내려놓고, 오직 하나님을 의지하며 형을 맞이한 것입니다.

두 형제의 화해

에서는 달려와 칼을 빼든 것이 아니라 두 팔을 벌려 야곱을 끌어안았습니다. 서로 목을 맞대고 입을 맞추었으며 함께 울었습니다(4절). 지금까지 원수로 지내던 두 형제가 마침내 화해하여 하나가 된 것입니다. 혹자는 에서가 왜 마음을 바꾸었는지 궁금할 것입니다. 그러나 성경은 그 이유를 명확히 밝히지 않습니다. 분명한 것은 야곱이 전날 보낸 500마리 이상의 가축 예물이 그의 마음을 움직인 것이 아니라는 사실입니다. 에서는 선물보다 야곱이라는 존재 자체를 중요하게 여겼습니다.

여기서 중요한 원리를 배울 수 있습니다. 화해가 먼저입니다. 에서는 야곱이 어떤 사람들과 함께 왔는지, 무엇을 가지고 왔는지 확인한 뒤 화해를 결정한 것이 아니었습니다. 진정한 화해란 상대의 조건이나 외적 요소에 근거하지 않고, 그 사람 자체를 받아들이는 데서 시작됩니다. 일단 사람을 받아들이면, 그의 가족과 소유도 자연스럽게 받아들일 수 있습니다.

또한 두 형제는 과거를 묻지 않았습니다. 에서는 야곱의 과거 잘못을 언급하지 않았고, 야곱 역시 변명이나 해명을 늘어놓지 않았습니다. 야곱이 일곱 번 엎드려 절한 행동에 그의 진심이 담겨 있었습니다. 진정한 화해란 과거를 들추지 않고, 새로운 관계를 시작하는 것입니다. 과거를 다시 꺼내는 순간, 화해는 무너지고 관계는 오히려 더 멀어질 수 있습니다.

은혜로 인한 화해

형의 환대를 경험한 야곱은 화해를 더욱 굳건히 하고자 합니다. 처음에 에서는 야곱이 준비한 예물을 받지 않으려 했습니다. 그 예물은 야곱이 지난 20년 동안 홀로 수고하여 얻은 소유로, 본래는 형의 마음을 얻기 위한 선물이었습니다. 야곱도 "내 주께 은혜를 입으려 함이니이다"라고 분명히 말했습니다(8절). 그러나 이제는 이미 형의 은혜를 입었으니 예물은 더 이상 필요치 않게 되었습니다. 에서도 "내게 있는 것이 족하다"며 예물을 거절했습니다.

이때 야곱의 반응이 놀랍습니다. 대부분의 사람은 "다행이다" 하고 안도했을 테지만, 야곱은 포기하지 않고 말합니다. "형님의 눈앞에서 은혜를 입었사오면 청하건대 내 손에서 이 예물을 받으소서." 이제 예물은 단순히 회유의 수단이 아니라 은혜에 대한 감사의 표현이 되었습니다.

야곱은 형 에서에게 받은 은혜를 하나님께서 주신 은혜로 이해했습니다. "형님의 얼굴을 뵈온즉 하나님의 얼굴을 본 것 같사오며 형님도 나를 기뻐하심이니이다"(10절). 언뜻 과장된 표현 같지만, 그 속에는 깊은 고백이 담겨 있습니다. 야곱은 형의 관용과 포용 속에서 하나님의 얼굴을 본 것입니다. 다시 말해, 에서를 통해 하나님의 은혜를 체험했습니다.

야곱은 왜 형이 반드시 예물을 받아야 하는지 그 이유를 밝힙니다. "하나님이 내게 은혜를 베푸셨고 내 소유도 족하오니 청하건대 내가 형님께 드리는 예물을 받으소서"(11절). 여기서 중요한 점은 앞에서 사용된 단어는 '예물'이지만, 뒤의 단어는 히브리어 원문에서 '복'이라는 사실입니다. 이는 의미심장한 변화입니다. 야곱은 과거에 형 에서로부터 '복'을 가로챈 사람이었습니다. 그로 인해 에서가 야곱을 죽이려 했던 바로 그 '복' 말입니다. 그런데 지금 야곱은 하나님께 받은 복을 다시 형에게 돌려주고 있습니다. 과거에 빼앗은 복을 되돌려줌으로써 상처가 치유되고, 두 형제 사이에 완전한 화해가 이루어진 것입니다.

오늘 본문은 깨어진 인간관계가 어떻게 회복될 수 있는지를 잘 보여줍니다. 인간 갈등의 핵심에는 항상 복을 서로 차지하려는 마음이 있습니다. 오늘날 우리 사회의 갈등도 마찬가지입니다. 제도와 재화를 둘러싼 다툼 속에 결국 "복을 내 것으로 만들겠다"는 욕망이 자리하고 있습니다. 이런 상황에서 참된 화해는 이루어질 수 없습니다.

그러나 에서는 더 이상 야곱의 복을 시기하지 않았습니다. 하나님께서 주신 복은 여전히 야곱의 것이었지만, 그 복이 에서에게도 흘러갔기 때문입니다. 복이 나누어지자 시기가 사라지고, 오히려 야곱이 더 복을 받기를 바라는 마음으로 바뀌었습니다. 에서의 기쁨은 이제 야곱이 받은 복을 함께 누리는 데서 비롯됩니다.

하나님은 자신의 뜻에 따라 어떤 이에게는 많이, 어떤 이에게는 적게 복을 주십니다. 세상에는 늘 부유한 자와 가난한 자가 공존합니다. 문제는 불평등 그 자체가 아니라, 그것이 '시기'로 번질 때 일어납니다. "사촌이 땅을 사면 배가 아프다"는 속담처럼 우리는 남의 복을 기뻐하지 못하고 시기하다가 고통을 자초합니다.

이러한 시기심을 어떻게 극복할 수 있을까요? 방법은 하나입니다. 하나님께서 주신 복을 나누는 것입니다. 그러나 복을 나누는 삶은 아무나 누릴 수 없습니다. 오직 하나님의 은혜를 깊이 경험한 사람만이 그렇게 살아갈 수 있습니다.

오늘날 한국 교회도 여전히 '복받기 경쟁'에 매몰되기 쉽습니다. 그러나 나누지 않고 혼자 차지하려는 복은 결국 짐이요 망령된 욕망에 지나지 않습니다. 하나님께서 아브라함을 부르신 이유가 무엇입니까? 그를 통해 온 민족이 복을 얻게 하시기 위함이었습니다. 마찬가지로 하나님께서 우리를 부르시고 복을 주신 목적은 그 복을 세상과 나누게 하시려는 것입니다. 이 부르심에 합당하게 살아가는 복된 성도가 되시기를 바랍니다.

1. 야곱이 브니엘에서 하나님을 만난 이후, 에서를 맞이하는 태도는 어떻게 달라졌습니까?
   그 변화의 근본적 이유는 무엇입니까?
2. 야곱이 에서에게 예물을 건네면서 그것을 '복'이라 부른 것은 어떤 신앙적 의미를 갖습
   니까?
3. 오늘 우리의 가정이나 교회 공동체에서 하나님께 받은 복을 함께 나누며 흘려보내는 삶은
   구체적으로 어떤 모습으로 나타납니까?

수치를 당한 야곱
"너희가 내게 화를 끼쳐"

창세기 34:1-31

본문은 많은 신자들에게 읽기 불편한 말씀일 수 있습니다. 어떤 이들은 "창세기 34장이 꼭 성경에 들어 있어야 할까?"라는 의문을 품기도 합니다. 그러나 성경은 하나님의 말씀일 뿐 아니라 죄로 인해 타락한 인간의 실상을 숨김없이 기록한 책입니다. 하나님은 인간의 수치스럽고 어두운 모습을 외면하지 않으십니다. 오히려 그 속에서 그분의 인내와 섭리를 드러내심으로써 우리로 하여금 자신의 삶을 돌아보게 하십니다.

이 사건의 중심에는 야곱이 있습니다. 물론 직접적인 피해자는 딸 디나이고, 극단적인 행동을 한 주체는 아들들이었습니다. 그러나 본문 전체를 보면 디나는 잠깐 언급될 뿐이고, 아들들 역시 개별적으로 조명되지 않습니다. 오히려 가장 두드러지는 인물은 '아무것도 하지 않은' 야곱입니다. 한 가정의 가장이자 하나님께 선택받은 족장임에도 그는 이 참혹한 사건 앞에서 수동적이고 침묵하는 모습을 보입니다.

창세기 34장은 충격을 줍니다. 하나님께서 택하신 가정조차 죄의 현실 앞에서 얼마나 쉽게 무너질 수 있는지를 여실히 보여주기 때문입니다. 딸은 수치를 당하고, 아들들은 복수라는 이름으로 거짓과 살육, 약탈을 저질렀습니다. 그 모든 악행을 저지른 뒤에도 아버지에게 당당히 말대답하는 모습은 경악스럽기까지 합니다. 사실상 십계명 가운데 부모 공경, 살인 금지, 간음 금지, 도둑질 금지, 거짓 증언 금지를 한꺼번에 어긴 것입니다. 야곱의 가정이 신약의 교회를 예표한다면, 우리는 이 곤혹스러운 사건 속에서 하나님께서 주시는 분명한 경고를 들어야 합니다.

서약을 잊은 야곱

이 사건이 일어난 배경을 먼저 살펴봅시다. 창세기 33장 18절은 이렇게 시작합니다. "야곱이 밧단아람에서 평안히 가나안 땅 세겜성에 이르러." 이 문장은 단순한 지리적 이동을 설명하는 것이 아니라, 20년 전 야곱이 하나님께 드렸던 서원을 떠올리게 합니다. 야곱은 도망길에 벧엘에서 하나님을 만나 이렇게 서원했습니다. "내가 평안히 아버지 집으로 돌아가게 하시오면 여호와께서 나의 하나님이 되실 것이요, 내가 기둥으로 세운 이 돌이 하나님의 집이 될 것이요, 하나

님께서 내게 주신 모든 것에서 십분의 일을 내가 반드시 하나님께
드리겠나이다"(창 28:21-22).

하나님은 그 약속대로 야곱을 지켜주셨습니다. 하란에서는 라반
의 압제로부터, 가나안에서는 에서의 위협으로부터 보호하시고, 마
침내 평안히 고향 땅에 돌아오게 하셨습니다. 그러나 야곱은 곧장
서원했던 벧엘로 올라가지 않았습니다. 그는 숙곳에 머물며 집을 짓
고 가축을 위한 우리간을 세웠습니다(창 33:17). 이것은 무엇을 뜻합
니까? 이제 그가 유목 생활을 끝내고 정착을 결심했다는 뜻입니다.

그 후 야곱은 더 큰 성읍 세겜으로 옮겨가 그 근처에 장막을 쳤
습니다. 세겜 사람들과 가까이 지내려 한 것입니다. 마침내 그는 하
몰의 아들들에게 은 백 개를 주고 그 땅을 샀습니다(창 33:19). 세겜
은 하몰 가문에서 존귀히 여긴 인물이었고, 성읍의 이름도 그에게
서 비롯되었을 것입니다(19절). 그곳에서 야곱은 단을 쌓았고, 그 이
름을 "엘 엘로헤 이스라엘"(하나님, 이스라엘의 하나님)이라 불렀습니다.
이는 벧엘에서의 서원을 완전히 잊지는 않았음을 보여줍니다. 그러
나 그의 기도와 서원은 여전히 미완이었습니다.

하나님은 야곱과의 약속을 충실히 지키셨지만, 야곱은 온전한
순종으로 응답하지 못했습니다. 제단을 쌓았으나 그곳은 벧엘이 아
니었고, 하나님께 십일조를 드리는 대신 세상 사람들에게 은 백 개
를 주고 땅을 샀습니다. 그는 하나님의 약속에 '불완전한 순종'을 했
을 뿐입니다. 바로 그것이 비극의 단초가 되었습니다.

야곱이 가나안에 돌아와 행한 일을 보십시오. 집을 짓고, 우리간

을 세우고, 땅을 사고, 제단을 쌓았습니다. 겉으로는 아무 문제없는 정착처럼 보입니다. 그러나 결정적인 두 가지가 빠져 있습니다. 그는 벧엘로 가지 않았고, 하나님께 십일조를 드리지 않았습니다. 그것이 결국 딸 디나의 수치와 아들들의 죄악, 그리고 가정 전체의 위기로 이어졌습니다. 만일 야곱이 곧장 벧엘로 올라갔다면, 이 비극은 일어나지 않았을 것입니다.

비참의 원인

야곱은 어떻게 이런 비참한 일을 겪게 되었을까요? 그는 숙곳에서 집과 우리간을 짓고 재산을 모은 뒤, 더 큰 도시 세겜으로 옮겨 그 성 앞의 밭을 은 백 개에 샀습니다.

그러나 아브라함과 이삭은 많은 재산이 있어도 거주를 위해 가나안 땅을 돈 주고 산 적이 없었습니다. 그들은 약속의 땅을 인간의 힘으로 얻으려 하지 않았고, 가나안 족속과 구별된 삶을 살며 자녀들을 가나안 사람과 혼인시키지 않았습니다. 가나안은 하나님께서 주시는 선물이라고 믿었기 때문입니다. 이 사건이 일어난 이후에 야곱은 가나안 땅을 옮겨 다니면서 살다가 마침내 애굽으로 건너가 거기서 생을 마쳤습니다. 결국 그가 산 땅은 아무런 의미가 없게 되었습니다.

세겜 가까이에 정착한 야곱의 가정은 거룩함을 유지하기가 매우 어려워졌습니다. 실제로 창세기 35장에서 벧엘로 올라가며 회개할 때, 그는 가족들에게 이방 신상을 버리고 옷을 갈아입으라고 명령합니다. 세겜에서 10여 년을 머무는 동안 그의 집안은 점차 가나안의 문화와 우상에 물들어갔던 것입니다. 처음에는 하나님을 섬겼을지 몰라도 시간이 흐르면서 다른 것들도 함께 섬기게 되었습니다.

그 영향이 가장 두드러지게 나타난 이는 야곱의 딸 디나였습니다. 아직 스무 살도 안 된 어린 처녀였던 디나는 어느 날 "그 땅의 딸들"을 보러 나갔습니다. 여기서 '그 땅'은 단순한 지명이 아니라 그 땅의 그 문화와 가치관 전체를 의미합니다. 마치 '애굽 땅에서 너희를 건져내셨다'는 표현처럼 말입니다. 디나는 세겜 여자들이 어떤 옷을 입고 어떤 삶을 사는지 보고 싶었던 것입니다.

그러나 그녀는 보호자 없이 나갔습니다. 이는 야곱의 가정 교육과 영적 관심이 무너져 있음을 뜻합니다. 야곱은 디나가 어떻게 자라고 있는지 관심을 갖지 않았습니다. 어쩌면 레아의 소생이었기 때문일지도 모릅니다. 더 충격적인 사실은 딸이 수치를 당했다는 소식을 듣고도 아무런 조치를 취하지 않았다는 점입니다. 성경은 그가 아들들이 돌아올 때까지 잠잠히 기다렸다고 기록합니다(5절).

여기서 우리는 중요한 교훈을 배웁니다. 우리의 자녀들은 혼탁한 세상 속에서 보호받아야 합니다. 자녀들의 마음속에도 타락한 본성이 있기에 세상 문화를 보고 흉내 내고 싶어합니다. 부모의 간섭을 벗어나려 하지만, 세상이 얼마나 악한지는 알지 못합니다. 그러므로 성인이 되어 스스로를 책임질 수 있을 때까지 부모가 지켜주어야 합니다.

오늘날은 상황이 더 심각합니다. 과거에는 세상과 교회가 공간적으로라도 구분되었지만, 지금은 세상의 문화가 집안까지 파고듭니다. 스마트폰과 인터넷을 통해 음란하고 타락한 콘텐츠가 손안에서 소비됩니다. 물론 유익한 정보도 있지만, 그렇다고 자녀를 미디어 앞에 무방비로 두는 것이 옳을까요? "부모가 일일이 감시할 수 없으니 그냥 맡기자"는 생각은 위험합니다. 자녀를 따라다니며 잔소리하라는 말은 아니지만 내버려둬서도 안 됩니다. 자녀 보호는 부모의 책임이며, 하나님께서 맡기신 중요한 사명입니다.

자녀를 방임한 결과

하나님께 드린 서원을 잊고 온전히 순종하지 않은 결과, 야곱은 큰 수치를 당하게 됩니다. 그의 딸 디나는 하몰의 아들 세겜에게 더럽힘을 당했고, 이 사건을 계기로 하몰은 이스라엘과의 통혼을 제안했습니다. "너희 딸을 우리에게 주며 우리 딸을 너희가 데려가고 … 우리와 함께 거주하되 … 여기 머물러 매매하며 여기서 기업을 얻으라"(9-10절). 세겜은 디나를 얻기 위해 아무리 큰 혼수와 예물이라도 주겠다고 말했습니다(12절).

그러나 협상 자리에서 야곱은 아무 역할도 하지 못했습니다. 하몰은 적극적으로 나서는데 반해, 야곱은 침묵으로 일관하며 무기력한 모습을 보였습니다. 결국 분노에 휩싸인 아들들이 아버지를 제치고 협상을 주도했습니다. 야곱은 그들을 막지도, 올바른 길로 인도

하지도 못했습니다. 그는 이미 가장으로서의 권위를 상실한 상태였습니다.

이 협상은 레아의 아들들인 레위와 시므온이 주도했습니다. 그들은 하몰의 족속에게 "너희 중 남자가 다 할례를 받으면 디나를 아내로 주겠다"고 말했지만, 이는 철저한 속임수였습니다. 그러나 하몰과 세겜은 이를 흔쾌히 받아들였습니다. 세겜은 디나를 사랑했고(19절), 동시에 야곱 가문과의 통혼과 교역으로 이익을 얻을 수 있다고 계산했기 때문입니다(23절). 그들의 속셈은 결국 야곱의 재산과 공동체를 흡수하는 데 있었습니다. 만일 이 계획이 성사되었다면 이스라엘 민족은 역사의 무대에서 사라졌을지도 모릅니다.

세겜 사람들은 하몰과 세겜의 제안을 기쁘게 받아들여 모두 다 함께 할례를 행했습니다. 그러나 3일째 되는 날, 고통으로 무방비 상태에 있던 그들을 레위와 시므온이 기습하여 몰살시켰습니다. 하몰과 세겜도 살해되었고, 디나는 성에서 구출되었습니다. 이어서 다른 아들들까지 합세하여 성읍을 노략하고, 재물과 여자와 아이들까지 포로로 끌어왔습니다. 이 모든 일은 아버지의 허락도, 하나님의 뜻도 없이 벌인 만행이었습니다.

이 소식은 곧 가나안 주변 족속들에게 퍼져 나갔습니다. 그들은 야곱의 가족을 더 이상 신뢰하지 않았고, 복수를 다짐하며 칼을 갈았을 것입니다. 결과적으로 디나는 구출되었지만, 이스라엘 공동체는 큰 위기에 빠지고 말았습니다. 야곱은 아버지로서의 권위와 영적 지도력을 잃고 무기력하게 서 있을 뿐이었습니다. 이제 이 위기 속에서 그를 구원할 수 있는 분은 오직 하나님뿐입니다.

⟡

야곱 가정에 닥친 위기의 근본적인 원인은, 야곱이 하나님께 드린 서원을 잊고 자녀들을 거룩한 백성으로 양육하지 못한 데 있었습니다. 절체절명의 순간마다 하나님께 매달렸던 그가 정작 딸이 수치를 당했을 때는 무기력하게 침묵했습니다. 본문인 창세기 34장에는 '하나님'이라는 이름이 단 한 번도 나오지 않습니다. 이는 하나님께서 자기 백성을 내버려두실 때 어떤 비극이 일어나는지를 여실히 보여줍니다.

이 비극의 유일한 탈출구는 회개였습니다. 35장 1절에서 하나님은 야곱에게 "벧엘로 올라가라"고 명령하십니다. 벧엘은 야곱이 서원했던 자리이자 회복의 출발점이었습니다. 그곳에서 그는 하나님과의 관계를 다시 세웠고, 가정의 영적 질서를 회복했습니다. 그러나 야곱은 시므온과 레위의 만행을 끝내 잊지 않았습니다. 죽음을 앞둔 야곱은 두 아들에게 축복 대신 탄식 섞인 유언을 남겼습니다. "그들의 칼은 폭력의 도구로다. 내 혼아 그들의 모의에 상관하지 말지어다"(창 49:5-6).

본문은 오늘 우리에게 서약의 중요성을 일깨웁니다. 많은 신자들이 서약을 가볍게 여기며 약속과 무관하게 살아갑니다. 그 결과 교회와 가정은 어려움과 수치를 당합니다. 세례 때 하나님 앞에서 했던 서약을 기억해야 합니다. 부모는 자녀의 유아세례 때 했던 서약을 기억해야 합니다. 목사와 직분자는 임직식에서 드린 서약을 늘 기억해야 합니다. 교회와 가정의 번영은 우리의 노력보다 먼저, 하나님 앞에서 한 그 서약에 신실한가에 달려 있습니다. 만일 그 서약을 가볍게 여긴다면, 하나님은 우리를 그대로 두실 것이며 우리는 세상 앞에서 부끄러움을 당하고 말 것입니다.

그러나 기억하십시오. 비록 부끄러움을 당하더라도 그 가운데서 다시 일어설 수 있는 길은 오직 회개뿐입니다. 이 교훈을 마음에 깊이 새기고, 참된 신앙의 길을 걸어가는 모든 성도들에게 하나님의 은혜와 도우심이 함께하기를 기도합니다.

||||||||||||||||||||

1. 창세기 34장에서 하나님의 이름이 한 번도 언급되지 않은 사실은, 야곱 가정의 영적 현실과 어떤 관계가 있습니까?
2. 디나가 수치를 당했을 때 야곱이 침묵으로 일관한 태도는, 그가 가장이자 영적 지도자로서 어떤 상태에 있었음을 보여줍니까?
3. 오늘 우리는 하나님 앞에 드린 서약들(세례, 임직, 결혼, 교회 봉사 등)을 어떻게 지키며, 회개와 순종의 삶을 살아가고 있습니까?

야곱을 회복시키신 하나님
"벧엘로 올라가라"

창세기 35:1-15

신자의 삶이라고 해서 언제나 형통한 것은 아닙니다. 교회도 마찬가지입니다. 우리의 역사를 돌아보면 잘 알 수 있습니다. 대부분의 한국인은 오랜 세월 가난과 고난 속에서 살아왔고, 지금처럼 풍요를 누린 것은 비교적 최근의 일입니다. 그러나 풍요가 신앙에 늘 유익한 것만은 아니었습니다. 오히려 풍요로움은 신자들의 마음을 세상으로 향하게 만들었고, 그 결과 교회는 세속화의 물결에 휩쓸리고 말았습니다. 세속화란 신자들이 세상의 가치와 풍습을 따라가는 것입니다. 오늘날 교회와 가정이 겪는 많은 위기와 혼란은 바로 이 세속화에서 비롯됩니다. 이런 상황 속에서 창세기 35장은 중요한 교훈을 줍니다.

야곱은 20년 동안 외삼촌 라반 밑에서 고생하며 가족과 많은 재산을 얻었습니다. 또 하나님의 도우심으로 형 에서와의 갈등도 극복하고 가나안 땅에 무사히 돌아왔습니다. 그리고 세겜 근처에 정착해 평안을 누렸습니다. 그러나 그 평안은 오래가지 않았습니다. 딸 디나가 수치를 당했고, 아들들이 아버지의 허락 없이 보복에 나서면서 그의 가정은 큰 위기에 빠졌습니다. 이제 그 땅에서의 생존 자체가 위협받게 되었습니다.

야곱은 영적 지도력을 잃었습니다. 딸을 지키지 못했고, 아들들에게 무시당했습니다. 더구나 아들들의 말에 일리가 있었기에 그는 아무 말도 하지 못했습니다. "너희가 큰일을 저질러 이제 우리는 이곳에서 살 수 없게 되었다"고 아버지가 책망하자, 시므온과 레위는 오히려 "그가 우리 누이를 창녀 같이 대우함이 옳습니까?"라고 반문했습니다(창 34:30-31).

이는 단순히 한 가정의 위기가 아니라 하나님의 언약 백성 전체의 위기였습니다. 하나님께서 택하신 가정, 곧 하나님의 교회가 영적 방향을 잃고 무너진 것입니다. 아버지는 더 이상 자녀를 지도하지 못하고, 목사는 더 이상 교회를 이끌지 못하는 상황과 같습니다. 그렇다면 야곱은 어떻게 회복될 수 있을까요? 창세기 35장은 이 질문에 대한 하나님의 해답을 보여줍니다.

개입하시는 하나님

야곱의 가정이 깊은 위기에 빠져드는 동안 하나님은 아무 일도 하지 않으시는 듯 보였습니다. 딸 디나가 수치를 당했을 때도, 아들들이 아버지에게 공개적으로 반항했을 때도 하나님은 침묵하셨습니다. 여기서 우리는 중요한 사실을 깨닫게 됩니다. 하나님께서 아무 말씀도 하지 않으시는 것, 이것이야말로 우리 인생에서 가장 큰 재앙이라는 점입니다. 인간은 본성적으로 하나님 없이 살아가려 합니다. 심지어 고난이 닥쳐도 스스로 해결하려 하지만, 그럴수록 더 깊은 수렁에 빠질 뿐입니다. 창세기에 기록된 야곱 이야기는 이를 극명하게 보여줍니다.

그러나 하나님은 야곱을 끝내 버려두지 않으셨습니다. 침묵 속에서도 그를 지켜보셨고, 그가 더 이상 아무것도 할 수 없게 되었을 때 마침내 개입하셨습니다. 그리고 직접 해결책을 주셨습니다. 35장 1절 말씀입니다.

일어나 벧엘로 올라가서 거기 거주하며 … 거기서 제단을 쌓으라.

그동안 침묵하신 하나님께서 이번에는 네 가지 명령을 연이어 주십니다.* 이 명령들은 야곱이 왜 실패했는지를 분명히 드러냅니다. 그는 벧엘에서의 서원을 잊고 세겜에 안주했고, 하나님과의 깊은 교제 없이 살아왔습니다.

---

* 히브리어 원문에는 '일어나라', '올라가라', '거주하라', '제단을 쌓으라'는 네 가지 명령형 동사가 접속사나 다른 부차적 표현 없이 직접 이어진다.

야곱의 회복은 하나님의 말씀에서 시작되었습니다. 오늘날 교회와 가정의 회복도 마찬가지입니다. 하나님께서 말씀하지 않으시면 우리는 무기력할 수밖에 없습니다. 신앙이 위기에 처했다면 성경을 가까이 하십시오. 무엇보다 주일예배에서 선포되는 말씀을 진지하게 들으십시오. 성령께서 그 말씀을 통해 우리의 마음을 새롭게 하시고, 우리의 가정과 교회를 다시 살리실 것입니다.

회개하는 야곱과 그의 가정

하나님의 말씀이 임했을 때, 야곱은 그 의미를 분명히 깨달았습니다. 그것은 곧 회개였습니다. 그는 즉시 가족들과 함께한 모든 이들에게 명령을 내렸습니다. 이는 야곱이 신앙의 지도자로서 정체성을 되찾았음을 보여줍니다.

아직 성전이 없던 시대에 그는 가정을 다스리는 왕이자, 하나님의 뜻을 전하는 선지자이자, 제사를 드리는 제사장의 역할을 감당해야 했습니다. 하나님은 그의 가족에게 직접 말씀하지 않고 야곱을 통해 뜻을 전하셨습니다. 그러나 지금까지 야곱은 이 직무를 소홀히 해왔습니다. 이제 하나님의 명령이 주어지자 그는 마땅히 해야 할 일을 온전히 수행하기 시작했습니다.

야곱은 가족들에게 이방 신상들을 버리고, 자신을 정결하게 하며, 의복을 바꾸라고 명령했습니다. 이는 야곱이 하나님의 말씀을 깊이 이해했음을 보여줍니다. 지금 상태로는 벧엘에 올라가 제단을 쌓을 수 없음을 알았던 것입니다. 가족과 동행자들은 손에 있던 모든 우상과 귀고리를 야곱에게 가져왔고(4절), 그는 그것들을 세겜 근처의 상수리나무 아래에 묻었습니다. 우상을 철저히 제거한 후, 야곱의 가족은 하나님께 예배드리기 위해 벧엘로 올라갔습니다.

이 장면에서 우리는 그동안 야곱의 가정이 세겜 땅에서 어떤 삶을 살아왔는지를 알 수 있습니다. 그들은 하나님을 완전히 버리지는 않았지만, 하나님만을 섬기지도 않았습니다. 세겜 사람들처럼 여러 신을 함께 섬겼고, 외모와 옷차림에도 마음을 두었습니다. 특히 화려한 귀고리에 관심을 기울였던 것 같습니다. 그러나 정작 하나님께 드리는 예배에는 소홀했습니다. 그 책임은 아버지이자 영적 지도자였던 야곱에게 있었습니다. 그는 가정이 파국으로 치닫기까지 아무런 권면도 하지 않았습니다.

이 모든 실패의 뿌리는 야곱이 벧엘에서 하나님께 드린 서약을 잊은 데 있었습니다. 물론 그 일이 30년 전이라 기억이 희미해졌을 수 있습니다. 그러나 결코 잊어서는 안 될 사건이었습니다. 형의 위협을 피해 도망가던 길, 벧엘에서 그는 하나님으로부터 함께하시겠다는 약속을 받았고, 깊이 감동하며 서원했습니다. "여호와께서 나의 하나님이 되실 것이요, 내가 기둥으로 세운 이 돌이 하나님의 집이 될 것이요, 하나님께서 내게 주신 모든 것에서 십분의 일을 내가 반드시 하나님께 드리겠나이다"(창 28:21-22). 하지만 하나님께서 그를 평안히 돌아오게 하셨을 때, 야곱은 그 서원을 지키지 않았습니다.

성경은 야곱이 가나안에 돌아왔을 때 부모를 찾아갔는지 언급하지 않습니다. 오히려 어머니 리브가의 죽음은 침묵하면서 리브가의 유모 드보라의 죽음만 기록합니다(8절, 참조 창 24:59). 이는 리브가가 이미 세상을 떠나고 없음을 시사합니다. 더 이상 할 일이 없어진 드보라는 이삭의 허락을 받고 야곱이 머무는 곳으로 왔을 것이며, 결국 벧엘에서 그의 가정이 예배로 회복되는 모습을 보고 생을 마감했습니다. 드보라의 죽음은 야곱에게 어머니의 죽음을 의미했을 것입니다.

하나님은 야곱에게 변함없이 신실하셨습니다. 그러나 야곱은 그렇지 못했습니다. 하나님은 한동안 그를 내버려두셨고, 그 결과 그의 가정은 무너졌습니다. 그러나 하나님은 그를 끝까지 버리지 않으셨습니다. 위기를 돌파하는 길은 회개였습니다. 참된 회개란 세속적인 것을 철저히 버리고, 다시 예배의 자리로 나아가는 것입니다. 하나님과의 관계가 회복되지 않으면 신자에게 닥친 문제는 결코 해결될 수 없습니다. 모든 회복은 하나님의 말씀에서 시작됩니다.

하나님의 축복

세상 속에서 하나님의 명령에 순종하기란 결코 쉽지 않습니다. 언제나 용기와 결단을 요구합니다. 야곱의 가족이 신상과 귀고리를 버린 것은, 오늘날로 치면 귀중품을 내려놓고 삶의 방식을 근본적으로 바꾸는 일이었습니다. 옷을 바꾸라는 명령도 마찬가지였습니다. 오래된 옷이라면 몰라도 값비싼 옷이나 아끼던 옷을 버리기는 쉽지 않았을 것입니다.

벧엘로 올라가는 길 또한 큰 위험을 동반했습니다. 세겜 사건 이후 야곱의 가정은 가나안 족속들의 원한을 샀고, 그들의 복수심에 둘러싸여 있었습니다. 군사력도 부족한 야곱에게 벧엘로 가는 길목은 언제든 공격당할 수 있는 무방비 상태였습니다. 하나님께서 말씀하시기 전까지 야곱은 두려움에 사로잡혀 있었습니다. 그러나 그는 결국 하나님의 말씀만을 의지해 출발했습니다. 바로 이것이 믿음의 본질입니다.

믿음이란 무엇보다 하나님의 말씀에 의지하는 것입니다. 야곱과 그의 가족이 세겜에서 모든 우상과 귀고리를 묻고 벧엘을 향해 떠났을 때, 하나님께서 주변의 모든 성읍들에게 큰 두려움을 주셨습니다(5절). 그 결과 누구도 야곱을 공격하지 못했고, 그는 무사히 벧엘에 도착할 수 있었습니다. 하나님께서 구체적으로 어떻게 이 일을 행하셨는지는 알 수 없습니다. 분명한 것은 이 사건을 통해 하나님이 가나안 땅의 유일한 주권자이심을 야곱이 확신하게 되었다는 점입니다. 이제 그는 더 이상 사람을 두려워할 필요가 없었습니다. 핵심은 세상의 반응이 아니라 하나님을 신뢰하는 것이었습니다.

야곱은 벧엘에 도착해 30여 년 전 자신이 서원한 대로 제단을 쌓고 하나님께 예배를 드렸습니다. 그러자 하나님은 그에게 다시 나타나 언약을 확증하셨습니다. 하나님은 "나는 전능한 하나님[엘 샤다이]이라"라고 말씀하셨습니다. 이 이름은 창세기 17장에서 하나님께서 아브라함에게 언약을 주실 때 처음 사용된 표현으로, 특별한 의미를 지녔습니다. 이 말씀을 들었을 때, 야곱은 틀림없이 할아버지 아브라함과 하나님 사이의 언약을 떠올렸을 것입니다.

또한 하나님은 야곱의 새 이름 '이스라엘'을 다시 상기시켜주셨습니다. 야곱은 이미 얍복강에서 그 이름을 받았지만, 이후로 그에 합당한 삶을 살지 못했습니다. 이제 벧엘에서 하나님은 언약을 새롭게 하시며 그 이름을 확증해주십니다.

그리고 아브라함과 이삭에게 주셨던 모든 약속을 야곱에게도 동일하게 물려주셨습니다. 그 약속 가운데는 많은 민족과 왕들이 그에게서 나올 것이라는 내용도 포함되어 있었습니다(11절). 땅에 대한 약속 또한 반복되었습니다. 야곱은 한때 은을 주고 땅을 사려 했지만, 약속의 땅은 하나님께서 주시는 선물이어야 했습니다. 하나님께서 땅을 주신다는 것은 단순히 소유권 이전을 의미하지 않습니다. 그것은 그 땅에서 하나님의 백성으로서 다스리며 살아가게 하신다는 뜻입니다.

야곱의 생애를 돌아보면, 인생은 반복의 연속임을 깨닫게 됩니다. 30여 년 전 그는 형 에서를 피해 벧엘로 향했고, 이번에는 가나안 족속들의 위협을 피해 다시 벧엘로 올라갑니다. 벧엘, 곧 '하나님의 집'은 그의 삶에서 반복적으로 피난처이자 예배의 자리였습니다.

벧엘은 오늘날 교회를 예표합니다. 교회는 하나님의 백성에게 주신 영적 피난처이며, 주님과의 관계를 회복하는 예배의 공간입니다. 주님은 교회를 향해 "음부의 권세가 이기지 못하리라"(마 16:18)고 말씀하셨고, 천국의 열쇠를 교회에 맡기셨습니다. 세속화의 물결 속에서도 참된 성도는 교회를 통해 거룩함을 지켜갑니다. 예배 가운데 선포되는 말씀은 우리의 영혼을 일깨우고 회개와 순종의 길로 이끕니다. 그때 하나님은 우리와 우리 자녀들에게 그리스도 안에서 약속하신 모든 복을 허락하실 것입니다.

IIIIIIIIIIIIIIIIIIII

1. 야곱의 생애에서 벧엘이 반복적으로 등장하는 이유는 무엇입니까? 벧엘은 그의 삶에서 어떤 '피난처'로 기능했습니까?

2. 하나님께서 교회를 '음부의 권세가 이기지 못할' 공동체로 세우셨다는 약속은, 오늘날 신앙 공동체의 본질을 어떻게 드러내고 있습니까?

3. 세속화가 점점 거세지는 시대에 교회와 예배를 '피난처'로 경험하고 있습니까? 오늘날 우리의 가정과 교회가 회개와 순종의 길을 걸어가려면 어떤 변화가 필요할까요?

에서를 강성하게 하신 이유
"에돔의 족보는 이러하니라"

창세기 36:1-43

창세기 25장 19절부터 35장 마지막 절까지 이어진 이삭 가정의 이야기('톨레도트', 곧 족보 또는 후손들에 관한 기록)가 끝나고, 36장에서는 그의 맏아들 에서의 이야기가 이어집니다. 본문 1절은 이렇게 시작됩니다. "에서 곧 에돔의 족보는 이러하니라." 이어지는 37장부터는 야곱의 족보가 시작되어 창세기 마지막 장까지 계속됩니다. 창세기는 모두 열 개의 톨레도트로 구성되어 있는데, 그 가운데 야곱의 톨레도트가 가장 길고, 에서의 이야기는 한 장에 불과합니다.

전체 흐름으로 보면 창세기 36장은 마치 야곱 이야기 사이에 잠시 끼어든 단막극 같습니다. 이 장이 없더라도 전체 맥락을 이해하는 데 어려움은 없어 보입니다. 실제로 본문의 대부분은 에서의 아내와 자손들의 이름으로 가득 차 있어 특별한 사건이나 교훈이 드러나지 않는 듯합니다. 과연 에서의 배우자와 자손, 그리고 그들의 활동이 오늘날 우리에게 꼭 필요한 정보일까 하는 의문이 들기도 합니다.

그러나 중요한 것은 이 역시 하나님의 말씀이라는 사실입니다. 창세기 36장도 성령의 감동으로 기록된 하나님의 계시이며, 오늘을 사는 우리에게 주신 말씀입니다. 비록 구원과 직접적 관련은 없어 보일지라도, 하나님께서 이 장을 성경에 포함시키셨다면 우리에게 주시고자 하는 영적 교훈이 반드시 있습니다.

본문의 핵심은 단순합니다. 에서도 많은 자손을 두어 에돔이라는 강성한 나라를 이루었다는 것입니다. 그러나 우리는 여기서 한 걸음 더 나아가야 합니다. 에서의 톨레도트를 통해 하나님께서 언약 밖에 있는 자들도 어떻게 인도하시는지, 그리고 그것이 오늘 우리의 신앙에 어떤 유익을 주는지 함께 살펴보겠습니다.

에서의 또 다른 측면

우리는 일반적으로 에서에 대해 부정적인 이미지를 가지고 있습니다. 그는 야곱과 달리 하나님의 미움을 받은 자로, 로마서 9장 13절에서 "내가 야곱은 사랑하고 에서는 미워하였다"라는 말씀으로 소개됩니다. 히브리서 12장 16절에서는 "망령된 자"라 불리는데, 그 이유는 단 한 끼의 음식을 위해 장자의 명분을 팔아버렸기 때문입니다. 그는 신령한 것을 귀하게 여기지 못했고, 하늘의 가치를 분별하지 못한 사람이었습니다. 이런 구절들만 보면 에서는 전형적인 불신자 혹은 죄인 같습니다.

그러나 놀랍게도 오늘 본문인 창세기 36장은 전혀 다른 그의 모습을 보여줍니다. 여기서는 에서에 대한 부정적인 묘사가 나타나지 않습니다. 만일 그가 성경의 전형적인 악인이었다면 그의 삶은 비참한 결말로 마무리되었을 것입니다. 그러나 성경은 그의 죽음조차 언급하지 않고, 오히려 에서와 그의 자손들이 에돔이라는 강대한 나라를 세웠다는 사실을 강조합니다.

에서의 삶을 다시 살펴볼 필요가 있습니다. 그는 이삭과 리브가 사이에서 태어난 정통한 아들이었습니다. 이것이 롯이나 엘리에셀, 또는 이스마엘과는 근본적으로 다른 점입니다. 롯은 아브라함의 조카였고, 엘리에셀은 종이었으며, 이스마엘은 하갈을 통해 태어난 아브라함의 아들이었습니다. 그러나 에서는 야곱과 쌍둥이 형제로 태어나 혈통적으로나 법적으로 야곱과 다르지 않았습니다. 둘 다 이삭과 리브가의 집에서 자랐으며 언약적 환경에 있었습니다.

따라서 이스라엘과 에돔은 형제 국가라 할 수 있습니다. 실제로 하나님은 이스라엘 백성이 가나안 땅에 들어가기 전, 에돔을 해하지 말라고 명하셨습니다(신 23:7). 에돔이 언약의 계승자에서 제외되었다 해도, 그들을 다른 가나안 족속과 동일하게 대해서는 안 되는 이유가 여기에 있습니다.

창세기 36장 1-8절은 에서의 족보를 기록하기에 앞서, 그가 어떻게 가나안 땅을 떠나게 되었는지를 보여줍니다. 8절은 에서가 "세일산에 거주했다"고 말합니다. 이어지는 37장 1절은 "야곱이 가나안 땅 곧 그의 아버지가 거류하던 땅에 거주했다"고 기록하며 에서의 톨레도트를 마무리합니다. 이 대조를 통해 에서가 하나님의 약속에서 최종적으로 제외된 이유를 알 수 있습니다. 그가 약속의 땅 가나안을 떠났기 때문입니다.

가나안은 하나님께서 아브라함과 그 자손에게 약속으로 주신 땅이었습니다. 그래서 아브라함도, 이삭도 그 땅에서 생애를 마쳤습니다. 야곱은 형 에서를 피해 하란으로 떠났지만, 하나님의 약속을 따라 다시 가나안으로 돌아왔습니다. 비록 애굽에서 죽음을 맞이했지만, 요셉에게 자신의 시신을 가나안 땅에 장사하라고 유언했습니다. 요셉 또한 죽을 때 이스라엘 백성이 출애굽할 것을 믿으며, 자신의 유해를 가나안으로 옮겨달라고 부탁했습니다.

에서도 처음에는 가나안 땅에 깊이 뿌리내릴 수 있었습니다. 그는 세 명의 아내를 맞이했는데, 그중 두 명은 가나안 여인이었고, 한 명은 이스마엘의 딸 바스맛으로 사실상 사촌 간의 결혼이었습니다. 창세기 28장 9절은 에서가 부모의 뜻을 고려해 이스마엘의 집안에서 아내를 맞이했다고 전합니다. 비록 부모의 사랑을 충분히 받지 못했지만, 그의 세속적 성공은 눈부셨습니다. 하란에서 돌아오던 야곱이 두려워할 만큼 에서는 이미 400명의 군사를 거느리고 있었고, 야곱에게서 막대한 선물을 받으면서 더욱 부유해졌습니다.

그런데 이 세속적 번영이 오히려 문제가 되었습니다. 야곱과 에서 모두 풍족했지만, 그것이 두 형제를 갈라놓는 계기가 되었습니다. 이는 가축이 많아져 함께 거하지 못한 아브라함과 롯의 사건을 연상시킵니다. 창세기 36장 6-7절은 에서가 가나안을 떠난 이유를 명확히 설명합니다. 두 사람의 소유가 너무 많아 함께 거할 수 없었기 때문입니다. 에서는 아내와 자녀, 가축과 재산을 이끌고 가나안을 떠나 세일산으로 이주했습니다.

세일산은 이후 에돔(에서)의 본거지가 되었고, 성경에서 이스라엘의 시온산과 자주 대비되는 장소로 나옵니다.

가나안 땅을 떠난 이후 에서의 번성

약속의 땅 가나안을 떠난 에서의 가족은 어떻게 되었을까요? 한마디로 대성공을 거두었습니다. 창세기 36장에 기록된 에서의 족보는 세 가지 중요한 사실을 보여줍니다. 첫째, 에서는 결국 12지파를 이루었습니다. 첫째 아내에게서 다섯 지파, 둘째 아내에게서 네 지파, 셋째 아내에게서 세 지파가 나왔습니다. 이는 아브라함의 동생 나홀이나 이삭의 이복형 이스마엘이 각각 12지파를 형성한 경우와 유사합니다. 모두 하나님의 섭리 안에서 이루어진 일입니다.

둘째, 에서의 자손들은 세일 땅에 살던 호리 족속과 관계를 맺었습니다. 창세기 36장 20-30절에는 일곱 가문으로 구성된 호리 족속의 계보가 나오는데, 이는 훗날 이스라엘이 가나안의 일곱 족속을 정복한 사건과도 대조됩니다. 에서의 자손이 이들을 무력으로 제압했는지, 아니면 혼인이나 동화로 통합했는지는 분명치 않지만, 결과적으로 세일 땅은 에서의 나라가 되었습니다.

셋째, 에서는 에돔 왕국을 세웠습니다. 이스라엘에는 아직 왕이 없던 시절, 에서의 후손들은 먼저 왕을 세우고 나라를 다스렸습니다. "이스라엘 자손을 다스리는 왕이 있기 전에 에돔 땅을 다스리던 왕들은 이러하니라"는 구절이 이를 증언합니다(31절). 그 가운데 하닷이라는 왕은 강력한 미디안 족속까지 무찌를 정도로 강성했습니다(35절).

이렇게 에서의 톨레도트가 마무리된 후, 창세기 37장에서 야곱의 톨레도트가 시작됩니다. 에서의 자손들이 번성하여 왕국을 이루었는데, 하나님의 약속을 이어받은 야곱의 자손들은 어떤 삶을 살았을까요? 기대와는 달리 야곱의 아들들은 좋은 모습을 보여주지 못했습니다. 그들의 이야기는 요셉을 시기하며 갈등하는 장면으로 시작되고, 결국 요셉은 애굽에 팔려 갔습니다. 이어 큰 흉년으로 인해 가족 전체가 약속의 땅을 떠나 애굽으로 이주해야 했습니다. 그곳에서 그들은 나그네이자 이방인으로 살아야 했고, 시간이 흐르면서 노예로 전락하기도 했습니다. 마침내 출애굽을 거쳐 왕국을 이루기까지는 몇백 년에 이르는 긴 세월이 걸렸습니다.

요셉처럼 잠시 영광을 누린 인물도 있었지만, 전체적으로 야곱의 자손의 길은 에서의 자손과 크게 달랐습니다. 에서의 자손들은 일찍이 강력한 왕국을 세우며 번성했지만, 하나님의 약속을 받은 야곱의 자손들은 오히려 약속의 땅을 떠나 이방인과 나그네로 살아가야 했습니다.

에서의 성공을 어떻게 볼 것인가?

하나님의 미움을 받고, 망령된 생각으로 팥죽 한 그릇에 장자권을 판 에서가 어떻게 이렇게 큰 성공을 거둘 수 있었을까요? 우리는 이 사실을 반드시 하나님의 언약 관점에서 보아야 합니다. 하나님은 리브가에게 "큰 자가 어린 자를 섬기리라"고 말씀하셨습니다. 이는 단지 에서 개인이 야곱을 섬긴다는 의미를 넘어, 에서의 나라가 야곱의 나라를 섬기게 될 것임을 예언하신 말씀입니다. 그러므로 하나님께서 에서의 나라 에돔을 강성하게 하셨다면, 야곱의 나라는 반드시 그보다 더 크고 강한 나라가 되어야 하는 것입니다.

에돔은 자신의 번영이 하나님의 섭리에서 비롯되었음을 인정하고, 택함받은 이스라엘을 섬기는 자로 살아야 했습니다. 그것만이 그들에게 참된 복을 가져다주는 길이었습니다. 그러나 에돔은 교만했습니다. 그들은 자신들의 힘을 자랑하며 동생 나라 이스라엘이 고난당할 때 기뻐했고, 오히려 그 재앙에 동참했습니다. 그래서 오바댜 선지자는 에돔을 향해 하나님의 두려운 심판을 선포했습니다. 결국 에돔은 멸망했고, 오늘날 그 흔적조차 찾아보기 어렵게 되었습니다.

이 본문을 통해 우리는 적어도 한 가지 사실을 알 수 있습니다. 주님의 통치는 교회 안에만 머무르지 않는다는 것입니다. 아모스 선지자는 이렇게 예언했습니다. "다윗의 무너진 장막을 일으키고…에돔의 남은 자와 내 이름으로 일컫는 만국을 기업으로 얻게 하리라"(암 9:11-12). 하나님은 지금도 열방을 세우시고 또한 무너뜨리십니다. 에돔이든 어떤 나라든 그리스도를 왕으로 영접하는 것만이 진정한 복의 길입니다.

⁂

겉으로는 그리스도의 이름을 붙들고 있으나 실제 삶은 그 이름과 전혀 어울리지 않는 사람들이 있습니다. 그런데 그런 사람들이 오히려 세상에서 눈부신 성공을 거두기도 합니다. 그럴 때 우리는 속으로 이렇게 생각합니다. '나도 저 사람들처럼 잘되면 좋겠다.' '그들의 방식을 따라가볼까?' 그러나 그들이 능력이 출중하고 수완이 뛰어나서 성공한 것일까요? 아닙니다. 그 모든 일은 하나님의 섭리 가운데서 허락된 것일 뿐입니다.

그러므로 우리는 겉으로 드러나는 성공에 마음을 빼앗기지 말고, 모든 것을 주관하시는 하나님의 손길을 바라보아야 합니다. 하나님께서 뜻하신다면 우리도 그들보다 더 크고 놀라운 나라를 이루게 하실 수 있습니다. 그렇다면 우리는 어떻게 살아야 할까요? 에서처럼 가나안 여인을 아내로 삼고, 하나님께서 약속하신 땅을 떠나 더 나은 환경을 찾아 나서야 할까요? 아닙니다. 하나님께서 마침내 모든 나라를 그리스도께 복종시키실 것이므로, 우리는 만국을 다스리시는 하나님을 바라보며 그분만을 더욱 신뢰해야 합니다.

본문은 하나님의 약속이 역사 속에서 어떻게 실현되는지를 보여 줍니다. 하나님은 "큰 자가 어린 자를 섬기리라"고 말씀하셨습니다. 그 말씀대로 에서는 강성해졌으나 야곱을 섬기는 모습은 당장은 실현되지 않았습니다. 그러나 우리는 다윗 시대에 그 약속이 부분적으로 성취되는 것을 볼 수 있습니다(삼하 8:14). 궁극적으로는 이 세상의 모든 나라가 예수 그리스도 앞에 무릎을 꿇게 될 것입니다.

세상이 크다고 두려워하지 마십시오. 그들을 강하게 하신 하나님께서 그들을 그리스도께 복종하게 하실 것입니다. 이 믿음을 따라 세상에서 담대하게 살아가는 성도들이 되시기를 주님의 이름으로 축원합니다.

‖‖‖‖‖‖‖‖‖‖‖‖‖‖‖‖‖‖

1. 창세기 36장은 대부분 에서의 족보로 채워져 있습니다. 하나님께서 이 장을 성경에 포함시키신 이유는 무엇이며, 이를 통해 드러나는 하나님의 섭리는 무엇입니까?
2. 에서의 후손들이 강대한 나라 에돔을 이루었음에도 불구하고, 성경은 왜 그들이 하나님의 언약에서 제외되었다고 설명합니까?
3. 세상의 성공 앞에서 우리는 어떤 태도를 가지고 있습니까? 하나님의 약속을 신뢰하는 믿음은 우리의 삶 속에서 어떻게 드러나고 있나요?

요셉 이야기

창세기 37:2-50:26

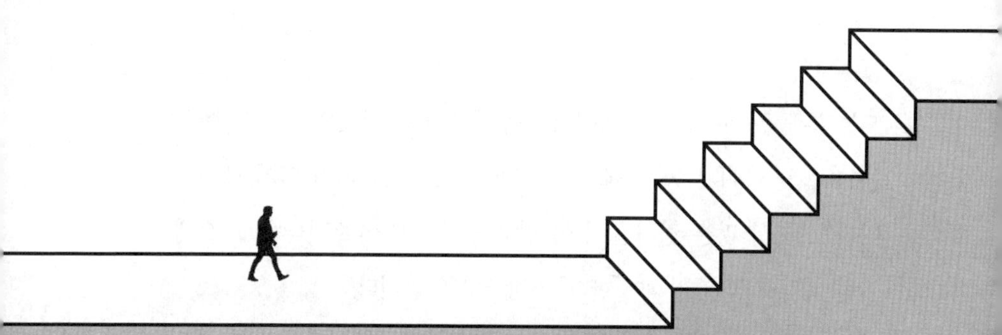

요셉 이야기

형제들에게 시기를 당한 요셉
"그를 더 사랑함을 보고"

창세기 37:2-11

오늘 본문은 청소년 수련회에서 자주 인용되는 말씀입니다. 그 이유는 요셉의 나이가 "십칠 세"라고 구체적으로 기록되어 있기 때문입니다. 그래서 많은 강사들이 이 말씀을 근거로 청소년들에게 "요셉처럼 너희도 꿈을 가져야 한다"고 강조하곤 합니다.

그렇다면 요셉은 어떤 꿈을 꾸었습니까? 간단히 말하면, 형제들 위에 서서 다스리는 꿈, 곧 통치자가 되는 꿈이었습니다. 그렇다면 오늘날 청소년들도 요셉처럼 통치자가 되는 꿈을 꾸어야 할까요? 아니면 멋진 사람, 성공한 사람이 되겠다는 꿈으로 이해하면 될까요?

그러나 이런 해석에는 중요한 오해가 있습니다. 바로 '꿈'과 '장래 희망'을 동일시하는 것입니다. 현실에서는 두 단어를 혼용하기도 하지만, 성경에서 말하는 '꿈'은 다릅니다. 장래 희망은 우리가 스스로

정할 수 있고, 시간이 지나면 바뀌기도 합니다. 그러나 성경에서 꿈은 하나님의 뜻을 계시하는 수단으로, 우리의 의지와 무관하게 주어지는 경우가 많습니다. 요셉이 통치자가 되는 꿈을 꾼 것도 그가 원해서가 아니라, 하나님께서 그에게 장차 이루실 일을 보여주신 것이었습니다.

중요한 것은 꿈의 내용 자체가 아니라, 그 꿈을 통해 하나님께서 어떤 일을 이루어가시는가입니다. 꿈을 지나치게 강조하거나 꿈 자체를 하나님의 말씀처럼 여기는 태도는 위험합니다. 요셉의 꿈은 하나님의 섭리를 이루는 도구였을 뿐입니다. 그러므로 꿈 자체보다 그 꿈을 통해 나타나는 하나님의 계획과 섭리에 초점을 두어야 합니다.

야곱의 톨레도트

본문은 "야곱의 족보"라는 말로 시작됩니다. 여기서 '족보'에 해당하는 히브리어 단어가 바로 '톨레도트'입니다. 이 단어에 대해서는 이미 여러 차례 살펴보았으므로 다시 반복하지는 않겠습니다. 다만 오늘 본문이 창세기 전체에서 열 번째이자 마지막 톨레도트라는 점, 그리고 가장 방대한 분량을 차지한다는 점은 다시 짚고 넘어갈 필요가 있습니다. 야곱의 톨레도트는 하나님께서 아브라함에게 주신 언약이 어떻게 구체적으로 성취되어가는지를 보여주는 중요한 기록입니다.

앞서 36장에서는 에서의 톨레도트를 보았습니다. 에서는 하나님의 선택을 받지 못했지만, 그분의 섭리 가운데 에돔이라는 강성한 민족을 이루었습니다. 이제 야곱의 톨레도트를 접하면서 우리는 자연스럽게 이런 질문을 품게 됩니다. "약속을 받은 야곱과 그의 자손들은 어떤 삶을 살아가는가?"

야곱도 에서처럼 강대한 나라를 이루게 될까요? 만약 그렇다면 그것은 어떤 과정을 통해 이루어질까요? 그 해답이 바로 야곱의 톨레도트에 담겨 있습니다.

무엇보다 먼저 기억해야 할 것은, 야곱의 새 이름이 '이스라엘'이라는 사실입니다. 따라서 야곱의 톨레도트는 단순히 한 개인의 이야기가 아니라 이스라엘 민족 전체의 이야기입니다. 실제로 톨레도트 안에서 벌어지는 일들, 이를테면 형제 간의 시기와 갈등, 속임과 분열은 이후 이스라엘 역사 속에서 반복되는 주제들입니다. 그러므로 이스라엘 백성들은 창세기의 이 기록을 단순히 과거의 사건으로 읽지 않았습니다. 오히려 자신들에게 주신 하나님의 말씀으로 받아들였습니다.

오늘 우리도 마찬가지입니다. 야곱이 '이스라엘'이라면, 우리는 신약의 새 이스라엘, 곧 교회입니다. 따라서 야곱의 이야기는 단순히 경건한 한 사람의 전기가 아니며 오늘날 교회와 그에 속한 성도들에게 주시는 메시지로 읽어야 합니다. 물론 야곱은 신앙의 본이 될 만한 인물이지만, 핵심은 그의 가정이 겪는 모든 사건이 곧 하나님의 백성 공동체에 주어진 말씀이라는 것입니다. 성경을 개인 차원만이 아니라 교회의 관점에서 읽는 것이 중요한 이유가 여기에 있습니다.

시기: 공동체를 파괴시키는 악

창세기 36장에서 우리는 에서의 가족이 빠르게 열두 민족으로 확장되며 강성해지는 모습을 보았습니다. 그러나 야곱의 톨레도트는 출발부터 위태롭습니다. 열두 아들 가운데 요셉이 형제들의 시기로 인해 생명의 위협을 받기 때문입니다. 만약 하나님의 특별한 개입이 없었다면, 이스라엘은 12지파를 이루지 못했을 뿐 아니라 전 가족이 기근 속에서 사라졌을지도 모릅니다.

왜 야곱의 가족은 시작부터 이러한 위기에 빠졌을까요? 사도행전 7장에서 스데반은 자신을 고소한 무리 앞에서 이스라엘의 역사를 요약하며 반복된 죄를 지적합니다. 하나님께서 선지자들을 끊임없이 보내셨지만, 이스라엘은 그들을 박해했습니다. 스데반은 그 대표적인 사례로 요셉과 모세를 들었고, 결국 그 패턴이 예수 그리스도까지 이어졌음을 밝힙니다. 메시아이신 예수님마저 배척하고 십자가에 못 박은 것이지요.

스데반은 특별히 "여러 조상이 요셉을 시기하여 애굽에 팔았다"(행 7:9)고 말합니다. 이 짧은 한 구절이 야곱의 가정이 왜 분열되었는지를 정확히 드러냅니다. 바로 시기 때문이었습니다. 시기는 모든 갈등의 뿌리이며, 이것이 해결되지 않으면 가정도 교회도 바로 설 수 없습니다. 이후 전개되는 요셉 이야기는 이 시기의 문제가 어떻게 극복되고 해소되는지를 보여줍니다. 이 문제가 치유되었을 때 비로소 요셉과 형제들은 화해할 수 있었고, 야곱의 가정은 하나의 공동체로 회복될 수 있었습니다.

시기와 질투는 겉으로 비슷해 보이지만, 성격과 깊이에 큰 차이가 있습니다. 질투는 다른 사람의 형통을 보며 속이 상하는 감정에 머무르지만, 시기는 그것을 넘어 실제로 해치려는 의지로 발전합니다. 무엇보다 시기는 대개 동료나 가까운 관계 속에서 일어납니다. 나와 무관한 사람에게는 잘 일어나지 않습니다.

예를 들어 저는 종교개혁 시대의 위대한 신학자 칼뱅이나 우르시누스에게는 시기심을 느끼지 않습니다. 오히려 진심으로 존경할 뿐입니다. 그러나 저와 함께 공부했고 비슷한 길을 걷는 동료 교수들에 대해서는 질투나 시기심이 생길 수 있습니다. 실제로 교수들 사이에서 보직이나 승진을 둘러싸고 시기로 인해 공동체가 큰 어려움을 겪는 경우가 많습니다. 요셉의 형제들도 마찬가지였습니다.

시기의 과정

그렇다면 요셉의 형제들은 어쩌다 시기심을 품게 되었을까요? 첫째, 자신들의 죄에 무감각했기 때문입니다. 본문에 따르면, 어린 요셉은 여종 빌하와 실바의 아들들(단, 납달리, 갓, 아셀)과 함께 일하다가 그들의 잘못을 보고 아버지 야곱에게 고했습니다. 네 형제는 할아버지 아브라함의 여종 하갈의 아들 이스마엘처럼 집에서 쫓겨날 수 있는 위치에 있었습니다. 이스마엘이 쫓겨난 이유도 이삭을 괴롭혔기 때문이 아니었습니까?(창 21장) 그들이 야곱의 아들로 남아 있을 수 있었던 것은 전적으로 하나님의 은혜였습니다. 그러나 그들은 그 은혜에 합당하게 살지 못했고, 오히려 자신들의 죄를 드러낸 요셉을 미워하며 시기했습니다.

우리의 삶에서도 비슷한 모습을 볼 수 있습니다. 자녀들 사이에서 막내의 '고자질'이 형제 간 우애를 해치는 경우가 종종 있습니다. 형이 부모에게 꾸중을 들으면 그 분노가 동생에게 향하기도 합니다. 그러나 요셉의 경우는 단순한 고자질이 아니라, 부당한 행위를 알린 정당한 고발이었습니다. 사도행전 7장 9절에서 스데반이 요셉을 선지자의 위치에 둔 것도 바로 이 때문입니다.

둘째, 야곱의 편애가 형들의 시기를 부추겼습니다. 성경은 야곱이 노년에 얻은 아들 요셉을 특별히 사랑했다고 기록합니다. 그는 요셉을 위해 채색 옷을 지어 입혔는데, 이는 형들의 눈에 요셉을 후계자로 삼으려는 신호로 비쳤을 것입니다. 그로 인해 형제들은 요셉과 더는 평화롭게(샬롬) 말할 수 없게 되었습니다. 야곱 자신이 아버지의 편애로 인해 큰 상처를 입은 사람이었음을 고려하면, 이는 중대한 실책이었습니다.

셋째, 결정적 계기는 요셉의 꿈이었습니다. 요셉은 두 번의 꿈을 꾸었습니다. 하나는 형들의 곡식 단이 자신의 단에 절하는 꿈이었고, 다른 하나는 해와 달과 열한 개의 별이 자신에게 절하는 꿈이었습니다. 그 의미가 너무나 분명해 형제들의 시기심은 극에 달했습니다. 심지어 야곱조차 요셉을 꾸짖었지만, 동시에 이 일을 마음에 간직했습니다(11절). 벧엘에서 꿈으로 계시를 받았던 경험이 있었기에,

요셉의 꿈이 단순한 공상이 아니라 하나님의 뜻을 담고 있음을 직감했던 것입니다.

이 모든 과정을 종합하면, 야곱에게 가장 큰 책임이 있었다고 볼 수 있습니다. 그는 요셉의 보고를 듣고도 다른 아들들의 죄를 바로잡지 않았고, 요셉을 지나치게 편애하여 불화를 키웠으며, 꿈의 의미를 분별하면서도 아들의 안전을 지키지 못했습니다. 요셉이 형제들에게 극도로 미움을 받고 있다는 사실을 파악하지 못한 채, 그를 홀로 먼 들판에 있는 형들에게 보낸 것이 결정적이었습니다.

결국 형제들이 요셉을 시기하게 된 주된 책임은 야곱에게 있었습니다. 하나님의 직분을 맡은 자가 그 책임을 다하지 못하면, 공동체 안에 시기가 자리 잡고, 그로 인해 공동체는 무너지고 맙니다. 그러므로 건강한 교회로 서기 위해서는 무엇보다 하나님의 말씀에 민감한 공동체가 되어야 합니다. 말씀을 가볍게 여기는 순간, 시기가 교회를 지배하고 말 것입니다.

지금까지 요셉 이야기를 통해 시기가 어떻게 하나님의 공동체를 파괴하는지를 살펴보았습니다. 여러분은 어떻습니까? 마음속에 형제자매를 향한 시기심이 없습니까? 시기심이 전혀 없다면 감사한 일입니다. 그러나 달리 보면 그것은 서로에 대한 관심이 부족하다는 뜻일 수도 있습니다. 교회는 그리스도의 한 몸입니다. 서로를 돌아보는 과정에서 비교가 생기고, 그 속에서 시기가 일어날 가능성도 언제나 존재합니다.

요셉의 꿈은 단순히 한 개인의 성공담이 아니라 하나님께서 가장 작은 자를 들어 왕으로 세우신다는 메시지였습니다. 그것은 이스라엘의 역사에서 자주 나타나는 하나님의 방식입니다. 이스마엘이 아닌 이삭을, 에서가 아닌 야곱을 택하신 것처럼, 하나님은 "큰 자가 어린 자를 섬기리라"고 말씀하시며 주권적으로 선택하셨습니다. 중요한 것은 하나님께서 누구를 어떻게 세우시느냐 하는 것입니다.

교회 안에서도 이와 비슷한 상황을 경험할 수 있습니다. 목회자가 어떤 성도를 특별히 돌본다면, 누군가에게는 편애처럼 보일 수 있습니다. 혹은 신앙 연수가 짧은 성도가 일찍 직분을 맡게 되면 시험거리가 되기도 합니다. 그러나 하나님의 말씀을 바르게 분별하고, 때로는 불공정해 보이는 하나님의 선택일지라도 내게 유익이 됨을 인정하며 기쁜 마음으로 받아들일 때, 시기심은 해소될 수 있습니다.

교회는 사람이 모인 공동체이기에 인간적인 시기심이 늘 존재합니다. 그러나 시기에 사로잡히면 끝없는 비교와 불평에 빠질 수밖에 없습니다. 건강한 공동체를 이루기 위해서는 공동체 의식이 필요합니다. 타인의 성공을 '나와 무관한 일' 혹은 '내 몫이 줄어드는 것'으로 보지 않고, '우리 공동체의 기쁨'으로 받아들이는 것입니다. 다른 성도의 자녀가 뛰어난 모습을 보일 때, 그것을 교회의 희망으로 여기며 함께 기뻐하는 것이 성숙한 공동체의 모습입니다.

'나와 너'가 분리된 존재가 아니라 '우리'가 될 때, 교회는 참된 평화 속에서 굳게 세워질 것입니다. 예수 그리스도께서 십자가로 우리를 한 몸 되게 하셨다는 복음을 항상 기억합시다. 복음의 능력 안에서 우리가 섬기는 교회가 시기를 넘어 사랑과 평화 안에서 자라가기를 주 예수 그리스도의 이름으로 축원합니다.

IIIIIIIIIIIIIIIIIIIII

1. 요셉의 꿈은 단순한 장래 희망이 아니라 하나님의 계시였습니다. 하나님께서 요셉에게 꿈을 주신 목적은 무엇이었습니까?
2. 요셉의 형제들이 요셉을 시기하게 된 주된 이유는 무엇이었습니까? 그러한 시기는 공동체에 어떤 결과를 가져왔나요?
3. 교회나 직장, 가정에서 다른 사람이 성공하거나 인정받는 모습을 보면 어떤 마음이 드십니까? 만약 시기심이 생긴다면, 그것을 어떻게 '우리 공동체의 기쁨'으로 바꾸어 받아들일 수 있을까요?

애굽으로 팔려 간 요셉
"은 이십에 그를 팔매"

창세기 37:12-36

창세기 37장의 전반부는 요셉이 형제들에게 왜 시기를 당하게 되었는지를 설명합니다. 오늘 본문인 후반부는 그 시기가 어떻게 구체적인 행동으로 이어졌는지, 그 결과가 무엇이었는지를 보여줍니다. 형제들의 분노는 단순한 감정에 머물지 않고 실제적인 악행으로 이어졌고, 요셉은 큰 위기를 맞게 됩니다.

그런데 이 과정에서 주목할 사실이 하나 있습니다. 본문 어디서도 하나님께서 직접 개입하셨다는 언급이 없다는 점입니다. 37장 전체에서 하나님의 이름은 단 한 번도 언급되지 않습니다. 요셉이 음모에 휘말리고, 구덩이에 던져지고, 상인에게 팔려가는 긴박한 사건 속에서 하나님은 침묵하시는 것처럼 보입니다.

더욱 흥미로운 대조는 다음 장인 38장에서 나타납니다. 유다의 두 아들 엘과 오난이 악행을 저지르자 하나님은 곧바로 그들을 죽이십니다. 특히 오난은 단지 씨가 자기 것이 될 줄 알지 못해 형수와 동침하면서도 일부러 사정을 피했을 뿐인데도 하나님의 심판을 피하지 못했습니다. 그런데 요셉을 죽이려 한 형제들의 음모에 대해서는 하나님께서 아무런 심판도 내리지 않으십니다. 왜일까요?

이는 하나님께서 자신의 백성을 인도하시는 방식의 차이를 보여 줍니다. 하나님은 때로는 직접 개입하여 역사하시지만, 때로는 섭리를 통해 간접적으로 인도하십니다. 오늘 본문은 그 대표적인 사례입니다.

형제들은 어떻게든 요셉을 처리하려고 모의합니다. 구덩이에 던져 넣고 죽일 계획을 세우다가 결국에는 미디안 상인에게 팔아버립니다. 그러나 결과는 그들의 의도와 전혀 다르게 흘러갑니다. 요셉은 그들이 예측하지 못한 애굽으로 가게 되었습니다.

요셉을 애굽으로 보내신 분은 결국 하나님이십니다. 이미 하나님은 창세기 15장에서 아브라함과 언약을 맺으실 때, "네 자손이 이방에서 객이 되어 그들을 섬기겠고 그들은 사백 년 동안 네 자손을 괴롭힐 것"(창 15:13)이라고 말씀하셨습니다. 그때는 나라 이름이 구체적으로 언급되지 않았지만, 하나님의 계시는 차츰 분명해졌습니다. 그 나라는 바로 애굽이었고, 하나님은 이스라엘 백성을 그곳에 들이기 전에 요셉을 먼저 보내신 것입니다. 본문에서 요셉이 형들에게 팔려 애굽으로 가는 과정을 보면서 인간의 악한 모의조차 하나님의 섭리 속에서 어떻게 사용되는지 살펴보겠습니다.

본문 12절부터는 요셉이 아버지 야곱의 명을 받아 형들을 찾아 떠나는 장면이 나옵니다. 당시 형들은 세겜에서 양 떼를 치고 있었습니다. 야곱은 아들들의 안부를 확인하고자 그 일을 요셉에게 맡겼습니다. 세겜은 요셉이 머물던 헤브론에서 북쪽으로 약 80킬로미터 떨어진 곳이었습니다. 그 일은 그저 아버지의 심부름처럼 보였지만, 실은 하나님께서 요셉을 애굽으로 보내시는 섭리의 시작이었습니다.

왜 야곱이 요셉만 양 치는 일에서 제외했는지는 알 수 없습니다. 분명한 것은 형제들의 범죄가 아버지의 통제력이 미치지 않는 먼 곳에서 일어났다는 사실입니다. 야곱은 그들이 세겜에 있을 것이라고 생각했을 뿐 실제로 어디에 있는지는 알지 못했습니다. 더욱이 세겜은 야곱의 가족에게 결코 평안한 곳이 아니었습니다. 얼마 전 야곱의 딸 디나가 그곳에서 수치를 당했고, 시므온과 레위가 잔혹하게 보복한 사건이 있었기 때문입니다(창 34장). 야곱은 그 사건으로 인해 세겜을 떠날 수밖에 없었습니다. 그런데도 형들은 다시 그 땅으로 갔습니다. 아마도 세겜이 양을 치기에 비옥한 목초지였기 때문일 것입니다.

이 장면은 요셉의 성실함을 잘 보여줍니다. 요셉은 아버지의 명령에 즉시 순종했습니다. 홀로 먼 길을 떠나야 했고, 그 길은 안전하지 않았습니다. 그럼에도 그는 주저하지 않았습니다. 세겜에 도착한 요셉은 형들을 찾기 위해 들판을 이리저리 헤맸습니다. 그때 한 사람이 다가와 무엇을 찾느냐고 묻자, 요셉은 형들을 찾고 있다고 대답했습니다. 그 사람은 형들이 "도단으로 가자"라고 말하며 자리를 옮겼다고 알려주었고, 요셉은 그 말을 따라 다시 20킬로미터를 걸어 올라가 도단에서 형들을 만납니다.

여기서 흥미로운 대조가 드러납니다. 본문은 요셉을 친절하게 도와준 세겜 사람과, 오히려 그를 죽이려 하는 형들을 대비시키고 있습니다. 세겜 사람은 얼마 전 야곱의 가족에게 큰 피해를 입었던 이들이었습니다. 따라서 요셉을 보았을 때 보복의 기회로 삼을 수도 있었습니다. 그러나 그는 오히려 친절을 베풀었습니다. 반면 요셉은 아버지의 말씀에 성실히 순종하다가 정작 가장 가까운 형제들에게 배척을 당하게 되었습니다.

형들의 죄악

요셉이 다가오는 것을 본 형제들은 조롱하며 외쳤습니다. "꿈꾸는 자가 오는도다." 이 말은 그들이 요셉의 꿈을 마음 깊이 새겨 두었을 뿐 아니라, 그 꿈에 대해 큰 반감을 품고 있었음을 드러냅니다.

그들은 요셉을 죽이려 했습니다. 아버지에게는 짐승에게 잡아 먹혔다고 거짓말하면 된다고 생각했습니다. 무엇보다 그들은 "그의 꿈이 어떻게 되는지를 보자"고 말했습니다. 단순히 동생이 미운 것이 아니라, 하나님의 계시에 대한 분노와 거부가 그들이 지닌 적개심의 본질이었습니다. 마치 창세기 4장에서 가인이 아벨을 미워해 죽였던 것처럼, 이들도 하나님의 뜻을 대적하며 요셉을 제거하려 했습니다.

그러나 장자 르우벤은 유일하게 이 음모에 반대했습니다. 그는 특별한 일이 없다면 야곱의 대를 잇게 될 장자였습니다. 그래서 요셉을 직접 죽이지 말고 차라리 구덩이에 던져 넣자고 제안했습니다. 몰래 그를 꺼내어 아버지에게 돌려보낼 계획이었습니다. 하지만 안타깝게도 그가 자리를 비운 사이, 다른 형제들은 요셉의 채색 옷, 곧 야곱의 사랑과 총애를 상징하던 옷을 벗기고, 그를 빈 구덩이에 던져 넣었습니다. 만약 그 구덩이에 물이 있었다면 요셉은 죽음을 면치 못했을 것입니다.

더 충격적인 것은 그들이 요셉을 구덩이에 던져 넣은 후 태연히 음식을 먹었다는 사실입니다. 이는 그들의 마음이 얼마나 완악해졌는지를 보여줍니다. 바로 그때 이스마엘 사람들, 곧 미디안 상인들이 지나갔습니다. 성경은 이들을 '이스마엘 사람들'과 '미디안 사람들'로 혼용해서 부릅니다. 어느 족속이었는지는 확정할 수 없지만, 본문이 의도하는 바는 명확합니다. 여기서 다시 한번 에서의 후예와 야곱의 자손들의 대조가 이루어집니다. 창세기 36장에 따르면, 에서의 자손 하닷은 미디안을 정복했습니다. 그런데 지금 야곱의 자손들은 그 미디안 상인들에게 자기 형제를 팔고 있습니다.

결정적인 제안을 한 인물은 유다였습니다. 그는 요셉을 죽이기보다 차라리 팔자고 제안하며 요셉이 형제요 혈육임을 상기시켰습니다. 결국 요셉은 은 20세겔에 팔려 애굽으로 끌려가게 됩니다. 바로 그때에도 르우벤은 자리에 없었습니다. 그는 장자임에도 불구하고 영적 지도력을 발휘하지 못했습니다. 아버지 야곱도 장자 르우벤도 가정의 영적 책임을 다하지 못했을 때, 가장 끔찍한 일이 벌어지고 말았습니다. 르우벤은 형제들의 범죄를 끝내 막지 못했고, 침묵함으로써 사실상 그들에게 동조했습니다.

자녀들에게 속은 야곱

본문에서 또 하나 주목할 점은 야곱이 아들들에게 철저히 속았다는 것입니다. 형제들은 요셉의 채색 옷에 숫염소의 피를 묻혀 아버지에게 가져와 말했습니다. "우리가 이것을 발견하였으니 아버지 아들의 옷인가 보소서"(32절). 그들은 요셉이 죽었다고 직접 말하지도 않았습니다. 단지 아버지가 스스로 그렇게 믿도록 만들었습니다. 옷을 본 야곱은 곧바로 외쳤습니다. "악한 짐승이 그를 잡아먹었도다. 요셉이 분명히 찢겼도다." 형들이 꾸민 대로 아버지는 요셉의 죽음을 확신해버렸습니다.

이 장면은 야곱 자신의 과거를 비추는 거울과 같습니다. 젊은 시절 그는 형 에서를 속이고 아버지 이삭의 축복을 가로챘습니다. 그때 역시 염소 새끼를 잡아 별미를 만들고, 형의 옷을 입고, 손과 목에는 염소 털을 붙여 아버지를 속였습니다. 이제는 자녀들이 거의 같은 방식으로 아버지를 속이고 있습니다. 물론 야곱은 거짓말로 복을 받았지만, 그것은 하나님의 주권적 선택이었을 뿐 그의 거짓을 정당화하지는 못합니다. 그는 결국 자신의 죄에 대한 대가를 혹독하게 치르고 있습니다.

본문의 마지막 장면은 야곱의 깊은 슬픔을 보여줍니다. 그는 옷을 찢고 굵은 베를 두르고 애통했습니다. 모든 자녀가 위로하려 했지만, 그는 위로를 거부하며 말했습니다. "내가 슬퍼하며 스올로 내려가 아들에게로 가리라." 스올은 히브리인들이 말하는 음부, 곧 죽은 자의 처소입니다. 야곱은 요셉의 죽음을 자신의 죽음처럼 받아들였던 것입니다.

이처럼 야곱의 가정에 끔찍한 비극이 벌어졌습니다. 형제가 형제를 죽이려 했고, 자녀가 아버지를 속였습니다. 언약의 가정에, 믿음의 공동체에 어떻게 이런 일이 일어날 수 있을까요? 본문은 그런 일이 얼마든지 일어날 수 있다고 경고합니다. 죄는 언제든 교회와 가정 안으로 들어와 다툼을 일으키고, 결국 비극을 낳을 수 있습니다.

그렇다면 왜 이런 일이 벌어진 것일까요?

첫째, 야곱이 가정을 제대로 다스리지 못했기 때문입니다. 자녀들은 아버지의 통제권을 벗어난 지 오래였고, 야곱은 그들의 마음을 전혀 알지 못했습니다. 그들이 요셉을 얼마나 미워하는지 조금이라도 알았다면 요셉을 홀로 보냈겠습니까?

둘째, 형제들 사이의 질서가 무너졌기 때문입니다. 장자 르우벤은 아버지를 대신해 책임을 져야 했지만, 그의 말은 전혀 통하지 않았습니다. 게다가 그는 중요한 순간에 침묵했습니다.

셋째, 야곱의 편애 때문입니다. 그는 열두 아들을 두었지만, 공평하게 이끌지 못했습니다. 아브라함이나 이삭보다 훨씬 더 많은 자녀들을 둔 만큼 그는 더 큰 책임을 져야 했습니다. 그러나 요셉만 지나치게 사랑한 결과, 가정 전체가 큰 비극에 휘말리고 말았습니다.

자녀를 어떻게 볼 것인가?

본문은 단지 요셉 개인의 이야기가 아니라, 우리가 자녀를 어떻게 바라보고 노년을 어떻게 살아가야 하는지 깊이 성찰하게 하는 말씀입니다. 특히 오늘날 한국 사회의 현실을 생각하면 더 큰 울림을 줍니다. 최근 통계에 따르면, 우리나라의 노인 자살률은 여전히 OECD 국가 가운데 가장 높은 수준입니다. 더욱 충격적인 사실은, 자살한 독거 노인의 90퍼센트 이상이 세 자녀 이상을 둔 부모였다는 점입니다. 자녀가 있음에도 불구하고 외롭고 소외된 삶을 살다가 극단적인 선택을 한 것입니다.

특히 한국의 어머니들은 자녀에 대한 사랑이 지나친 경우가 있습니다. 제가 보기에는 우상 숭배에 가까울 정도입니다. 노후 준비마저 소홀히 할 만큼 모든 것을 자녀에게 쏟아붓습니다. 신앙인이라 해도 자녀와 손주에게만 관심을 기울이고, 기도도 오직 자녀가 잘되기를 비는 내용뿐입니다. 이런 태도가 과연 옳을까요?

문제는 자녀들이 모두 잘되면 좋겠지만 현실은 그렇지 않다는 데 있습니다. 설령 잘되었다 해도, 그것이 곧 부모의 행복으로 이어지는 것도 아닙니다. 제가 아는 한 어머니는 고생 끝에 아들들을 교수와 의사로 키워냈습니다. 얼마나 기대가 컸을까요? 그러나 그 기대가 오히려 가족을 힘들게 했습니다. 어머니는 나이든 아들이 더 이상 어릴 때처럼 순종하지 않는 모습에 서운해했고, 그 원인을 며느리에게 돌렸습니다. 다른 며느리와 비교하며 끊임없이 불평을 늘어놓았습니다. 자녀를 향한 과도한 기대가 결국 한 가정을 갈등과 고통으로 몰아넣고 말았습니다.

제가 말하려는 것은 자녀를 사랑하지 말라는 뜻이 아닙니다. 다만 자녀는 우리의 소유가 아니라 하나님의 선물임을 분명히 해야 합니다. 자녀를 통해 무엇인가를 기대하는 것은 어리석은 일입니다. 아무리 자녀가 부모를 잘 섬긴다 해도, 부모가 쏟아부은 사랑과 수고를 다 갚을 수는 없습니다. 그러므로 그리스도인은 나이가 들수록 관심의 초점을 자녀가 아니라 하나님의 나라와 의로 옮겨야 합니다. 야곱의 삶에서도 보듯이 자녀나 배우자가 먼저 세상을 떠날 수도 있습니다. 성경은 이것이 곧 인간 삶의 현실임을 보여줍니다.

종교개혁자 칼뱅도 결혼하여 아들을 두었으나, 아내가 건강이 좋지 않아 일찍 세상을 떠났습니다. 그의 반대자들은 그것을 하나님의 저주라며 조롱했습니다. 칼뱅은 깊은 슬픔 속에서도 이렇게 고백했습니다. "하나님은 단 한 명의 아들을 내게서 데려가셨지만, 수천이 넘는 아들을 나에게 주셨다." 그는 복음을 통해 얻은 수많은 영적 자녀들 속에서 위로를 발견했던 것입니다.

요셉은 형들에게 팔려 애굽으로 갔고, 야곱은 사랑하는 아들이 죽었다고 믿은 나머지 깊은 슬픔에 잠겼습니다. 자녀를 인생의 전부로 여겼던 야곱에게 요셉의 죽음은 자신의 죽음과 다름없었습니다.

사랑하는 성도 여러분, 자녀를 사랑하되 자녀만 바라보지 마십시오. 자녀가 인생의 전부가 되면, 그들이 떠날 때 삶의 의미도 함께 무너지고 맙니다. 우리나라 노인들의 자살률이 높은 이유 중 하나도 "자식에게 짐이 되고 싶지 않다"는 생각 때문이라고 합니다. 모든 판단의 기준이 '자녀'가 되어버린 것이 문제입니다.

그러나 하나님께서 다스리시는 가정은 자녀 중심이 아니라 말씀 중심의 가정입니다. 자녀들을 위해 무조건 희생하는 것이 가정을 평안하게 하는 길이 아닙니다. 하나님의 공의와 진리가 기준이 될 때 가정은 참된 평화를 누릴 수 있습니다. 부모와 자녀가 함께 가져야 할 공통 관심사는 바로 하나님의 나라와 그 의입니다.

나이가 들수록 우리에게 진정 필요한 것은 돈도, 건강도 아닌 흔들리지 않는 믿음입니다. 자녀 중심의 사고에서 벗어나 하나님의 나라를 바라보며 말씀 안에서 평안을 누리는 삶, 이것이야말로 참된 노후 준비이자 행복한 가정을 세우는 길입니다.

1. 야곱이 요셉의 죽음을 자신의 죽음처럼 받아들였던 이유는 무엇이며, 이는 그의 자녀관과 어떤 관련이 있습니까?

2. 요셉이 형들에 의해 애굽에 팔려 간 사건은 야곱 가정의 어떤 영적 문제와 한계를 드러내고 있습니까?

3. 자녀(또는 가족)를 어떤 관점으로 보고 있습니까? 혹시 자녀가 내 인생의 전부가 되고 있지 않은지 돌아보고, 말씀과 하나님 나라에 집중하기 위한 작은 실천 하나를 정해봅시다.

다말을 통해 이스라엘을 회복시키심
"그는 나보다 옳도다"

창세기 38:1-30

창세기 38장은 독자들에게 낯설고 불편하게 다가올 수 있는 본문입니다. 37장에서 요셉이 형들에게 팔려 애굽으로 내려가는 이야기가 시작되고, 39장부터는 애굽에서 요셉이 겪는 사건들이 이어지기에, 그 중간에 끼어든 유다 이야기는 전체 흐름과 동떨어져 보일 수 있습니다. 내용 또한 당혹스럽습니다. 시아버지와 며느리가 부적절한 관계를 맺고, 쌍둥이가 태어나는 장면이 등장하기 때문입니다. 더욱 놀라운 것은 그 사건이 하나님의 섭리 속에서 이스라엘을 회복시키는 축복의 길로 이어진다는 사실입니다. 인간의 윤리적 기준으로는 쉽게 이해하기 어려운 대목입니다.

그러나 본문에 들어가기 전에 기억해야 할 중요한 점이 있습니다. 창세기의 마지막 족보(톨레도트)의 주인공은 요셉이 아니라는 사실입니다. 요셉이 중요한 역할을 담당하지만, 37장 2절에서 명확히 밝히듯이 이 이야기는 야곱의 족보, 곧 야곱의 가족사입니다. 따라서 유다 이야기도 반드시 포함되어야 전체 족보가 완성됩니다. 모세가 굳이 한 장을 할애하여 유다 사건을 기록한 이유가 여기에 있습니다.

38장은 요셉이 애굽에서 고난을 겪던 시기에 가나안 땅에 남아 있던 야곱의 아들들이 어떤 삶을 살았는지를 보여줍니다. 특히 유다의 삶은 요셉의 삶과 극명한 대조를 이룹니다. 요셉은 이방 땅에서 고난을 겪으면서도 정절과 신앙을 지켰지만, 유다는 약속의 땅에서 오히려 정욕과 타락에 빠졌습니다.

그럼에도 하나님은 유다를 버리지 않으셨습니다. 오히려 이방 여인 다말을 통해 그의 가정을 보존하시고, 언약의 역사를 이어가셨습니다. 오늘 우리는 본문을 통해 하나님께서 자신의 백성을 어떻게 지켜가시는지, 그리고 그 백성에 속한 우리가 어떤 존재로 살아가야 하는지 살펴보고자 합니다.

유다의 타락

요셉을 애굽에 팔도록 앞장선 인물은 유다였습니다. 장자인 르우벤은 이미 형제들 사이에서 지도력을 잃었고, 자연스럽게 유다가 장자의 역할을 대신했습니다. 그러나 그는 책임을 감당하기보다 점점 더 악한 길로 빠져들었습니다. 만일 하나님의 개입이 없었다면, 유다는 언약의 축복에서 완전히 제외되고 말았을 것입니다.

첫째, 유다는 형제들을 떠났습니다(1절). 원문은 단순히 '떠났다'가 아니라 '내려갔다'라고 기록하는데, 이는 영적 추락을 암시합니다. 유다의 몰락은 하나님의 거룩한 공동체를 떠나는 것에서 시작되었습니다. 유다는 아둘람 사람 히라와 가까워졌고, 그 인연을 따라 가나안 사람 수아의 딸을 아내로 삼았습니다. 성경은 그가 여인을 '보고 취했다'고 말하는데(2절, 개역한글), 이는 하와가 선악과를 따먹을 때 쓰인 것과 동일한 표현입니다. 그는 신앙이 아니라 외모에 이끌려 결혼한 것입니다.

유다는 수아의 딸에게서 엘, 오난, 셀라 세 아들을 낳았습니다. 겉보기에는 새로운 관계, 아름다운 아내, 건강한 자녀들까지 얻게 되어 형통한 삶을 사는 듯합니다. 형제들의 곁을 떠난 이유도 뚜렷했습니다. 더 잘살기 위해서였습니다. 그러나 그가 거주한 곳의 이름이 '거십'(Falsehood, 거짓)이라는 사실은 그의 삶이 이미 잘못된 길로 접어들었음을 암시합니다. 이후 유다는 며느리 다말을 장자인 엘의 아내로 맞이하게 했습니다.

유다 가문의 형통은 오래가지 않았습니다. 그는 가나안 여인과 결혼함으로써 자녀들에게 신앙을 전하지 못했습니다. 장자 엘은 "여호와 보시기에 악했다"고만 기록되었는데, 하나님께서 회개의 기회조차 주지 않고 곧바로 죽이셨다는 점에서 그의 죄가 매우 심각했던 것으로 짐작됩니다. 아마도 예배와 관련된 범죄였던 것 같습니다.

둘째 아들 오난의 죄는 더 구체적입니다. 당시 풍습에 따라 형이 죽으면 아우가 형수를 맞아 형의 이름을 이어야 했습니다. 이는 형수의 생계를 보호하고, 죽은 형의 계보가 끊어지지 않도록 하기 위함이었습니다. 그러나 오난은 자신을 통해 태어날 아들이 형의 상속자가 될 것을 알았기에, 형수와 동침하면서도 고의로 씨를 땅에 흘려 자손을 남기지 않았습니다. 그는 "그 씨가 자기 것이 되지 않을 것"이라는 계산적인 이유로 하나님의 뜻을 거부했습니다. 하나님은 그를 죽이심으로써 그것이 얼마나 무거운 죄인지 드러내셨습니다.

이제 유다 지파의 계보는 끊어질 위기에 놓였습니다. 셋째 아들 셀라마저 형들처럼 범죄한다면, 그 역시 죽음을 피할 수 없을 것입니다. 그러나 유다는 문제의 근본 원인을 직시하지 않았습니다. 두 아들이 죽은 책임을 다말에게 돌리고, 셀라가 장성하면 결혼시켜 주겠다고 약속하며 다말을 친정으로 돌려보냈습니다. 하지만 그것은 단순한 핑계이자 거짓 약속이었습니다. 유다의 조치를 어떻게 생각하십니까? 무고한 셋째 아들을 보호하려는 배려처럼 보입니까?

다말의 결단

이제 시선을 다말에게로 돌려봅시다. 다말은 가나안 여인이었습니다. 그녀는 유다의 장자 엘과 결혼했으나 엘이 죽고, 둘째 오난과 결혼했지만 또다시 과부가 되었습니다. 두 번의 결혼이 모두 비극으로 끝났고, 결국 유다는 다말을 외면한 채 친정으로 돌려보냈습니다. 막내 셀라가 장성했음에도 유다는 약속을 지키지 않았습니다. 이제 다말은 어떤 길을 선택해야 했을까요?

그녀는 여전히 젊었기에 동족과 재혼하는 길도 있었습니다. 그러나 그 길을 택하지 않았습니다. 오히려 목숨을 걸고 이스라엘 공동체 안에 남기로 결단했습니다. 그 선택은 큰 위험을 동반했습니다. 자칫하면 간음죄로 불에 타 죽을 수도 있었기 때문입니다.

다말은 어떻게 이런 결단을 내릴 수 있었을까요? 아마도 그녀는 유다 가문에 시집오면서 이스라엘의 하나님을 알게 되었을 것입니다. 친정에서 섬기던 우상들과는 분명히 다른 분이었습니다. 특히 남편 엘이 여호와의 심판으로 죽임을 당한 사건은 다말에게 큰 충격이었을 것입니다. 그것은 단순한 사고가 아니라 하나님께서 친히 내리신 심판이었기 때문입니다.

오난의 죽음은 다말을 더욱 깊이 하나님께로 이끌었습니다. 그는 하나님께서 주신 씨를 거부했고, 그 죄로 죽임을 당했습니다. 다말은 이 사건을 보며 '왜 하나님께서 씨를 거부한 오난을 그렇게까지 심판하셨을까?'라는 의문을 품었을 것입니다. 그리고 그 씨가 단순한 후손이 아니라 하나님께서 아브라함에게 약속하신 씨이며, 그 씨를 통해 모든 민족이 복을 받게 될 것이라는 사실을 깨달았을 것입니다. 그래서 다말은 그 씨를 얻기 위해 모든 것을 걸었습니다. 죽음을 무릅쓰고 하나님의 약속을 붙들기로 결단한 것입니다.

다말의 의가 드러남

얼마 지나지 않아 유다의 아내가 세상을 떠났습니다. 이제 유다는 더 이상 자녀를 낳을 수도, 아내와의 즐거움도 누릴 수도 없게 되었습니다. 그런 유다는 한 여인을 창녀로 착각하고, 거리낌 없이 그녀와 동침합니다. 그런데 그 여인은 다름 아닌 다말이었습니다.

다말이 선택한 길은 상식적으로는 이해하기 어려운 일이었습니다. 시아버지와의 관계는 훗날 율법에서도 철저히 금지되는 일이었기 때문입니다. 그러나 이 사건을 단순히 윤리적 기준으로만 판단해서는 안 됩니다. 창세기의 초점은 도덕률 자체가 아니라 하나님의 구속 역사에 있기 때문입니다.

다말은 유다를 사랑해 이런 일을 한 것이 아니었습니다. 그는 오히려 유다에게 외면당한 여인이었습니다. 그러나 그 마음속에는 분노보다 더 깊은 신앙이 자리하고 있었습니다. 그는 하나님의 약속, 곧 아브라함의 씨를 붙들기로 결심했습니다. 그것이 참된 축복이자 자신이 반드시 붙들어야 할 생명의 유업이라 믿었습니다. 비록 유다가 원수처럼 느껴졌을지라도, 다말은 그를 씨를 이어갈 자로 받아들이며 믿음으로 이스라엘 백성 안에 들어가기로 결단한 것입니다.

반면 유다는 정욕에 이끌려 다말과 동침했습니다. 그는 대가를 치를 돈이 없자 담보로 자신의 도장과 끈, 지팡이를 맡겼습니다. 오늘날로 치면 신분증, 신용카드, 백지수표를 모두 내어준 것과 같습니다. 이후 유다는 이 일이 드러나는 것을 두려워해 조용히 무마하려 했습니다. 그러나 얼마 후 다말이 임신했다는 소식을 듣자, 분노하며 "그를 끌어내어 불사르라"고 명령했습니다. 얼마나 자기모순적이고 위선적인 태도입니까?

그 순간 다말은 침묵을 깨고 유다에게서 받은 담보물을 내밀었습니다. 그리고 "이 물건 임자로 말미암아 임신하였나이다"라고 말했습니다. 이를 본 유다는 깜짝 놀라며 이렇게 고백합니다. "그는 나보다 옳도다"(26절). 그는 다말에게 막내 셀라를 주지 않은 것이 잘못이었음을 인정했습니다.

유다는 다말의 신앙을 통해 자신을 깊이 성찰하게 되었고, 약속의 씨를 보존하는 것이 얼마나 중요한지를 깨달았습니다. 또한 이방 여인 다말 앞에서 한없이 부끄러웠을 것입니다. 이 사건으로 유다의 삶은 변화되었습니다. 훗날 그는 애굽에 갔을 때 요셉 앞에서 막내 베냐민을 대신해 종이 되겠다고 나서며 형제애를 회복했고, 결국 야곱으로부터 왕의 후손이 나올 것이라는 축복을 받게 됩니다. 그리고 그 예언대로 메시아 예수 그리스도께서 유다의 가문을 통해 이 땅에 오셨습니다. 본문은 다말이 쌍둥이 베레스와 세라를 낳는 장면으로 마무리됩니다.

마태복음 1장의 예수님 족보에는 네 명의 여인이 등장합니다. 그 첫 번째가 다말입니다. 이어서 라합, 룻, 밧세바가 나오는데, 이들은 모두 이방 여인이었고, 인간적인 시선으로는 흠 많은 삶을 살았습니다. 특히 룻과 다말은 공통점이 있습니다. 둘 다 남편을 잃은 이방 여인이었지만, 절망 속에서도 이스라엘의 하나님을 붙들기로 결단했습니다. 그들의 믿음을 통해 언약은 이어졌고, 유다와 보아스에게서 다윗이 태어났으며, 마침내 예수 그리스도께서 오셨습니다.

따라서 창세기 38장은 단지 한 가정의 스캔들을 기록한 장이 아닙니다. 오히려 하나님의 구속 역사가 어떤 방식으로, 누구를 통해 이어졌는지 보여주는 심오한 이야기입니다. 유다의 타락과 요셉의 고난 속에서도 하나님은 다말이라는 연약한 이방 여인의 믿음을 사용하여 언약의 씨를 보존하셨습니다. 다말은 목숨을 걸고 약속의 씨를 붙들었고, 그 믿음으로 언약의 계보를 잇는 어머니가 되었습니다.

오늘날 교회도 이러한 믿음을 통해 자라납니다. 예수 그리스도가 누구인지를 바르게 알고, 그분을 믿음으로 붙드는 자만이 구원과 생명을 누릴 수 있습니다. 사랑하는 성도 여러분, 다말처럼 약속의 씨이신 그리스도를 굳게 붙드십시오. 그 믿음이 우리를 살리고, 하나님의 나라를 이어가게 합니다. 다말을 통해 일하신 하나님께서 오늘도 우리를 통해 구속사를 이루어가실 줄 믿습니다.

||||||||||||||||||||||

1. 유다의 가정이 위기에 빠진 근본적인 원인은 무엇이었으며, 하나님께서 다말을 통해 그 위기를 어떻게 돌려놓으셨습니까?
2. 다말의 선택은 당시 사회와 율법의 기준으로 보면 위험한 행동이었는데, 하나님은 왜 그녀의 결단을 옳다고 하셨을까요?
3. 신앙 생활 속에서 인간적인 계산보다 하나님의 약속을 붙드는 믿음을 어떻게 구체적으로 실천할 수 있을까요?

복의 통로가 된 요셉
"여호와께서 함께하시므로"

창세기 39:1-6

요셉은 형들의 미움을 받아 이스마엘 상인들에게 팔렸고, 상인들은 그를 애굽으로 데려가 바로의 친위대장 보디발에게 종으로 넘겼습니다. 장차 이스라엘 12지파의 조상이 될 요셉이 이제는 이방 땅에서 노예로 살아가게 되었습니다. 그러나 요셉의 삶은 곧 극적인 반전을 거듭합니다. 그는 종으로 일하다가 억울한 누명을 쓰고 감옥에 갇히지만, 마침내 애굽의 총리 자리까지 오릅니다. 드라마 같은 인생 역전입니다. 그러나 본문이 강조하는 핵심은 요셉 개인의 출세담이 아닙니다. 중요한 것은 요셉이 무엇을 성취했는가가 아니라, 그를 통해 하나님께서 어떤 일을 이루셨는가입니다.

본문은 요셉이 애굽에 도착하자마자 하나님의 형통하게 하심을 입었고, 그 형통이 요셉 자신뿐 아니라 그의 주인 보디발의 집에도

흘러갔음을 보여줍니다. 이것은 하나님께서 아브라함에게 주신 약
속, 곧 "땅의 모든 족속이 너로 말미암아 복을 얻을 것이라"(창 12:3)
가 요셉을 통해 부분적으로 성취되고 있음을 증언합니다.

요셉 이야기는 이 땅에 살아가는 신자들이 어떤 존재로 부름받았
는지를 보여줍니다. 하나님은 우리를 선택하셨고, 그 복을 우리 안에
만 간직하지 않고 주변 사람들에게 흘려보내기를 원하십니다. 우리
는 하나님의 복이 흘러가는 통로로 살아야 합니다. 본문을 통해 이
진리가 오늘 우리에게 어떤 유익을 주는지 함께 살펴보겠습니다.

유다와 대비를 이루는 요셉

창세기 39장에서 요셉은 유다와 뚜렷한 대조를 이루고 있습니다. 유
다는 형제들을 떠나 스스로 아둘람 사람 히라와 어울렸습니다. 그
러나 요셉은 형들에 의해 팔려 애굽의 보디발 집으로 끌려갔습니다.
유다는 자발적으로 공동체를 떠났고 음행에 빠져 다말과 부끄러운
사건을 겪었지만, 요셉은 고난 속에서도 유혹을 물리치며 자신의 정
결함을 지켰습니다.

또한 유다가 맞이한 수아의 딸은 두 아들을 먼저 잃고 자신도 일
찍 세상을 떠나는 비극을 겪었지만, 보디발은 요셉을 통해 가정 전
체가 복을 누리게 되었습니다. 유다는 약속의 땅 가나안에서조차
비참한 삶을 살았지만, 요셉은 이방 땅 애굽에서 오히려 형통함을
경험했습니다.

이러한 대조는 이스라엘 백성에게 중요한 사실을 일깨워줍니다. 가나안이 약속의 땅일지라도 그 자체가 복의 원천은 아니라는 것입니다. 실제로 구약의 여러 곳에서 동일한 모티브가 반복됩니다. 하나님의 선지자가 이스라엘에서 배척을 당해 떠나면 남아 있는 이스라엘은 심판을 받지만, 그 선지자를 받아들인 이방인은 오히려 복을 받는 장면들입니다. 하나님의 복은 단순히 지리적 장소나 민족적 소속에 의해 결정되지 않습니다.

유다와 요셉의 삶이 이렇게 달라진 궁극적인 이유는 무엇일까요? 창세기 39장 2절이 핵심을 밝힙니다.

> 여호와께서 요셉과 함께하시므로 그가 형통한 자가 되어.

이 한 구절이 요셉의 생애 전체를 설명합니다. 나중에 그가 감옥에 갇혔을 때도 21절은 다시 강조합니다. "여호와께서 요셉과 함께하시고 그에게 인자를 더하사 간수장에게 은혜를 받게 하시매." 성경은 우리에게 분명히 가르쳐줍니다. 신자의 복은 그가 어디에 있느냐, 무엇을 소유했느냐에 달려 있지 않습니다. 오직 하나님이 함께하시는가에 달려 있습니다.

그러므로 삶이 순조롭게 풀릴 때에만 하나님이 함께하신다고 여기고, 고난 중에는 떠나셨다고 판단해서는 안 됩니다. 우리는 내일 일을 알지 못합니다. 그러나 한 가지는 확실합니다. 우리가 어디에 있든, 어떤 상황에 처하든 하나님은 반드시 자신의 백성과 함께하신다는 사실입니다. 이 믿음을 가질 때, 우리는 어떤 환경에서도 낙심하지 않고 담대히 살아갈 수 있습니다.

반면 성경은 요셉의 형들에 대해서는 38장을 제외하면 오랜 기간 침묵합니다. 하나님께서 그들을 한동안 떠나신 것입니다. 요셉이 애굽에 팔려가고 총리가 되기까지 약 13년, 그리고 총리가 된 뒤 흉년이 들기까지 7년, 거의 20년 동안 형들은 하나님의 말씀을 듣지 못한 채 살았습니다. 흉년이 와도 그 이유를 알지 못했고, 아무런 준비도 하지 못했습니다. 하나님께서 그들과 함께하시지 않았기 때문입니다.

경건함을 드러낸 요셉

요셉의 삶에서 주목할 점은 그의 경건함이 이방인들에게 분명히 드러났다는 것입니다. 하나님은 애굽에서도 요셉과 함께하셨습니다. 이 '함께하심'은 단순히 보이지 않는 영적 개념이나 주관적 감정이 아니었습니다. 이방인인 보디발조차 하나님의 임재를 볼 수 있을 만큼 뚜렷했습니다. 본문의 3절은 이렇게 말합니다.

그의 주인이 여호와께서 그와 함께하심을 보며 또 여호와께서 그의 범사에 형통하게 하심을 보았더라.

하나님께서 요셉과 어떻게 함께하셨는지, 보디발이 어떻게 그것을 알아차렸는지 성경은 자세히 설명하지 않습니다. 구름기둥이나 불기둥처럼 가시적으로 임재하신 것도 아닐 것입니다. 그러나 중요한 교훈은 분명합니다. 신자의 삶은 그 자체로 하나님의 임재와 살아 계심을 증언해야 한다는 것입니다.

성경은 구체적으로 기록하고 있지 않지만, 우리는 요셉이 간직했을 신앙과 정체성을 조심스레 추론해볼 수 있습니다. 무엇보다 요셉은 형들에게 배신당해 이방 땅에 노예로 팔려간 상황 속에서도, 자신이 하나님의 자녀라는 정체성을 잃지 않았습니다. 겨우 열일곱 살 청년이 이런 신앙을 지키기가 쉽지 않습니다. 오늘의 현실에 비추어보면 더욱 놀라운 일입니다. 교회 안에서 상처받은 청년이 낯선 대도시에 올라와 신앙을 끝까지 지키는 경우가 얼마나 드뭅니까? 실제로 많은 청년들이 대학에 진학하면서 교회와 멀어지고, 세상 문화에 동화된 채 살아갑니다.

그렇다면 요셉은 어떻게 믿음을 지킬 수 있었을까요? 그는 하나님께서 주신 특별한 계시를 붙들었습니다. 요셉은 꿈을 통해 자신이 장차 세상을 다스릴 자가 될 것임을 보았고, 그 약속을 현실보다 더 확실하게 믿었습니다. 그는 히브리 사람이라는 사실을 숨기지 않았습니다. 애굽에서도 그는 분명히 구별된 존재로 살았습니다. 그의 말과 행동, 삶의 태도에서 하나님의 백성다운 모습이 드러났습니다.

이것은 오늘 우리에게 큰 도전이 됩니다. 한국 교회에는 여전히 많은 사람들이 모입니다. 그러나 일상 속에서 신자의 정체성을 드러내며 사는 이는 많지 않습니다. 식사 전에 기도를 하는 사람조차 드물고, 직장에서 수년이 지나서야 "그 사람이 교회 다닌다더라"는 말을 듣는 경우도 적지 않습니다.

반면 무슬림들은 자신의 신앙 정체성을 분명히 드러냅니다. 옷차림, 식습관, 기도 습관 등 삶 전반에서 종교적 색채가 뚜렷합니다. 그러나 기독교 신자들의 모습은 종종 세상과 구분되지 않습니다. 그래서 어떤 기업에서는 "차라리 신자보다 비신자를 채용하겠다"는 말까지 합니다. 이는 단순한 비난이 아니라 오늘날 신자들이 자기 정체성과 복의 통로로서의 사명을 상실하고 있음을 보여줍니다.

요셉을 위해 보디발에게 복을 내리심

보디발은 요셉을 유심히 지켜보았습니다. 그는 요셉과 함께하시는 하나님의 임재를 보았고, 요셉이 맡은 모든 일이 형통하게 되는 것을 눈으로 확인했습니다. 요셉이 손대는 일마다 성공했으며, 이는 하나님께서 함께하신다는 분명한 증거였습니다. 그리하여 보디발은 요셉을 집안의 총감독으로 세우고, 집과 밭의 모든 소유를 그에게 맡겼습니다. 본문은 이렇게 말합니다. "그가 요셉에게 자기의 집과 그의 모든 소유물을 주관하게 한 때부터 여호와께서 요셉을 위하여 그 애굽 사람의 집에 복을 내리시므로 여호와의 복이 그의 집과 밭에 있는 모든 소유에 미친지라"(5절).

이 말씀은 복의 시작과 범위, 근거를 명확히 보여줍니다. 요셉이 가정 일을 맡은 바로 그때부터 복이 임했고, 그 복은 집안에만 머물지 않고 밭에까지 퍼졌습니다. 무엇보다 이 모든 복이 요셉으로 인해 주어졌다는 점이 중요합니다. 보디발은 요셉을 통해 복을 받은 것입니다. 요셉은 하나님의 복을 흘려보내는 통로였습니다.

이 사실은 오늘날 신자들에게 큰 도전을 줍니다. 신자는 단지 자기 자신만을 위해 사는 존재가 아닙니다. 그러나 오늘의 교회는 종종 자기 성장과 이익에만 몰두하는 집단으로 비춰집니다. 그래서 교회 건물이 들어서면, 예전과 달리 지역 주민들이 반대하는 경우가 많습니다. 그 이유는 단순히 교통 혼잡, 소음, 부동산 가치 하락 때문만이 아닙니다. 교회가 복의 통로가 아니라 오히려 불편을 끼치는 존재로 인식되고 있기 때문입니다.

복음이 한국 땅에 처음 들어왔을 때, 교회는 분명히 복의 통로였습니다. 선교사들이 학교를 세워 교육의 문을 열었고, 병원을 세워 백성들의 병을 고쳤습니다. 사회적 약자였던 백정과 여성들이 교회를 통해 존엄을 회복했습니다. 교회를 통해 하나님의 복이 사회 전반에 퍼져 나갔기에 교회는 존경을 받으며 건강하게 성장할 수 있었습니다.

오늘날 우리의 모습은 어떻습니까? 불신자들 가운데 과연 몇 명이 "그 기독교인 때문에 내가 유익을 얻는다"고 말할 수 있을까요? 한국 교회가 다시 살아나려면 이런 고백이 들려와야 합니다. "저 직원 덕분에 우리 회사가 복을 받습니다." "저 사장 때문에 우리 직원들이 행복합니다." 이것은 단순히 인격이나 실력의 문제가 아니라 하나님의 복이 신자의 삶을 통해 흘러가고 있다는 증거입니다.

요셉은 어떤 자리에 있든 신실하게 행했습니다. 노예일 때는 충성된 종으로, 죄수일 때는 간수처럼, 총리가 되었을 때는 나라 전체를 책임졌습니다. 그 결과 보디발의 집이 복을 받았고, 감옥에 있던 자들이 복을 누렸으며, 마침내 애굽 전체가 그 복을 경험했습니다. 그리고 그 복은 흉년 가운데 있던 야곱의 가족에게까지 흘러갔습니다.

요셉은 애굽에서 비록 종의 신분이었지만, 머무는 곳마다 하나님의 복을 흘려보내는 통로가 되었습니다. 오늘 본문은 이 세상에서 성도가 어떤 존재로 살아야 하는지를 보여줍니다. 복의 통로가 되기 위해서는 높은 지위나 좋은 환경이 필요한 것이 아닙니다. 중요한 것은 지위가 아니라 말씀대로 살아가는 삶입니다. 우리가 하나님의 말씀에 신실하면, 하나님은 우리가 있는 바로 그 자리를 그분의 나라로 만드십니다.

복의 통로라는 개념을 단지 영적 차원에만 한정해서는 안 됩니다. 물론 교회의 가장 중요한 사명은 복음을 전하여 세상에 영적 복을 나누는 것입니다. 그러나 거기서 끝나지 않습니다. 신자들이 하나님의 약속을 믿고 말씀에 따라 성실히 살아갈 때, 주변 사람들 역시 그 삶을 통해 실제적인 유익과 복을 누리게 됩니다.

예수님은 "너희는 세상의 빛이라"고 말씀하셨습니다(마 5:14). 교회의 존재 목적은 이 빛을 세상 가운데 비추어 하나님께 영광을 돌리는 데 있습니다. 예수님은 이 빛이 곧 우리의 선한 행실이라고 말씀하셨습니다.

사랑하는 성도 여러분, 말씀에 신실하게 살아감으로써 복의 통로가 되십시오. 여러분을 통해 가정과 교회, 그리고 이웃이 복을 누리고, 그 삶이 하나님께 영광이 되기를 주님의 이름으로 축원합니다.

|||||||||||||||||||||||

1. 요셉의 삶에서 보디발이 하나님의 임재와 형통을 '눈으로 보았다'고 성경이 기록한 이유는 무엇입니까? 이는 신자의 삶이 세상에서 어떤 증거가 되어야 함을 보여줍니까?

2. 유다와 요셉의 삶을 비교할 때, 하나님이 함께하시는 삶과 그렇지 않은 삶은 어떻게 차이가 납니까?

3. 우리의 가정과 일터, 교회에서 '복의 통로'로 살아가는 것은 구체적으로 어떤 모습으로 드러날 수 있을까요?

말씀에 순종했으나
"어찌 하나님께 죄를 지으리이까"

창세기 39:7-23

요셉은 형들에 의해 애굽에 종으로 팔려 갔지만, 하나님께서 그와 함께하심으로 그의 삶은 형통했습니다. 그가 속한 보디발의 집과 모든 소유에도 하나님의 복이 임했습니다. 이것이 창세기 39장 초반부의 주요 내용입니다. 그런데 바로 그때 요셉에게 큰 시련이 닥쳤습니다. 요셉은 용모가 준수했는데, 보디발의 아내가 날마다 그를 유혹하며 동침을 청한 것입니다.

세상의 일반적인 이야기라면, 이런 상황은 로맨스 드라마처럼 전개될지도 모릅니다. 사랑받지 못한 여인이 등장하고, 매력적인 남자와 비밀스러운 사랑에 빠진 뒤 둘이 도망쳐 행복하게 살아간다는 식으로 말입니다. 그러나 성경은 이 사건을 그렇게 다루지 않습니다. 보디발의 아내는 육체적 욕망을 채우려 했을 뿐이며, 요셉이 단호히 거절하자 그를 모함하여 감옥에 갇히게 했습니다. 요셉은 자신의 경건을 지킨 대가로 억울하게 죄수가 되고 말았습니다.

요셉이 받은 유혹은 결코 옛날 이야기로 끝나지 않습니다. 오늘날 우리 삶에도 다양한 방식으로 다가옵니다. "한 번만 눈감아주면 큰돈을 벌 수 있다"는 제안, 성적으로 타락한 상사의 압력, 신앙을 버리라는 노골적인 요구까지… 신자들은 일상 속에서 끊임없는 유혹과 시험을 마주합니다. 이런 현실에서 끝까지 경건함을 지킨다는 것은 쉬운 일이 아닙니다.

오늘 본문은 세 부분으로 나눌 수 있습니다. 첫째, 요셉이 보디발의 아내로부터 유혹을 받습니다. 둘째, 그 유혹을 물리친 대가로 누명을 쓰고 감옥에 갇힙니다. 셋째, 감옥 안에서도 하나님은 여전히 요셉과 함께하며 은혜를 베푸십니다. 요셉은 하나님 앞에서 거룩하게 살기를 원했지만, 그의 삶은 오히려 더 깊은 시련 속으로 들어갔습니다. 이 사실은 우리에게 중요한 진리를 일깨워줍니다. 하나님의 말씀에 순종한다고 해서 반드시 좋은 일만 일어나는 것은 아니라는 사실입니다. 만약 여러분이 하나님의 말씀에 순종한 결과로 감옥에 갇히게 된다면 어떡하시겠습니까?

대조

창세기는 요셉이 다른 형제들과는 달리 거룩하고 경건한 삶을 추구한 인물이었음을 강조합니다. 바로 앞 38장에서 유다가 얼마나 성적으로 타락했는지를 보았습니다. 그는 아무런 죄책감 없이 창녀와 동침한 사람이었습니다. 야곱의 장자 르우벤 역시 아버지의 첩 빌하와 동침하여 야곱의 침상을 더럽혔습니다(창 35:22). 그 일로 그는 장자의 권리를 박탈당하고 맙니다. 이 점에서 레아의 장남 르우벤과 라헬의 장남 요셉은 뚜렷한 대조를 이룹니다.

요셉이 정결을 지킨 것은 단순히 믿음의 가정에서 태어나서 자연스럽게 이루어진 일이 아니었습니다. 그의 형제들에게서는 그런 거룩함을 찾아볼 수 없었습니다. 더욱이 그는 지금 이방 땅에서, 그것도 남의 집 종으로 홀로 살아가고 있었습니다. 믿음의 가정 안에 있어도 거룩함을 지키기가 쉽지 않은데, 이방 땅 종의 처지에서 그것은 결코 당연한 일이 아니었습니다. 그래서 요셉의 경건은 더욱 빛나 보입니다.

이는 오늘날 한국 사회에서 신앙을 지키며 살아가는 청년들의 현실과도 크게 다르지 않습니다. 성적 문란이 만연하고, 술 문화는 방탕을 조장하며, 대학가에서는 남녀 학생들의 동거가 하나의 문화처럼 자리 잡아 순결이라는 개념이 사라져가고 있습니다. 이런 상황에서 순결을 지키려는 청년은 오히려 바보 취급을 받습니다. 하나님을 두려워하는 경외심이 없다면, 이처럼 타락한 시대 속에서 몸과 마음을 거룩하게 지킨다는 것은 사실상 불가능한 일이 됩니다.

또 한 가지 주목할 점은 창세기 38장과 39장에 등장하는 두 여인 다말과 보디발의 아내가 이루는 극명한 대조입니다. 두 사람 모두 이방 여인이었고, 야곱의 아들과 동침하려 했다는 공통점이 있습니다. 그러나 의도는 완전히 달랐습니다. 다말은 언약의 씨를 얻기 위해 유다와 동침했지만, 보디발의 아내는 단지 자신의 욕망을 채우기 위해 요셉을 유혹했습니다.

이스라엘 역사에서 이방 여인들은 언제나 두 가지 길 중 하나를 걸었습니다. 이스라엘의 하나님을 받아들여 경건한 여인이 되거나(예: 룻), 이스라엘을 타락으로 이끄는 주범이 되거나(예: 이세벨). 이 점에서 다말과 보디발의 아내는 이방 여인을 어떻게 이해하고, 또 어떻게 대해야 하는지를 상징적으로 보여주는 사례라 할 수 있습니다.

음행을 피한 요셉

본문은 요셉이 유혹을 당한 시점을 분명히 밝히며 시작됩니다. 바로 그가 보디발 집에서 성실히 섬기고, 하나님의 복이 그의 손을 통해 주인과 가정 전체에 임한 직후였습니다. 요셉은 낯선 땅 애굽에 종으로 팔려왔지만 낙심하지 않고 맡은 일을 충실히 감당했습니다. 하나님께서 그와 함께하셨고, 그 결과 보디발의 집은 번영을 누리게 되었습니다. 만약 이대로만 흘러갔다면 요셉은 애굽의 한 집안에서 충직한 종으로 평탄히 살아갔을지도 모릅니다. 그러나 하나님은 보디발의 아내를 통해 요셉을 더 깊이 훈련시키셨습니다.

보디발의 아내는 눈짓으로 요셉을 유혹하기 시작했습니다(7절). 오늘날 우리가 살아가는 세상에도 이와 같은 유혹이 차고 넘칩니다. 대중문화, 광고, 미디어 속에는 성적 매력을 강조하는 메시지가 넘쳐

나며, 교묘하거나 노골적인 방식으로 우리의 눈과 마음을 흔듭니다. 그렇다면 성도들은 이런 유혹 앞에서 어떻게 대응해야 할까요?

요셉은 단호히 거절했습니다. 날마다 반복되는 유혹 앞에서 그는 아예 함께 있는 것 자체를 피했습니다. 여기서 우리는 중요한 교훈을 얻습니다. 성경은 음행에 맞서 싸우라 하지 않고 "피하라"(고전 6:18)고 가르칩니다. 음행의 유혹은 강력합니다. 우리 중 누구도 자기 힘으로 이길 수 없습니다. 가장 안전한 길은 그런 환경 자체를 멀리하고, 죄로 이끄는 관계나 자리를 의도적으로 피하는 것입니다.

요셉이 끝까지 자신을 지킬 수 있었던 가장 큰 힘은 하나님을 경외하는 마음이었습니다. 그는 단지 주인 보디발에게 충성하기 위해 유혹을 거절한 것이 아니었습니다. "내가 어찌 이 큰 악을 행하여 하나님께 죄를 지으리이까?"(9절)라는 고백에서 보듯이, 요셉에게 죄는 단순한 도덕적 잘못이나 사회적 금기가 아니라, 하나님에 대한 범죄였습니다. 이러한 경외심이 그의 마음을 붙들어주었습니다.

오늘날 사회는 성윤리에 점점 더 관대해지고 있습니다. 서로 합의하면 괜찮다는 분위기가 팽배하고, 법적으로 간통죄가 폐지된 지도 오래되었습니다. 이런 세상에서 신자가 어떻게 순결을 지킬 수 있을까요? 오직 하나님을 경외하는 마음, 곧 말씀을 따르는 경건한 태도만이 답입니다. 시편 119편 9절은 이렇게 말합니다. "청년이 무엇으로 그의 행실을 깨끗하게 하리이까? 주의 말씀만 지킬 따름이니이다."

보디발의 아내는 계획적으로 집안 사람들을 모두 내보내고, 아무도 보는 이가 없는 상황을 만들었습니다. 그러나 요셉은 끝까지 그녀의 요구를 거절하며 도망쳤습니다. 그는 '코람 데오'(하나님 앞에서)의 신앙으로 행동했지만, 그녀는 단지 남편에게 들킬까 봐 그러는 것이라 오해했습니다. 많은 이들이 죄를 짓는 이유는 아무도 보지 않는다고 착각하기 때문입니다. 특히 음행과 같은 죄는 은밀하게 행해지기 쉬워 하나님을 의식하지 않으면 누구든 쉽게 넘어갈 수 있습니다.

요셉은 끝내 유혹을 뿌리치고 급히 그 집을 빠져나갔습니다. 아무도 보지 않는 자리에서도 그의 믿음이 흔들리지 않자, 보디발의 아내는 분노하여 요셉을 해하려는 거짓을 꾸몄습니다. 그녀는 먼저 요셉을 "히브리 종"이라 부르며 민족 감정을 자극했습니다. 사실 여부와 상관없이 이런 선동은 이성을 마비시키고 감정을 폭발하게 만듭니다. 보디발의 집에서 요셉에게 호의적이던 이들도 그가 '히브리인'이라는 사실은 못마땅하게 여겼는지도 모릅니다.

또한 그녀는 비명과 옷을 증거로 삼았습니다. 비명은 자신이 저항했다는 증거가 되었고, 옷은 요셉이 범행을 시도하다 실패했다는 정황 증거로 사용되었습니다. 요셉은 가정의 모든 일을 맡은 총감독이었지만 결국 종의 신분이었고, 상대는 바로의 친위대장 보디발의 아내였습니다. 이런 상황에서 요셉은 어떤 변명을 해도 소용이 없었습니다.

특히 주목할 점은 '옷'입니다. 요셉의 옷은 그의 인생에서 반복적으로 중요한 전환점마다 등장합니다. 가나안에서는 채색 옷이 형들의 시기를 불러일으켰고, 그 옷은 나중에 요셉이 죽었다는 증거로 사용되었습니다. 오늘 본문에서는 옷이 요셉에게 누명을 씌우는 도구가 되었습니다. 그러나 훗날 바로는 요셉에게 세마포 옷을 입혔습니다(창 41:42). 그 옷은 애굽에서 바로 다음가는 지위를 상징하는 영광의 옷이었습니다. 결국 하나님은 요셉의 억울함을 푸시고, 그의 명예를 회복시켜주신 것입니다.

시련과 위로

요셉은 애굽 땅에서 이방인 노예로 팔려왔지만, 성실하게 일하며 주어진 자리에서 최선을 다했습니다. 하나님께서 그와 함께하셨고, 그로 인해 보디발의 집 전체가 복을 받았습니다. 요셉은 아무도 보지 않는 자리에서도 코람 데오의 정신으로 거룩함을 지켰고, 하나님 앞에서 정직하게 살았습니다.

그런데 그 결과는 무엇입니까? 요셉은 죄를 짓지 않으려고 도망쳤지만, 오히려 모함을 당해 감옥에 갇히고 말았습니다. 여러분이 요셉의 자리에 있었다면, 하나님께 어떤 마음이 들었을까요? "나는 말씀대로 살려고 했는데, 왜 이런 시련이 닥친 것입니까?"라는 의문이 들지 않았을까요?

성경은 우리에게 분명히 가르칩니다. 하나님은 말씀에 순종하는 자에게 복을 주시지만, 때로는 시련을 허락하기도 하신다는 것입니다. 욥은 이 사실을 누구보다 잘 알았습니다. 그는 모든 것을 잃고도 이렇게 고백했습니다. "주신 이도 여호와시요 거두신 이도 여호와시오니 여호와의 이름이 찬송을 받으실지니이다"(욥 1:21). 복을 받을 때만 감사하고 그렇지 않을 때는 원망한다면, 그것은 참된 신앙이라 할 수 없습니다.

요셉은 억울한 누명을 쓰고 감옥에 갇혔지만, 거기서도 하나님께서 그와 함께하셨습니다(21, 23절). 신자의 삶에서 가장 중요한 것은 환경이 아니라 하나님께서 함께하시는가의 여부입니다. 하나님께서 함께하실 때, 요셉은 보디발의 집에서 총감독이 되었던 것처럼 감옥에서도 신뢰를 얻었습니다. 결국 하나님은 그 과정을 통해 요셉을 단련하시고, 마침내 애굽의 총리로 세우셨습니다.

요셉은 애굽에 오자마자 총리가 된 것이 아니었습니다. 만일 그랬다면 우리는 요셉이 왜 그 자리에 세워졌는지 이해하지 못했을 것입니다. 하나님은 요셉을 시련 가운데서 훈련시키셨습니다. 요셉은 어떤 상황에서도 하나님을 의식하며 살았고, 바로 그 믿음이 그의 인생을 이끌어가는 힘이 되었습니다.

역대상 5장은 야곱의 장자권이 르우벤이 아니라 요셉에게로 넘어갔다고 말합니다. 르우벤은 아버지의 첩 빌하와 동침함으로써 장자의

자격을 잃었고, 유다는 왕의 지파로 선택되었지만 장자권은 얻지 못했습니다. 성경은 그 이유를 길게 설명하지 않지만, 창세기의 전체 맥락 속에서 우리는 요셉이 형들과 근본적으로 달랐다는 사실을 발견합니다. 요셉은 자신의 거룩함, 특히 성적인 순결을 끝까지 지켰습니다. 이는 하나님 나라의 계승에서 거룩함이 얼마나 중요한 기준인지를 보여줍니다.

본문은 우리에게 몇 가지 중요한 교훈을 줍니다. 첫째, 세상은 끊임없이 성도를 유혹한다는 사실입니다. 그 유혹은 변명조차 할 수 없을 만큼 교묘하고 집요하게 다가옵니다. 둘째, 그 유혹을 거절하고 거룩함을 지키려 할 때, 우리는 때로 큰 대가를 치르게 됩니다. 믿음을 지킨다는 것은 결코 쉬운 일이 아닙니다. 셋째, 그 과정에서 성도가 붙들 수 있는 유일한 위로는 하나님께서 우리와 함께하신다는 사실입니다. 그렇다면 우리는 각자 주어진 자리에서 오직 하나님만 신뢰해야 합니다.

하나님의 말씀을 따른다고 해서 언제나 형통한 길만 걷게 되는 것은 아닙니다. 요셉의 삶에서 우리는 십자가를 향하신 예수님의 모습을 보게 됩니다. 예수님은 하나님의 뜻에 철저히 순종하셨지만, 그 대가는 죽음이었습니다. 칭찬과 보상을 받아도 말씀을 지키기가 어려운데, 억울한 일을 당할 때 누가 말씀을 지킬 수 있을까요? 말씀을 생명보다 더 귀히 여기는 믿음을 가진 사람만이 그렇게 할 수 있습니다.

사랑하는 성도 여러분, 말씀을 지키는 삶 자체가 하나님께 영광이 됩니다. "그렇게 하지 아니하실지라도"(단 3:18) 하나님만 신뢰하며 살아가는 복된 성도들이 되시기를 주님의 이름으로 축원합니다.

IIIIIIIIIIIIIIIIII

1. 요셉이 보디발 아내의 유혹을 거절할 수 있었던 근본적인 이유는 무엇입니까?
2. 요셉은 하나님께 순종했는데도 억울하게 감옥에 갇혔습니다. 이 사건 속에서도 하나님께서 그와 함께하신다는 사실은 어떻게 드러납니까?
3. 하나님의 말씀에 순종했음에도 손해를 보거나 억울한 일을 당한 적이 있습니까? 그때 어떻게 반응했나요?

꿈의 해석자
"해석은 하나님께 있지 아니하니이까"

창세기 40:1-23

오늘 본문에서 우리는 꿈을 해석하는 요셉을 만납니다. 사람들은 흔히 요셉을 '꿈꾸는 자'로 기억하지만, 창세기의 흐름 속에서 요셉은 '꿈을 해석하는 자'였습니다. 안타깝게도 이 부분은 요셉 이야기에서 상대적으로 덜 강조되는 경향이 있습니다. 사실 꿈꾸는 것보다 꿈을 해석하는 것이 훨씬 더 중요합니다. 많은 꿈을 꾸어도 그 의미를 알지 못한다면 아무런 유익이 없기 때문입니다.

우리는 삶 속에서 종종 꿈을 꾸고, 때로는 그 꿈의 의미를 궁금해합니다. 어떤 꿈은 황당한 내용으로 금세 잊히지만(개꿈이라고 하지요), 또 어떤 꿈은 현실과 연결된 듯 깊은 인상을 남기기도 합니다. 고대 사회에서는 이러한 꿈을 단순한 심리 현상이 아니라 신의 뜻을 드러내는 계시로 이해했습니다. 따라서 '꿈의 해석'은 단순한 해몽이 아니라 하나님의 뜻을 밝히 드러내는 행위였습니다.

이 점에서 요셉이 해석한 꿈은 그저 미래를 예측하는 일이 아니었습니다. 그의 해석은 언제나 하나님을 드러내는 일이었습니다. 감옥에서 술 맡은 관원과 떡 굽는 관원의 꿈을 해석할 때도 요셉은 이렇게 고백했습니다. "해석은 하나님께 있지 아니하니이까?"(8절) 요셉의 능력은 자신에게 있지 않았습니다. 그는 하나님께서 주신 계시를 바르게 전하는 통로였을 뿐입니다.

따라서 본문에서 우리가 주목해야 할 것은 요셉이 꿈을 맞혔다는 사실 자체가 아닙니다. 그 해석을 통해 하나님께서 어떤 메시지를 주시려는지를 깨닫는 것이 중요합니다.

감옥에서 형통한 요셉

요셉은 형들에게 배신당해 애굽에 종으로 팔려 왔지만 하나님을 향한 믿음을 잃지 않았습니다. 그는 보디발의 집에서 성실히 섬겼고, 주인의 신임을 얻어 집안일을 총괄하는 자리까지 올랐습니다. 그러나 보디발의 아내가 유혹했을 때, 그는 하나님 앞에서 죄를 짓기보다는 억울한 감옥살이를 택했습니다. 이 장면은 우리에게 중요한 교훈을 줍니다. 하나님의 말씀에 순종하는 길은 때로 고난으로 이어지기도 한다는 사실입니다.

요셉이 갇힌 곳은 바로의 죄수들을 가두는 특별 감옥이었습니다. 경비가 얼마나 삼엄했겠습니까? 탈출은 꿈도 꾸지 못할 장소였습니다. 요셉이 그곳을 벗어날 길은 오직 왕보다 더 큰 권세를 가진 분, 곧 하나님께서 개입하시는 방법밖에 없었습니다. 하나님은 요셉을 버려두지 않으셨습니다. 보디발이 요셉을 감옥에 넣었지만, 하나님은 그와 함께하시며 인자를 더하여 간수장의 은혜를 받게 하셨습니다(창 39:21).

그 결과 요셉은 감옥에서도 보디발의 집에서와 마찬가지로 모든 일을 맡아 관리하는 자리에 올랐습니다. 이 일은 오늘 신자들에게 분명한 메시지를 줍니다. 중요한 것은 우리가 '어디에 있느냐'가 아니라 그 자리에서 '어떻게 살아가느냐'입니다. 환경이 달라졌어도 하나님 앞에서 신실하게 살아가는 자에게 동일한 은혜가 주어집니다.

이 시점에서 성경은 독자들에게 궁금증을 던집니다. 과연 요셉은 이 감옥에서 벗어나게 될까요? 스스로 탈출할 수 있을까요? 하나님께서 천사를 보내 그를 구해주실까요? 아니면 왕조가 바뀌어 저절로 풀려나게 될까요? 놀랍게도 요셉이 감옥을 벗어나는 길은 천사의 초자연적 개입이 아니라 꿈의 해석이었습니다.

선지자 요셉

요셉 이야기에서 '꿈'은 핵심적 역할을 합니다. 요셉은 여러 차례 꿈을 꾸었고, 그것을 형제들에게 말했습니다. 그로 인해 그는 형제들의 시기와 미움을 받았고, 형제들은 그를 "꿈꾸는 자"라 부르며 조롱했습니다(창 37:19). 고대 사회에서 꿈은 하나님의 뜻이 계시되는 중요한 수단이었습니다. 따라서 신비로운 꿈을 꾸었다는 것은 단순한 환상이 아니라 하나님으로부터 특별한 사명을 받았다는 의미였습니다. 이런 맥락에서 요셉은 단순히 꿈꾸는 자가 아니라 하나님의 뜻을 전하는 선지자였습니다.

같은 맥락에서 보자면, 형제들이 요셉을 '꿈꾸는 자'라 부르며 멸시한 것은 단순한 시기가 아니라 하나님의 선지자를 거부한 행위였습니다. 순교자 스데반은 사도행전 7장에서 이 사실을 이렇게 지적합니다. "너희 조상들이 선지자들 중의 누구를 박해하지 아니하였느냐?"(행 7:52) 이 한마디가 그의 긴 설교를 요약합니다. 그는 요셉을 첫 번째 선지자로, 모세를 두 번째 선지자로, 그리고 예수님을 마지막이자 궁극적인 선지자로 제시합니다.

하나님은 요셉을 형제들에게 선지자로 보내셨지만, 그들은 그를 거부하고 팔아넘겼습니다. 그러나 하나님은 그를 애굽의 치리자로 세워 마침내 그의 손을 통해 온 가족을 기근에서 구해내셨습니다. 이 구원의 패턴은 모세와 예수 그리스도에게도 동일하게 적용됩니다. 하나님은 모세를 보내어 이스라엘을 애굽에서 구원하셨고, 예수님을 보내어 온 인류를 죄와 죽음에서 구원하셨습니다. 이스라엘은 예수님을 배척하고 십자가에 못 박았지만, 하나님은 그를 죽음에서 살리시고 온 세상의 주요 그리스도로 삼으셨습니다. 그리고 그를 통해 천하 만민이 복을 얻게 하셨습니다.

요셉이 감옥에 갇힌 후, 하나님은 그를 구해내는 작업을 시작하셨습니다. 애굽 왕 바로의 최측근 중 두 사람이 바로에게 큰 범죄를 저질렀습니다. 한 사람은 술을 맡은 관원장이고, 다른 한 사람은 떡을 맡은 관원장이었습니다. 오늘날 대통령의 식사를 책임지는 최고 요리장쯤으로 생각할 수도 있지만, 그들은 단순한 요리사가 아니었습니다. 당시에는 왕을 암살하려는 시도가 많아 왕의 음식을 관리하는 자는 왕이 가장 신임하는 자로서, 떡 맡은 자는 왕의 일상적인 식사를, 술 맡은 자는 잔치와 같은 공식 행사를 담당했습니다.

그런 두 사람이 요셉이 갇힌 감옥으로 들어왔습니다. 비록 죄인이지만 함부로 대할 수 없는 지위에 있던 자들이기에 간수장은 요셉에게 그들을 맡겨 섬기게 했습니다. 요셉이 평소 일을 잘하고 하나님께 범사에 복을 받았기에 가능한 일이었습니다(창 39:23).

어느 날 두 사람은 각각 의미심장한 꿈을 꾸었습니다. 술 맡은 관원장은 포도나무 세 가지에서 열매를 따서 포도주를 짜고 바로의 잔에 따르는 꿈을 꾸었고, 떡 맡은 관원장은 흰 떡 세 광주리를 머리에 이고 있는데 새들이 와서 그것을 먹어 치우는 꿈을 꾸었습니다. 그들은 꿈의 의미를 알지 못해 근심에 잠겼습니다.

요셉이 "어찌하여 오늘 당신들의 얼굴에 근심의 빛이 있나이까?"라고 묻자, 그들은 대답했습니다. "우리가 꿈을 꾸었으나 이를 해석할 자가 없도다." 문제는 꿈을 꾸었지만 그 의미를 알 수 없었다는 점이었습니다. 이에 요셉은 분명히 선언합니다.

해석은 하나님께 있지 아니하니이까? 청하건대 내게 이르소서(8절).

이 말 속에는 요셉의 정체성과 사명이 드러납니다. 그는 스스로 능력이 있어서가 아니라 하나님께 속했기에 해석을 맡은 하나님의 사람이었습니다. "내게 이르소서"라는 표현은 그가 하나님의 계시를 위임받은 선지자임을 보여줍니다. 요셉의 말대로 해석이 하나님께 있다면, 우리는 보통 "기도해보자"라고 말했을 법도 합니다. 그러나 요셉은 "내게 이르소서"라고 말합니다. 이는 자신이 하나님의 사람임을 분명히 알고, 자신을 통해 하나님의 뜻이 전달된다는 확신을 가지고 있었음을 보여줍니다.

구약에서 '하나님의 사람'은 선지자를 지칭하는 전문 용어입니다. 요셉은 감옥에 갇힌 젊은 죄수였지만, 하나님의 선지자로서 자신이 지닌 사명을 분명히 인식하고 있었습니다. 선지자는 하나님의 계시를 듣고 선포하는 사람입니다. 두 관원장은 요셉에게 꿈 이야기를 하고, 요셉은 하나님으로부터 받은 계시로 꿈을 해석합니다.

형제들은 요셉을 '꿈꾸는 자'라고 부르며 조롱했지만, 애굽 사람들은 그를 통해 하나님의 뜻을 알게 되었습니다. 예수님께서 "선지자가 고향에서는 환영을 받는 자가 없느니라"(눅 4:24) 하신 말씀이 이미 요셉 때에도 드러났습니다. 이스라엘이 하나님의 말씀을 거부할 때, 그 말씀이 이방으로 흘러간다는 사실을 구약 성경은 반복적으로 보여줍니다.

요셉은 꿈을 다음과 같이 해석합니다. 세 가지와 세 광주리는 각각 '3일'을 의미합니다. 이 꿈이 3일 내에 현실로 이루어질 것이라는 의미입니다. 마침 3일 후는 바로의 생일이었고, 그날 바로는 잔치를 베풀고, 두 관원장의 운명을 결정했습니다. 술 맡은 관원장은 복직되었고, 떡 맡은 관원장은 처형당했습니다. 요셉의 해석은 정확히 실현되었고, 그가 참된 하나님의 선지자임이 증명되었습니다.

본문은 다소 허무하게 끝납니다. 요셉은 꿈을 정확히 해석했지만, 그 대가로 곧바로 풀려난 것은 아니었습니다. 그는 술 맡은 관원장의 꿈을 해석한 뒤, 그에게 간절히 부탁했습니다. 꿈이 현실이 되면 자신을 기억해 바로에게 말해달라는 것이었습니다. 그러나 술 맡은 관원장은 요셉을 기억하지 않았고, 요셉은 여전히 감옥에 머물러야 했습니다.

어쩌면 그럴 수 있을까요? 술 맡은 관원장은 은혜를 모르는 사람처럼 보입니다. 이 장면에서 우리는 선지자의 한계도 발견하게 됩니다. 요셉은 다른 사람의 운명을 하나님께 받아 해석할 수 있었지만, 정작 자신의 미래는 알 수 없었습니다. 하나님께서 그것을 감추셨기 때문입니다.

왜 그렇게 하셨을까요? 하나님께서 더 큰 계획을 준비하고 계셨기 때문입니다. 요셉은 단순히 감옥에서 풀려날 사람이 아니라 바로 앞에 서서 나라를 구할 자로 세우실 인물이었습니다. 그 일은 정확히 2년 후, 요셉이 30세가 되었을 때 이루어졌습니다.

요셉의 고백을 다시 떠올려봅시다. "해석은 하나님께 있지 아니하니이까?" 꿈의 해석이 하나님께 속한 것처럼 성경 해석 역시 하나님께 속한 일입니다. 그러나 우리는 종종 성경을 자기 기준과 방식으로 쉽게 풀어내려는 유혹에 빠집니다. 하나님의 도움 없이도 성경을 잘 이해할 수 있다고 착각하기도 합니다. 하지만 말씀의 참뜻은 오직 성령의 조명으로만 바르게 깨달을 수 있습니다. 하나님은 요셉을 선지자로 보내셨고, 마침내 예수 그리스도를 마지막 선지자로 보내시어 우리에게 성령을 믿음의 교사로 주셨습니다.

사랑하는 성도 여러분, 어떤 상황에서도 하나님의 말씀을 신뢰하십시오. 성령의 인도하심을 구하며, 말씀 안에서 인내와 확신으로 살아가시기 바랍니다. 하나님의 뜻은 반드시 이루어집니다.

IIIIIIIIIIIIIIIIIIIIII

1. 요셉이 두 관원장의 꿈을 해석할 때, "해석은 하나님께 있지 아니하니이까?"라고 고백한 의미는 무엇입니까?
2. 스데반의 설교를 인용하며 설명한 '구원의 패턴'(요셉-모세-예수님)은 무엇이며, 이것은 하나님의 구원 역사에서 어떤 의미를 갖습니까?
3. 하나님께 순종했는데도 보상이 없을 때, 우리는 어떤 마음가짐을 가져야 할까요? 하나님의 더 큰 계획을 신뢰하는 구체적인 방법은 무엇입니까?

요셉을 지극히 높이신 하나님
"애굽 온 땅의 총리가 되게"

창세기 41:25-45

오늘 본문은 형들에게 버림받았던 요셉이 어떻게 애굽의 총리로 세워졌는지를 생생히 보여줍니다. 간단히 말해, 요셉은 바로의 꿈을 정확히 해석해 총리가 되었습니다. 그렇다면 오늘날 우리도 꿈을 잘 해석하면 높은 자리에 오를 수 있을까요? 결코 그렇지 않습니다. 현대 사회에는 꿈 해석자가 필요하지 않으며, 무엇보다 요셉은 하나님께서 특별히 택하신 선지자였기 때문입니다. 우리는 이 점을 분명히 인식하며 요셉 이야기를 읽어야 합니다.

앞서 감옥에서 요셉은 두 관원장의 꿈을 정확히 해석했습니다. 그는 하나님께서 맡기신 사명을 충실히 감당했지만, 기대와 달리 곧바로 풀려나지 못했습니다. 술 맡은 관원장이 그를 잊었기 때문입니다. 이 지점에서 우리는 질문할 수 있습니다. 만약 술 관원장이 요셉을 기억했다면 어떻게 되었을까요? 아마 요셉은 감옥에서 나오기는 했어도 관원장 밑에서 하급 관리로 일했을 가능성이 큽니다. 그러다 기회가 되면 바로 앞에 나아갈 수도 있었겠지요. 그러나 하나님은 그런 방식으로 요셉을 구원하지 않으셨습니다.

하나님은 요셉을 곧바로 애굽의 총리로 세우셨습니다. 요셉은 죄수의 신분에서 하루아침에 통치자가 되었습니다. 이 장면은 하나님의 구원이 얼마나 놀랍고 극적인지를 잘 보여줍니다. 물론 애굽의 최고 통치자는 바로였지만, 실제로 하나님께서 요셉을 통해 일하시며 애굽을 다스리셨습니다.

또한 이 사건을 통해 우리는 하나님께서 '자신의 때'에 일하신다는 사실을 다시금 확인하게 됩니다. 그래서 요셉은 감옥에서 2년을 더 기다려야 했지요. 사실 요셉은 이미 보디발의 집에서도, 감옥 안에서도 '통치자' 역할을 감당하고 있었습니다. 하나님은 그를 작은 자리에서 훈련시키셨고, 마침내 강대국 애굽의 총리로 높이 드셨습니다. 듣기만 해도 가슴 벅차게 하는 이야기입니다. 바벨론 포로 시절의 경건한 성도들은 요셉을 떠올리며, 그처럼 하나님의 때를 기다리는 인내를 배웠을 것입니다.

오늘 우리는 요셉이 총리에 오르기까지의 여정을 통해 하나님께서 어떻게 자신을 드러내셨는지, 그리고 그 하나님께서 우리에게 무엇을 요구하시는지 살펴보고자 합니다.

바로의 꿈

바로가 꾼 꿈을 요약하자면 이렇습니다. 먼저 첫 번째 꿈입니다. 강가에 아름다운 암소 일곱 마리가 풀을 뜯고 있었는데, 뒤이어 강에서 올라온 흉측한 암소 일곱 마리가 이들을 잡아먹었습니다. 초식동물인 소가 소를 잡아먹다니 아무리 꿈이라 해도 기이한 장면입니다. 이제 두 번째 꿈입니다. 한 줄기에서 자라난 일곱 가닥의 통통한 이삭이 있는데, 뒤이어 마르고 가는 일곱 가닥의 이삭이 나타나 이들을 삼켜버렸습니다. 요셉의 해석에 따르면 이 두 꿈은 사실 하나의 계시로, 7년의 풍년과 그 뒤를 이을 7년의 흉년을 예고했습니다.

창세기 41장의 특징은 이 꿈이 세 차례 반복된다는 점입니다. 먼저 저자가 꿈의 내용을 객관적으로 기록하고(1-7절), 이어서 바로가 요셉 앞에서 직접 자신의 꿈을 이야기하며(17-24절), 마지막으로 요셉이 꿈을 해석하며 내용을 다시 반복합니다(25-31절). 이렇게 같은 내용이 세 차례 반복되는 것은 바로의 꿈이 하나님으로부터 온 매우 중요한 계시임을 강조하는 장치입니다.

또한 요셉 이야기 전반에는 이중 구조가 반복됩니다. 요셉 자신도 두 차례의 꿈을 꾸었고, 감옥에서도 두 관원장이 각기 다른 꿈을 꾸었으며, 바로 역시 두 개의 꿈을 한 번에 꾸었습니다. 요셉의 두 꿈은 같은 뜻을, 관원장들의 꿈은 상반된 의미를, 바로의 두 꿈은 동일한 메시지를 담고 있었습니다. 이러한 이중 구조는 요셉 이야기 전체가 하나의 구속사적 흐름으로 연결되어 있음을 보여줍니다.

여기서 놀라운 사실은 이렇게 중요한 계시가 이스라엘의 조상 야곱이 아니라 이방 왕 바로에게 먼저 주어졌다는 점입니다. 당시 이스라엘 백성들이 이 말씀을 읽으며 당혹스러워했을지도 모릅니다. 바로가 누구입니까? 애굽의 통치자이며, 후대 모세 시대에는 이스라엘을 압제한 하나님의 대적자로 기억되는 인물입니다(물론 창세기 41장의 바로와 동일인은 아닙니다). 그런데 하나님은 그런 이방 통치자에게 세계적 흉년의 비밀을 계시하시면서도 정작 야곱에게는 아무 말씀도 하지 않으셨습니다.

또 하나 주목할 점은 애굽의 술사와 지혜자들도 꿈을 해석하지 못했다는 것입니다. 감옥에 있던 관원장들이 괴로워했던 이유도 해석할 자가 없었기 때문이고(창 40:8), 바로 역시 모든 술사들을 불러 모았지만 소용없었습니다. 이는 요셉의 형제들과 뚜렷한 대조를 이룹니다. 요셉이 어린 시절에 꾼 꿈의 의미를 형제들은 금세 이해했습니다. 문제는 해석이 아니라 그것을 믿고 받아들이지 않았다는 데 있었습니다.

본문이 반복해서 강조하는 핵심은 분명합니다. "해석은 하나님께 있지 아니하니이까?"(창 40:8) 요셉은 바로 앞에서도 "내가 아니라 하나님께서 바로에게 편안한 대답을 하시리이다"(창 41:16)라고 고백했습니다. 죄수 신분으로 세계 최강국의 왕 앞에 섰지만, 그는 주눅 들지 않고 하나님의 사람으로서 담대하게 말했습니다.

요셉은 바로에게 꿈의 본질을 이렇게 선포합니다. "하나님이 그가 하실 일을 바로에게 보이심이니이다"(25절). 바로가 같은 꿈을 두 번

꾼 것은 하나님께서 그 일을 확정하셨고 속히 이루실 것임을 뜻한
다고도 설명합니다(32절). 요셉은 해석 과정에서 자신을 드러내지 않
고, 오직 하나님의 뜻과 주권을 강조했습니다. 그 겸손한 충성 위에
하나님은 요셉을 지극히 높이셨습니다.

총리가 된 요셉

요셉은 바로의 꿈을 해석하는 데 그치지 않고, 그 꿈이 현실이 되었
을 때 어떤 대책을 세워야 하는지도 제안했습니다. 이는 특별한 계
시라기보다 요셉이 가진 탁월한 지혜와 현실 감각에서 나왔습니다.
요셉의 핵심 제안은 한 가지였습니다. 지혜로운 사람을 세워 나라를
맡기라는 것이었습니다. 위기 속에서 통치자의 가장 중요한 임무는
정확한 현실 인식과 올바른 판단입니다. 그 판단 하나가 국가의 운
명을 좌우하고 백성들의 삶에 직결되기 때문입니다.

요셉은 구체적인 방안도 내놓았습니다. 앞으로 7년 동안 해마다
농산물의 5분의 1을 거두어 성읍마다 저장하고, 이어질 7년 흉년에
대비하자는 것이었습니다. 여기서 우리는 자연스레 "왜 7분의 1이 아
니라 5분의 1인가?"라는 질문을 던질 수 있습니다. 혹은 "20퍼센트
의 세금은 너무 많지 않은가?"라고 생각할 수도 있습니다.

그러나 요셉은 단순히 애굽만을 생각한 것이 아니었습니다. 그는
더 넓은 세계를 내다보았고, 실제로 성경은 각국의 백성이 양식을
사기 위해 애굽으로 몰려들었다고 기록합니다(창 41:57).

요셉의 해석과 제안은 바로와 모든 신하의 마음을 움직였습니다. 바로는 요셉을 대리 통치자로 세웠습니다. 그 이유는 분명했습니다. "요셉보다 더 명철하고 지혜로운 자가 없다"고 판단했기 때문입니다. 바로는 요셉을 "하나님의 영에 감동된 사람", 즉 문자 그대로 '하나님의 영이 그 속에 있는 사람'이라고 평가했습니다. "하나님이 이 모든 것을 네게 보이셨다"는 바로의 고백이 25절과 흥미로운 대조를 이룹니다. 하나님은 바로에게 모든 일을 보이셨지만 그는 깨닫지 못했고, 요셉은 그 모든 일에 대해 잘 알고 있었습니다.

여기서 우리는 성령과 지혜가 깊이 연결되어 있음을 봅니다. 성령 충만은 단순히 감정적인 열정이 아니라, 하나님의 말씀을 분별하고 그분의 백성을 이끌어갈 지혜와 통찰을 의미합니다. 사도행전 6장에서도 초대 교회는 구제 문제로 갈등이 생겼을 때, "성령과 지혜가 충만한" 일곱 사람을 택하여 사역을 맡겼습니다.

바로가 요셉에게 베푼 은총은 인간적으로 보면 파격을 넘어설 정도입니다. 인장 반지를 끼워주고, 세마포 옷을 입히며, 금사슬을 목에 걸고, 애굽의 2인자로 수레를 타고 다니게 했습니다. 요셉은 아직 서른 살에 불과했고, 외국인이자 얼마 전까지 죄수였습니다. 보통이라면 이런 인물을 나라의 최고 자리에 세우는 일은 신하들의 거센 반발에 부딪혔을 것입니다. 그러나 성경은 애굽의 신하들이 전혀 시기하지 않았다고 증언합니다.

이 장면에서 요셉의 형제들과 애굽 사람들의 태도가 뚜렷이 대조됩니다. 야곱이 요셉에게 채색 옷을 입혀주었을 때, 형제들은 그를 질투하여 팔아넘겼습니다. 그러나 애굽 사람들은 요셉에게 세마포 옷은 물론이고 나라의 통치권까지 맡기고도 시기하지 않았습니다.

총리가 되게 하신 목적

요셉 이야기에서 반드시 주목해야 할 점은, 하나님께서 왜 그를 애굽의 총리로 세우셨는가 하는 것입니다. 많은 성도들이 요셉이 총리가 되었다는 사실에는 주목하면서도, 정작 그 자리에 오르게 된 목적은 간과하는 경우가 많습니다. 마찬가지로 오늘날 우리는 높은 자리에 오르기를 소망하고 더 부유해지기를 바라지만, 그 위치에서 무엇을 위해 살아야 하는지는 고민하지 않습니다. 명예와 경제적 이익을 즐기는 데만 마음이 쏠리곤 합니다.

그러나 하나님께서 요셉을 총리로 세우신 이유는 분명했습니다. 다가올 대기근 속에서 수많은 생명을 구하고, 특별히 가나안 땅에 있는 야곱과 그의 가족을 지키기 위함이었습니다. 야곱의 집안은 작은 유목 부족에 불과했기에 기근이 닥치면 강한 자들의 약탈 대상이 될 수밖에 없었습니다. 7년의 풍년과 7년의 흉년이 이어질 것이라는 사실을 아는 사람은 세상에 아무도 없었습니다. 만일 하나님의 자비와 요셉의 통치가 없었더라면, 온 지역은 제2의 대홍수와 같은 참혹한 재앙을 겪었을 것입니다.

또한 하나님은 그 사명을 감당할 수 있도록 성령으로 충만하게 하시고, 지혜와 같은 은사도 더해주십니다. 요셉이 그랬고, 성경 속

수많은 하나님의 사람들이 그러했습니다. 우리도 다르지 않습니다. 하나님은 죄와 허물 가운데 있던 우리를 예수 그리스도 안에서 구원하시고 하나님의 자녀로 삼으셨습니다. 그러나 이는 단지 우리가 복을 누리는 데서 끝나지 않습니다. 하나님은 우리를 통해 그 복이 다른 이들에게 흘러가게 하시려는 목적을 두셨습니다. 구원받았다는 사실만큼이나, 왜 그리고 무엇을 위해 구원하셨는지를 분명히 아는 것이 중요합니다.

술 맡은 관원장은 요셉을 잊었지만, 하나님은 요셉을 잊지 않으셨습니다. 감옥에서 요셉은 더디게 흐르는 2년을 인내해야 했습니다. 그러나 때가 이르러 하나님은 바로에게 꿈을 주셨고, 꿈을 해석할 자가 아무도 없을 때 술 맡은 관원장이 비로소 과거를 떠올렸습니다. 요셉은 곧바로 감옥에서 불려 나와 바로의 꿈을 해석함으로써 총리의 자리에 올랐습니다. 이 과정은 하나님의 구원 방식을 잘 보여줍니다. 하나님은 낮추시고, 시험하시며, 마침내 높이십니다. 요셉의 감옥 생활은 예수님의 고난을, 요셉의 총리 등극은 그리스도의 승천을 떠올리게 합니다.

모든 신자는 하나님의 복을 받은 자요, 세상 가운데 복을 흘려보내는 통로로 부름받았습니다. 반드시 높은 자리에 올라야 다스릴 수있는 것은 아닙니다. 요셉은 종으로 있을 때도, 죄수로 있을 때도, 총리가 되었을 때도 자신이 있는 자리에서 다스렸습니다. 신자는 낮은 자리에서도 하나님을 신뢰하며, 높은 자리에 올랐을 때도 여전히 하나님의 종임을 기억하고, 그분의 영광을 드러내는 데 힘써야 합니다. 그러므로 어떤 자리, 어떤 상황에 있든 하나님께서 다스리심을 믿으십시오. 일이 뜻대로 풀리지 않아도 낙심하지 말고, 억지로 이루려 애쓸 필요도 없습니다. 중요한 것은 하나님의 뜻은 반드시 성취된다는 사실을 믿는 것입니다.

우리의 책임은 분명합니다. 하나님의 말씀을 바르게 깨닫고 그 가르침에 순종하며 살아가는 것입니다. 하나님께서 요셉을 높이셨고 예수 그리스도를 지극히 높이신 것처럼, 오늘도 그분의 뜻에 따라 우리를 세우시며 언제나 함께하십니다.

|||||||||||||||||||||

1. 바로의 두 가지 꿈은 어떤 의미를 담고 있었으며, 그것이 성경에 세 번 반복 기록된 이유는 무엇입니까?
2. 요셉이 "해석은 하나님께 있다"고 고백하면서도 동시에 구체적인 정책을 제안한 것은 어떤 의미가 있습니까?
3. 지금 우리가 있는 자리에서 하나님께서 맡기신 '복의 통로'의 역할은 무엇입니까?

흉년기의 가나안과 애굽
"나는 하나님을 경외하노니"

창세기 42:18-25

하나님의 놀라운 섭리 가운데 요셉은 죄수에서 애굽의 통치자로 높임을 받았습니다. 그는 애굽의 대제사장 보디베라의 딸 아스낫과 혼인했고, 결혼식은 성대하게 치러졌을 것입니다. 요셉이 국정을 맡으면서 애굽은 경제적으로 크게 번영했습니다. 7년 동안 대풍년이 이어졌고, 요셉은 각 성읍마다 곡식을 철저히 저장했습니다. 그 양이 너무 많아 셈조차 할 수 없을 정도였습니다.

그 사이 요셉에게 두 아들이 태어났습니다. 장자 '므낫세'는 "하나님이 내게 내 모든 고난과 내 아버지의 온 집 일을 잊어버리게 하셨다"(창 41:51)는 고백을 담은 이름이었고, 차자 '에브라임'은 "하나님이 나를 내가 수고한 땅에서 번성하게 하셨다"(창 41:52)는 뜻이었습니다. 요셉의 삶에 대한 해석은 두 이름에 잘 드러나 있습니다.

7년의 풍년이 끝나자 예고대로 흉년이 시작되었습니다. 여러 나라가 기근으로 고통받았지만, 요셉이 다스리는 애굽은 평안했습니다. 백성이 양식을 구하자 바로는 "요셉에게 가서 그가 너희에게 이르는 대로 하라"(창 41:55)고 명령했습니다. 애굽의 실질적 통치자는 바로가 아니라 요셉이었습니다. 그는 창고 문을 열어 식량을 팔았고, 애굽 백성은 물론 사방 각국 사람들이 양식을 사기 위해 몰려들었습니다. 그 결과 바로는 더 큰 부를 얻었고, 하나님을 경외한 요셉은 크게 번성했습니다.

그 소문은 마침내 가나안 땅, 야곱에게까지 전해졌습니다. 애굽과 달리 가나안 땅은 극심한 기근에 시달리고 있었습니다. 그러나 안타깝게도 책임 있게 나서는 사람이 아무도 없었습니다. 야곱은 아들들을 책망하며 "너희는 어찌하여 서로 바라보고만 있느냐?"(창 42:1)라고 꾸짖었습니다. 요셉은 이방인을 위해서도 애썼지만, 그의 형들은 자기 가족이 굶주려도 아무 행동도 하지 않고 있었습니다. 야곱이 애굽에 내려가 곡식을 사 오라고 명령하자 그제야 움직였습니다.

그 무렵 요셉은 총리로서 부족할 것 없이 살고 있었고, 어쩌면 과거의 아픈 기억은 잊고 지냈을지도 모릅니다. 그러나 하나님은 잊지 않으셨습니다. 기근이 시작된 지 2년, 요셉이 총리가 된 지 9년째 되던 해에 하나님은 요셉의 형제들을 애굽으로, 다시 말해 요셉 앞으로 이끄셨습니다.

형들 역시 요셉을 잊고 있었습니다. 애굽으로 곡식을 사러 가면서 요셉을 만나리라고는 상상조차 하지 못했을 것입니다. 아마도 요셉이 죽었다고 여겼을 것입니다. 실제로 형들이 자기 가족을 소개할 때, 요셉은 아예 없는 사람처럼 말했습니다(창 42:13). 설령 살아 있었다 해도 애굽의 총리가 되어 있을 것이라고는 꿈에도 생각하지 못했을 테지요. 게다가 22년이라는 긴 세월이 흘러 그들은 눈앞에 있는 인물을 전혀 알아보지 못했습니다.

형들을 다시 만난 요셉의 심정은 어땠을까요? 자신을 버린 형들에게 분노가 치밀었을까요, 아니면 피를 나눈 형제들을 만난 반가움이 앞섰을까요? 형들이 요셉 앞에 엎드려 절했을 때, 요셉은 자신의 옛 꿈을 떠올렸습니다(창 42:9). 만약 그 꿈을 잊었다면, 그는 복수심에 사로잡혀 형들에게 당한 대로 갚으려 했을지도 모릅니다. 그러나 요셉은 그렇게 하지 않았습니다. 그가 꾼 꿈, 곧 하나님의 말씀이 그를 붙들었습니다.

요셉의 꿈은 무엇이었습니까? 형들의 곡식 단이 요셉의 곡식 단에 절하고, 해와 달과 열한 별이 그에게 절하는 꿈이었습니다. 형들도 그 의미를 잘 알았습니다. 요셉이 그들의 주인이자 다스리는 자가 된다는 뜻이었습니다. 실제로 요셉은 보디발의 집에서, 감옥에서, 그리고 애굽 전역을 다스리며 그 꿈의 성취를 하나씩 확인했습니다. 이제 그는 하나님의 나라를 다스리는 자로 서야 했습니다.

이 점에서 요셉의 위대함이 드러납니다. 만일 그가 꿈을 단순히 출세와 영광의 예언으로만 이해했다면, 형들이 절하는 모습을 보며 이렇게 말했을지도 모릅니다. "너희들, 내가 죽은 줄 알았지? 그런데 봐라. 나는 이렇게 살아 있고 너희보다 더 높아졌어. 이제 내가 너희의 왕이다." 그러나 요셉은 그렇게 하지 않았습니다. 오히려 이후의 행동은 이해하기 어려운 점도 많습니다. 요셉은 왜 그렇게 행동했을까요?

무엇보다 이 만남이 하나님의 섭리임을 확신했기 때문입니다. 형들의 배신, 노예 생활, 감옥살이, 그리고 총리로의 등극까지 그 모든 길은 하나님께서 자신을 이스라엘의 참된 왕으로 세우기 위해 마련하신 과정이었습니다. 고대의 왕들은 힘으로 백성을 억누르고, 반항하면 감옥에 가두거나 죽이기도 했습니다. 백성은 두려움으로 왕을 따랐습니다. 만약 요셉도 그런 방식으로 형들을 대했다면, 그는 다른 이방 왕들과 다를 바 없었을 것입니다.

요셉은 형들이 절하는 순간, 단지 '왕이 되었다'는 사실에 머물지 않았습니다. 왕이 된 이후 어떻게 다스릴 것인지가 중요합니다. 그는 단순히 권력을 행사하는 자라기보다 흩어진 이스라엘 공동체를 회복시키는 자가 되어야 했습니다. 그러자면 무엇보다 먼저 형들이 과거의 죄를 깊이 깨달아야 했습니다. 그 회개의 자리에서 참된 용서와 화해가 이루어질 때, 비로소 하나님의 나라가 드러나기 때문입니다. 그 나라는 칼과 권력이 아니라 겸손과 사랑으로 다스리는 곳입니다.

형들의 신실함을 시험하는 요셉

형들이 요셉 앞에 엎드려 절했지만, 그의 꿈은 아직 완전히 이루어진 것이 아니었습니다. 요셉은 형들을 보는 순간 가나안에 있는 아버지 야곱과 유일한 동복형제 베냐민을 떠올렸습니다. 특히 베냐민은 왜 함께 오지 않았는지 무척 궁금했습니다. 혹시 자신처럼 형들이 베냐민도 해치지는 않았을까? 다른 나라에 팔아넘기지는 않았을까? 요셉의 형들은 얼마든지 그럴 수 있는 사람들이었습니다.

요셉은 형들을 향해 단호히 말했습니다. "너희는 정탐꾼들이라. 이 나라의 틈을 엿보려고 왔느니라"(9절). 정탐꾼은 오늘날의 간첩에 해당하며, 고대 사회에서 사형에 처할 중죄였습니다. 요셉은 집요하게 몰아세우며 형들로 하여금 스스로를 해명하게 했습니다. 그들은 처음에는 단순히 곡식을 사러 왔다고 했고, 이어 "다 한 사람의 아들들로서 확실한 자들"이라고 주장했지만, 요셉은 받아들이지 않았습니다. 결국 그들은 "우리들은 열두 형제로서 가나안 땅 한 사람의 아들들이라. 막내아들은 오늘 아버지와 함께 있고 또 하나는 없어졌나이다"라고 털어놓았습니다.

이 말을 들은 요셉은 그들의 진실함을 시험하기 위해 한 가지 조건을 제시했습니다. "너희 막내아우가 여기 오지 아니하면 너희가 여기서 나가지 못하리라"(15절). 그는 바로의 생명을 걸고 맹세까지 했습니다. 처음에는 아홉 명을 붙잡아 두고 한 사람만 보내려 했지만, 3일 동안 감금한 뒤 계획을 바꾸었습니다. 한 사람만 인질로 남기고 나머지는 곡식을 가지고 돌아가 베냐민을 데려오게 한 것입니다.

물론 요셉은 그들이 정탐꾼이 아니라는 사실을 알고 있었습니다. 3일 후 요셉은 형제들에게 말했습니다. "나는 하나님을 경외하노라." 그렇습니다. 요셉은 하나님을 경외했기에 형들에게 복수하지 않았습니다. 그의 목적은 보복이 아니라 참된 화해를 이루기 위한 과정이었습니다.

요셉은 시므온을 인질로 남기고 나머지 형제들을 보냈습니다. 이제 시므온이 살아남을 수 있는 유일한 길은 베냐민이 애굽에 오는 것이었습니다. 감옥에 갇힌 시므온은 날마다 베냐민의 무사한 도착을 간절히 기다렸을 것입니다. 이스라엘 집안의 운명은 이제 베냐민에게 달려 있습니다. 과거 형제들은 요셉 하나쯤 사라져도 괜찮다고 여겼고, 어쩌면 베냐민에 대해서도 같은 생각이었을지 모릅니다. 그러나 이제 상황이 달라졌습니다.

자신의 잘못을 깨닫는 형제들

요셉의 조치로 인해 형제들은 베냐민을 데리고 다시 애굽에 가야 하는 책임을 떠안게 되었습니다. 3일 동안 감금된 채, 그들은 요셉의 말과 자신들이 처한 상황을 곱씹으며 스스로를 돌아보게 되었습니다. 마침내 그들의 마음속에 오래전 자신들이 저질렀던 죄가 떠올랐습니다. "우리가 아우의 일로 말미암아 범죄하였도다. 그가 우리에게 애걸할 때에 그 마음의 괴로움을 보고도 듣지 아니하였으므로 이 괴로움이 우리에게 임하도다"(21절). 그들은 자신들을 곤경에 빠뜨린 애굽 총리를 원망하는 대신 과거의 잘못을 인정했습니다.

형제들은 22년 전의 일을 똑똑히 기억하고 있었습니다. 그날 요셉은 형들에게 애절하게 매달렸지만, 그들은 냉정하게 외면했습니다. 그런데 지금은 아무리 정탐꾼이 아니라고 변명해도 애굽 총리는 들어주지 않습니다. 장자 르우벤은 동생들을 책망했습니다. "내가 너희에게 그 아이에 대하여 죄를 짓지 말라고 하지 아니하였더냐? 그래도 너희가 듣지 아니하였느니라. 그러므로 그의 핏값을 치르게 되었도다"(22절). 그들의 회개가 시작된 것입니다.

한편 요셉은 형들의 대화를 모두 듣고 있었습니다. 통역자가 있기에 형제들은 요셉이 그들의 말을 알아듣는다는 사실을 몰랐습니다. 눈앞의 총리가 사실은 자신들의 동생이라는 것도 전혀 알아차리지 못했습니다. 요셉은 그들의 진심 어린 고백을 들으며 깊은 감정의 동요를 느꼈습니다. 자신을 팔았던 형들이 죄를 인정하고 뉘우치는 모습을 보자, 가슴 깊이 맺혀 있던 응어리가 조금씩 풀리기 시작했습니다. 그래서 그는 잠시 자리를 떠나 울었습니다.

성경은 요셉을 '눈물이 많은 사람'으로 묘사합니다. 창세기에는 그가 우는 장면이 일곱 번 이상 등장하며, 나중에는 궁궐이 떠나갈 정도로 대성통곡하는 모습도 기록되어 있습니다. 세상의 기준으로 보면, 이는 한 나라의 지도자에게 어울리지 않는 모습일지 모릅니다. 그러나 이것이야말로 세상의 통치자와 하나님의 사람을 구분 짓는 차이입니다. 백성을 위해 눈물 흘릴 줄 모르는 사람은 결코 진정한 지도자가 될 수 없습니다.

요셉은 형들을 떠나보내며 그들 모르게 물자를 풍성히 챙겨주었습니다. 곡식뿐 아니라 곡식 값을 치른 은까지 자루 속에 다시 넣어주었습니다. 마치 떠나는 자녀에게 어머니가 정성껏 음식을 챙겨주고 용돈까지 쥐여주는 모습과도 같습니다.

요셉은 자신이 하나님을 경외하는 사람임을 형제들 앞에서 고백했습니다. 하나님을 경외하는 자의 가장 중요한 특징은 감정보다 사명을 우선시하는 것입니다. 만일 요셉이 사사로운 감정에 따라 움직였다면, 애굽의 총리로서 지닌 권한을 이용해 형들에게 철저히 보복했을 것입니다.

그러나 그는 그렇게 하지 않았습니다. 그렇다고 앞뒤 가리지 않고 곧바로 형들을 용서한 것도 아니었습니다. 무분별한 용서는 죄를 가볍게 여기게 만드는 위험한 태도입니다.

사사기의 마지막 장을 보면, 이스라엘 지파들이 사사로운 감정에 휘말려 내전을 벌이는 장면이 나옵니다. 그들은 베냐민 지파를 거의 멸절시킬 뻔했고, 심지어 자기 딸들을 베냐민 지파 사람들과 결혼시키지 않겠다고 맹세했습니다. 그 결과 한 지파가 사라질 위기에 처했습니다. 이것은 하나님의 뜻이 아닌 인간의 감정에 따른 통치가 얼마나 위험한 결과를 낳는지 보여주는 사례입니다.

요셉은 달랐습니다. 그는 하나님께서 자신을 형제들의 통치자, 곧 회복의 도구로 세우셨음을 확신했습니다. 그의 사명은 깨어지고 훼손된 이스라엘 형제 공동체를 다시 세우는 것이었습니다. 형들이 자신들을 "확실한 자들"이라고 소개했을 때, 요셉은 그 말의 진실성을 시험하고자 했습니다. 참된 확실함은 "네 이웃을 네 자신과 같이 사랑하라"(마 19:19, 막 12:31, 눅 10:27)는 말씀을 실천할 때 드러납니다. 그래서 그는 베냐민을 데려오라고 요구했습니다. 단순히 보고 싶어서가 아니라 형제들이 베냐민의 소중함을 깨닫도록 하기 위해서였습니다.

그 모습 속에서 우리는 하나님 나라의 통치 원리를 봅니다. 여러분의 삶을 지배하는 원리는 무엇입니까? 하나님께서 주신 권한과 위치를 어떤 방식으로 사용하시겠습니까?

공의를 실천하기 위해 반드시 총리가 될 필요는 없습니다. 여러분이 있는 자리, 그 관계 속에서 하나님의 나라 원리인 겸손과 섬김, 공의와 사랑을 실천할 수 있습니다. 특히 우리 가운데 있는 가장 작은 지체를 소중히 여겨야 합니다. 예수님은 교회 안의 '작은 자'에 대해 이렇게 말씀하셨습니다. "누구든지 나를 믿는 이 작은 자 중 하나를 실족하게 하면 차라리 연자 맷돌이 그 목에 달려서 깊은 바다에 빠뜨려지는 것이 나으니라"(마 18:6). 이것이 바로 복음의 통치 원리입니다.

사랑하는 성도 여러분, 우리가 이 복음의 원리를 따라 충성스럽게 살아갈 때, 하나님께서 우리 삶을 통해 교회를 세우시고 계속 번

성하게 하실 것입니다. 하나님의 은혜와 평강이 이 복음 위에 굳게
선 모든 성도들과 함께하시기를 바랍니다.

<hr>

1. 요셉은 왜 형들을 정탐꾼이라고 몰아세우면서 시험했습니까? 그 과정을 통해 무엇을 확
   인하려 한 것일까요?
2. 요셉이 "나는 하나님을 경외한다"라고 말한 것은 그의 통치 방식과 어떤 관계가 있습니까?
3. 가정이나 직장에서 개인의 감정에 치우치지 않고, 하나님을 경외하며 맡은 사명을 따라
   산다는 것은 어떤 모습일까요?

형제들을 환대한 요셉
"아우를 사랑하는 마음이 복받쳐"

창세기 43:1-34

창세기 43장은 요셉의 형들이 두 번째로 애굽을 방문해 요셉을 만나는 장면을 기록하고 있습니다. 이번에는 요셉이 형들을 자기 집으로 초대하여 청지기에게 진수성찬을 준비하게 했습니다.

그런데 이들이 누구입니까? 바로 과거에 요셉을 죽이려 했던 형들입니다. 말하자면, 형제라기보다 원수에 가까운 관계였습니다. 게다가 이번에는 막내 베냐민까지 데리고 왔으니, 그들을 더 이상 붙잡아 둘 이유가 없었습니다. 원한다면 지금이라도 복수할 수 있는 상황이었습니다. 그러나 요셉은 그렇게 하지 않았습니다. 그는 형들에게 복수 대신 풍성한 환대를 베풀었습니다.

이 장면은 신약의 복음과도 깊은 연관이 있습니다. 사도 바울은 로마서 12장 20절에서 "네 원수가 주리거든 먹이고 목마르거든 마시게 하라"고 권면했습니다. 요셉은 이 복음의 원리를 삶 속에서 실천하고 있는 것입니다. 이러한 진리가 창세기 43장에서 어떻게 드러나고 있는지 함께 살펴보겠습니다.

야곱의 복잡한 심경

요셉의 형들이 첫 번째 애굽 방문을 마치고 돌아왔을 때, 야곱의 마음은 복잡했습니다. 한편으로는 기뻤습니다. 그들이 곡식을 넉넉히 가져와 당분간은 굶지 않고 지낼 수 있었기 때문입니다. 가족의 생계를 책임지는 것은 가장의 가장 중요한 의무였습니다. 다른 한편으로는 깊은 근심이 밀려왔습니다. 시므온이 돌아오지 않았기 때문입니다. 야곱이 그 이유를 묻자, 아들들은 애굽에서 있었던 일을 자세히 설명했습니다. 시므온을 다시 데려오려면 막내 베냐민을 애굽으로 데리고 가야 한다는 사실도 함께 전했습니다.

야곱은 이를 허락하지 않았습니다. 베냐민은 요셉과 더불어 자신이 가장 사랑했던 아내 라헬이 낳은 아들이었습니다. 요셉을 잃은 상황에서 베냐민까지 잃을 수는 없었습니다. 이때 장자 르우벤이 나섰습니다. 그는 두 아들까지 담보로 내세우며 자신이 반드시 책임지겠다고 단호히 말했습니다(창 42:37).

이 장면은 형들의 달라진 태도를 보여줍니다. 과거 그들은 "요셉 하나쯤 없어도 된다"고 생각했습니다. 그러나 이제는 시므온을 구하기 위해, 또 베냐민을 지키기 위해 자기 자식까지 내어줄 각오를 하고 있습니다. 하나님께서 고난과 시련을 통해 이스라엘 백성을 훈련시키고 계심을 엿볼 수 있습니다.

그러나 야곱은 르우벤의 제안을 받아들이지 않았습니다. 그는 분명히 말했습니다. "내 아들은 너희와 함께 내려가지 못하리니 그의 형은 죽고 그만 남았음이라. 만일 너희가 가는 길에서 재난이 그에게 미치면 너희가 내 흰 머리를 슬퍼하며 스올로 내려가게 함이 되리라"(창 42:38).

유다의 역할

기근이 더욱 심해지고 애굽에서 가져온 양식도 떨어지자, 야곱은 결국 아들들에게 다시 애굽으로 가서 곡식을 사 오라고 명했습니다(1절). 이번에는 유다가 앞장섰습니다. 장자인 르우벤은 아버지의 첩 빌하와의 부적절한 관계로 사실상 장자권을 잃었고, 둘째 시므온은 애굽에 인질로 잡혀 있었는 데다 세겜 사람들을 학살한 전력이 있었기 때문입니다. 이렇게 해서 형제들 사이의 실질적인 리더십은 셋째 유다에게 넘어갔습니다.

유다는 아버지의 상황을 직시하며 이렇게 말했습니다. "저 아이[베냐민]를 나와 함께 보내시면 우리가 곧 가리니, 그러면 우리와 아버지와 우리 어린 아이들이 다 살고 죽지 아니하리이다"(8절). 이는 단순한 간청이 아니라 야곱 가문 3대의 생존이 베냐민에게 달려 있음을 보여주는 절박한 고백이었습니다. 더 이상 지체할 수 없었습니다. 양식을 얻으려면 반드시 베냐민을 데려가야 했습니다. 그것은 요셉이 그들의 진실됨을 베냐민을 통해 시험하고 있었기 때문입니다.

이제 형들은 그 시험 앞에 목숨을 걸고 베냐민을 지켜야 하는 입장에 섰습니다. 이전에 르우벤은 자신의 두 아들을 담보로 삼겠다고 했으나, 야곱은 받아들이지 않았습니다. 이번에는 유다가 자신의 목숨을 담보로 내세웠습니다. "내가 그를 위하여 담보가 되오리니…내가 만일 그를 아버지께 데려다가 아버지 앞에 두지 아니하면 내가 영원히 죄를 지리이다"(9절). 이것은 단순한 약속이 아니라 자기 저주적 맹세였습니다. 유다는 무슨 일이 있어도 베냐민을 책임지겠다는 비장한 각오로 나섰습니다.

유다의 진심 어린 고백을 들은 야곱은 마침내 베냐민을 애굽으로 보내기로 결단했습니다. 그리고 아들들을 떠나보내며 하나님의 은혜와 섭리에 자신을 맡겼습니다. "전능하신 하나님께서 그 사람 앞에서 너희에게 은혜를 베푸사…내가 자식을 잃게 되면 잃으리로다"(14절). 야곱은 자녀들을 다 떠나보내고 텅 빈 집에 홀로 남아 근심 가운데 기다려야 했습니다.

야곱은 또 한 가지를 염려했습니다. 아들들이 첫 여행에서 돌아올 때 자루 속에 들어 있던 돈 때문이었습니다. 요셉이 그것을 그들의 자루에 은밀히 넣어놓아 형제들은 그 사실을 알지 못했습니다. 야곱은 이것이 혹시 애굽 측의 덫일까 두려워 두 배의 돈을 더 챙겨서 베냐민과 함께 보냈습니다(12절).

애굽에서 다시 요셉을 만났을 때, 형제들은 처음보다 훨씬 더 극진한 태도로 그를 대합니다. 창세기 43장은 요셉의 어린 시절 꿈이 성취되는 장면을 강조합니다. 형제들이 요셉 앞에 엎드려 절하는 모습은 요셉이 어릴 적 꿈속에서 보았던 곡식 단들과 해와 달과 열한 별들이 절하던 모습을 떠오르게 합니다(26절). 요셉이 아버지의 안부를 묻자, 형제들은 "평안히 계십니다"라고 대답하며 다시 머리를 숙여 절했습니다(28절).

요셉의 반응

창세기 43장의 후반부는 요셉 이야기로 전환됩니다. 앞부분이 가나안에서의 굶주림과 불안을 그린다면, 후반부는 애굽에서의 풍요와 평안을 보여줍니다. 같은 가족인데 한쪽은 식량이 없어 다투고 절망하는 반면, 다른 한쪽은 진수성찬을 차리고 잔치를 베풀며 형제들을 맞이합니다. 이는 이제 실질적인 이스라엘의 지도자가 요셉이라는 사실을 드러냅니다.

형들이 처음 애굽을 떠났을 때 요셉은 어떤 생각을 했을까요? 무엇보다 아버지가 그리웠고, 특히 베냐민에 대한 그리움이 컸을 것입니다. 그래서 시므온을 인질로 남겨두고, 반드시 베냐민을 데리고 오도록 한 것입니다. 요셉은 흉년이 계속될 것을 알았기에 결국 형들이 베냐민을 데리고 다시 올 것이라 확신했습니다.

마침내 베냐민과 함께 형들이 돌아왔을 때, 요셉은 크게 기뻐했습니다. 그는 청지기에 형제들을 자기 집으로 데려오고 잔치를 준비하라고 지시했습니다. 이날 정오에 함께 식사할 계획이었습니다.* 그러나 형제들은 영문을 몰라 두려움에 사로잡혔습니다. 그들은 요셉의 조치를 이해할 수 없었습니다. 그들은 공적인 용무로 곡식을 사러 왔을 뿐 애굽의 총리 집에 초대받을 이유가 없었습니다. "혹시 지난번 자루에서 발견된 돈 때문일까?" 그들은 요셉이 자신들을 노예로 삼고 나귀까지 빼앗을 속셈이 아닌가 오해하며 불안해했습니다(18절).

형제들은 요셉의 청지기에게 다가가 지난번 자루에서 발견된 돈에 대해 설명했습니다. "그 돈은 우리가 넣은 것이 아니기에 다시 가지고 왔고, 이번에는 양식을 사기 위한 새 돈도 준비해 왔습니다"(20-22절). 이에 청지기는 뜻밖의 대답을 합니다. "너희는 안심하라. 두려워하지 말라. 너희 하나님, 너희 아버지의 하나님이 재물을 너희 자루에 넣어 너희에게 주신 것이니라"(23절). 이어 감옥에 있던 시므온을 데려와 형제들을 안심시켰습니다.

여기서 우리는 요셉의 청지기를 눈여겨볼 필요가 있습니다. 그는 단순히 상황을 설명한 것이 아니라 "너희 아버지의 하나님"이라고 하나님의 이름을 언급했습니다. 애굽 사람, 곧 이방인의 입에서 하나님의 섭리에 대한 고백이 흘러나온 것입니다. 이는 요셉의 신앙이 그의 청지기에게도 깊이 스며들었음을 보여줍니다.

---

* "형제들이 요셉을 죽이려고 음모를 꾸몄듯이, 요셉도 청지기를 통해 계획을 꾸미고 있다"(시드니 그레이다누스, 『창세기 프리칭 예수』, CLC, p. 645).

게다가 그는 시므온을 형제들에게 데려와 자신의 말이 공허한 위로가 아님을 증명했습니다. 물론 이 모든 일은 요셉의 지시에 따라 이루어진 것이지만, 청지기가 그만큼 신임을 받는 위치에 있었고, 그의 입을 통해 하나님의 섭리가 선포되었다는 사실은 매우 중요한 의미를 지닙니다.

요셉의 환대

형제들은 두려움 속에서 요셉을 기다렸습니다. 본문은 그 만남이 정오에 이루어졌다고 기록합니다. 기다리는 동안 형제들의 마음은 어땠을까요? 아마 1분이 한 시간 같았을 것입니다. 마침내 요셉이 나타났을 때, 그들을 기다리고 있던 것은 두려움이 아니라 풍성한 식탁이었습니다. 그들은 먼 가나안 땅에서 왔고, 흉년이 지속되는 상황 속에서 마음 놓고 식사하기조차 쉽지 않았을 것입니다. 그런 그들에게 오랜만에 배불리 먹을 수 있는 자리가 마련되었습니다.

이 자리에서 요셉은 베냐민에게서 눈을 떼지 못했습니다. 오랜 세월 그리워하던 친동생을 마주한 순간, 그의 마음이 얼마나 벅찼을까요? 본문은 이렇게 증언합니다. "아우를 사랑하는 마음이 복받쳐 급히 울 곳을 찾아 안방으로 들어가서 울었다"(30절). 20년 넘게 그리워한 동생이 눈앞에 있습니다. 당장 달려가 안아주고 싶었지만, 요셉은 감정을 억누르고 자리를 피했습니다.

왜일까요? 그는 단순히 가족의 한 사람이 아니라 애굽의 통치자,

그리고 하나님의 뜻을 이루어가는 지도자였기 때문입니다. 사사로운 감정을 보이기에 앞서 형제들의 진심을 확인해야 하기에 그는 자신의 신분을 숨겼습니다.

이후 이어지는 식사 장면은 몇 가지 흥미로운 점을 보여줍니다. 먼저, 애굽 사람들은 본래 히브리인과 식사하기를 꺼렸습니다(32절). 그들과 식탁을 같이하면 부정을 탄다고 여겼기 때문입니다. 이는 히브리인뿐 아니라 다른 모든 민족에게도 마찬가지였는데, 애굽인들이 자신을 가장 우월한 민족으로 여겼음을 잘 보여주는 단면입니다. 그런 자리에서 애굽의 총리가 히브리인들을 불러 잔치를 베풀고 함께 식사를 나누었다니 얼마나 놀라운 일입니까?

또 하나 특별한 장면은 요셉이 베냐민에게 다섯 배나 많은 음식을 준 것이었습니다. 예전 같았으면 형제들은 크게 질투했을 것입니다. 야곱이 요셉에게 채색 옷을 입혀주었을 때 요셉을 미워했던 자들이 아닙니까? 그러나 이번에는 달랐습니다. 그들은 오히려 안도하며 기뻐했습니다. 이제 그들에게는 베냐민의 안전이 무엇보다 중요했기 때문입니다.

본문은 한때 등 돌렸던 형제들이 함께 식탁에 앉아 먹고 마시며 즐거워하는 장면으로 마무리됩니다. 이 장면은 단지 가족 간의 화해를 넘어 하나님 나라 교회를 예표하는 은혜의 식탁을 보여줍니다.

이전까지 형제들은 시기와 미움으로 갈라져 있었지만, 하나님께서 요셉을 도구로 사용해 상처 입은 공동체를 치유하시고, 마침내 하나 되어 기쁨을 나누는 잔치 자리로 이끄셨습니다.

교회는 본래 하나님과 원수되었던 우리를 하나님께서 예수 그리스도의 피로 화목하게 하시고, 한 식탁 공동체로 부르신 자리입니다. 성찬에서 우리는 주님의 생명의 양식을 나누며 한 몸을 이루고, 그리스도 안에서 하나되어 함께 기뻐합니다. 교회는 영적인 식사 공동체입니다. 말씀의 양식이 풍성해야 하고, 그리스도의 살과 피를 나누는 코이노니아가 살아 있어야 합니다. 그럴 때 비로소 참된 교회가 세워지고, 하나님 나라의 기쁨이 그 안에 머물게 됩니다.

오늘날에도 주님은 교회 안에 말씀의 봉사자들을 세우셔서 동일한 사명을 감당하게 하십니다. 오직 믿음으로 말씀을 받는 자만이 주님의 잔치에 참여할 수 있습니다. 그 은혜와 기쁨이 우리 교회 모든 성도들의 삶에 풍성히 넘치기를 소망합니다.

IIIIIIIIIIIIIIIIIII

1. 유다가 베냐민을 담보로 "내가 영원히 죄를 지리이다"라고 맹세한 것은 어떤 의미를 지니고 있습니까? 이는 형제들의 마음과 태도가 어떻게 변화되었음을 보여줍니까?
2. 요셉은 왜 복수하는 대신 형제들을 환대했을까요? 그의 태도 속에서 하나님의 어떤 뜻을 볼 수 있습니까?
3. 내가 속한 교회 공동체 안에서 영적 코이노니아는 어떻게 이루어지고 있습니까? 또한 시기와 갈등으로 깨어진 관계를 회복하기 위해서는 어떤 구체적인 실천이 필요할까요?

유다의 간절한 호소
"이 아이를 대신하여"

창세기 44:1-34

창세기에는 원수가 화해하는 극적인 장면이 두 번 나옵니다. 하나는 33장에서 야곱과 에서의 화해, 또 하나는 오늘 본문인 요셉과 형제들의 화해입니다. 이러한 화해가 있었기에 이스라엘은 진정한 하나의 민족, 12지파 공동체로 성장할 수 있었습니다. 그러지 않았다면 이스라엘은 가나안 땅의 열 지파와 애굽의 두 지파로 나뉘어, 두 민족처럼 갈라진 역사를 이어갔을지도 모릅니다. 실제로 훗날 이스라엘은 북이스라엘과 남유다로 나뉘어 다투다가 결국 모두 멸망하고 말았습니다.

창세기 44장은 요셉의 집에서 잔치를 마친 형제들이 기뻐하며 가나안으로 돌아가는 장면으로 시작됩니다. 원하는 양식을 얻었고, 감옥에 갇혀 있던 시므온도 돌아왔으며, 무엇보다 베냐민이 무사히 함께하고 있었기 때문입니다. 특히 아버지 앞에서 베냐민을 책임지겠다고 맹세했던 유다가 안도했을 것입니다.

형제들이 이런 생각에 들떠 있던 바로 그 시각, 하나님의 사람 요셉은 전혀 다른 계획을 품고 있었습니다. 그는 형들을 그대로 보낼 생각이 없었습니다. 진정한 화해가 이루어지려면 형들이 과거와 달라졌다는 확실한 증거가 필요했습니다. 요셉의 눈에는 형들이 여전히 "열두 명 중 하나쯤 없어도 된다"는 생각을 버리지 못한 듯 보였습니다. 요셉이 시므온을 감옥에 가두었을 때, 누구도 대신 남겠다고 나서지 않은 것을 보면 말입니다.

요셉이 확인하고자 한 것은 단 하나였습니다. 형제들이 어떤 상황에서도 약속의 씨, 곧 베냐민을 끝까지 지켜낼 수 있는가 하는 점이었습니다. 그는 먼저 연회 자리에서 베냐민에게 다섯 배나 많은 음식을 주며, 형제들이 편애에 어떻게 반응하는지를 살펴보았습니다(창 43:34). 그때 형들은 질투하지 않고 함께 즐거워했지만, 그것만으로는 충분하지 않았습니다. 더 확실한 시험이 필요했습니다.

그래서 요셉은 자신의 청지기에게 특별한 지시를 내렸습니다. 형제들의 자루에는 양식과 돈을 다시 채워주되 베냐민의 자루에는 자신이 직접 사용하던 은잔을 넣으라는 것이었습니다(2절). 만약 그 은잔이 발견된다면 누구라도 베냐민이 도둑이라 단정지을 수밖에 없는 상황이었습니다.

형제들이 출발하자마자 요셉은 즉시 청지기를 보냈습니다. 형들의 진심 어린 반응을 확인하기 위함이었습니다. 청지기는 그들을 따라가 "너희가 어찌하여 선을 악으로 갚느냐?"며 따졌습니다(4절).

뜻밖의 비난에 형제들은 당황했지만, 자신들의 결백만큼은 확신했습니다. 그들은 결코 도둑질한 적이 없다고 강하게 주장하며 두 가지 근거를 들었습니다. 첫째, "우리 자루에 있던 돈도 가나안 땅에서부터 다시 가져왔는데, 어찌 애굽 총리의 집에서 도둑질을 하겠는가?"라며 만일 돈에 욕심이 있었다면 이미 그때 드러났을 것이라는 점을 강조했습니다. 둘째, 결백을 입증하기 위해 극단적인 맹세까지 했습니다. 그 잔이 "당신의 종들 중 누구에게서 발견되든지 그는 죽을 것이요 우리는 내 주의 종들이 되리이다"(9절).

그러자 청지기는 더 온건한 조건을 제시했습니다. "그것이 누구에게서든지 발견되면 그는 내게 종이 될 것이요 너희는 죄가 없으리라"(10절). 이로써 양측 사이에 언약이 성립되었습니다. 형제들은 결백을 확신했기에 서둘러 자루를 열었습니다(11절). 그러나 은잔이 막내 베냐민의 자루에서 발견되었습니다. 그 순간 그들의 마음은 무너져 내렸습니다. 이미 맹세한 후였기에 베냐민을 구할 길은 없어 보였습니다.

형제들은 큰 슬픔에 옷을 찢고 다시 성으로 돌아왔습니다(13절). 야곱이 요셉을 잃었다고 여겼을 때 옷을 찢었던 것처럼, 이번에는 베냐민을 잃을까 두려워서 옷을 찢은 것입니다. 한때 요셉의 채색 옷을 시기했던 형들이 이제는 자기 옷을 찢으며 절망하고 있습니다.

청지기가 "다른 사람은 가도 좋다. 베냐민만 데리고 가겠다"고 했지만, 형들은 떠나지 않았습니다. 모두가 함께 요셉의 집으로 돌아왔습니다. 놀라운 변화였습니다. 누구 하나 베냐민을 탓하지 않았고, 책임을 회피하거나 그 자리를 떠나지 않았습니다. 과거 같았으면 서로 비난하거나 떠났을 테지만, 이제 그들은 한 몸처럼 움직였습니다. 잘잘못을 따지기보다 베냐민 한 사람을 버리지 않겠다는 결의로 하나가 되었습니다.

요셉 앞에 선 형들

형제들이 다시 성으로 돌아왔을 때, 요셉은 여전히 그 자리에 서 있었습니다(14절). 종을 보내놓고 요셉은 무슨 생각을 했을까요? 과연 베냐민만 올 것인가, 아니면 형제들이 다 함께 올 것인가 궁금했을 것입니다. 그런데 뜻밖에도 형제들이 다 함께 나타났습니다.

그들은 요셉의 집 앞에 이르자 다시 땅에 엎드려 절했습니다. 요셉은 일부러 화난 듯한 어조로 책망했습니다. "어찌하여 이런 일을 행하였느냐? 나 같은 사람이 점을 잘 치는 줄을 너희는 알지 못하였느냐?"(15절)

형들은 아무 반박도 하지 못했습니다. 억울함을 변명하다가 오히려 더 큰 화를 불러올 수 있었기 때문입니다. 그때 유다가 입을 열었습니다. "하나님이 종들의 죄악을 찾아내셨으니 우리와 이 잔이 발견된 자가 다 내 주의 노예가 되겠나이다"(16절). 여기서 말하는 죄악이란 은잔을 훔친 일이 아니었습니다. 그들은 은잔과 무관했습니다.

유다는 이번 사건을 통해 하나님께서 과거의 죄를 드러내고 계시다고 확신했습니다. 이는 창세기 38장에서 자신의 죄가 드러났을 때 깊이 회개한 경험에서 비롯된 신앙적 반응이었습니다. 그는 지금 자신과 형제들이 과거에 저질렀던 죄까지 하나님의 공의로운 심판 앞에 서 있다는 사실을 인식했습니다. 이는 이전의 신앙 수준으로는 도달할 수 없었던 깊은 깨달음이었습니다.

형제들은 이제 오랜 훈련과 고통을 통해 분명히 변화되었습니다. 그들은 베냐민과 운명을 함께하겠다고 자청했습니다. 유다는 아버지 야곱 앞에서 "베냐민을 데려가지 못하면 영원히 죄인이 되겠다"고 맹세까지 한 터였습니다. 이 제안은 요셉의 입장에서 환영할 만한 일이었지만, 요셉은 단호히 거절했습니다. "내가 결코 그리하지 아니하리라. 잔이 그 손에서 발견된 자만 내 종이 되고 너희는 평안히 너희 아버지께로 도로 올라갈 것이니라"(17절). 그는 약속과 원칙에 충실했고, 무엇보다 형들로부터 베냐민을 보호하고자 했습니다.

이로써 유다의 제안도 거절되었고, 형제들이 함께 남는 길조차 막혀버렸습니다. 이제 그들은 '할 만큼 했다'며 돌아갈 수도 있었습니다. 예전에 요셉을 팔아넘기고 거짓으로 둘러댔을 때와 달리, 이번에는 아버지에게 거짓말을 할 필요도 없었습니다.

요셉이 "베냐민만 남고 나머지는 돌아가라"고 최종 결정을 내리자, 형제들은 더 이상 선택의 여지가 없었습니다. 요셉의 입장에서 이는 큰 호의였습니다. 범인만 남기고 다른 사람은 자유롭게 돌려보내겠다고 했으니 말입니다.

이러한 결정은 형제들에게 매우 유혹적인 제안으로 들렸을 수 있습니다. 20여 년 전, 그들은 도단에서 요셉을 은 20세겔에 팔아넘긴 전력도 있지 않습니까? 그때처럼 이번에도 베냐민 한 사람만 희생하면, 나머지는 무사히 돌아갈 수 있었습니다. 하지만 이제 형제들은 달라졌습니다. 모두가 베냐민을 지키기 위해 죽을 각오까지 되어 있었습니다. 문제는 이미 판결이 내려졌고, 모든 권한이 요셉에게 있다는 것이었습니다. 그들에게 남은 길은 재판장에게 자비를 구하는 것뿐이었습니다.

이 장면에서 성경은 유다를 변호인, 요셉을 재판장으로 묘사합니다. 유다는 요셉 앞에 나아가 마지막으로 간절한 호소를 시작합니다. "내 주여, 원하건대 당신의 종에게 내 주의 귀에 한 말씀을 아뢰게 하소서. 주의 종에게 노하지 마소서. 주는 바로와 같으심이니이다"(18절). 말 한마디 잘못하면 모든 형제가 몰살당할 수도 있는 절체절명의 순간이었습니다.

유다는 지금까지 있었던 모든 일을 차례로 설명하며 간절히 변론했습니다. 그의 연설은 창세기에서 가장 길고, 성경 전체에서도 손꼽히는 감동적인 호소입니다. 핵심은 마지막에 나옵니다. "주의 종으로 그 아이를 대신하여 머물러 있어 내 주의 종이 되게 하시고 그 아이는 그의 형제들과 함께 올려 보내소서"(33절). 유다는 호소하는 내내 베냐민과 야곱의 생명이 서로 긴밀히 묶여 있음을 반복해서 강조했습니다.

- 그 아이는 그의 아버지를 떠나지 못할지니 떠나면 그의 아버지가 죽겠나이다(22절).
- 만일 재해가 그 몸에 미치면 나의 흰 머리를 슬퍼하며 스올로 내려가게 하리라(29절).
- 아버지의 생명과 아이의 생명이 서로 하나로 묶여 있거늘(30절).
- 아버지가 아이의 없음을 보고 죽으리니(31절).
- 그 아이가 나와 함께 가지 아니하면 내가 어찌 내 아버지에게로 올라갈 수 있으리이까(34절).

유다는 자식을 잃는 고통이 어떤 것인지 잘 알고 있었습니다. 그는 이미 하나님의 심판으로 두 아들 엘과 오난을 잃은 경험이 있었습니다(창 38:1-11). 그래서 야곱의 고통을 깊이 공감할 수 있었고, 무슨 일이 있어도 베냐민을 지켜야 한다고 결심했습니다. 그 확고한 사랑과 책임감을 확인한 요셉은 더 이상 다른 증거가 필요하지 않았습니다.

본문의 핵심은 단순히 형제끼리 목숨처럼 사랑해야 한다는 교훈에 있지 않습니다. 유다가 베냐민을 지키려 한 이유는, 베냐민이 야곱의 생명과 깊이 연결되어 있었기 때문입니다. 베냐민이 이야기 속에서 아무 행동도 하지 않았다는 사실은 오히려 그 의존 관계를 더 분명히 보여줍니다. 따라서 본문의 주제를 단순히 "부모를 잘 섬겨야 한다"로 축소할 수 없습니다. 다시 말하지만, 성경은 도덕 교과서가 아닙니다.

요셉이 유다의 말을 듣고 마음을 연 것도 그의 희생정신에 감동했기 때문이 아닙니다. "아버지의 생명과 아이의 생명이 서로 하나로 묶여 있다"(30절)는 그의 고백이 타당했기 때문입니다. 요셉은 이 진실 앞에서 더 이상 베냐민을 붙들 수 없었습니다. 베냐민을 억류하는 것은 곧 아버지 야곱의 생명을 잃는 일과 같았습니다. 요셉은 유다의 진심을 확인하고, 비로소 안심하며 베냐민을 형들과 함께 돌려보낼 수 있었습니다.

하나님은 이 사건을 통해 형제들의 오래된 죄를 드러내셨고, 그들은 이를 인정하며 회개했습니다. 바로 그 회개가 요셉과 형제들이 화해할 수 있는 토대가 되었습니다. 베냐민은 이스라엘 12지파 중 가장 작은 자였지만, 이제 형제들은 "한 지파쯤은 없어도 된다"는 생각을 버리고, 가장 연약한 자를 위해 기꺼이 모든 것을 내어놓을 준비가 되어 있었습니다. 바로 이 언약적 사랑 위에서 12지파는 비로소 하나된 공동체로 회복될 수 있었습니다.

오늘날 교회도 다르지 않습니다. 우리는 그리스도 안에서 한 몸을 이루는 지체들입니다. 비록 눈에 잘 띄지 않고 연약해 보이는 성도라 할지라도, 주님은 그를 위해 피 흘려 죽으셨습니다. 그렇기에 교회의 모든 지체는 베냐민보다 더 귀하고 소중한 존재들입니다. 주님은 바로 그 지체들을 통해 오늘도 새로운 이스라엘, 곧 교회를 세워가고 계십니다.

이 복음을 참으로 믿는다면, 그리스도께서 우리를 사랑하신 것처럼 우리도 서로를 내 몸과 같이 사랑하게 될 것입니다. 이 언약의 사랑을 삶 속에서 실천하는 모든 성도들 위에 성령의 충만한 능력이 늘 함께하기를 주님의 이름으로 축원합니다.

|||||||||||||||||||

1. 요셉이 은잔 사건으로 형들을 시험한 목적은 무엇입니까? 형제들이 베냐민만 보내지 않고 다 함께 애굽으로 돌아온 모습은 어떤 변화를 보여줍니까?
2. "아버지의 생명과 아이의 생명이 묶여 있다"는 유다의 고백은 무슨 뜻이며, 왜 요셉의 마음을 움직였을까요?
3. 우리 공동체에서는 연약한 지체를 어떻게 돌보고 있으며, 그들을 위해 실천할 수 있는 언약적 사랑은 무엇일까요?

섭리를 잘 이해하고 적용해야
"나를 보낸 이는 하나님이시라"

창세기 45:1-28

기독교에서 가장 중요한 교리 가운데 하나는 '섭리'입니다. 하나님은 세상을 창조하셨을 뿐 아니라 지금도 그 뜻대로 보존하고 다스리십니다. 세상의 모든 일은 하나님의 뜻 안에 있으며, 그분의 통치를 벗어나는 일은 아무것도 없습니다. 그러므로 세상 일을 우연이나 운명에 맡기는 불신자의 세계관과 섭리를 믿는 신자의 신앙은 결코 하나가 될 수 없습니다. 하나님이 창조주이심을 믿는다고 하면서도 세상이 단지 자연법칙으로만 움직인다고 여기는 사람은 자칭 기독교인일 수는 있어도 참된 신자는 아닙니다.

섭리 교리는 특히 고난 가운데 있는 성도에게 큰 위로를 줍니다. 그러나 잘못 적용하면 하나님의 이름을 욕되게 할 수도 있습니다. 예를 들어 어떤 이단 교단에서는 부목사의 성폭행 사건에 대해 교주가 "그것도 하나님이 하신 일"이라고 말했습니다. 또 어떤 대형 교회는 수천억 원을 들여 예배당을 짓고는 "하나님이 다 하셨습니다!"라는 배너를 내걸었습니다. 심지어 어떤 목사는 "세월호는 하나님이 침몰시켰다"고 설교했습니다. 놀랍게도 이에 동조하는 신자들도 적지 않았습니다.

우리는 교리를 '바르게 아는 것'과 '바르게 사용하는 것'을 분명히 구분해야 합니다. 같은 말이라도 누가 어떤 맥락에서 했느냐 따라 전혀 다른 의미가 될 수 있습니다. 사탄조차 하나님의 말씀으로 예수님을 시험했다는 사실을 기억해야 합니다.

본문에서 요셉은 "나를 이리로 보낸 이는 당신들이 아니요 하나님이시라"고 고백합니다(8절). 그런데 이 말을 요셉의 형들이 했다면 어떨까요? "당신을 이곳에 보낸 이는 우리가 아니요 하나님이십니다. 그러니 우리는 아무 책임이 없고, 당신은 우리를 벌해서는 안 됩니다." 과연 이 말이 옳을까요?

오늘 본문을 통해 참된 성도는 하나님의 섭리를 어떻게 이해하고, 세상 속에서 어떻게 적용하며 살아야 하는지를 살펴보겠습니다.

자신의 정체를 밝힌 요셉

앞서 44장에서 우리는 유다의 마지막 긴 변론을 보았습니다. 동생을 대신해 종이 되겠다는 그의 호소는 요셉의 마음을 깊이 흔들었습니다. 애굽의 총리였던 요셉조차 더 이상 감정을 억누를 수 없었습니다. 그는 큰 소리로 시종들을 모두 물러가게 한 뒤(1절), 형제들 앞에서 크게 울었습니다. 그 울음소리는 애굽 사람들에게까지 들렸고, 곧바로 바로의 궁중에도 알려졌습니다. 모두 물러간 자리에서 요셉은 마침내 형제들에게 자신의 정체를 밝힙니다. 지금까지 청지기를 통해 말하거나 통역을 세워서 소통했으니 얼마나 답답했을까요? 그런데 이번에는 통역 없이 그들의 모국어로 말합니다.

"나는 요셉이라. 내 아버지께서 아직 살아 계시니이까?"

늘 '당신들의 아버지'라 불렀던 요셉이 처음으로 '내 아버지'라고 말하자 형제들은 충격을 받아 아무 대답도 하지 못했습니다.

이 장면을 상상해보십시오. 유다가 형제들을 대표해 재판장 앞에서 마지막 변론을 마쳤습니다. 이제 판결만 남은 상황입니다. 그들은 아마 "좋다, 유다가 대신 종이 되어라"는 판결을 예상했을 것입니다. 그러나 요셉의 입에서 나온 말은 전혀 뜻밖이었습니다. "나는 요셉이라."

형제들은 정신이 아득해졌습니다. 3절의 '놀랐다'라는 표현은 원래 전쟁 상황에서 쓰이는 말인데, 그만큼 요셉의 고백은 그들에게 선전포고처럼 충격적으로 다가왔습니다. 꿈인지 현실인지도 분간되지 않았을 것입니다. "정말 요셉이 맞나? 어떻게 총리가 되었지? 이제 우리는 어떻게 되는가?" 수많은 생각이 스치고 지나갔을 것입니다.

아무 말도 못하고 벌벌 떨고 있는 형들에게 요셉은 "내게로 가까이 오소서"라고 말합니다. 그리고 분명히 밝힙니다. "나는 당신들의 아우 요셉이니 당신들이 애굽에 판 자라." 형들이 가까이 다가와 보니 틀림없는 요셉입니다. 그들은 더 큰 충격에 빠졌습니다. 자신들이 죽이려다 팔아버린 동생이 이제 애굽의 총리이자 재판장으로 그들 앞에 서 있었기 때문입니다. 모든 희망이 사라진 듯했습니다.

요셉의 신앙고백

요셉은 형들이 두려움에 떠는 것을 보고 이렇게 말하며 안심시켰습니다. "당신들이 나를 이곳에 팔았다고 해서 근심하지 마소서. 한탄하지 마소서. 하나님이 생명을 구원하시려고 나를 당신들보다 먼저 보내셨나이다"(5절).

앞서 언급했듯이 똑같은 말도 누가 하느냐에 따라 전혀 다른 의미가 될 수 있습니다. 예를 들어 형이 동생을 팔아넘겼는데, 그 동생이 미국에서 성공했다고 가정해봅시다. 그렇다고 "형이 잘했네. 안 그랬으면 평생 가난했을 텐데"라고 말할 수 있을까요? 이런 말은 오직 고난을 직접 겪은 당사자가 할 때만 의미 있습니다.

비슷한 말이 설교나 방송에서 언급되기도 했습니다. "세월호 침몰도 하나님이 하신 일이다." "일제 강점기도 하나님의 섭리였다." 그러나 이런 발언은 함부로 해서는 안 됩니다. 피해자나 유가족에게는 상처가 될 뿐입니다. 오직 고통을 직접 겪은 당사자가 믿음 안에서 고백할 때에만 참된 위로가 됩니다.

요셉의 신앙고백은 형제들에게 위로가 되었을 뿐 아니라, 사실은 요셉 자신에게도 깊은 위로였습니다. 그는 애굽의 총리라는 지위에 있었지만, 종살이와 옥살이를 거쳐온 험난한 인생의 주인공이었습니다. 그는 그 모든 과정을 하나님의 섭리로 받아들였습니다. 그러한 믿음이 있었기에 형들을 용서할 수 있었습니다.

이것이 섭리 교리의 힘입니다. 섭리는 추상적 개념이 아니라 현실 속에서 도저히 용서할 수 없는 이를 용서하게 하고, 이해할 수 없는 일을 받아들이게 하는 능력입니다. 어떤 시련과 고난도 하나님께서 주관하셨음을 믿는다면, 우리는 다른 사람에게 더 관대해질 수 있습니다.

어떤 이들은 이렇게 반문합니다. "그처럼 악한 일조차 하나님께서 섭리하신다고 한다면, 그런 하나님을 어떻게 믿을 수 있습니까?" 실제로 이런 의문을 품는 신자들도 적지 않습니다. 하나님을 믿으면 언제나 좋은 일만 일어나야 한다고 생각하기 때문입니다. 그러나 그것은 온전한 신앙이 아닙니다. 우리의 삶에는 좋은 일도, 나쁜 일도 일어납니다. 만일 하나님께서 좋은 일에만 관여하신다면, 그는 전능하신 분이 아니라 반쪽짜리 하나님일 것입니다. 참되신 하나님은 좋은 일만 일어나게 하시는 분이 아니라, 악한 일까지 포함해 모든 것을 합력하여 선을 이루시는 분이십니다.

섭리의 목적

요셉은 하나님께서 자신을 애굽에 보내신 이유를 분명히 알고 있었습니다. 그것은 단 하나, 생명을 구원하기 위함이었습니다(5절). 흉년은 이미 2년째였고, 앞으로도 5년이나 더 계속될 것이었습니다. 밭을 갈 수도, 추수를 기대할 수도 없는 상황에서 만일 야곱의 가족이 가나안에 머물렀다면 모두 기근에 쓰러지고, 이스라엘의 역사도 그대로 저물었을 것입니다.

7절에서 요셉은 자신이 먼저 애굽으로 오게 된 이유를 구체적으로 밝힙니다. "하나님이 큰 구원으로 당신들의 생명을 보존하고, 당신들의 후손을 세상에 두시려고 나를 당신들보다 먼저 보내셨나니." 그는 하나님의 섭리를 분명히 인식하고 있었습니다. 하나님께서 이스라엘을 살리기 위해 요셉을 미리 애굽에 보내시고 총리 자리까지 올리신 것입니다. 그는 다시 고백합니다. "하나님이 나를 바로에게 아버지로 삼으시고 그 온 집의 주로 삼으시며 애굽 온 땅의 통치자로 삼으셨나이다"(8절).

이 대목에서 우리는 직분의 의미를 다시 생각하게 됩니다. 하나님께서 요셉을 총리로 세우신 이유는 단순한 출세나 성공이 아니었습니다. 백성의 생명을 살리는 것, 그것이 요셉에게 맡겨진 사명이었습니다. 형들은 요셉이 어떻게 총리가 되었는지 궁금했을 것입니다. 그러나 요셉은 그 과정에 대해 한마디도 하지 않고, "하나님께서 그렇게 하셨다"는 고백으로 답합니다. 지금 중요한 것은 그가 어떤 길을 걸어왔는지가 아니라, 하나님께서 왜 그렇게 하셨는가 하는 목적이기 때문입니다.

요셉은 자신의 사명을 알았고 지체하지 않았습니다. 그는 형제들에게 "속히 올라가라"고 명했고, 아버지 야곱에게는 "지체 말고 내려오시라"고 전하게 했습니다(9절). 기근이 계속되는 동안 가나안에 남아 있는 아버지와 가족들의 안전이 위태로웠기 때문입니다.

요셉의 계획은 구체적이고 치밀했습니다. 단순히 오라고 했을 뿐 아니라 그들이 거할 땅까지 미리 준비했습니다. 그곳이 바로 고센 땅이었습니다. 요셉은 아버지와 형제들, 손자들과 모든 가족의 소유까지 책임지고 돌보겠다고 약속했습니다. 특히 앞으로 남은 다섯 해 동안 아버지를 잘 봉양하겠다고 거듭 강조했습니다. 요셉의 말에서 가장 많이 반복된 단어는 다름 아닌 '아버지'였습니다.

화해와 교제

요셉은 이 모든 약속을 한 다음 확증하기 위해 증인을 세웠습니다. 바로 형들과 아우 베냐민입니다. 열 명의 형제와 한 명의 동생이 직접, 통역을 거치지 않고 요셉의 입에서 모국어로 들은 말이었습니다(12절). 이것은 개인의 고백이 아니라 공적 선언이자 약속이었습니다.

그 후 요셉은 베냐민의 목을 안고 울었고, 베냐민도 그의 목을 안고 함께 울었습니다. 이 순간을 얼마나 기다려 왔을까요? 그러고 나서 형들과 입을 맞추며 안고 울었습니다. 창세기 전체를 통틀어 가장 가슴 뭉클한 순간이 아닐 수 없습니다.

모든 일이 마무리된 후에야 형제들은 비로소 요셉과 말을 나누기 시작했습니다. 요셉이 "나는 요셉이라"고 외쳤을 때, 그들은 충격으로 말문이 막혔습니다. 그러나 화해가 이루어지고 마음이 열리자

20년 만에 다시 대화가 이어졌습니다. 아마 밤새도록 이야기꽃을 피웠을 것입니다. 특히 요셉은 같은 어머니에게서 난 아우 베냐민과 오랜 시간 깊은 대화를 나누었을 것입니다. 성경이 굳이 그 대화를 전하지 않은 것은, 그것이 오늘 우리에게 꼭 필요한 교훈은 아니기 때문일 것입니다.

⌘

요셉의 신앙고백을 통해 우리는 하나님의 섭리가 어떻게 원수였던 형제들 사이에 진정한 화해를 이루게 했는지 보았습니다. 요셉은 섭리를 믿었기에 지난날의 고난과 형들의 악행을 마음에 품지 않았습니다. 그는 모든 일이 하나님의 손에서 왔음을 받아들였고, 기꺼이 감당했습니다. 그래서 보복하지 않고 오히려 용서하며 형제들을 품었습니다.

또한 섭리에 대한 신앙이 있었기에 자신의 사명을 분명히 인식하고 감당할 수 있었습니다. 요셉은 총리 자리를 출세의 길로 여기지 않았습니다. 많은 이들이 요셉의 꿈이 성취되어 형들이 그에게 절했다는 사실에 주목합니다. 실제로 형들뿐 아니라 세상 모든 사람들이 요셉 앞에 와서 절했습니다. 그러나 더 중요한 것은 그가 그 지위를 통해 무엇을 했느냐입니다. 신자의 목표는 높은 자리에 오르는 것이 아니라, 그 자리를 통해 하나님이 맡겨주신 사명을 감당하는 데 있습니다.

요셉은 자신이 서 있는 자리가 자신의 능력으로 주어진 것이 아님을 알고 있었습니다. 하나님께서 주신 자리임을 믿었기에 지위에 연연하지 않았고, 그 자리에서 하나님의 백성을 구원하고 섬기는 데 온전히 헌신했습니다. 이는 오늘 우리에게도 깊은 교훈이 됩니다. 하나님은 우리를 세상 가운데 미리 보내어 교회를 섬기게 하셨습니다. 이 사명을 감당하는 과정에서 어려움과 피곤함이 찾아오지만, 그때마다 우리를 위해 먼저 오신 예수 그리스도를 바라보아야 합니다. 그분의 섬김으로 우리가 구원을 얻었듯이, 우리의 섬김을 통해 자녀와 이웃도 구원의 은혜를 누리게 될 것입니다.

사도 바울의 권면을 기억합시다. "우리가 선을 행하되 낙심하지 말지니 포기하지 아니하면 때가 이르매 거두리라"(갈 6:9). 하나님의 섭리를 믿고 주님의 교회를 위해 헌신하는 모든 성도들 위에 주님의 은혜와 도우심이 함께하시기를 소망합니다.

IIIIIIIIIIIIIIIIIIIIII

1. 요셉은 "나를 보낸 이는 하나님이시라"고 고백했습니다. 이 말은 요셉이 자신의 고난과 형들의 악행을 어떻게 이해했음을 보여줍니까?
2. 하나님께서 생명을 구원하기 위해 요셉을 총리로 세우셨다는 사실은, 오늘 우리가 맡은 직분이나 자리를 어떻게 감당해야 한다는 교훈을 줍니까?
3. 도저히 용서하기 어려운 사람이나 이해하기 힘든 상황을 만날 때, 우리는 그것을 요셉의 고백처럼 어떻게 믿음으로 받아들이고 극복할 수 있을까요?

브엘세바에서 받은 약속
"너와 함께 애굽으로 내려가겠다"

창세기 46:1-34

베냐민과 함께 모든 아들을 애굽으로 보내고 나서 야곱의 마음은 어땠을까요? 아마도 막내아들의 안부가 걱정되어 밤잠을 설쳤을 것입니다. 휴대폰도 없던 시대에 애굽에서 무슨 일이 일어나고 있는지 알 길이 전혀 없었습니다. 시간이 흘러 마침내 아들들이 돌아왔습니다. 무엇보다 베냐민이 무사히 돌아왔습니다. 시므온이 인질로 남았던 첫 번째 방문과 달리, 이번에는 모두가 함께 돌아왔으니 야곱의 기쁨이 얼마나 컸을까요?

짐을 풀고 난 후, 아들들은 애굽에서 있었던 놀라운 일을 전합니다. 누가 먼저 입을 열었는지는 알 수 없지만, 분명 신중하게 말을 꺼냈을 것입니다. 이런 대화가 오갔는지도 모릅니다.

"아버지, 드릴 말씀이 있습니다."

"그래, 말해 보아라."

"저… 뭐라고 말씀드려야 할지… 요셉이… 살아 있습니다."

"뭐라고?"

요셉이 살아 있으며 더구나 애굽의 총리가 되었다는 말을 듣자 야곱은 처음에는 믿지 못했습니다. 히브리어 원문의 뉘앙스는 마치 심장이 멎을 만큼 큰 충격을 받았다는 뜻입니다. 그러나 아들들이 요셉의 말을 전하고, 바로가 보낸 수레를 직접 보고 나서 야곱은 그 말이 사실임을 확신했습니다(창 45:27). 기운을 되찾은 야곱은 이렇게 고백합니다. "족하도다. 내 아들 요셉이 지금까지 살아 있으니 내가 죽기 전에 가서 그를 보리라." 야곱은 더 이상 바랄 것이 없을 만큼 기쁨과 소망으로 충만했습니다.

이것이 창세기 46장의 배경입니다. 46장에서는 야곱의 온 가족이 애굽으로 이주하는 장면이 펼쳐집니다. 야곱은 요셉과 바로의 공식 초청을 받아 애굽으로 이주하게 됩니다. 단순한 방문이 아니라 영구적인 이주입니다.

그렇다면 야곱은 어떤 마음으로 애굽행을 결정했을까요? 단지 아들 요셉이 보고 싶어서였을까요? 그렇다면 잠시 다녀와도 되었을 것입니다. 혹은 아들이 애굽의 총리가 되었으니 그 권세에 기대어 편히 살고자 했던 것일까요? 그렇지 않습니다. 야곱은 이 초청이 하나님의 뜻이라 확신했습니다.

그러나 여기에는 의문이 따릅니다. 가나안 땅을 후손에게 주겠다는 하나님의 약속은 어떻게 되는 것일까요? 과거에 이삭이 기근을 피해 애굽으로 가려 했을 때는 하나님께서 막으셨는데, 지금은 왜 허락하시는 것일까요? 창세기 46장은 바로 이 질문에 분명한 답을 제시합니다.

브엘세바(맹세의 우물)

야곱은 온 가족과 모든 소유를 이끌고 애굽으로 향하는 길에 브엘세바에 이르렀습니다. 그곳은 지리적으로도, 신앙적으로도 매우 중요한 자리였습니다. 보통 이스라엘의 경계를 "단에서 브엘세바까지"라 표현하는데, 우리 식으로 치면 "백두에서 한라까지"라는 말과 같습니다. 브엘세바는 가나안 땅의 최남단 경계로, 그 아래로는 광야가 이어지고 그 끝에는 애굽이 있었습니다. 야곱은 이제 가나안을 떠나기 전, 마지막으로 하나님께 제사를 드리기 위해 이곳에 제단을 쌓았습니다.

브엘세바는 족장 시대의 중심 성소와 같은 곳이었습니다. 아브라함도 이삭도 이곳에서 제단을 쌓고 하나님의 이름을 불렀습니다. 창세기 21장에 따르면, 아브라함은 블레셋 왕 아비멜렉과 우물을 두고 다툰 뒤 서로 맹세하며 평화의 언약을 맺었습니다. 그때 이곳을 '브엘세바', 곧 '맹세의 우물'이라 불렀습니다. 그는 이곳에 에셀나무를 심고 "영원하신 하나님 여호와의 이름"을 불렀습니다(창 21:23). 나무는 성소의 표식이었습니다.

이삭에게도 브엘세바는 특별한 곳이었습니다. 창세기 26장에서 하나님께서 그에게 나타나 복을 약속하셨고, 이삭은 제단을 쌓아 여호와의 이름을 불렀습니다. 장막을 치고 그곳에 머물며 종들이 우물을 팠습니다. 물은 하나님의 임재와 생명의 상징이었습니다. 에덴동산에도 강이 흘렀고, 에스겔 47장에서는 성전에서 흘러나온 물이 큰 강이 되었으며, 요한계시록에도 생명수 강이 흐르는 장면이 등장합니다.

야곱에게도 브엘세바는 낯설지 않았습니다. 창세기 28장에 따르면, 그는 젊은 시절 형 에서를 피해 하란으로 도망칠 때 바로 이곳을 출발지로 삼았습니다. 그때 나이가 약 70세였고, 지금 애굽으로 내려가는 나이는 130세입니다. 무려 60년 만에 다시 그 자리에 서게 된 것입니다. 그는 제사를 드리며 아마도 그 시절을 떠올렸을 것입니다. 60년 전에는 목숨을 건 도망길이었지만, 지금은 온 가족과 함께 하나님의 인도하심 속에서 이주하는 길입니다.

야곱은 할아버지 아브라함이 심었던 에셀나무를 다시 보았는지도 모릅니다. 아브라함과 이삭이 쌓았던 제단이 남아 있었다면 그 단을 그대로 사용했을 가능성도 있습니다. 창세기 46장 1절은 이렇게 기록합니다. "이스라엘이 모든 소유를 이끌고 떠나 브엘세바에 이르러 그의 아버지 이삭의 하나님께 희생제사를 드리니."

만약 제단이 훼손되었다면, 그는 새로 돌을 쌓아 제단을 만들었을 것입니다. 기계도 없는 시대에 큰 돌을 쌓아 단을 세운다는 것은 결코 쉬운 일이 아닙니다. 그러므로 '희생 제사를 드렸다'는 표현은 오늘날 우리가 흔히 말하는 '예배를 드렸다'보다 훨씬 더 적극적이고 헌신적인 행위를 말합니다.

하나님의 현현

야곱이 브엘세바에서 희생 제사를 드린 직후, 하나님께서 이상 중에 그에게 나타나셨습니다. 창세기 35장에서 벧엘에서 임하신 이후 오랜만의 현현이며, 동시에 창세기에서 기록된 마지막 출현입니다. 따라서 우리는 오늘 본문에서 창세기의 결론을 이루는 하나님의 마지막 말씀을 듣고 있는 셈입니다.

하나님은 밤중에 "야곱아, 야곱아" 하고 그의 이름을 두 번 부르십니다(2절). 이에 야곱은 "내가 여기 있나이다"라고 응답합니다. 하나님은 자신을 "나는 하나님, 곧 네 아버지의 하나님"이라고 소개하십니다. 여기서 '아버지'는 단순히 이삭만이 아니라 아브라함까지 포함하는 언약의 계보를 가리킵니다. 야곱이 섬긴 하나님은 역사 속에서 언약을 맺고 동행하시는 하나님이십니다. 우리가 섬기는 하나님도 마찬가지입니다. 나와 동떨어져 있는 막연한 '신'이 아니라, 예수 그리스도를 통해 우리 죄를 짊어지고 우리를 구원하신 삼위일체 하나님이십니다. 우리는 이 하나님을 믿고 있습니다.

그 언약의 하나님께서 야곱에게 말씀하십니다. "애굽으로 내려가기를 두려워하지 말라"(3절). 이 말씀은 야곱이 실제로 두려워하고 있었음을 전제합니다. 사람들은 "아들이 애굽의 총리인데 무엇이 두렵겠는가?"라고 생각할 수도 있습니다. 그러나 야곱의 두려움은 단순히 현실적인 문제가 아니라 신앙적인 불안에서 비롯된 것이었습니다. 하나님께서 가나안을 그의 후손에게 주겠다고 약속하셨는데, 온 가족이 그 땅을 떠난다면 그 약속은 어떻게 되는지 염려했던 것입니다.

이에 하나님은 새로운 약속을 주십니다. "내가 거기서 너로 큰 민족을 이루게 하리라"(3절). 가나안 땅을 차지하기 위해서는 먼저 이스라엘이 큰 민족이 되어야 합니다. 그런데 약속 성취의 장소가 반드시 가나안일 필요는 없었습니다. 오히려 하나님은 애굽이라는 이방 땅에서 그 일을 이루려 하셨습니다.

인간적인 눈으로 볼 때, 절대 군주가 다스리는 강력한 제국 안에서 어떻게 다른 민족이 성장할 수 있을까 의문이 들 수 있습니다. 그러나 하나님은 바로 그런 환경 속에서 약속을 이루실 것입니다. 이는 이미 아브라함과 언약을 맺을 때 언급하신 내용입니다. "너는 반드시 알라. 네 자손이 이방에서 객이 되어 그들을 섬기겠고 그들은 사백 년 동안 네 자손을 괴롭히리니, 그들이 섬기는 나라를 내가 징벌할지며 그 후에 네 자손이 큰 재물을 이끌고 나오리라"(창 15:13-14).

그때는 그 나라가 어디인지 명시되지 않았지만, 이제 하나님께서 그 나라가 애굽임을 계시하신 것입니다. 그 계시를 통해 하나님의 나라를 세우려는 계획이 한층 더 구체화됩니다. 이제 야곱은 애굽이라는 이방 제국 한복판에서 하나님의 나라를 이루는 사명을 부여받았습니다. 실로 막중한 사명입니다. 그러나 하나님은 야곱이 이 일을 혼자 감당하도록 두지 않고 이렇게 약속하십니다.

내가 너와 함께 애굽으로 내려가겠고 반드시 너를 인도하여 다시
올라올 것이며(4절).

여기서 '너'라는 표현은 단지 야곱 개인만을 가리키는 것이 아니
라 그의 후손, 곧 이스라엘 전체를 포함합니다. "요셉이 그의 손으로
네 눈을 감기리라"는 말씀이 곧바로 이어지는 것을 보면 알 수 있습
니다. 이는 야곱이 애굽에서 평안히 죽음을 맞이하게 될 것임을 의
미합니다. 이 말씀은 두려움에 사로잡혀 있던 야곱에게 큰 위로와
확신을 주었을 것입니다.

야곱의 순종

브엘세바에서 하나님의 말씀을 들은 야곱은 더 이상 머뭇거리지 않
았습니다. 그는 믿음으로 모든 가족과 소유를 이끌고 애굽으로 향
했습니다. 아들들은 바로가 보낸 수레에 아버지와 처자들을 태웠
고, 야곱의 온 집안이 이주를 시작했습니다.

창세기 46장 6-7절은 이 여정이 단순한 방문이 아니라 인생 전체
를 옮기는 대이동이었음을 보여줍니다. 가축과 재산까지 모두 가져
갔으며, 아들들과 손자들, 딸들과 손녀들, 곧 모든 자손이 함께 애굽
으로 내려갔습니다. 야곱은 말년에 자신의 모든 것을 걸고 애굽으

로 향한 셈입니다. 만약 일이 잘못된다면, 그는 전부를 잃을 수도 있었습니다.

이 장면은 과거의 야곱과 대비됩니다. 에서를 만나기 전, 그는 위험을 분산시키기 위해 재산과 가족을 두 무리로 나누고, 자신은 홀로 얍복강 나루에 남아 살아남을 궁리를 했습니다. 그러나 이제는 그렇게 하지 않습니다. 하나님의 약속을 확신하기 때문입니다.

8절 이하에는 또 하나의 긴 명단이 이어집니다. 족보 형식의 이런 명단은 오늘날 독자에게는 다소 지루하게 느껴질 수 있으나, 성경의 저자는 분명한 목적을 가지고 기록했습니다. 7절에서 "야곱이 그 아들들과 손자들과 딸들과 손녀들 곧 그의 모든 자손을 데리고 애굽으로 갔더라"고 총괄적으로 진술한 뒤, 8절 이하에서는 그 이름을 일일이 열거함으로써 단 한 사람도 빠짐없이 애굽으로 이주했음을 강조합니다.

27절은 이렇게 요약합니다. "야곱의 집 사람으로 애굽에 이른 자가 모두 칠십 명이었더라." '칠십'은 7×10으로, 성경에서 충만과 완전을 상징하는 수입니다. 창세기 10장에 기록된 노아의 자손도 70명이었고, 야곱이 죽었을 때 애굽 사람들이 애곡한 기간도 70일이었습니다(창 50:3). 또한 요셉이 가나안에 있었던 17년과 야곱이 애굽에서 살게 될 17년은 서로 대응하며 하나님께서 세밀하게 다스리시는 섭리를 드러냅니다.

애굽으로 가기를 주저하던 야곱에게 하나님은 약속하셨습니다. "내가 너와 함께 애굽으로 내려가겠다. 그리고 너를 반드시 다시 데리고 올라오겠다." 이 임마누엘의 약속은 오늘 우리 신자들에게도 깊은 위로와 확신을 줍니다. 그러나 이 약속을 단순히 "무슨 일을 해도 하나님은 우리와 함께하신다", 또는 "하나님은 어디에나 계신다"는 일반론으로 축소해서는 안 됩니다.

하나님께서 야곱에게 주신 약속은 애굽으로 가는 여정에 함께하시며, 그곳에서 뜻대로 큰 민족을 이루시겠다는 것이었습니다. 강력한 애굽 제국의 통치 아래서도 하나님은 자신의 나라를 세우는 일에 순종하는 백성과 함께하실 것입니다. 하나님은 어디에나 계시지만, 특별히 자신의 약속을 이루는 자리에서 그분의 백성과 더욱 친밀히 동행하십니다.

오늘 우리는 가나안이 아닌 대한민국이라는 현실 속에서 작은 교회를 세우고, 자녀들을 신앙 안에서 양육하는 사명을 감당하고 있습니다. 도전이 크지만, 그 사명을 위해 나아갈 때 하나님께서 반드시 함께하십니다. 예수님도 "모든 민족을 제자로 삼으라"고 명하시며, 그 사명을 행하는 자들과 세상 끝 날까지 함께하겠다고 약속하셨습니다(마 28:19-20).

이 약속 앞에서 우리는 어떻게 응답해야 할까요? 야곱처럼 믿음으로 순종해야 합니다. 자녀와 삶, 모든 것을 주님께 맡길 때 하나님

은 우리의 믿음을 사용하여 우리를 하나님의 나라를 세우는 도구
로 삼으실 것입니다. 임마누엘의 약속이 모든 성도의 삶에 충만히
임하기를 기도합니다.

IIIIIIIIIIIIIIIIIIII

1. 야곱이 브엘세바에서 제사를 드린 이유와 그 의미는 무엇입니까?

2. 하나님께서 브엘세바에서 야곱에게 "애굽으로 내려가기를 두려워하지 말라"고 말씀하신
   이유는 무엇입니까? 그 약속에는 어떤 뜻이 담겨 있습니까?

3. 하나님의 임마누엘 약속을 붙잡고, 오늘 우리의 가정과 교회 안에서 어떤 방식으로 구체
   적으로 순종하며 헌신할 수 있을까요?

고센 땅에서 번성한 이스라엘
"야곱이 바로에게 축복하매"

창세기 46:28-47:31

창세기 46장 전반부에서 우리는 브엘세바에서 하나님의 인도를 받은 후, 가족 모두를 이끌고 애굽으로 향하는 야곱을 보았습니다. 47장에서는 그 가족이 고센 땅에 정착하는 장면을 보게 됩니다.

앞서 하나님은 야곱에게 이렇게 약속하셨습니다. "내가 거기서 너로 큰 민족을 이루게 하리라. 내가 너와 함께 애굽으로 내려가겠고 반드시 너를 인도하여 다시 올라올 것이며 요셉이 그의 손으로 네 눈을 감기리라 하셨더라"(창 46:3-4). 야곱은 이 약속을 믿고 길을 떠났습니다. 현실적으로 보장된 것은 아무것도 없었습니다. 약속은 있었지만, 구체적 조건이나 기반은 전혀 보장되어 있지 않았습니다.

야곱의 가족에게 유일한 희망은 요셉이 애굽의 총리라는 사실뿐이었습니다. 그러나 70여 명에 불과한 작은 가족 공동체가 거대한 애굽 제국, 바로라는 절대 군주의 통치 아래에 들어가야 했습니다. 이 상황이 실감 나지 않는다면 이렇게 상상해보십시오. 아무 연고도 없는 집성촌에 귀농한다고 말입니다. 그곳 사람들이 쉽게 받아들여줄까요? 아니면 어떤 난민 가족이 낯선 나라에 들어왔다고 상상해보십시오. 그들이 이질적인 문화 속에서 자기 정체성을 유지하고 살아가기가 얼마나 어려울까요? 야곱의 가족도 기근을 피해 난민으로 애굽에 들어갔습니다. 그들이 과연 이방 땅에서 하나님의 백성으로서 정체성을 지키며 살아갈 수 있을까요?

우리 교회도 어떤 면에서는 야곱의 가족과 닮아 있습니다. 하나님께서 우리를 이 땅에 세우셨지만, 우리는 대한민국이라는 거대한 자본주의 체제 아래서 살아가고 있습니다. 과연 이런 상황에서 교회가 정체성을 지키며 번성할 수 있을까요? 과연 생존조차 가능할까요? 우리의 자녀들은 물려받은 신앙을 끝까지 지켜낼 수 있을까요? 주일 예배를 드리고 교회 활동에 열심을 내는 것만으로는 교회가 참으로 교회답게 서는 것은 아닙니다.

오늘 본문은 야곱의 가족이 애굽으로 이주한 뒤, 하나님의 백성으로 이방 땅에서 살아가는 법을 보여줍니다. 이를 통해 하나님께서 오늘 우리에게 어떤 삶을 요구하시는지 함께 살펴보겠습니다.

고센 땅에 정착한 야곱의 가족

교회가 존재하는 목적은 단순히 규모와 번성에 있지 않습니다. 크다고 반드시 좋은 교회가 되는 것은 아닙니다. 오늘날 한국에는 세계적으로 손꼽히는 대형 교회들이 적지 않습니다. 그러나 이름만 교회일 뿐 그 안에서 벌어지는 일들은 세상의 기업과 다르지 않은 경우가 많고, 때로는 하나님이 계시지 않은 것처럼 움직이기도 합니다.

이에 비해 야곱과 그의 가족은 애굽이라는 이방 땅에 살면서도 처음부터 하나님의 백성으로서 정체성을 분명히 지켰습니다. 그 비결은 따로 구별된 고센 땅에 정착한 데 있었습니다.

보통 사람들은 중심지를 선호합니다. 미국으로 이민을 간다면 뉴욕이나 LA 같은 대도시를, 국내에서도 수도권을 선호하듯이 말입니다. 그러나 야곱의 가족이 정착한 고센은 애굽의 중심이 아닌 변방 지역이었습니다. 이것은 요셉이 처음부터 의도한 선택이었습니다. 요셉은 이미 창세기 45장 10절에서 형들을 아버지에게 보내면서 "고센 땅에 머물라"고 구체적으로 지시했습니다.

야곱 역시 이 지시를 명확히 기억하고 있었습니다. 그는 유다를 먼저 보내어 가족을 고센으로 이끌게 했습니다. 요셉은 수레를 준비해 아버지를 맞으러 나가, 그토록 그리워하던 아버지를 만났습니다. 두 사람은 서로 끌어안고 오래도록 울었습니다. 야곱은 "지금 죽어도 족하도다"라고 말할 정도로 기쁨을 감추지 않았습니다(창 46:30). 성경은 부자(父子)의 상봉을 간략히 전하지만, 만약 드라마였다면 수차례 재방송될 만큼 감동적인 장면이었을 것입니다.

상봉 이후 요셉은 바로를 설득해 고센 정착을 공식화하려 했습니다. 학자들에 따르면 이 지역은 외국인에게 쉽게 허락되지 않는 곳이었습니다.* 바로는 요셉의 가족을 궁 근처에 두고 애굽 사람처럼 살게 하려 했을 수도 있습니다. 실제로 요셉은 이미 애굽 여인과 결혼해 자녀를 두었으므로 아버지의 가족도 자연스럽게 애굽 문화 속에 흡수될 위험이 있었습니다. 그러나 요셉은 그렇게 되어서는 안 된다고 판단했습니다.

애굽 사람과 이스라엘 백성이 구별되어 살 수 있는 가장 좋은 방법은 서로 다른 산업에 종사하는 것이었습니다. 애굽 사람들은 목축업을 가증히 여겼고(34절), 야곱의 가족은 본래 유목민이었습니다. 요셉은 이 차이를 활용해 가족이 고센에 정착해야 할 당위성을 강조했습니다. 그는 형들과 아버지에게 바로 앞에서 직업을 어떻게 진술해야 할지를 미리 일러주었고, 그들은 요셉의 지시에 따라 정직하게 대답했습니다. 이 모든 과정을 통해 우리는 고센 정착이 우연이 아니라 요셉의 치밀한 준비와 하나님의 섭리 속에 이루어진 일임을 알 수 있습니다.

바로를 축복한 야곱

모든 준비를 마친 요셉은 바로에게 가족이 도착했음을 알리고, 먼저 형제 다섯 명을 인사시켰습니다. 바로가 직업을 묻자 형제들은 요

---

* Brian Alexander McKenzie, "Jacob's Blessing on Pharoah: An Interpretation of Gen 46:31-47:26," *Westminster Theological Journal* (1983), 398.

셉의 지시대로 자신들이 목축업에 종사한다고 대답했습니다. 이어서 기근으로 인해 애굽에 머무를 수밖에 없는 처지를 설명하며, 고센 땅에 거주할 수 있도록 요청했습니다. 바로는 이를 허락했을 뿐 아니라 능력 있는 자들을 선별해 자신의 가축까지 관리하게 하라고 명령했습니다.

이어서 요셉은 야곱을 바로 앞에 세웠습니다. 그 순간 가장 의미 있는 사건이 일어났습니다. 야곱이 바로를 축복한 것입니다. 성경은 이 축복 장면을 두 번이나 기록하며(창 47:7, 10), 만남의 시작과 끝에 배치하여 그 의미를 강조합니다. 이는 결코 가벼운 행동이 아니었습니다. 당시 바로는 신으로 여겨져 축복을 받는 존재였지, 인간에게 축복을 받는 존재가 아니었기 때문입니다. 그러나 야곱은 두려움 없이 감사와 진심을 담아 바로를 축복했습니다.

이에 바로는 다소 의아해하며 야곱의 나이를 물었습니다. 그러자 야곱은 "내 나그네 길의 세월이 백삼십 년이니이다. 우리 조상의 나그네 길의 연조에 미치지 못하나 험악한 세월을 보내었나이다"라고 대답했습니다. 겸손하게 표현했지만, 아브라함(175세)과 이삭(180세)을 언급함으로써 자신이 선택받은 가문에 속해 있음을 분명히 한 것입니다.

당시 애굽에서 나이는 특별한 의미를 지녔습니다. 장례 풍습인 미라 제작만 보더라도 애굽 사람들이 얼마나 장수를 소망했는지 알 수 있습니다. 당시 최고 기대 수명이 110세였는데, 야곱은 이미 그보다 20년이나 더 살았고, 이후에도 17년을 더 살게 됩니다. 마지막으로 야곱은 다시 한 번 바로를 축복하며, 자신이 하나님께서 세우신 축복의 통로임을 확실히 각인시켰습니다.

야곱이 바로를 축복한 사건은 창세기에서 큰 의미를 지닙니다. 아브라함도 기근을 피해 애굽에 내려갔지만, 그때는 아내를 누이라 속여 바로와 갈등을 빚었고, 결국 하나님의 진노로 많은 재물을 얻은 채 떠나야 했습니다. 그로부터 200여 년이 지난 지금, 하나님께서 아브라함에게 주신 약속이 성취되고 있습니다. "너를 축복하는 자에게는 내가 복을 내리고 너를 저주하는 자에게는 내가 저주하리니 땅의 모든 족속이 너로 말미암아 복을 얻을 것이라 하신지라"(창 12:3).

놀랍게도 바로가 그 약속에 나오는 "땅의 모든 족속"에 포함되었습니다. 약속의 씨를 대적했을 때는 심판을 받았지만, 영접했을 때는 복을 누린 것입니다. 훗날 이스라엘은 바로를 압제자의 모습으로만 기억했지만, 창세기 47장은 그 또한 하나님의 복을 경험한 인물임을 보여줍니다. 면담을 마친 후, 요셉은 바로의 명령대로 고센 땅 중에서도 가장 좋은 땅 라암셋을 가족에게 주었고, 가족 수에 따라 양식을 공급했습니다.

엄청난 복을 받은 바로

야곱을 환대하고 그의 축복을 받은 바로는 이후 엄청난 복을 누리게 됩니다. 창세기 47장 후반부에서 요셉의 통치 정책을 보면 그 사실이 분명히 드러납니다. 하지만 많은 신자들이 이 본문을 읽으며 당혹스러워하기도 합니다. 겉으로 보면 마치 요셉이 기근을 이용해 자기 재산을 불린 것처럼 보이기 때문입니다. 그러나 본문의 의도는 전혀 그렇지 않습니다. 실제로 이익을 얻은 사람은 요셉이 아니라 바로였습니다. 요셉은 자기 재산을 늘리기 위해 관직에 오른 것이 아닙니다. 오히려 그의 지혜로운 통치를 통해 바로가 큰 복을 받았습니다.

기근이 심해지자 요셉은 먼저 곡식을 팔아 애굽과 가나안의 돈을 모두 바로의 금고에 모았습니다. 이런 상황에서 "기근으로 고통받는 백성에게 곡식을 무상으로 나눠 주었어야 하는 것 아니냐"는 윤리적 질문은 본문의 의도와는 거리가 있습니다. 돈이 떨어지자 백성들은 스스로 가축을 내어주고 양식을 받았습니다. 결국 모든 짐승도 바로의 소유가 됩니다. 애굽 사람들은 목축을 몹시 싫어했기에 그 짐승들을 관리하는 일은 자연히 야곱의 가족에게 맡겨졌을 가능성이 큽니다. 이듬해에는 더 이상 내다팔 가축도 없게 되자, 백성들은 땅과 자신들의 몸까지 내어놓으며 양식을 구했습니다. 요셉은 이를 받아들여 토지를 국유화하고, 대신 백성에게 곡식을 공급했습니다. 동시에 경작을 허락하면서 생산물의 20퍼센트를 세금으로 바치도록 했습니다.

오늘날 같았으면 큰 반발이 일어났을 정책이지만, 당시 백성들의 반응은 달랐습니다. "주께서 우리를 살리셨사오니 우리가 주께 은혜를 입고 바로의 종이 되겠나이다"(창 47:25). 요셉의 정책으로 바로는 막대한 경제적 기반과 강력한 왕권을 확보했습니다. 고대 사회에서 기근은 왕조를 흔드는 위기가 되곤 했지만, 애굽의 바로는 오히려 그 시기를 지나며 엄청난 복을 누렸습니다.

애굽이라는 낯선 땅에서 이스라엘 백성은 어떻게 살아갔을까요? 창세기 47장 27절은 이렇게 말합니다. "이스라엘 족속이 애굽 고센 땅에 거주하며 거기서 생업을 얻어 생육하고 번성하였더라."

그 비결은 요셉이 세운 특별한 토지법에 있었습니다. 모든 땅이 바로의 소유가 되었지만, 제사장의 땅만은 예외였습니다(창 47:22, 26). 이는 단순한 행정 조치가 아니라 이스라엘 백성이 애굽에서 어떤 정체성을 지닌 민족으로 살아가게 될지를 보여주는 중요한 단서였습니다.

요셉이 온의 제사장 보디베라의 딸과 결혼한 사실을 기억해야 합니다(창 41:50). 요셉은 애굽에 혈연이 없었기에 제사장 가문에 속했을 가능성이 큽니다. 더 나아가 야곱이 바로를 축복한 사건은 이스라엘이 제사장 가문처럼 여겨졌음을 드러냅니다. 그 결과 그들은 고센 땅에서 애굽 사람들과 구별된 거룩한 공동체로 살아갈 수 있었습니다.

요셉의 지혜로운 통치로 바로는 큰 부를 얻었고, 이스라엘은 애굽 안에서 '제사장 나라'로 살아가게 되었습니다. 이 장면은 베드로전서 2장 9절 말씀을 떠올리게 합니다. "너희는 택하신 족속이요 왕 같은 제사장들이요 거룩한 나라요 그의 소유가 된 백성이니 이는 너희를 어두운 데서 불러내어 그의 기이한 빛에 들어가게 하신 이의 아름다운 덕을 선포하게 하려 하심이라."

사랑하는 성도 여러분, 야곱이 애굽에서 살아갔듯이 오늘 우리도 대한민국이라는 세상에서 살아가고 있습니다. 우리 교회는 작고 연약해 보일 수 있습니다. 과연 이 땅에서 살아남을 수 있을까요? 살아남는다 해도 우리의 정체성을 끝까지 지켜낼 수 있을까요? 나아가 번성할 수 있을까요?

창세기 47장은 이 모든 질문에 분명한 답을 줍니다. 세상은 우리를 환영하지 않을 수도 있습니다. 그러나 동시에 세상은 반드시 우리를 통해 복을 얻게 될 것입니다. 우리는 복의 근원이신 예수 그리스도를 모시고 있으며, 왕 같은 제사장으로 부름받았기 때문입니다. 우리의 사명은 그분의 아름다운 덕을 선포하고 드러내는 것입니다. 이 사명을 삶으로 실천하는 모든 성도 위에 하나님의 도우심과 은혜가 충만하기를 주님의 이름으로 축원합니다.

ııııııııııııııııııı

1. 요셉이 가족을 고센 땅에 정착시킨 이유는 무엇이며, 그 선택은 어떤 전략적 의미를 가집니까?
2. 야곱이 바로를 축복한 사건은 이스라엘이 애굽 안에서 어떤 존재로 인정받았음을 보여줍니까?
3. 오늘날 그리스도인은 세상 속에서 어떻게 '구별된 정체성'을 지키면서 복의 통로로 살아갈 수 있을까요?

야곱의 믿음
"믿음으로 야곱은 죽을 때에"

창세기 48:1-22, 히 11:21

이제 창세기 이야기의 마지막 장면에 도달했습니다. 우리의 예상과 달리 창세기는 하나님의 창조로 시작해 야곱과 요셉의 죽음으로 마무리됩니다. 만약 이것이 영화라면 흥행에 불리할 수도 있고, 어쩌면 다소 '불편한' 결말처럼 보일 수도 있습니다.

그의 삶은 27장부터 50장까지 창세기의 절반 가까이를 차지하며, 이름 그대로 '이스라엘'의 정체성과 역사의 뿌리가 되었습니다. 후반부는 요셉의 이야기가 전개되지만, 그 역시 결국 야곱 이야기의 연장선에서 이해해야 합니다. 지금까지 살펴본 바와 같이 야곱의 인생은 훗날 이스라엘 민족의 역사와 여러 면에서 닮아 있습니다.

야곱은 147년의 파란만장한 생애를 살았습니다. 그는 약속을 받은 믿음의 사람이었습니다. 속이기도 하고 속임을 당하기도 했지만,

끝내 믿음을 저버리지 않았습니다. 그렇다면 야곱의 믿음이 가장 분명히 드러난 순간은 언제였을까요? 아브라함의 경우는 이삭을 번제로 드리려 했던 사건에서 드러났습니다. 많은 이들은 야곱의 경우 '얍복강에서 천사와 씨름하던 사건'을 떠올립니다.

그러나 성경은 야곱의 절정을 다르게 제시합니다. 히브리서 11장 21절은 이렇게 요약합니다. "믿음으로 야곱은 죽을 때에 요셉의 각 아들에게 축복하고 그 지팡이 머리에 의지하여 경배하였으며." '믿음의 장'이라고 불리는 히브리서 11장의 이 구절은 야곱의 수많은 삶의 장면 가운데 죽음을 앞둔 마지막 순간을 믿음의 증거로 보여 줍니다. 만일 신약의 이 증언이 없었다면, 우리는 창세기 48장을 단순한 유언으로만 여기고 지나쳤을지도 모릅니다.

따라서 구약 성경의 깊은 의미를 온전히 이해하려면 신약의 빛 아래서 읽어야 합니다. 오늘 본문은 야곱의 믿음이 가장 선명하게 드러난 장면이며, 동시에 우리에게 깊은 교훈을 주는 말씀입니다.

죽음 앞에서 오히려 믿음이 강해짐

본문은 우리로 하여금 죽음을 진지하게 성찰하게 합니다. 누구도 죽음을 피할 수 없으며, 죽음은 인생의 종착점입니다. 이를 외면하는 것은 인생의 마지막을 준비하지 않는 것과 같습니다. 지혜문학인 잠언도 "지혜자의 마음은 초상집에 있다"(전 7:4)고 말합니다. 죽음으로 끝나는 인생에서 우리는 무엇을 붙들고 살아야 할까요?

창세기는 죽음이 죄로 인해 세상에 들어왔음을 분명히 밝힙니다. 인류의 시조 아담이 하나님의 명령에 불순종했을 때, 모든 사람에게 죽음이 찾아오게 되었습니다(롬 5:19). 누구도 피할 수 없는 죽음 앞에서 우리에게 가장 필요한 것은 무엇일까요?

지금 당장 죽음을 맞이한다고 가정해봅시다. 그때 필요한 것은 재산도, 자녀도, 배우자도 아닙니다. 누구도 나를 대신해 죽을 수 없기 때문입니다. 죽음을 앞둔 인간에게 필요한 것은 오직 '믿음'입니다. 믿음만이 죄와 비참에서 우리를 건져낼 수 있습니다. 이 땅에서 아무리 많은 선행을 했더라도, 믿음이 없다면 오히려 하나님의 진노만 불러일으킬 뿐입니다. 본문은 바로 이 점에서 신자가 죽는 날까지 어떻게 믿음을 지켜야 하는지를 분명히 보여줍니다.

그러나 죽는 날까지 믿음을 지킨다는 것은 결코 쉬운 일이 아닙니다. 어떤 이들은 십자가에 달린 강도처럼 죽기 직전에만 믿으면 된다고 생각합니다(그는 마지막 순간에 예수님을 믿고 구원받았습니다). 하지만 믿음은 하루아침에 생기지 않습니다. 말씀을 읽고, 설교를 듣고, 그 말씀을 따라 살아가는 과정 속에서 유지되고 자라납니다. 믿음은 아무것도 하지 않은 채 기도만 많이 한다고 해서 저절로 강해지지 않습니다.

오히려 나이가 들수록 믿음이 약해지는 경우도 많습니다. 육체의 힘이 빠지면서 하나님보다 사람에게 의지하려 하고, 시야는 좁아지며, 고집은 세져 다른 이들의 말에 귀 기울이지 않게 됩니다. "이제 살 만큼 살았으니 그저 자식들에게 짐만 되지 않으면 된다"며 소극적으로 살아가는 경우도 있습니다.

그러나 야곱은 달랐습니다. 그는 죽음을 앞두고도 적극적인 믿음의 태도를 끝까지 포기하지 않았습니다. 마지막 순간까지 자녀와 손자들에게 축복하며, 지팡이에 의지해 하나님께 경배했습니다. 그 모습 속에서 우리는 참된 믿음의 힘을 보게 됩니다. 늙은 신자들이 후대에게 물려줄 수 있는 가장 귀한 유산은 단순히 인생의 경험이 아니라 믿음의 본입니다. 참된 신자는 삶의 마지막 순간까지 믿음을 붙들고, 그 믿음을 삶으로 증언해야 합니다

예배의 삶

야곱은 죽음을 앞두고 믿음으로 두 가지 일을 했습니다. 하나는 자녀에 대한 축복, 또 하나는 하나님께 드린 예배입니다. 본문은 "이 일 후에"라는 말로 시작합니다. 이는 앞서 창세기 47장에서 요셉이 아버지 야곱에게 엄숙히 맹세했던 일을 가리킵니다.

죽음을 앞둔 야곱은 요셉을 불러 한 가지 중요한 부탁을 했습니다. 자신이 죽은 뒤 애굽에 묻히지 말고, 조상들이 묻힌 가나안 땅에 장사해 달라는 것이었습니다. 이는 단순한 유언이 아니라 하나님의 약속을 굳게 붙드는 믿음의 행위였습니다. 야곱은 브엘세바에서 하나님께서 주셨던 약속, 즉 요셉이 그의 눈을 감겨줄 것이며 후손들이 다시 가나안으로 올라올 것(창 46:4)이라는 말씀을 기억해 이런 요청을 한 것입니다.

요셉은 아버지의 요청을 받아들였지만, 야곱은 거기서 그치지 않고 엄숙한 맹세를 요구했습니다. 그는 아브라함이 종에게 이삭의 아내를 구해 오도록 맹세시켰던 방식을 그대로 사용했습니다(창 24장). 곧 허벅지 밑에 손을 얹는 엄숙한 서약 방식이었습니다. 현대인에게는 다소 낯설고 이해하기 어려운 풍습이지만, 이 맹세에는 "무슨 일이 있어도 반드시 지키겠다"는 결연한 의지가 담겨 있었습니다.

야곱은 자신이 애굽에 묻혀서는 안 된다고 확신했습니다. 그는 브엘세바에서 하나님께서 약속하신 말씀, 곧 그의 자손이 크게 번성할 것이라는 약속을 애굽에서 17년 동안 지켜보며 확인했습니다. 또 하나님께서 "반드시 너를 인도하여 다시 올라올 것"이라고 약속하신 것도 기억했습니다(창 46:4). 비록 그 말씀은 훗날 400년 뒤 출애굽을 가리키지만, 야곱은 자신의 장례를 통해서라도 그 약속이 이루어져야 한다고 믿었습니다.

요셉이 엄숙히 맹세하자 야곱은 비로소 안심하며 하나님께 예배를 드렸습니다. 창세기 47장 31절은 "이스라엘이 침상 머리에서 경배하니라"고 기록합니다.* 그는 얍복강 사건 이후 평생 다리를 저는 장애인으로 살아왔습니다. 죽음을 앞둔 노쇠한 몸으로 경배하기란 결코 쉽지 않았을 것입니다. 그러나 그는 하나님의 약속을 확신했기에

---

* 히브리서는 이 장면을 "지팡이 머리에 의지하여 경배하였다"(히 11:21)고 전한다. 이는 히브리어 성경의 '침상'을 70인역(LXX)이 철자가 유사한 '지팡이'로 옮긴 데서 비롯된 차이다. 히브리어 성경은 자음만 기록되므로 모음 표기에 따라 해석이 달라질 수 있다. 따라서 야곱이 침상 머리에 기대어 경배했다는 해석과 지팡이에 의지해 경배했다는 해석 모두 의미가 있다.

감사로 경배를 드렸습니다. 믿음으로 드리는 예배야말로 연로한 성도가 자녀와 후대에게 남길 수 있는 가장 귀한 본이며 참된 신자의 길입니다.

요셉의 자녀들에 대한 축복

창세기의 마지막은 야곱의 죽음으로 끝나지만, 그 죽음은 슬픔보다 기쁨으로 가득 차 있습니다. 야곱의 생애 마지막은 세 번의 축복으로 채워졌기 때문입니다. 그는 먼저 애굽의 왕 바로를 축복했고(창 47장), 이어서 요셉의 두 아들을 축복했으며(창 48장), 마지막으로 자신의 열두 아들에게 축복을 남겼습니다(창 49장). 그중에서도 므낫세와 에브라임에 대한 축복은 특별한 의미를 지닙니다.

야곱이 병들었다는 소식을 들은 요셉은 두 아들을 데리고 아버지를 찾아갔습니다. 아버지가 돌아가시기 전에 자녀들이 축복을 받게 하려는 것이었습니다. 소식을 들은 야곱은 힘을 내어 침상에 앉습니다(2절). 그는 이미 시력이 흐려져 자식들의 얼굴조차 알아보기 힘든 상태였지만, 마지막 순간에 자신이 해야 할 일을 분명히 알고 있었습니다.

야곱은 먼저 요셉에게 자신이 만났던 하나님을 증언했습니다. 특히 벧엘(루스)에서 복을 주셨던 하나님을 기억하며 고백했습니다. 이는 노년에 이른 성도들에게 본이 됩니다. 인생의 마지막 순간까지 감당해야 할 사명은 평생 체험해온 하나님의 은혜를 자녀들과 후손에게 증언하는 일입니다. 야곱은 하나님의 언약을 직접 들었고, 그 말씀을 생생히 기억하고 있었습니다. 우리 역시 성경 말씀을 통해 알게 된 하나님을 자녀와 손자들에게 증언해야 할 책임이 있습니다.

이후 야곱은 요셉의 두 아들, 애굽 여인에게서 난 므낫세와 에브라임을 자신의 아들로 입양합니다. 이는 요셉이 장자의 권리를 받는다는 의미였습니다. 구약 시대 장자는 유산의 두 몫을 받았는데, 요셉은 두 아들을 통해 그 권리를 누리게 된 것입니다. 주목할 점은 야곱이 강조하듯이 이 아들들이 애굽 여인에게서 태어난 자들이라는 사실입니다. 다시 말해, 이방인의 피가 섞인 자녀들이었습니다. 그럼에도 야곱은 그들을 이스라엘 공동체의 온전한 기업 안으로 받아들였습니다.

요셉은 두 아들을 아버지 앞에 세우며 장자인 므낫세를 야곱의 오른손 쪽에, 차자인 에브라임을 왼손 쪽에 두었습니다. 그러나 야곱은 손을 교차시켜 오른손을 에브라임 위에, 왼손을 므낫세 위에 얹었습니다. 그는 먼저 요셉을 축복한 뒤 두 아들에게 축복을 전했습니다. 이것은 단순한 실수가 아니라 의도된 행동이었습니다. 요셉이 이를 바로잡으려 했으나, 야곱은 오히려 에브라임이 더 큰 민족을 이룰 것이라고 예언했습니다.

창세기의 일관된 주제, "먼저 된 자로서 나중 되고 나중 된 자로서 먼저 될 자가 많다"(마 19:30)는 원리가 이 장면에서도 반복되고 있습니다.* 야곱이 이렇게 한 이유는 정확히 알 수 없지만, 히브리서 기자는 이것이 믿음의 행위였다고 증언합니다(히 11:21). 실제로 훗날 에브라임은 북이스라엘을 대표하는 중심 지파가 되었습니다.

✦

야곱의 마지막을 다시 떠올려봅시다. 인생의 끝자락에서 우리는 어떻게 살아야 할까요? 나이가 들면 할 수 있는 것이 기도밖에 없으니 야곱처럼 자녀를 위해 기도하는 것으로 충분할까요? 물론 기도는 소중하고 필요한 일입니다. 그러나 야곱의 삶을 보면, 그는 단순히 기도만 한 것이 아니었습니다. 우리는 마지막 순간까지 믿음으로 살아야 합니다. 나이 들어 연약해질수록 더욱 믿음의 용사가 되어, 그 삶으로 후대에게 본을 보여야 합니다.

그러나 이것은 결코 쉬운 일이 아닙니다. 은퇴 후 많은 사람들이 돈과 건강을 최고의 가치로 여기지만, 결국 언젠가는 그 모든 것이 무너집니다. 그 순간에도 우리를 붙드는 것은 오직 그리스도에 대한 믿음뿐입니다. 참된 믿음은 죽을 때까지 변하지 않습니다. 오히려 더 생생하게 살아 움직입니다. 우리의 믿음이 끝까지 유지되는 것은 우리가 하나님을 붙잡고 있기 때문이 아니라, 성령께서 말씀으로 우

---

* 이 원리는 성경 전체에서 반복된다. 가인보다 아벨의 제사가 받아들여졌고(창 4장), 장자 에서가 아닌 야곱이 언약을 계승했으며(창 25장), 쌍둥이 중 베레스가 세라보다 먼저 태를 열었다(창 38장).

리를 붙들고 계시기 때문입니다. 이 점에서 우리는 성도의 견인 교리가 얼마나 중요한지를 새삼 깨닫게 됩니다.

야곱은 죽음을 앞두고도 믿음으로 살았습니다. 그는 믿음으로 하나님을 예배했고, 믿음으로 하나님을 증언했으며, 믿음으로 자녀들을 축복했습니다. 이와 같은 야곱의 믿음이 오늘 우리 모두의 믿음이 되기를 소망합니다. 하나님께서 우리를 끝까지 지키시며, 믿음의 경주를 마칠 때 마침내 예비하신 상을 허락하실 것입니다.

‖‖‖‖‖‖‖‖‖‖‖‖‖‖‖‖‖‖

1. 히브리서 11장 21절이 야곱의 긴 생애 중 특별히 '죽을 때'의 모습을 믿음의 증거로 제시한 이유는 무엇입니까?
2. 야곱이 므낫세와 에브라임을 축복하면서 손을 교차한 사건은 어떤 신학적 의미를 담고 있습니까?
3. "나이 들어 연약해질수록 더욱 믿음의 용사가 되어야 한다"는 교훈을 우리의 현실 속에서 어떻게 구체적으로 실천할 수 있을까요?

야곱의 유언
"너희는 모여 들으라"

창세기 49:1-33

창세기 49장은 믿음의 족장 야곱의 마지막 날을 기록합니다. 우리 역시 언젠가는 인생의 마지막 순간을 맞이하게 될 것입니다. 그날 야곱은 자녀들을 불러 마지막 말을 전하고 침상에서 생을 마감했습니다. 인생의 끝에 남기는 마지막 말, 곧 유언은 그 사람의 삶을 응축한 가장 중요한 메시지이기에 자녀들에게 깊은 영향을 끼치게 됩니다.

여러분이라면 지금 떠나기 직전, 자녀들에게 어떤 말을 남기시겠습니까? 특히 자녀들에게 무엇을 전하고 싶습니까? 또 자녀들은 인생을 먼저 떠나는 부모에게 어떤 말을 듣고 싶을까요? 사람마다 다르겠지만 일반적으로 마지막 순간에는 위로와 격려의 말을 남기려 할 것입니다. 혹시 자녀들에게 서운한 점이 있더라도 용서하고, 그저 잘 살아가라고 격려하는 것이 보통입니다. 인생의 끝에서 자녀를 혼내고 가는 부모는 흔치 않습니다.

이런 점에서 야곱의 유언은 매우 이례적입니다. 그는 자녀들에게 축복의 말을 전하면서도 그들의 과거 잘못을 지적했습니다. 한국인의 정서로는 다소 낯설게 느껴질 수 있습니다. 그러나 야곱은 단지 한 사람의 아버지로서 유언을 남긴 것이 아닙니다. 그는 하나님의 계시를 받은 자요, 언약을 이어받은 선지자였습니다. 이런 정체성을 알아야 야곱의 유언을 제대로 이해할 수 있습니다.

구약에서 하나님은 아브라함의 하나님, 이삭의 하나님, 야곱의 하나님으로 불렸습니다. 이는 하나님이 막연한 존재가 아니라 역사 속에서 구체적으로 자신을 계시하신 분임을 보여줍니다. 야곱은 자신이 하나님 앞에서 특별한 부르심을 받았다는 사실을 분명히 인식했습니다. 그는 하나님으로부터 계시를 받은 선지자였고, 선지자로서 자녀들에게 "후일에 당할 일"을 선포했습니다(1절). 야곱은 인생의 마지막 순간까지 선지자의 사명을 소홀히 하지 않았습니다.

교회의 존재 이유

야곱은 죽음을 앞두고 아들들을 불러 모았습니다. 이는 단순한 가족 모임이 아니라 훗날 이스라엘의 12지파를 이루게 될 아들들에게 공적 선언을 하기 위한 자리였습니다. 이 장면은 '교회'의 원형으로 볼 수 있습니다. 교회는 히브리어로 '카할', 헬라어로는 '에클레시아'

라고 합니다. 이 단어는 기본적으로 '부름을 받은 자들의 모임'을 뜻합니다. 사람들이 자발적으로 모인 것은 그저 집회일 뿐이지 '교회'라고 하지 않습니다. 교회는 하나님의 부르심에서 시작됩니다. '부르심'이야말로 교회의 성격을 분명히 보여줍니다. 이 때문에 교회는 인간의 모임이면서도 신적 특성을 지닌 공동체가 됩니다.

하나님은 언제나 자신의 종을 통해 백성을 부르셨습니다. 때로는 직접 부르시기도 했지만, 대부분은 선지자와 같은 하나님의 종을 통해 부르셨습니다. 모세를 통해 여호와의 총회를 소집하신 것이 대표적인 예입니다. 야곱 역시 하나님의 종으로서 자신의 아들들, 곧 이스라엘의 공동체를 불러 모았습니다. 본문도 "모이라"는 명령을 두 차례나 강조하고 있습니다(1, 2절).

그렇다면 하나님께서 왜 자기 백성을 부르시는 것일까요? 이유는 분명합니다. 말씀을 전하기 위함입니다. 하나님의 부르심에는 반드시 목적이 있습니다.

저의 군 복무 시절을 돌아보면 가장 짜증나는 일 중 하나가 사단장이 온다고 해서 온갖 준비를 다 했는데, 정작 예정된 시간에 취소 연락이 오는 경우였습니다. 아마 남자 성도들 중에도 비슷한 경험을 해보신 분들이 있을 것입니다. 하나님은 그런 식으로 허투루 사람을 부르시는 분이 아닙니다. 하나님의 부르심에는 언제나 '말씀'이라는 확실한 목적이 있습니다.

따라서 모인 백성의 첫 번째 책무는 '듣는 것'입니다. 본문에서도 야곱은 자녀들에게 두 차례 "들으라"고 명령합니다(2절). 교회가 모이는 가장 중요한 이유도 여기에 있습니다. 하나님은 말씀을 전하기 위해 모이게 하시고, 우리는 그 뜻을 듣기 위해 모입니다. 교회는 선포와 들음으로 교제가 이루어지는 하나님의 공동체입니다.

오늘날 교회가 힘을 잃고 있는 이유는 바로 이 본질이 위협받고 있기 때문입니다. 우리는 왜 교회에 모입니까? 가장 핵심적인 이유는 말씀을 듣기 위함입니다. 그러나 많은 교회에서 이 본질이 점점 흐려지고 있습니다. 말씀 외적인 요소들이 점점 더 큰 자리를 차지하기 시작한 것입니다. 특히 교회의 규모가 클수록 이런 경향은 두드러집니다. 물론 교회의 성장은 기뻐할 일입니다. 우리 교회도 계속 자라가야 합니다. 그러나 그로 인해 말씀이 중심에 서지 못한다면, 교회는 곧 자기 정체성을 잃게 될 것입니다. 그러므로 우리는 늘 말씀 앞에 서서 교회의 존재 목적을 잊지 않고 스스로를 돌아보아야 합니다.

복과 책망

야곱은 자녀들이 모두 모인 자리에서 말씀 사역을 시작했습니다. 이는 앞으로 이스라엘의 12지파가 감당해야 할 삶의 방향을 보여주는 일이었습니다. 창세기 49장 28절은 이렇게 말합니다. "이와 같이 그들의 아버지가 그들에게 말하고 그들에게 축복하였으니 곧 그들 각 사람의 분량대로 축복하였더라." 여기서 우리는 중요한 사실을 배웁니다. 축복은 막연히 "잘돼라"고 비는 말이 아니라 각 사람의 분량과 삶의 상태에 맞게 주어지는 말씀이라는 점입니다.

야곱의 유언은 축복으로만 채워져 있지 않았습니다. 많은 부분이 경고와 책망으로 이루어져 있습니다. 이것은 무엇을 의미할까요? 야곱의 유언이 기본적으로 설교 사역이었음을 보여줍니다. 그는 마지막 순간까지 하나님의 말씀을 온전히 선포하는 데 힘을 다했습니다. 자녀들을 축복하면서도 동시에 책망하며 하나님의 언약 백성으로서 바른 길을 걷도록 권면한 것입니다.

그렇다면 복이란 무조건 많고 크면 좋은 것일까요? 예를 들어, 자녀에게 많은 유산을 물려주는 것이 반드시 복이 될까요? 자녀가 그것을 잘 관리하고 선하게 사용할 수 있다면 복이 되겠지만, 그렇지 않다면 오히려 독이 될 것입니다. 자녀를 망치는 지름길은 그가 원하는 것을 다 해주는 것입니다. 이런 점에서, 야곱이 르우벤과 시므온, 레위에게 남긴 경고 역시 하나님의 축복 방식이라 할 수 있습니다. 만일 그들이 장자라는 이유만으로 아무 조건 없이 축복을 받았다면, 그것은 오히려 이스라엘 전체에 큰 화가 되었을 것입니다.

이 같은 원리는 오늘날 교회에도 적용됩니다. 한국 교회의 심각한 문제 중 하나가 기복신앙입니다. 수많은 강단에서 "복 받으라"는 설교가 쏟아집니다. 왜일까요? 성도들이 그런 설교를 좋아하기 때문입니다. 대중의 기호에 맞춘 목회자들과 기복신앙이 결합하면서 강단은 오염되고 교회는 점점 힘을 잃어가고 있습니다.

여러분은 어떤 말씀을 듣고 싶으십니까? 복에 관한 이야기만 듣고 싶다면 잘못된 자리에 와 있는 것입니다. 교회는 세상적인 복만을 전하는 곳이 아닙니다. 교회는 하나님의 축복뿐 아니라 회개와 경고의 말씀도 가감 없이 선포되어야 하는 자리입니다.

오늘날 강단에서 회개와 경고를 선포하는 일이 점점 어려워지고 있습니다. 목회자가 자신을 하나님의 종으로 확신하지 못하면, 결국 사람들의 눈치를 보게 됩니다. 교회 성장을 미끼로 다가오는 유혹이 늘 앞을 가로막기 때문입니다. 세속적인 복을 포장해 교회를 키울 수 있다는 달콤한 유혹 앞에서 과연 단호히 거절할 수 있는 목회자가 얼마나 될까요? 그러므로 우리 교회는 언제나 하나님의 말씀이 순수하게 전파되고 있는지를 돌아보아야 합니다.

각 지파를 향한 말씀

르우벤은 야곱의 장자였으며 그의 능력이자 기력의 시작이었습니다. 그러나 그는 영광스러운 장자권을 박탈당했습니다. 그 이유는 아버지의 첩 빌하와 부적절한 관계를 맺었기 때문입니다. 야곱은 이 일을 가리켜 "내 침상을 더럽혔다"고 책망했습니다. 침상은 부부가 은밀한 사랑을 나누는 가장 거룩한 공간이었고, 야곱에게는 하나님을 경배하는 자리이기도 했습니다(창 47:31, 48:2).

그러니 르우벤의 죄악이 얼마나 큽니까? 그는 욕정에 사로잡혀 어머니라 할 수 있는 여인을 범했습니다. 사도 바울의 가르침에 따르면, 이 일은 이방인들 가운데서도 찾아볼 수 없는 일이었습니다(고전 5:1). 다윗의 아들 압살롬 역시 정치적 목적을 위해 아버지의 첩들과 부정한 관계를 맺었는데(삼하 16:15-23), 르우벤도 유사하게 권력을 과시하기 위해 그런 죄를 범했을 가능성이 큽니다. 이런 자가 이스라엘을 대표한다면 이스라엘과 이방인이 다를 바가 무엇이겠습니까?

시므온과 레위도 장자의 자리를 이을 수 없었습니다. 그들은 분노를 다스리지 못했습니다. 분노, 혈기, 노염이 강한 사람들이었고, 그런 성정 때문에 하나님의 이름을 욕되게 했습니다(6-7절). 창세기 34장에서 그들은 누이 디나가 세겜 사람에게 능욕당한 사건을 계기로, 세겜 남자들을 속여 할례를 받게 하고 고통 가운데 있을 때 모두 학살했습니다.

그들의 분노는 이해할 여지가 있기는 했습니다. 실제로 그들은 야곱에게 "우리 누이를 창녀처럼 대우하는 것이 옳습니까?"라고 항의했습니다. 그러나 세겜 남자는 정식으로 혼인을 원했고, 할례까지 감수하며 언약 공동체에 들어오기를 원했습니다. 그런데도 시므온과 레위는 언약의 표징인 할례를 이용해 잔혹한 보복을 감행했습니다. 이는 단지 복수가 아니라 하나님의 이름과 제도를 무시한 행위였습니다.

야곱은 "그들의 분기는 맹렬했고, 노여움은 혹독했다"고 평가하며(7절), 그들이 지도자로서 부적합함을 선언했습니다. 그들은 분노에 눈이 멀어 자기 정체성을 완전히 잊었습니다. 당한 것보다 훨씬 더 잔인하게 상대방에게 보복했습니다. 이런 자들이 르우벤을 대신해 이스라엘의 대표가 된다면 어떻게 되겠습니까?

결국 참된 축복은 유다와 요셉에게 전달됩니다. 먼저 유다에게 주어진 말씀을 주목해보십시오. "규가 유다를 떠나지 아니하며 통치자의 지팡이가 그 발 사이에서 떠나지 아니하기를"(10절). 이 말씀은 유다 지파에게 왕권이 계승될 것임을 예고합니다. 실제로 다윗 왕이 유다 지파에서 태어났고, 궁극적으로는 예수 그리스도께서 유다 지파의 자손으로 오셨습니다.

유다는 도덕적으로 완전한 인물은 아니었습니다. 우리는 창세기 38장에서 그가 얼마나 음탕했는지 기억합니다. 그러나 그는 아버지와 가족을 위해 자신을 희생할 줄 아는 책임감을 보여주었습니다. 야곱은 그 사실을 누구보다 잘 알고 있었습니다. 결국 지도자의 핵심 자질은 책임감과 공동체를 위한 헌신입니다. 공동체와 공의를 생각하는 사람, 곧 하나님 나라와 의를 구하는 사람이 교회의 대표가 되어야 합니다.

요셉 역시 풍성한 축복을 받았습니다. 그는 샘 곁의 무성한 가지처럼 번성하고, 원수보다 강한 활을 가진 자로 묘사됩니다. 야곱은 이렇게 선언합니다. "네 아버지의 축복이 내 선조의 축복보다 나아서 영원한 산이 한 없음같이 이 축복이 요셉의 머리로 돌아오며"(26절).

우리는 야곱의 시작을 잘 알고 있습니다. 그는 복에 대한 집착이 유난히 강한 사람이었습니다. 태어날 때부터 형의 발꿈치를 잡고 나왔고, 그래서 이름도 '야곱'(속이는 자, 끈질긴 자)이라 불렸습니다. 장자권을 팥죽 한 그릇에 사고, 어머니 리브가의 주도로 눈먼 아버지를 속여 장자의 축복을 가로챘습니다. 얍복강에서는 허벅지 관절이 어긋날 정도로 하나님께 매달려 복을 구했습니다

겉으로 보기에 그는 하나님의 복을 받기에 합당하지 않은 인물이었습니다. 그러나 그는 하나님의 절대적 주권과 은혜로 선택을 받았습니다. 사도 바울은 이 사실을 로마서 9장 13절에서 "내가 야곱은 사랑하고 에서는 미워하였다 하심과 같으니라"고 해석합니다.

복을 위해 평생을 씨름했던 야곱은 마침내 인생의 마지막에, 하나님의 백성들을 불러 모아 선지자이자 사역자로서 말씀을 선포합니다. 그는 각자의 삶과 믿음의 분량에 따라 복을 선언했습니다. 왜 어떤 지파는 더 많은 복을, 어떤 지파는 적은 복을 받는지 우리는 온전히 이해할 수 없습니다. 예를 들어, 납달리에 대한 복은 단 한마디로 요약됩니다. "납달리는 놓인 암사슴이라 아름다운 소리를 발하는도다"(21절). 이 말을 들은 납달리 후손들은 다소 아쉬워하지 않았을까요? 중요한 사실은 열두 아들 모두가 하나님의 언약 백성으로 복을 받았다는 것입니다. 이것이 야곱의 자녀들과 에서의 자손들이 근본적으로 다른 점입니다.

마지막으로 야곱은 자신의 시신을 가나안 땅에 장사하라고 명했습니다. 이는 단순히 고향에 묻히고 싶은 소원이 아니라 브엘세바에서 주신 하나님의 약속을 끝까지 붙든 믿음의 고백이었습니다. "내가 너와 함께 애굽으로 내려가겠고 반드시 너를 인도하여 다시 올

라올 것이며"(창 46:4). 야곱은 이 약속을 굳게 믿었고, 죽음조차 하나님의 언약 안에서 이해했습니다. 아마도 그는 마지막 숨을 몰아쉬며 이 모든 말을 자녀들에게 전했을 것입니다. 그는 마지막까지 말씀 사역을 감당하고 기력이 다하자 조상들에게로 돌아갔습니다.

이 장면에서 우리는 믿음의 완주자를 보게 됩니다. 히브리서 12장 1절은 신자의 삶을 경주에 비유합니다. 그 목표는 십자가를 참으시고 하나님 보좌 우편에 앉으신 예수 그리스도십니다.

사랑하는 성도 여러분, 야곱이 마지막까지 붙들었던 이 믿음이 오늘 우리 모두의 믿음이 되기를 바랍니다. 끝까지 믿음의 경주를 달려, 마침내 하늘에 계신 주님께서 약속하신 신령한 복을 누리기를 소망합니다.

IIIIIIIIIIIIIIIIIIIII

1. 야곱은 젊은 시절 속임수와 집착으로 복을 추구했지만, 마지막에는 선지자적 사명으로 자녀들에게 말씀을 전하며 믿음으로 생을 마쳤습니다. 이 변화는 우리에게 어떤 교훈을 줍니까?
2. 르우벤, 시므온, 레위가 장자권을 잃은 이유는 무엇이며, 반대로 유다와 요셉이 축복을 받은 근본적인 차이는 무엇입니까?
3. 우리의 삶도 언젠가 끝을 맞이합니다. '끝까지 믿음의 경주를 달린다'는 교훈은 오늘 우리의 신앙 생활 속에서 어떤 결단과 태도로 나타날 수 있을까요?

요셉의 유언
"하나님이 반드시 찾아오시리니"

창세기 50:1-26

창세기의 마지막 장은 세 부분으로 나뉩니다. 먼저 야곱의 장례, 이어서 요셉이 형제들을 위로하는 장면, 그리고 마지막으로 요셉 자신의 죽음과 장례가 기록됩니다. 이 장에서 가장 반복되는 단어는 '장사'(葬事)입니다. 야곱은 가나안에, 요셉은 애굽에 장사되었는데, 특히 야곱의 장례는 매우 자세히 묘사됩니다. 성경 전체에서 가장 정밀하게 기록된 장례라 할 수 있습니다.

우리도 인생을 살며 여러 장례식에 참석합니다. 장례는 단순한 의식이 아니라 삶을 돌아보고 현재를 성찰하며 미래를 준비하게 하는 시간입니다. 한 사람의 장례를 통해 그가 생전에 어떤 삶을 살았는지를 엿볼 수 있습니다. "내가 죽은 뒤 사람들은 나를 어떻게 기억할까?"라는 질문은 우리로 하여금 더욱 진실하게 살도록 이끕니다.

장례라는 주제는 본래 무겁게 다가올 수밖에 없습니다. 죽음이 슬픔을 동반하기 때문입니다. 본문에도 그러한 슬픔이 생생히 드러납니다. 1절에서 요셉은 아버지 야곱이 죽자 얼굴을 맞대고 통곡하며 입을 맞추었습니다. 애굽 사람들도 야곱의 죽음을 애도하며 무려 70일 동안 슬퍼했습니다. 만일 창세기가 단지 야곱의 장례 이야기로만 끝났다면 독자에게는 슬픈 여운만 남았을 것입니다.

그러나 이어지는 요셉의 장례 이야기는 다릅니다. 그의 장례도 분명 애도하는 가운데 치러졌을 테지만, 성경은 어떠한 감정적 서술 없이 매우 간결하게 마무리합니다. 여기서 중요한 것은 요셉의 유언입니다. 그 유언은 야곱의 유언과 마찬가지로 소망과 확신으로 가득 차 있습니다. 오늘 본문을 통해 창세기의 마지막 장이 우리에게 전하는 은혜의 메시지를 함께 살펴보고자 합니다.

야곱의 성대한 장례식

앞서 말했듯이 창세기 50장은 야곱의 장례를 매우 자세히 기록합니다. 그의 장례식은 성대하게 치러졌습니다. 요셉은 의사들을 불러 아버지의 시신에 향품을 넣게 했는데, 이는 당시의 방부 처리 방식이었으며 무려 40일이 소요되는 특별한 예우였습니다(3절). 이어서 애굽 사람들은 70일 동안 야곱의 죽음을 애도했습니다.

요셉이 아버지를 가나안에 장사하기 위해 떠날 때, 바로는 모든 신하와 궁의 장로들, 애굽의 모든 장로들까지 동행하게 했습니다. 요셉의 집안과 형제들도 함께 올라갔으며, 어린아이들과 가축만 애굽에 남겨 두었습니다(7절). 야곱의 장례는 사실상 국가장과 같았고, 바로의 장례에 버금가는 규모였습니다. 이는 언약 백성 이스라엘이 이방 땅에서도 존귀히 여김을 받았음을 보여줍니다.

애굽 사람들이 야곱을 이토록 애도한 이유는 단 하나, 요셉 때문이었습니다. 요셉은 애굽의 생명을 구한 은인이었습니다. 그가 없었다면 그들은 기근 속에서 살아남을 수 없었을 것입니다. 그의 슬픔은 곧 백성 전체의 슬픔이었습니다. 요셉은 아버지의 유언대로 가나안에 장사하겠다고 요청했고, 장사 후 반드시 돌아오겠다고 약속했습니다. 바로는 이를 흔쾌히 허락했을 뿐 아니라 병거와 기병까지 내어주며 전폭적으로 지원했습니다(9절).

요셉과 장례 행렬은 애굽을 떠나 아닷 타작 마당에 이르렀고, 거기서 다시 7일 동안 크게 애곡했습니다. 이 광경을 본 가나안 사람들은 그곳을 '아벨 미스라임'(애굽의 통곡)이라 불렀습니다. 이는 요셉의 애곡에 온 애굽이 함께 참여했음을 보여줍니다. 요셉 혼자 울었다면 그런 이름이 붙지 않았을 것입니다.

마침내 야곱은 막벨라 굴에 안장되었습니다. 이곳은 아브라함이 헷 족속 에브론에게 값을 주고 매장지로 마련한 땅으로, 야곱은 아브라함과 이삭 곁에 누웠습니다. 그는 언약의 땅에 장사됨으로써 이스라엘의 왕으로서 마침내 조상들과 함께 눕게 되었습니다. 하나님은 언약 백성의 왕이 다른 나라에 묻히도록 두지 않으셨습니다.

두려움에 빠진 형제들

야곱의 죽음은 애굽 사람들에게는 슬픔이었지만, 요셉의 형제들에게는 두려움이었습니다. 창세기 50장은 이 극적인 대조를 보여줍니다. 형제들은 자신들이 지금까지 안전할 수 있었던 것은 아버지 야곱이 살아 있었기 때문이라 여겼습니다. 그러나 아버지가 세상을 떠나자 요셉이 과거의 일을 보복하지 않을까 하는 두려움에 사로잡혔습니다. 그래서 사람을 보내 "아버지가 돌아가시기 전에 형들의 죄를 용서하라 하셨다"고 전했습니다(16절). 하지만 이는 거짓이었습니다. 야곱이 정말 그런 유언을 남겼다면 요셉에게 직접 전했을 것입니다.

이 말을 들은 요셉은 울었습니다. 요셉은 참으로 눈물이 많은 사람이었습니다. 그는 아버지의 죽음 앞에서도, 형제들의 간청 앞에서도 참지 못하고 눈물을 흘렸습니다. 성경은 그 이유를 명시하지 않지만, 형제들이 여전히 하나님의 섭리를 신뢰하지 못하고 자신을 의심하는 모습에 안타까움과 불쌍함을 느꼈을 것입니다.

형제들은 요셉이 울었다는 소식을 듣고 더욱 두려워하며 직접 찾아와 엎드렸습니다. 자신들을 종으로 삼아달라는 요청까지 했습니다. 그러자 요셉은 이렇게 응답합니다. "두려워하지 마소서. 내가 하나님을 대신하리이까? 당신들은 나를 해하려 하였으나 하나님은 그것을 선으로 바꾸사 오늘과 같이 많은 백성의 생명을 구원하게 하시려 하셨나니 당신들은 두려워하지 마소서. 내가 당신들과 당신들의 자녀를 기르리이다"(19-21절).

형제들이 두려워한 근본적인 이유는 자신들의 죄에 있었습니다. 더 정확히 말하면, 그 죄를 온전히 용서받았다는 확신이 없기 때문이었습니다. 진정한 위안은 죄 사함에 대한 확신에서 나옵니다. 확신이 없으면 항상 불안과 두려움 가운데서 살 수밖에 없습니다

그렇다면 요셉은 어떻게 형제들을 진심으로 용서할 수 있었을까요? 형제들이 용서를 빌었기 때문일까요? 그렇지 않습니다. 형제들의 죄는 사과한다고 해결될 문제가 아니었습니다. 그러나 요셉은 그들을 용서했습니다. 그 모든 일을 통해 하나님께서 선을 이루셨음을 믿었기 때문입니다. 요셉은 자신의 고난을 개인의 불행이 아니라 많은 생명을 구원하시려는 하나님의 구속 역사로 받아들였습니다.

요셉의 신앙에서 우리는 용서의 두 가지 근원을 발견합니다. 첫째, 하나님의 섭리에 대한 절대적 믿음입니다. "모든 것은 하나님께서 하신 일이다"라는 믿음이 진정한 용서로 이어집니다. 둘째, 하나님의 목적이 나의 고난보다 더 중요하다는 인식입니다. 하나님의 목적은 만민의 생명을 구원하는 일입니다. 그 목적을 위해 형제들에게 고난을 당해야 한다면, 여러분은 어떻게 하시겠습니까? 요셉은 이런 믿음으로 형제들을 용서했습니다.

여기서 주목할 점은 하나님의 섭리가 인간의 책임을 약화시키지 않는다는 것입니다. 요셉은 형들에게 "하나님께서 다 알아서 해주실 겁니다"라고 막연히 말하는 대신, "내가 당신들과 당신들의 자녀를 기르리이다"라며 구체적인 확신을 주었습니다. 이는 교회의 자녀들을 기르는 책임이 말씀의 종에게도 있음을 보여줍니다.

오늘날 주일학교가 점점 약화되는 이유는 무엇입니까? 말씀의 종들이 교회의 자녀들을 책임지고 양육하겠다는 인식이 부족하기 때문입니다. 부활하신 주님께서 베드로에게 하신 말씀, "내 어린 양을 먹이라"(요 21:15)는 명령을 목회자들은 결코 잊어서는 안 됩니다. 유아세례를 받은 우리의 자녀들은 교회 공동체의 자녀들입니다. 그들을 책임지고 말씀으로 길러내는 것은 교회 전체의 의무입니다.

"하나님이 반드시 찾아오시리니"

창세기의 마지막은 요셉의 유언으로 마무리됩니다. 두려워하는 형제들을 위로했던 요셉은 죽음을 앞두고도 형제들과 그들의 후손에게 소망의 메시지를 남겼습니다. 이스라엘은 요셉 덕분에 애굽에서 안정된 삶을 누렸지만, 요셉이 떠난 후에는 상황이 달라질 수밖에 없었습니다. 실제로 요셉을 알지 못하는 새 왕이 등장하자 이스라엘은 극심한 고난과 핍박을 당했습니다. 이후 이스라엘은 400년 동안 애굽에 머물게 되었습니다.

창세기의 구성은 이 점에서 매우 상징적입니다. 히브리어 성경을 보면, 창세기는 "태초에"로 시작해 "애굽에서"라는 말로 끝납니다, 하나님의 창조로 시작해 이방 땅 애굽에서 마무리되는 것입니다. 이는 하나님의 백성 입장에서 다소 실망스러운 결말일 수 있습니다. 절대 권력자 바로가 다스리는 애굽에서 이제 요셉마저 없는 상황이라면 이스라엘은 어디서 소망을 찾을 수 있을까요?

요셉은 유언으로 분명히 답합니다.

나는 죽을 것이나 하나님이 당신들을 돌보시고[찾아오시고] 당신들을 이 땅에서 인도하여 내사 아브라함과 이삭과 야곱에게 맹세하신 땅에 이르게 하시리라(24절).

그리고 형제들에게 맹세하게 하며 당부합니다. "하나님이 반드시 당신들을 돌보시리니[찾아오시리니] 당신들은 여기서 내 해골을 메고 올라가겠다 하라"(25절). 야곱처럼 요셉도 하나님의 약속을 굳게 붙들었습니다. 그러나 그는 당장은 애굽에 묻혔습니다. 하나님의 때가 이를 때까지 이스라엘과 함께 있어야 했기 때문입니다.

요셉이 남긴 유언의 핵심은 무엇입니까? "하나님이 반드시 당신들을 찾아오시리니." 이 표현은 본문에서 두 번 반복됩니다(24, 25절). 우리말 성경은 '권고하다', '돌보다'로 번역하지만, 히브리어 원어의 기본적인 의미는 '방문하다'입니다. 하나님께서 친히 자신의 백성을 찾아오신다는 뜻입니다.

하나님의 방문은 단순한 위로가 아닙니다. 그것은 구원의 시작입니다. 하나님께서 백성을 찾아오실 때, 그들을 애굽의 고통에서 건져내어 약속의 땅으로 인도하실 것입니다. 요셉은 자신의 죽음 이후에도 이 소망이 끊어지지 않도록 자신의 유골을 가나안으로 옮기라고 맹세하게 했습니다. 이를 통해 이스라엘은 애굽 땅에서 소망을 가지고 살아갈 수 있었습니다.

요셉은 아버지 야곱처럼 죽음을 앞두고 자신이 믿음의 사람임을 분명히 드러냈습니다. 히브리서 11장 22절은 이렇게 증언합니다. "믿음으로 요셉은 임종시에 이스라엘 자손들의 떠날 것[엑소더스]을 말하고 또 자기 뼈를 위하여 명하였으며." 이 고백은 단순한 개인적 소망이 아니라 하나님의 약속에 대한 굳건한 믿음의 선언이자 예언이었습니다. 그 약속은 300년 뒤에 실제로 성취되었습니다. 출애굽기 13장 19절을 보면, 모세가 출애굽할 때 요셉의 유골을 메고 나옵니다. 이는 요셉의 믿음이 세대를 넘어 후손들의 삶 속에 살아 있었음을 보여줍니다.

요셉의 마지막 고백은 장차 오실 그리스도의 사역을 예표합니다. 예수 그리스도께서 이 땅에 오신 이유는 만민을 구원하시기 위함이었습니다. 그는 십자가의 고난을 기꺼이 감당하셨고, 자신을 못 박는 자들을 위해서조차 "아버지, 저들을 사하여주옵소서"라고 기도하셨습니다. 약속의 말씀대로 하나님은 이스라엘을 찾아오셔서 애굽에서 구해내셨고, 그 아들을 보내어 죄와 사망에서 우리를 구원하셨습니다. 하나님의 '찾아오심'은 언제나 구원과 직결됩니다.

하늘에 오르신 예수 그리스도께서 우리에게 성령을 보내주셨고, 성령은 우리 안에 거하시며 그리스도의 구원 사역을 우리에게 적용하십니다. 요셉이 "하나님이 반드시 당신들을 찾아오시리니"라고 고백했던 것처럼 우리 주님도 "내가 다시 오리라"고 약속하셨습니다.

그날은 산 자와 죽은 자를 심판하시는 날이자 믿는 자에게는 완전한 구원의 날이 될 것입니다. 그날에 주님은 우리를 어둠의 나라에서 빛의 나라로 인도하실 것입니다.

창세기는 에덴에서 쫓겨난 아담의 이야기로 시작하지만, 마지막은 쫓겨난 하나님의 백성이 다시 본향으로 돌아가리라는 소망으로 마무리됩니다. 성경의 모든 인물은, 하나님의 백성이 어디에 있든, 어떤 상황 속에 있든 믿음과 소망으로 살아야 함을 증언합니다.

사랑하는 성도 여러분, 아무리 현실이 고되고 답답해도 낙심하지 마십시오. 악을 선으로 바꾸어 만민의 생명을 살리시는 하나님을 신뢰하십시오. 반드시 다시 찾아오실 주님을 소망하며, 오늘의 '애굽' 같은 세상 속에서도 하나님 나라의 백성으로 굳세게 살아가는 믿음의 용사가 되시기를 간절히 바랍니다.

||||||||||||||||||||||

1. 요셉이 죽음을 앞두고 "하나님이 반드시 당신들을 찾아오시리니"라고 말한 것은, 그가 하나님의 약속을 어떻게 믿고 있었음을 보여줍니까?
2. 요셉이 자신의 유골을 가나안 땅으로 옮겨 달라고 당부한 것은 장례 문제를 넘어 어떤 신앙적 의미를 담고 있습니까?
3. 주님의 다시 오심을 믿는 우리는 오늘 이 땅에서 어떤 태도와 소망으로 살아야 할까요?

창세기, 복음으로 읽기

초판 1쇄 발행   2025년 11월 5일

지은이   이성호
펴낸이   신은철
펴낸곳   좋은씨앗
출판등록   제4-385호(1999. 12. 21)
주소   (06753) 서울시 서초구 바우뫼로 156(양재동, 엠제이빌딩) 402호
주문전화   (02) 2057-3041 주문팩스 (02) 2057-3042
페이스북   www.facebook.com/goodseedbook
이메일   good-seed21@hanmail.net

ISBN 978-89-5874-424-5   03230